风前大树

彭燕郊诞辰百年纪念集

易 彬　龚旭东　编

西苑出版社
XIYUAN PUBLISHING HOUSE
·北京·

图书在版编目（CIP）数据

风前大树：彭燕郊诞辰百年纪念集 / 易彬，龚旭东编. -- 北京：西苑出版社，2020.9
（中国现代文学馆钩沉丛书 执行主编 计蕾）
ISBN 978-7-5151-0761-5

Ⅰ. ①风… Ⅱ. ①易… ②龚… Ⅲ. ①彭燕郊（1920-2008）—纪念文集 Ⅳ. ①K825.6-53

中国版本图书馆CIP数据核字（2020）第105791号

风前大树：彭燕郊诞辰百年纪念集

FENG QIAN DA SHU: PENGYANJIAO DANCHEN BAINIAN JINIAN JI

出 品 人　赵　晖
责任编辑　汪昊宇
装帧设计　朱晓瑜
责任印制　陈爱华
出版发行　西苑出版社 XIYUAN PUBLISHING HOUSE
地　　址　北京市朝阳区和平街11区37号楼　邮政编码：100013
电　　话　010-88636419
印　　刷　三河市嘉科万达彩色印刷有限公司
开　　本　710mm×1000mm　1/16
字　　数　507千字
印　　张　31
版　　次　2020年10月第1版
印　　次　2020年10月第1次印刷
书　　号　ISBN 978-7-5151-0761-5
定　　价　88.00元

中国现代文学馆钩沉丛书总序

国人自古重“史”。而新史料的发现，对于历史研究的推进是不言而喻的。即便是湮没于历史烟尘中的一鳞半爪，也会使史家乃至读者如获至宝。在文学历史的阐述、文学理论的论证以及文学批评活动中，新史料的发现当然也每每相伴而生，同样为新的立论和新的阐发提供坚实的基础。更有学养深厚、学风笃实的学人，常常会把搜集所得的资料整理编撰，既是为自己的研究课题服务，亦可供他人参考。这些资料，我们并不陌生，在林林总总的校点本、辑佚本、笺注本、年谱、诗文系年、书目、索引里都可窥其面貌。比如，鲁迅先生为了撰写《中国小说史略》，也曾搜集了大量的小说史料，又将这些史料整理成《古小说钩沉》《小说旧闻钞》等。这部自周至隋的三十六种散佚小说，毫无疑问成为研究唐代以前小说的重要参考书，也为普通读者带来了极大的阅读兴趣。这正是“钩沉”的价值。梁启超所谓的“过去人类思想行事所留之痕迹”，为我们了解前人所思所想，乃至理解“人类社会史可能性的一切”和历史进程提供了依据。这些“痕迹”的再发现，无疑多多益善。

作为集文学资料中心、文学展览中心、文学交流中心、文学研究中心等功能于一身的中国现代文学馆，在收集、保管、整理、研究中国现当代作家的著作、手稿、译著、书信、日记、录音、录像、照片、文物等文学档案资料的过程中，在和广大的研究者、作家及其家属、后人接触的过程中，不断接触到曾被历史遮蔽、湮没、忽略的有关人物及有关史料，因此，编辑、出版“钩沉丛书”，是水到渠成之事，也是现代文学馆工作的题中应有之义。这套丛书，旨在把我馆认为值得引起注意的、涉及现当代文学的史料予以发掘，把某些有助于文学研究的带有资料性的著述予以出版。举凡作家的年谱、回忆录、传记、散佚作品等均在丛书出版范围内。这一工作，有赖于著述者的劳动，也有赖于广大作家及其家属、后人的支持，这是需要向著述者和支持者致以诚挚谢意的。

然而，我以为不能不指出的是，“钩沉”是有价值的。但“钩沉”出来的，却未必件件都有价值。

因此，其一，这套丛书所含所有书籍的出版，唯以我馆认识到的参考价值为取舍，是否真有“价值”，有待研究家和读者的考量与开掘。其二，“钩沉”，绝不是为了“爆料”，为了“翻案”，为了“听唱翻新杨柳枝”。这在世道浇漓、学风蒙尘的当下，是不能不有言在先的。也就是说，若有人欲借本丛书中涉及的一些史料断章取义、哗众取宠，谋取商业利润，概由炒作者自负其责。这套丛书所涉及的资料和史实，并未经过本馆的考证与甄别；所涉及的观点，只代表编撰者本人的价值立场与学术见解，与文学馆的立场、见解无涉。

如果诸公能够从这套丛书中获取一些资料，经过甄别辨析，成一家之言，作为丛书出版的组织者，便欣欣堪以慰之。

是为序。

陈建功

2010 年 5 月 7 日

编选前言

一

大概是2017年年底的时候，我们就起意编一本纪念彭燕郊先生的文集。当时的契机是彭先生逝世十周年。我们向彭先生的家属和一些作家表达编选、纪念的意愿，很快就得到了大家的积极响应。2018年3月31日，我们举办了一个小型会议——“纪念彭燕郊先生逝世十周年座谈会”。与会者所谈自是以缅怀、纪念为多，也谈到了文献整理方面的一些打算，其中就包括已经成型的《彭燕郊陈耀球往来书信集》、初步编订的纪念文集和其他一些文献。

文献的整理往往需要一个比较长的过程，一些特殊契机也会带动相关出版工作。对彭燕郊相关文献的整理出版而言，2008年即是一个重要时间节点。此前所出版的彭燕郊作品集多是诗文，所展现的主要是彭燕郊作为一位诗人的形象，最重要也最典型的作品集即是由彭燕郊本人历时数年精心修订、于2006年12月出版的《彭燕郊诗文集》。2008年彭燕郊逝世之后，所整理出版的相关文献呈现出更为丰富的态势，先是“彭燕郊纪念文丛”出版，其中包括首次结集的回忆文集《那代人》（2010年）。随后，则有大学课堂上的“诗歌研究”课程的讲稿（《彭燕郊谈中外诗歌》，2011 年）、书信集（《梅志彭燕郊来往书信全编》，2012 年）、日记选录（《溆浦土改日记》《“文革”日记选录》，2013 年）、谈话录（《我不能不探索：彭燕郊晚年谈话录》，2014 年）等多种样式。由此，彭燕郊形象有了更为多元、更富历史价值的内涵。在《晚年彭燕郊的文化身份与文化抉择——以书信为中心的讨论》一文中（见本书第三辑），我曾提道：“在当代文学研究领域，文献的搜集与整理工作远未成型，大量的重要文献资料仍处于零散状态，因为文献资料的拘囿而造成文学人物——特别是跨越现当代文学阶段的人物认识偏差的情形并不在少数。彭燕郊（1920—2008）即算得上是这方面的一个重要例子。”此文以大量的书信为基础展开，深感新时期以来彭燕郊在外国文学作品，特别是诗歌译介方面所做的大量工作。随着时间的流逝、当事人的离去，很多信息和线索逐渐湮没无闻，由此，晚年彭燕郊的文化身份与文化抉择、其文艺组织活动与写作之间的内在关联等命题，以及廓大来看，跨越现当代文学阶段的人物研究方面的诸多命题，均可说是有着较大的研究空间。

实际上，作为“跨越现当代文学阶段”的人物，彭燕郊的身份远非“诗人”所能涵盖。其弱冠之年入新四军，写诗（后被视为“七月派”诗人），又在桂林、重庆、香港、北京以及长沙等地从事各类文艺活动，其时已算是有多重身份，所结交的人物也比较广泛。1950 年到湖南之后，在大学任教，又花大量精力来搜集民间文艺资料，学者（教育工作者）和民间文艺工作者的身份日益凸显。及到新时期之后，又花了大量精力来筹划、组稿乃至主编外国文学作品的译介工作，被友人称为“文艺组织者”（梅志语），再加上经历了特殊的历史时期之后，其作为历史当事人、文学青年导师、大陆与港台文学活动的联络者等的身份也都聚积了比较丰富的内涵。统言之，对于像彭燕郊这样的经历了特殊的历史时期的文学人物而言，更多维度的研究始终是有必要的。

如今，在彭燕郊诞辰一百周年这一特别的时间点，我们编选了这本容量较大的纪念文集，同时，收录多达660余封书信、历时数年辑注完成的《彭燕郊陈耀球往来书信集》亦能在稍早时候面世（百花洲文艺出版社），凡此，均是旨在借助多方文献来呈现彭燕郊丰富的形象内涵。

二

对于彭燕郊诗歌的阅读，始终还是重点所在。

本书所录文章中，有一篇出自著名文学编辑、批评家韩作荣先生之手，题为《彭燕郊现象》。在他看来，“诗歌史中曾经走红一时、声名显赫的诗人未必是当时最好的诗人”“文学史上的一些名著，初现时大都没被世人普遍接受”，用以举例的包括杜甫、威廉·布莱克等人。而彭燕郊“是一位似被忽略、却对诗有着深入、精到理解、卓尔不群的真正的诗人，却没有得到重视和应有的评价”“他对诗之深入理解与永不枯竭的诗之敏感和天分融于一体，才有了中国新诗中鲜见的‘彭燕郊现象’”。也可能是无意地应和，此前评论界也有类似呼声，《坚贞的诗路历程：彭燕郊评介文集》（2007年）之中即有一篇同名文章，韩作荣的讨论再一次凸显了彭燕郊的阅读与评价的问题。

就目前的情形而言，对于彭燕郊诗歌研读最为精深、给予最高评价的，可能是陈太胜，本书收录了他的《诗与音乐——彭燕郊晚期诗作读解之一》以及他与孟泽合作的《彭燕郊的诗与诗学》，他的相关研究还有《幻视的能力：彭燕郊的早期诗作》（2008年）、《彭燕郊的散文诗写作和现代诗的一种可能》（2014年）等。基于对彭燕郊诗歌的细致研读，他认为彭燕郊的诗歌和散文诗属于“最好的作品之列”，诸如，“就我对彭燕郊早期诗歌的阅读而言，他的诗非常明显地体现出与文学史所强加给‘七月派’的那种单一的战斗的现实主义的总体风格的不相吻合。他早期诗作中的很大一部分，都可被列入新诗史上最好的作品之列”，“作为一个长期被忽视，至今其写作成就没有得到应有和公正评价的诗人，彭先生的散文诗写作也遭受到了相类似的命运，还只为少数人所看重。事实上，依我个人的判断，彭先生是中国现代继鲁迅之后在散文诗这一文类的写作上做出最重要贡献的作家。还没有得到充分重视和研究的彭先生的散文诗写作，恰恰体现出了其写作的丰富性与实验性，或者说是先锋性”。这些论断显示了彭燕郊诗歌可能达到的高度，但到目前为止，这些话题显然并未得到充分的讨论。

实际上，对于彭燕郊作品的阅读始终存在这样或那样的状况，相关评价也是参差不齐。究其原因，自然有诗歌文本、评价标准等方面的因素，阅读之不足也可能是一个重要的因素。多方信息表明，彭燕郊的诗歌缺乏足够多的、有效的阅读。本书所录《彭燕郊的诗与诗学》即涉及年轻一代读者阅读彭燕郊的问题。

此文的形式非常别致，是陈太胜主持的研讨班的实录，在孟泽的长篇演讲、陈太胜的阐释之后的讨论环节，不止一位同学提到，作为更年轻一代的读者该如何更好地阅读、进入彭燕郊的诗歌。如缺乏乡土生活经验，诗中的细节“会不会就成了他们无法承担的累赘”，或者与诗人缺乏接触和了解，无法知人论世，“会不会对他们的诗歌存在一种误读”。对此，陈太胜的回答是：随着时间的流逝，细节不会成为负担，“就像博物馆里面的文物一样，越细致越完整，可能越让你觉得复活了这样一种生活”。而没有类似的经验也并不妨碍阅读，“文学的经验”会引领读者去阅读、欣赏诗歌。

毫无疑义，对于一位诗人最好的纪念就是去阅读他（她）的作品！

三

关于本书的编选，还有几点说明如下：

一、文献搜集的范围。2007年11月，赵树勤教授选编的《坚贞的诗路历程：彭燕郊评介文集》出版，这是第一本彭燕郊研究资料集，所录自二十世纪四十年代聂绀弩、钟敬文等人的评论一直到二十一世纪初期的各类研究论文，分四辑编排，即“序跋类”“综论类”“印象记”和“诗评类”。书名来自龚旭东的同名文章。一年多之后——彭燕郊逝世大半年之后，2009年1月，孟泽、季水河两位教授主编的《默默者存——彭燕郊创作研讨会实录暨论文选》出版，附赠龚旭东先生所编《怀念集》。2007年5月，“《彭燕郊诗文集》出版座谈会暨创作研讨会”在湘潭大学举行——二十年前，1987年，彭燕郊在此退休。“论文选”收入会议资料、11位嘉宾发言、近30人的发言实录以及评论文章19篇。以“默默者存”名之，当是别有深意。此语典出《汉书·杨雄传》，也可见于彭燕郊同时代人牛汉的评介——牛汉认为“默默者存”是“民族的传统”，“近五十年来，有沈从文、丰子恺、晚年的孙犁、上海的施蛰存和湖南的彭燕郊，等等，他们‘默默者存’，清苦，自在”。[①] 作为“论文选”附册发行的《怀念集》，共收入四类资料，即“彭燕郊先生告别仪式资料”“媒体报道选”“怀念文章选”，以及附录三种（挽联、挽辞选；送花篮、花圈，发唁电名单选；收集、整理彭燕郊遗著、信函）。可以说，这三本书本身都有着独特的文献价值，也显示了到2008年为止彭燕郊研究的总体状况。

---

① 牛汉口述，何启治、李晋西编撰：《我仍在苦苦跋涉：牛汉口述》，北京：生活·读书·新知三联书店，2008年，第246页。

这也是本书的收录起点所在，即收录2008年彭燕郊先生逝世之后最新的各类文献。凡为上述三本书所收录过资料与论文，不再重复收录。实在地说，如此考虑也是经过一番抉择——也曾考虑做一种全面的梳理，毕竟上述书籍的流传面可能并不广，一些重要的文章可能并不容易被读到，但如果这般操作，则一本书的容量可能难以承受，因此，最终选择了目前的样式。主书名“风前大树”源自彭燕郊本人的一首诗作，也被吴思敬教授用作一篇对彭燕郊进行综合讨论的论文的题目。

二、编选框架。本书大致参照了作家研究资料集的编选方式，全书分为四辑：第一辑为作家自述，即彭燕郊本人的各类文字，多是从遗稿中整理出来的，也有新刊的访谈稿和新发现的致友人信。其主旨，涉及彭燕郊的生平、诗学观念、文艺活动等方面。彭燕郊遗稿的量不小，限于篇幅和主题，这只是其中一小部分而已。第二辑为相关印象记与回忆文，作者有同时代人物如朱健等，也有多位“70后”的诗人；以湖南本土人物为多，也有来自香港、上海、福建等地的作者。第三辑为研究论文，有总体性讨论，也有对于诗学理念、晚年诗歌、文化身份、文本解读、中外文学关系、历史回忆等方面的专题性讨论——主题较多，但选文原则在总体上还是注重深度，从所录李振声的长文以及孟泽、陈太胜合作完成的“彭燕郊的诗与诗学”实录稿即可见一斑。当然，这也显示了一点，即随着时间的不断推进，更深入的讨论成为可能。第四辑为相关文献辑存，包括研究综述、相关报道与资料索引。本书所录文章，除个别外，均取自相关报刊和书籍，并尽可能保持原样；但各文的发表形式不同，包括注释在内的格式多有不一致之处，本书做了大致统一的处理；一些明显的错漏之处，则尽可能予以订正。

本书的编选和出版工作，得到了中国现代文学馆的大力支持，这是要予以特别感谢的。文学馆历来非常重视作家文献的搜集与整理工作，本书被列入有着独特的文献效应与价值的“中国现代文学馆钩沉丛书”，相信这对于彭燕郊知名度的提升也是一个很好的契机。感谢彭燕郊先生的女儿丹丹老师、本书的合作编选者旭东老师以及将文章授权出版的作者们。丹丹老师、旭东老师这些年可以说是有过无数次的叙谈，相信已无须任何客套话。作者们的名字未一一列出，但想特别指出的是，此次编选所获，除了文献的重新温习之外，更在于数位作者的寻找，其间多有意外和惊喜，也有失落。只要细细体味就会知道，文献工作从来都不是枯燥的，而是自有它的活力和温度在。

谨以此纪念彭燕郊先生诞辰一百周年！

易彬

2020 年 8 月 20 日

目录

第一辑：彭燕郊自述

第二辑：回忆与印象

第三辑：研究与阐释

第四辑：相关文献辑存

第一辑

彭燕郊自述

彭燕郊，1949 年摄于北京。

彭燕郊自撰年谱二种

其一（1920—1953）

1920.9.2　出生于福建省莆田县黄石镇一个地主兼商人家庭，原姓陈，名德矩。陈氏为当地一大家族，富甲一方，我出生时已开始衰落。

1921—1923　两至三岁，开始识字。爱唱儿歌。

1924—1926　四至五岁。读《三字经》《千字文》，不满足，后得到《看图识字》，大喜。接着读《千家诗》《唐诗三百首》，能背诵其中比较好懂的。父亲强迫背“四书”，常因背不出挨打，有时会躲到板凳下。

1927.7　进镇上的莆东小学，私立的，本地一些绅士创办的。同时，父亲开始为哥哥和我讲胡适的《中国哲学史大纲》（上册）和梁启超的《清代学术概论》，不懂，毫无兴趣。读了不少儿童文学书，内容多为故事、童话、神话、歌谣等，培养了文学爱好。学画，不懂得应该怎样学。自编小型壁报，很多彩色插图，读者只有自己一个人。

1927.8—1928.7　父亲去大商埠涵江经营金融业务，跟父亲到那里的涵商小学就读。涵江有不少大商人、富豪，学校是他们集资办的，教学质量不高。开始爱好买书，涵江买不到好书，曾独自跑到城里去买。

1928.9—1930.7　转学到比较著名的铸新小学，因散发油印传单反对提倡体罚的训育主任，不得不再一次转学。初读鲁迅书《而已集》。

1930.9—1932.7　到县城的励青小学续学。第一次离家做寄宿生。订阅儿童刊物，买到不少想读的书，开始读新文学作品及外国作家作品，订阅《现代》《文学》等刊物，主编校刊《凤山旬刊》（壁报）。第一次读《红楼梦》。

1932.9—1934.1　进私立砺青中学，读了不少文学作品，主编报刊《砺中学生》，在《砺中学特刊》发表小说《球球》。闽变，国民革命军十九路军大搞学生运动，不断举行全县学生大会。曾被指定为大会主席团成员。闽变失败后学校奉命“清洗”，以体育课不及格“留级”作变相开除处分愤而离校。

1934.1—1934.9　第一次离开家乡去厦门投考集美农林学校，水土不服，患疟疾，不得不回家休养。应邀在镇上的黄石小学任教。

1934.9—1935.1　再次去厦门，考入集美师范学校，受世界经济恐慌影响，陈嘉庚对集美各校的资助大量减少，学费高昂，家里经营商业失败，破产后无力支付学费，辍学一学期。

1936.9—1938.3

考入龙溪简易师范学校，半公费，有幸得遇良师郑畴（伯修）先生。郑老师是日本留学生，回国后被捕，关进苏州反省院，经家人营救出狱。救亡运动高潮，抗日战争开始，郑老师让我读到了许多“禁书”，如艾青、田间的诗。想去延安，但交通已极不方便，1937年底，东南各省红军改编为新编第四军，闽粤赣红军编成新四军第二支队（第二师），郑老师去闽西老区龙岩白土乡拜访邓子恢（已被任命为新四军政治部副主任），不久，同学王雪宫去白土乡参军，1938年3月，和沈柔坚、袁文德、杨蕴仁同学一起经郑老师介绍去龙岩参军，编入第二支队政治部宣传队，队长王直（后任福建省军区司令员），副队长彭冲（曾任全国人大常委会副委员长）。参军第二日开始北上抗日，由闽至皖行军，6月到达军部驻地岩寺，宣传队编入司令部战地服务团，团长朱克靖，皖南事变中牺牲，副团长白丁（徐平羽，后任文化部副部长）。服务团一部分同志做宣传工作，演剧、歌咏、美术等，一部分做民运工作，由政治部民运部（部长邓子恢）直接领导。到达司令部所在地安徽泾县云岭后，在南陵、青阳、铜陵农村做组织民众工作，年底回到团部。不久调到军政治部敌军工作部，认识绀弩、黄源、柏山等几位作家。

行军途中，6月曾向胡风先生编的《七月》投寄一首诗，得到胡先生回信，不久武汉沦陷，《七月》停刊。

1939—1940

在敌工部（部长林植夫）主要准备教战士用台湾话向日军喊口号，台湾话即闽南话，后来因日军中未见有台湾籍的而停止。学日语，写传单，司令部有个图书室，有很多文学书，不断地读，也不断地写。从参军那一天起，记日记似的，写了百多首习作。《七月》在重庆继续出版，再次向《七月》投稿，9月，刊出总题为《战斗的江南季节》的《冬日》等四首诗，接着又刊出《岁寒草》《风雪草》两组诗。

1939年3月，病，诊断为早期肺结核，进小河口后方医院治疗，与诗人辛劳住同一病室，深受启迪。通读初版《鲁迅全集》。秋天，病未痊愈，奉派去黄荆坞后方印刷厂一边休养，一边校对日文对敌军宣传品。写成长诗《春天——大地的诱惑》。

包围新四军司令部的国民党军队不断增加，蒋党即将有所动作。开始转移老弱病残，5月离开部队到浙江金华，承邵荃麟、葛琴夫妇关照，住了下来，绀弩、辛劳已先期到那里，找工作困难，尝试靠稿费维持生活，用一些笔名在陈向平编的《东南日报》副刊《笔垒》、林秋若编的《浙江妇女》等报刊上发表短文、诗作。得识冯雪峰、骆宾基、林淡秋、万湜思等几位作家。

7月，金衢特委机关因叛徒告密遭破坏，荃麟夫妇连夜出走福建永安，得黎烈文帮助，荃麟任《改进》杂志主编，葛琴主编《现代儿童》。8月，随林涧青离金华到永安，找不到工作，在王西彦主编的《现代文艺》、卓如主编的《现代青年》等刊物上发表作品，10月，回家乡暂住。不久，接荃麟信，他已动身去桂林，嘱即设法到桂林来。不久，发生震惊中外的皖南事变。

1941 3月从家乡动身去大哥德规在那里任县政府秘书的建瓯县城，希望他资助去桂林的旅费，三青团特务认为我在建瓯“有活动”，随即离建瓯开始西行，经过三元时承在那里任教的卓如介绍认识林亨元，承他介绍在桂林任职的弟弟林振元，后来在桂林得到林振元的热情帮助。经过永安时被特务“偷”去部分手稿。6月到桂林，住进《诗创作》编者胡危舟当二房东的小木楼，同住的有司马文森、余所亚、焦菊隐。10月，绀弩从重庆回桂林《力报》，承介绍我当他的副刊助编。12月，在副刊版面创刊《半月新诗》。得知东平在敌后牺牲，写作悼诗《在这边，呼喊着……》，后编入诗创作社出版的长诗集《春天——大地的诱惑》中。

1942　日寇南侵，香港沦陷，为抗议皖南事变出走重庆、旅居香港的进步文化人经东江纵队营救脱险，胡风、梅志来桂林。特务指名绀弩为“共党”，勒令《力报》将他辞退，我也跟着离开报社。协助胡风先生创办南天出版社。

1943　3月结婚，和兰欣[①]是1941年冬经友人严杰人介绍相识的，经过一年半的热恋。夏天，和谢成昆合办水平书店，出版诗集《战斗的江南季节》、散文集《浪子》。写长诗《妈妈，我，和我唱的歌》，由野曼主持的中山大学诗站社出版。编《诗》杂志，当时杂志登记证不容易搞到，《诗》是胡明树创办、主编的，承他让给我编。

得到青年诗友陈大同（边集）帮助，设法将他的朋友蓝峻浚在梧州办的文艺杂志《拓荒文艺月刊》的登记证转到桂林，请绀弩主编。因桂林即将开始大疏散未果。

生活困难，经胡希明介绍到由港迁桂的教会学校真光中学任课，月薪只够一个人半个月伙食。

1944　从1943年下半年起桂林处于大疏散（即大逃难）的混乱中，一再搬家，经常无米下锅，只好让兰欣回家借米借油。5月桂林紧急疏散，我和兰欣带未满一岁的女儿到在荔浦县政府当小公务员的哥哥那里。靠他的微薄收入养活我们一家三口绝无可能，经济上我们已山穷水尽，所有逃难的人都在摆地摊卖剩下的一点衣物。荔浦小地方没人买，自己还有两三套衣服可卖，还有一些舍不得丢弃的书，出于经济考虑，更

① 彭燕郊的夫人张兰欣，有时亦作“张兰馨”，本书尊重原文描述，保留两种用法。

重要的是对战局完全估计错误，只听说日寇南侵只为打通大陆走廊，无心西进，而蒋的大本营决定放弃桂林，是为了守住柳州及其以西一线，因此决定去柳州卖衣物换点钱，那里还有许多文化界朋友。坐“黄鱼车”（司机用来赚钱的公车，多为卡车）才走到鹿寨就说车坏了，只好跟一个逃难的北方人结伴准备步行去柳州，结果在雒容城外遭土匪抢劫，只剩下十几本书。到柳州时发现那里已是一座空城，意外地在浮桥上遇到南天出版社的李汉霖，跟他挤火车走走停停几天到六寨，何家槐、翟白音等一批文艺界朋友都随第四战区长官部迁到那里，此时，桂林、柳州都已沦陷，我们这个小家就这样被敌人冲散了。无奈只好向西行，一路上到处有从桂林出来的文化界人士，在独山遇到周钢鸣、叶启芳、陈迩冬，以及一起办水平书店的谢成昆，在贵阳遇到端木蕻良、熊佛西、曹伯韩、姜庆湘，大家都在向重庆方向走，10月终于到重庆。绀弩、荃麟已先到那里。刚好中华全国文艺界抗敌协会建成一个四间茅屋的作家宿舍，荃麟一家、绀弩、骆宾基，还有我住进了这个宿舍。

妻离女散，孤身一人，心情格外忧郁，挂虑，怀念，每星期写一封长信给在沦陷区的兰欣。虽然明知不容易寄到，还是寄，而且用挂号寄，到后来，抗战胜利回到荔浦，兰欣一下子收到一大捆滞留在桂、黔边邮局的信。很难安心下来读书写作。只在荃麟编的由桂迁渝的《文艺杂志》上发表一组短诗《岩石及其他》，雪峰编的《抗战文艺》上发表《安宁婆婆家》等两首诗，《新华日报》副刊上发表《人的芳香——罗曼·罗兰像前》和两首短诗，邱晓崧编的《诗文学》上发表长诗《土地母亲的话》和《论感动》，吕剑编的昆明《扫荡报》副刊上发表长诗《庞贝城的末日》，方敬编的贵阳《大刚报》上发表一些诗，陈白尘编的成都《华西晚报》上发表一些时事诗。此外就是在一些报纸副刊上发表短文，没有固定收入，靠稿费维持最简单的生活，还想积存一些钱，心里想也许能够送到兰欣手上。

1945 得荃麟帮助，将几个月节约下来的一点钱交新知书店，通过八路军办事处电台通知在广西昭平的兄弟图书公司，请他们在迁到那里出版的《广西日报》上刊登广告，让兰欣去收取，荔浦就在附近，这办法估计行得通，虽然没有十足把握。

从荔浦逃亡到重庆的青年音乐家沈音带来兰欣的信，告诉我女儿得病无钱医治去世，心情更加忧郁。

9月，日寇投降，急于回广西和兰欣团聚，打听到交通恢复，10月初坐黄鱼车回到荔浦，兰欣已回县城，出去时三个人，如今只有两个人，凄然对泣。

11月回到桂林，全城一片瓦砾，所幸老屋未毁。文化界人士回桂的只有欧阳予倩，以及在从贵州平越迁回的桂林师范学院任教的林砺儒、谭丕谟、杨荣国、穆木天、彭慧等，美术家温涛、刘建菴、蔡迪支、龙廷霸等。参与建立全国文协桂林分会。

1946 《广西日报》复刊，由时任广西省政府顾问的石兆棠任社长，陈闲编副刊。3月，应邀参加副刊编辑工作。时局变化，桂林师范学院被迫迁往南宁，石兆棠去职。李微接任，仍依靠民盟人士办报。环境不断恶化，后来知道，此时特务已经盯上了我。

1947 梧州发生民盟武装暴动事件，广西省政府主席黄旭初召集《广西日报》编辑人员开会，表示“送客”。5月，蒋介石发布“戡乱令”，全国掀起“反饥饿、反内战、反迫害”运动。6月，桂林学生大游行。7月，被捕，关到虞山庙绥靖公署特务营营部。在狱中写了不少诗。

1948[①]

春初被转押至南郊红庙绥靖公署特务连。5月，李宗仁任代总统，大赦“政治犯”获释，应李微邀再编《广西日报》副刊，自知很可能再次被捕，设法逃离。为筹措旅费，在明南同乡会办的松坡中学教课近一个学期。蒋政权垮台前夕，形势更险恶，李微被免职，当即动身潜往香港。

到香港，见到荃麟、绀弩，在九龙文协香港分会住下来，荃麟原要我去才创刊不久的《文汇报》编副刊，不久告诉我北平要开文代会，让我去参加。6月乘英商盛京轮北上，一行二十多人，廖沫沙带队，到天津见到鲁藜，廖沫沙带我先到北平，去中南海见负责接待工作的李昌，被安排住西河沿永安饭店，同住的有杨晦、符罗飞、张文元、秦威、欧阳红樱、陈迩冬。第二天，迩冬带我去西单夏仁虎先生家看望柳亚子，第三天带我去北京（饭店）看望茅盾、胡风、田汉。

文代会开了十多天，会后，为从新区和待解放区来的代表安排工作，负责南方代表团代表工作事宜的冯乃超告诉我，让我随叶剑英去南方准备接受两广，那时《光明日报》刚创刊，胡愈之、萨空了约我去编副刊，我就留在北京，编副刊《文学》周刊和《工作与学习》。兰欣准备来，已替她找到工作，但她哥哥在南宁，父亲年老多病，她便一时不能来。

1950

到北京后，疯狂买书、买唱片，越买越多。爱京剧、相声，感到长此下去，会成为一个“大玩家”。正巧在湖南大学任教的谭丕谟、杨荣国来信说李达校长拟聘我去任教。寄来聘书（当时尚无调动手续规定）。五月初动身到长沙，在中文系任教。为《民主报》编文学周刊《文艺服务》。年底，去益阳兰溪参加土改。其间曾回桂林一次，在广西艺专学习的兰欣未毕业，未能同来。

---

① 此处应为“1948—1949”，潜往香港时间应在1949年5月。

1951 暑假兰欣来，岳云中学拟聘她任教，因学业未完成，固辞不就，学校[1]合并到武汉的中南美专，随即去那里就读。冬天，去溆浦参加土改。去益阳参加土改的同学学习了地花鼓，在市内公演并出版地花鼓唱本《五更阳雀啼》。

1952 学校开始思想改造运动。编校报《人民湖大》及运动办公室《简报》。编辑出版《湖南歌谣选》。

1953 参加思想改造运动。《文艺学习手记》出版[2]。9月，高等学校院系调整，湖南大学停办，文科部分成立湖南师范学院，被分配在中文系任教。

其二（1920—1941）

1920 9月2日出生于一个商人兼地主家庭。原姓陈，名德矩，30年代末起用现名。

1927 7岁，进小镇黄石的莆东小学。

1929 9岁，在莆东小学读完初小。读小学以前，到上海等地求学的父亲带回不少儿童读物。初小这三年里自己有的课外书渐渐多起来了。散发手写宣传单，反对一个野蛮老师。[3]

1930 父亲和县里的大绅士、前清翰林、民初国会议员张琴一起在大商埠涵江开办了一个银行（实际是个钱庄），把我带到涵江，进涵商小学读高小一年级。

---

① 指广西艺专。

② 此处属误记，《文艺学习手记》出版时间为1955年2月。

③ 综合两份年谱来看，此处应属误记，反对野蛮老师一事应是发生在随后的铸新小学时期。

1931　父亲认为涵商小学教学质量较差，让我进颇有名气的铸新小学，仍从高小一年级读起。得到一本鲁迅的《而已集》，不太懂。

1932　在铸新小学，为反对一个提倡体罚的野蛮老师，印发了油印传单，引起一场风波。父亲把我送到县城著名的励青小学，仍从高小一年级读起。寄宿，初次离家，很不习惯，但不久就习惯了。县城是本地文化中心，和商业中心的涵江不同。在涵江只能买到石印的儿童读物和画谱。在县城，有了两三个热心帮忙找书的同学，开始读新文学作品，如蒋光慈的《少年漂泊者》《鸭绿江上》、洪灵菲的《转变》、叶永蓁的《小小十年》等。订阅《现代》《文学》杂志，邮购《北斗》《文学日报》《正路》等杂志及左翼出版物。高小及进入初中这段时间，阅读范围从儿童文学扩展到新文学、社会科学。

1933　毕业于励青小学，进励青中学。

闽变。国民革命军十九路军狠抓学生运动，经常开县城各中学学生大会，成立县学联，常被学校指定参加主席团，但与十九路军政工人员并无接触。

学校图书馆很有些新文学书籍，开始读鲁迅，喜欢张天翼，在校刊《励中学生》的一本《特刊》上发表了短篇小说《球球》，是模仿张天翼的。

在励小、励中都被选入“学生自治会”，负责编墙报《凤山旬刊》（励小）、《励中学生》（八开小报，铅印，励中），内容平淡。

1934　闽变失败后，学校开始整肃，以“体育”不及格为由，让我“留级”，他们知道，这是我不能忍受的羞辱，我只有停学。

1935 去厦门集美农林学校就读，得恶性疟疾，只好回家养病。

这时的志愿是到农村去，想投考乡村师范。想学画，投考美术学校。

1936 去厦门集美学校，投考师范学校美术科，未被录取。在初级师范读了一学期。

父亲的钱庄停业。祖父经营的进口商行亏损过巨停业，开始变卖田产，已经破产。集美学校因陈嘉庚先生经营的商业受世界经济恐慌影响，经费困难，收费较高，我已无法再读下去。父亲让我报考半公费性质的龙溪简易师范（简称“龙师”），从一年级读起。

在龙师，有幸得到好老师郑畴（伯修）先生的教导，他留学日本时参加革命，回国后被捕，囚于苏州反省院，此时才从反省院获释不久，因叔父郑坦是教育厅秘书，得以到龙师任教。第一次在郑老师那里借到田间的《中国，农村的故事》和《未明集》，还有并不公开发行的鲁迅的几本杂文集、田军的《八月的乡村》、肖红的《生死场》等。

同班同学王恭娘思想活跃，有组织能力，邀我和另外三个同学和漳州进步文艺团体“芗潮剧社”的主要演员汪瑞椒成立“小小读书会”，每周聚会一个下午。交流读书心得。

认识“芗潮剧社”的领导人柯联魁、蔡大燮。

1937 7月，（全民族）抗战开始。

学校迁至南靖县和溪乡，在郑伯修老师的指导下逢墟日到墟场上做宣传工作。党派来的一位同志以厨工作掩护，从他那里，得到一些油印的党的书刊，在几个亲近的同学中传阅，并在主编的校学生自治会壁报上全文抄录了《抗日救国十大纲领》和洛甫、凯丰的文章。

年底，郑伯修老师得知东南各省红军将改编为新四军，去龙岩白土老苏区拜望了邓子恢、谢育才。王恭娘和我还有另外几个同学都很想参加新四军。

1938 年初，王恭娘首先离开学校参加新四军。

3 月 25 日，我和沈柔坚、袁文德、杨蕴仁三个同学一起离校前往龙岩白土参加新四军第二支队（师），编入政治部宣传队。26 日从白土出发，北上抗日。数日后，行军至河池时，支队司令员张鼎丞约我们谈话，勉励我们努力工作，和工农结合。

6 月，行军抵岩寺，二支队政治部宣传队编入军司令部战地服务团。团员中有作家东平、舞蹈家吴晓邦、戏剧家李增媛，几乎所有同志都是文艺爱好者。

军报《抗敌报》创刊，主编张孤梅是王恭娘的男友，约我写稿，在第一期上发表了我写的《春耕山歌》，算是第一次发表作品。

军部驻地泾县云岭成为南方的“小延安”，不断有新来的战友前来参军。

10 月，作家绀弩到来，经张孤梅介绍，拜他为师。但因一直在驻地周围做民运工作，很少有机会向他请教。

行军路上写了三四十首诗，后遗失于由闽赴桂途中，保存下来的仅《朝花》《山国》《小市民》《正午》等十几首。

1939 年初，调军政治部敌军工作部，学习日语。

3 月，患肺结核，被送到小河口后方医院治疗，认识也在那里治病的辛劳，相处半年，获益匪浅，半年后回敌工部。

秋，在迁渝出版的胡风先生编的《七月》上发表了《冬日》等四首诗，冠以总题《战斗的江南季节》。此后，连接着发表了《岁寒草》和《风雪草》两组诗。

1940 年初，肺病又发，经部里安排，到黄荆坞后方印刷厂休养，同时负责校对日文对敌宣传品，4月随后方印刷厂迁回军部。

连续认识在新四军的作家黄源、彭柏山、诗人陈亚丁、作家吴蔷（后改名吴强），得有机会向他们请教。

蒋介石开始派重兵包围新四军司令部，部队开始疏散老弱人员，绀弩、辛劳年初先后赴大后方从事文化工作。

6月，在军政治部秘书长黄诚安排下，离开部队，转移到浙江金华，得到邵荃麟、葛琴夫妇的亲切关怀和帮助，认识冯雪峰、骆宾基、麦青、林淡秋、雪邨、陈向平等作家、诗人。先期到金华的绀弩、辛劳也给了很多帮助。

作为“消灭新四军”的先期部署，蒋党开始在皖南、浙江地区进行政治扫荡，进步团体被封，进步人士被捕、被杀，金华这个东南文化中心已很难存在。

8月，绀弩应聘去桂林编《力报》副刊，辛劳去上海。金华地下党遭破坏，荃麟夫妇连夜出走福建永安，得黎烈文的帮助，到改进出版社工作。

接着，在林涧青的帮助下回到福建，在永安见到荃麟夫妇，一时找不到工作，回到家乡暂住。其间，认识《现代文艺》主编王西彦，发表《黄昏及其他》《清晨》《恋歌》《村里散文抄》等，认识《现代青年》主编卢茅居，发表《为生者写的哀辞》《社戏》等，还认识进步文化人卓如、萨一佛。年底在家乡得荃麟来信，已动身赴桂，嘱即来桂林。

年底，皖南事变发生。

1941 年初，从家乡动身，开始赴桂林。为筹措旅费，在建瓯工作的大哥处住了两个月，其后又在永安、三元等地停留了一阵，6月到了桂林。

（收入陈思和、王德威主编：《史料与阐释·贰零壹壹卷合刊本》，上海：复旦大学出版社，2013年）

彭燕郊小传

1920年9月出生于福建省莆田县黄石镇一个地主兼商人家庭，原名陈德矩。儿童时代在家乡读小学。父亲曾去上海、北京等地求学，早年受五四运动影响，对儿辈教育较重视，带回不少新版儿童读物，但也指定要背诵《千字文》《千家诗》《唐诗三百首》和“四书”。读初小时开始学习写作，并收集民歌与俗语、谚语。在涵江镇和县城读高小时，开始阅读新文艺作品，订阅上海、北平出版的文学书刊。

1932年进莆田砺青中学，在校刊上发表习作。爱好文学也爱美术，开始收集美术图片。1934年至1938年在厦门集美师范（本想学画，没有考取，只好读本科）、漳州龙溪师范就学时，接触更多的进步书刊，正值抗日救亡运动高潮，得到龙溪师范老师郑畴、同学王雪恭的帮助，思想进一步倾向革命。全民族抗战开始后的第二年春天，南方各省的红军游击队改编为新四军，经郑畴老师介绍参加新四军第二支队，被编入政治部宣传队，由闽西开赴皖南前线，后编入军司令部战地服务团。

1938年5月，新四军军报《抗敌报》创刊，在报上发表诗作《春耕山歌》，在军队里先后认识了作家聂绀弩、黄源、东平、柏山、诗人辛劳，在他们的帮助下学习创作。1939年调军政治部敌军工作部，不久因肺病进后方医院治疗。1939年冬，处女作《战斗的江南季节》发表于胡风主编的《七月》杂志，同时在新四军机关刊《抗敌》上发表诗作。其时国民党军队已完成对新四军司令部的包围，形势紧张，开始疏散人员。1940 年 5 月，继聂绀弩、辛劳后转移至浙江金华，从事文学活动，曾与辛苦、覃子豪、莫洛、麦青一起筹办《诗时代》杂志。后去福建永安，在《现代文艺》发表《磨》《殡仪》等诗。1941 年夏来到被称为“抗战文化城”的桂林，诗作《风雪草》《岁寒草》相继在《七月》杂志上发表，《小牛犊》发表于邵荃麟主编的《文化杂志》，歌颂江南敌后抗战的长诗《春天——大地的诱惑》也于皖南事变后发表于《七月》杂志，不久后与另一首悼念牺牲于苏北敌后的作家东平的长诗《在这边，呼唤着……》合编收集出版。同年进《力报》工作，协助聂绀弩编辑副刊《新垦地》《半月文艺》，主编《半月新诗》。担任中华全国文艺界抗敌协会桂林分会常务委员、创作部副部长、诗歌组长。1943 年，出版长诗《妈妈，我，和我唱的歌》、诗集《战斗的江南季节》、散文集《浪子》。聂绀弩为诗集《第一次爱》写的序言发表于《文化杂志》。1944 年，日本侵略军发动打通大陆走廊的湘桂战役，因桂林大疏散辗转至重庆，在重庆、昆明、成都、贵阳等地报刊上发表作品，靠稿费收入维持生活。参加民主运动，签名于《文化界对目前时局的宣言》。日本投降后返回桂林，1946 年为《广西日报》编副刊《现代文艺》《山水》，担任中华全国文艺协会桂林分会常务理事。诗集《第一次爱》出版，被检查官删去部分内容，抽去聂绀弩写的序言。搜集广西民歌，编成《广西民歌选》，未能出版。1947 年 7 月于“反饥饿、反内战、反迫害”高潮中被捕，罪名是在所编副刊上连续发表“违例”文章、“共党嫌疑分子”，关押十一个月，至李宗仁任代总统大赦“政治犯”时出狱。1949 年 5 月潜赴香港，转赴北平参加第一次全国文学艺术界代表大会，加入中国文学工作者协会（后改名中国作家协会）、中国民间文艺研究会。进《光明日报》工作，主编《文学》、《民间文艺》（与钟敬文合编）等副刊。1950 年 6 月应聘至湖南大学中文系任教。担任湖南省文学艺术工作者联合会常务理事、长沙市文学工作者协会筹备委员会主席、《湖南文艺》杂志编委。主编湖南大学校刊《人民湖大》、《民主报》副刊《文艺服务》。1950 年冬和 1951 年冬两次去湘中、湘西参加土地改革运动，组织学生搜集民间文学作品，学习民间舞蹈，出版地花鼓演唱集《五更阳雀啼》。1953 年调湖南师范学院中文系任教，出版编选的民歌集《湖南歌谣选》，1954 年出版文艺评论集《文艺学习手记》。1955 年 7 月因“胡风反革命集团案”被捕，关押二十一个月，被定为“胡风分子”，开除公职。1958年冬“大跃进”期间街道大办工业，参加创办一个木制玩具厂，后改为日用品厂、木工厂，1970年调阀门厂当翻砂副工、油漆工。“文化大革命”期间，被抄家六次，关押两次，多年收藏的图书和艺术史图籍被抄去，作品和民间文学资料大部分被毁，在街道工厂劳动二十余年，搜集谚语、俗语近两万条，民歌约一万首，编成《湘谚秀句集》《洞庭木叶谱》（歌谣选），均未出版。1976年，“四人帮”垮台，1979年平反，回到大学里任教，1978年与中国作家协会恢复联系，在北京出版的《诗刊》上发表《画仙人掌》。1979年应邀到湘潭大学中文系任教，同年参加第四次全国文学艺术工作者代表大会。1981年至1983年参加主持民间文学杂志《楚风》的编辑工作。1981年起参加大型译诗丛书《诗苑译林》的规划、组稿、审校工作，编至六十余种，已出版三十余种。1984年出版诗集《彭燕郊诗选》，1980年出版散文诗集《高原行脚》，1992年出版《当代湖南作家选集·彭燕郊卷》，1998年出版散文集《夜行》，1986年出版诗论《和亮亮谈诗》，1996年出版长篇散文诗《混沌初开》。1986年起主编《国际诗坛》丛刊，1987年主编《现代散文诗译丛》，1989年主编《现代世界诗坛》。① 多年来的作品，正在整理、编成《彭燕郊诗文集》，可望于近期内出版。

龚旭东按：这是彭燕郊先生1988年为《彭燕郊诗选》（英译本）撰写的小传，附于《彭燕郊诗选》（英译本）末尾。这个英译本诗选为油印本，收录彭燕郊诗歌27首。分中、英文两部分，由张少雄（欧莎）担任英译，龚旭东撰写《题记》。未公开出版。

“文革”以后，彭燕郊诗歌发表和出版不多，多以手抄，复写、油印、复印等方式传播。二十多年里，彭燕郊对自己的诗作有过几次集中的选编和自行刊布，如八十年代初在湘潭大学油印的诗选，1983年2月油印的《彭燕郊近作》（收入“漓江组诗”和长诗《陈爱莲》），1988年6月（扉页记时为6月15日）油印的《彭燕郊诗选》（英译本），1988年11月打印的《彭

① 此处多处记载有误，应为：1984年《高原行脚》，1997年《当代湖南作家作品选·彭燕郊卷》，1991年《和亮亮谈诗》，1987年《国际诗坛》，1988年《现代世界诗坛》。

燕郊近作》（收入《瀑布》《罪泪》《门里门外》《漂瓶》《烟声》等诗11首），1989年3月编讫的三四十年代诗作选《梦花落了》（《后记》记时为3月17日，在我的多次催促下，他花了很长一段时间，整理出未收入1984年湖南人民出版社版《彭燕郊诗选》的诗作二十多首。其中包括他早期的一些重要作品，如《村庄被朔风肆虐着》《倾斜的原野》《杂木林》等。未印出，仅复印了一份交我保存。后编入《彭燕郊诗文集》中)，1996年自行印刷的“彭燕郊近作Ⅰ”《混沌初开》（含长诗《混沌初开》及朋友们所写论文9篇），等等。这些诗作专辑每次都给朋友们带来发现的惊喜、美的震撼与美的享受。

《彭燕郊诗选》（英译本）所收27首诗作中，有9首是1984年版《彭燕郊诗选》之后的作品，其中包括《小泽征尔》《过洞庭》《罪泪》等重要作品。彭燕郊先生坚持要我为该诗选作序，我写了长篇《题记》。彭老师十分高兴。这篇《题记》后来单独发表，对宣传彭燕郊及其诗歌产生了相当大的影响。

由于这个中英文选本有向外推介彭燕郊诗歌的意义，彭燕郊为之写了这份较详细的小传。其中涉及的某些内容，如四十年代曾编成《广西民歌选》、五十至七十年代编成《湘谚秀句集》（湖南谚语、俗语集）、《洞庭木叶谱》（湖南歌谣选）等，就笔者所见，为此文仅见。由于写作时间为八十年代后期，此后二十年的活动情况阙如。本次发表文本为彭燕郊自己所藏．系从《彭燕郊诗选》（英译本）上拆下，有作者自己在上面增补九十年代编辑出版情况的手迹，从最末提及“《彭燕郊诗文集》”之语，可推增补时间在2006年前后。因年代相隔较远，部分作品的出版时间有误。

《彭燕郊诗选》（英译本）印得很少，记忆中有五六十本（不会超过百本），很快就没有了。我曾有两本，后因朋友索要甚紧，彭老师找我取去一本。十多年后，因一位外国朋友索要彭老师诗作的英译，他自己手中也没有了，彭老师便要去我留下的这本，将英译部分拆下送走了。因此，这部彭诗英译选，我现在只有半部中文本了。

（收入陈思和、王德威主编：《史料与阐释·贰零壹壹卷合刊本》，
上海：复旦大学出版社，2013年）

彭燕郊先生遗作三首

历史的存量

是一架望不到尽头的天梯吗？从蹒跚
到狂奔，这架天桥已经稳定向邪恶
还是向善良倾斜，还是吃力地摇晃
在两者之间保持平衡？这个姿态将会
保持好久？仅仅只靠斑驳的记忆支撑

是一张极薄又极敏感的万能试纸吗？
顷刻间测试出滴到纸上的任何液体
有毒，无毒，多毒，少毒，甚至根本
不值一试的过于纯净只是液体而已的
无性的水，成为对敏感试纸的无情嘲弄

是一堆被各用的磁铁不同程度吸住的
不同制式的指北针混乱的组合，不同的

指针位置标明的是尴尬的无奈，谁也
找不到北，谁都相信已经准确地找到北

历史是一只无比巨大的近视眼镜，还是
一只巨大无比的天体望远镜，不是被
鼻子尖上爬上爬下的那只蚂蚁困扰
就是被从宇宙深处某个星球上观察到的
我们这颗蓝色星球上永久的骚动困扰

是一只被用脚踢来踢去的烫手的山芋
还是一颗摇骰子皮杯里神秘的骰子
翻滚多少次再翻滚多少次以后，终于
在盖子揭开的那一瞬间，身不由己的它
给痛苦期待中的眼球带来惊喜或绝望

披上一层面纱再披上一层，一层又一层
看不清是直线式的前进呢还是波浪式的
螺旋形的，抛物线式的，还是多种方式
周而复始交替在一个圆圈里循环往复的
就像再大的噪音也唤不醒的沉沉瞌睡

照亮历史的光源就只有叫作规律的
某种模式吗？想要容纳更多光源的历史
有让自己更加宽敞的自觉，于是开始
无穷无尽的思考：有没有规律？那个
早已存在的公认的规律，答案是没有

没有规律，没有光源，思考陷入一连串
疑问的纠缠里，在什么都不是什么都是

空心树林好，还是满地砍伐后的树桩好
斧头和白蚂蚁，谁更善于制造荒凉?
什么都没有的我们拥有这么多的疑问

历史的存量不停地递加，疑问大量积累
我们和历史都不愿说自己是怀疑论者
历史俯视我们，我们仰望虚空中的历史
天穹下沉，冷静地颤动着冷酷的永恒，
不必沮丧
或许我们姿势不对，
应该躲在乱石堆后榛莽丛中
歪着脖子，悄悄窥视，要知道
历史的存量是历史的神秘的隐私

2005 年 3 月 17 日
2006 年 12 月 2 日
2007 年 9 月 12 日

立体交叉

从天涯海角归来，经历过万仞波涛
那些船，先先后后的在码头边会面
大地给海洋的儿子们一个港口

陆上却没有港口
无数条道路各奔东西
风尘滚滚中，跋涉者们会面
除非在十字路口
十字路口是陆上的港口

有的从南往北，有的从西往东
或许从西南，从东北动身
或许曾经绕道，也有的折回来再起程
总得有一碰头的地方，就在交叉路口
来去匆匆间，也要挥一挥手
点一点头，道一声珍重

在这里交叉成立体的
我不懂立体了怎么交怎么叉
一条在空中，一条在地下
永远，永远碰不到一起
难道永远在无尽的行程上漂泊？
我不喜欢这种立体而不交叉
我需要遇到谁，我需要向谁问好

叠水

一路汹涌，一路奔流
一路释放力和能，一路在释放中提升力和能
一路提升紧迫的期望，期望的紧迫，深深相信
奔流的终点必然是尽情展示
力和能灿烂爆发的最大亮点
谁能料到，遭遇的
却是一片缓缓倾斜的疲沓山坡，山坡下
没有想象中壁立千仞的悬崖峭壁，更没想到
那下面竟是顽石随意堆砌起来的
不为登高而上只供步步下降的
既笨拙又精心砌成的

一级又一级阶梯，粗糙，无情

已经不可能有百丈高空直泻而下的豪迈献身
痛快淋漓展示浑身力与能的壮举
不可能有倾听一路奔波积蓄的强烈愿望
一旦实现的痛快咆哮
顽石阶梯提供的三五尺落差
不整齐大小不等的顽石与顽石间的凹凸
好像在用殷勤劝告和生硬的限制
强迫速度、冲击力、声响的强度下降，再下降
“尽量减少消耗吧”
似乎还有很周到的关心爱护

不能不慢吞吞分流，不能不放慢减速
汹涌巨流不得不成为
一条条窄窄的细流，一片片薄薄的水帘
断断续续发出像叹息像呻吟的零碎水声
一层又一层地削弱
一层又一层被动地下滑，巨流
终于落得成为阴雨天的檐滴

断垣残壁上的漏痕
在接连不断的
一次又一次无奈的短促开始和延长停顿里
被肢解成破烂的筋筋绊绊
奔流的激情不断被蚕食
疲乏已将剩余的力和能消磨干净
无奈流淌的最后水滴潴积成
一泓清冽到不能再清冽的止水

除了液态以外找不到任何水的特征的水
最原始的浮游生物也不适合生存的水
更不用说鱼虾、水藻
可怜的浅，可怜的无色
没有精力饱满的池塘浓郁的绿
更没有长江大河挟泥沙的饱和的黄
纵身跃下无保留献身的豪情只剩下苍凉的遗憾

不禁要问：
这也是水吗？
这概念的水，具体又抽象的水
除了化学元素氢氧之外什么也没有的水
只有一滴一滴从最末一级阶沿淌下的剩余水珠
还在勉强激起细微到不容易看到的波纹
好像在说：我还没有完全冷却

2008年元月重订

孟泽按：这里刊发的是刚刚去世的诗人彭燕郊老师的几首未刊诗，由师母张兰馨老师提供，为此，张兰馨老师以望九之年饱含深情地写了《献》。《眼睛》（本篇未收录）是诗人生前反复提及要完成的“心愿”之作，但没有拿出来，说明他把这一完成于1997年（诗人时年78岁）的初稿仅仅当成提纲而已，在初稿上还有好几页与《眼睛》有关的文字，是他随时记下来的段落和句子，可见他一直试图完成这部作品，这几年他屡屡说，有两部构思酝酿了上十年的长诗要写成，这之后才可能考虑写回忆录，《眼睛》显然是其中之一。《历史的存量》从初稿到三稿，署有三个日期，但还是没有出手，这是彭燕郊老师写作的一个重要特点，他的作品总是在反复修订完善中，甚至包括对待某些已经“发表”的作品。据张兰馨老师说，《叠水》可能是诗人去世前修订的最后一首诗，题旨与《彭燕郊诗文集》中收录的《瀑布》相似。诗人其萎，湘累遗恨，世事匆忙，斯文萧瑟，览斯篇者，其有凄之思慨然之叹乎！李振声先生在惊悉彭燕郊老师逝世的噩耗后曾说，彭燕郊“没能来得及用尽他的全部心血、不世出的才情和跟真正的心灵肉体上的大悲欢缠绕在一起的思想”。陈太胜先生、张业松先生说，彭燕郊是一个被严重低估的诗人！

附

献

兰馨

《历史的存量》《立体交叉》《叠水》，还有《曝暖》等几首，是2007年下半年彭燕郊濒临生命边沿时写作或改定的，《眼睛》是1997年5月的初稿，这个作品他自己很看重，历年来做了一些修改的标记，准备重写。

这是他，这个一辈子和“诗”捆绑在一起的诗人的最后心声，这个把自己比喻为一只还没有长满羽毛的小鸟的诗人，向往革命，追求真理，选择了“新诗”并为之献身，把自己的命运交给了历史。生活的炼狱是如此艰辛，饱含苦涩、忧患、灾难和无奈，他热爱祖国土地上的一花一木，大自然的阳光、蓝天、白云，他渴望昂首阔步、永不停步、超越自己，努力奋进从不后悔，然而，漫长的人生旅途，恶浪之后还是恶浪，他跌跌撞撞永远漂泊，苦恼疑虑而踽踽独行，虽然有那么多青年朋友。

他仰望虚空中的历史，企望那神秘的指北针坚定地指向光明、善良。

他完成了自己，但愿他融入梦幻中璀璨的水晶球，浴着金光，驾着无羁的天风，在太空中自由翱翔，他的各个棱面也在发光……朋友们：

他更在那永不交叉的立交桥上，回过头来，向你们挥手，问好！

2008年12月6日

（收入林莽、张洪波主编：《诗探索·作品卷》2009年第1辑，
北京：九州出版社，2009年6月）

未刊文三篇

我是谁？

到现在也还想不清楚，年纪很小的时候，为什么就有这样的想法：我是个闯入者吗？为什么要到这个世界上来？我是谁？

或许完全多余。大人们好像都还喜欢我，小朋友们都喜欢跟我玩，一个孩子，除了这些还需要什么？

但是我这个小孩子却不喜欢热闹。这是为什么？是病态的疏离感吧？可有些时候我也能感到亲切，周围的一切，所有的人、所有的人的活动都让我感到亲切。也许真的是有这么一种病态，在感到亲切的同时，我又总是被疑惑纠缠：大人们忙些什么？我明白有些事情是非得要去忙的，然而为什么总是忙得没有个够？孩子们总是忙着玩，玩得没有个够，可大人们为什么总是限制，甚至禁止？

因此我不得不给自己找个时间，找个地方，让自己能够安安静静地独自一个人，想；或者什么也不想；享受疏离。

乡下的小镇，旁边就是四野，小丘，小树林。一个人躺在小丘上，看蓝天，蓝天上白得叫人心疼的白云，于是更加痛切地感到自己的幼小。所有的人，连同小镇的街道，街道上来往的忙着的人，都缩小到和我一样幼小。也和我一样不知道为什么要到这个世界上来，为什么要这样不停地忙这忙那，不一定这样吧？这里面一定有我猜不到的什么，想不到的什么，人家告诉我我也不懂的什么。于是我就不想了，专心享受四野、树林、蓝天、白云了。

渐渐地，我在蓝天的深处，在移动的白云间构建了一个属于我自己的世界，它的唯一的特点就是简单，纯粹的简单，因此也是纯粹幻想的。当然我也知道，在那个世界里很可能我也不会很习惯，我爱疏离，又怕寂寞，我也需要热闹，和小朋友一起爬树，掏鸟窝里的有斑点的小蛋，捉河沟里的五色鱼，打一场不大不小的群仗……也很放松，很快活，只不过很容易厌倦。应该有还要好得多的方法躲避疑惑的纠缠，同时保持疏离。

这样我就找到书本，躲进书本了。已经认得一些字了，只能说一些，要认的字太多了。凭这一些开始依恋书本。对于书本的感觉好像特别锐敏，锐敏到能够闻到书本的香气。到现在我还敢说，一点也不夸张，印书的纸和油墨，是有香气的，所有的书都这样。对于幼小的我，书是没有好坏的，只有读得懂的和读不懂的。

书本里的世界和蓝天白云间的想象世界有什么不一样？一样是幻想吧，不过书本里的更丰富，丰富到有那么多是我想象不出的。躲进书本比躲进蓝天白云更好。你可以独自一人但不寂寞，你可以拿书本上的幻想和不让你幻想的周围的一切对比，一边读，一边对比。

书本上的幻想世界是新奇的，灿烂辉煌的，远超出我自己的想象力的。故事里的智慧和愚蠢的对比总是在孩子能够理解的日常生活琐事里展开，很自然地让我联想到周围发生的一些我不懂的和不完全懂的，我认为奇怪而大人们并不觉得奇怪的事。虐待幼小者；对比自己活得困难的人的鄙视、冷漠、斗殴；议论别人的好事和丑事：婆媳之间，妯娌之间，兄弟叔伯之间的各种各样的事，在故事里都得到很到位的叙述和点拨，让你细细地去想。童话的书不但新奇，是神奇。人做不到的事都做到了，并且合情合理，你不会怀疑它的真实性，也不想怀疑它。不怀疑是有充足理由的，幻想本来就是好的嘛。小说里的昏君、奸臣、英雄、侠客……都可以很方便地和平常见到的大人们中间的某一个联系起来，有时就像我认识的某一个大人的影子。将书里的人与现实中的人联系起来，我并不是有意这样做的，但我觉得很有必要。虽然那时我读的小说只是作为儿童读物的节本，不过一个片段，但我已经很满足了。我得到抚慰，书本世界对于幼小的我是温暖的，给我提供了一个舒适的藏身的地方。

当然也有遗憾。故事、童话里的善良人和他们的生活和向往，我已经知道一些，很容易和书本上的人物联系起来，然而那些坏人却都很陌生，因为不懂得他们为什么要坏，坏成那个样子。昏君和奸臣，坏里面顶坏的，他们的坏好像不存在“为什么”要坏，就是要坏。坏成了他们的爱好。他们代表坏。就这么简单。生活里的坏人为什么做坏事，很有些是我想不透的，我必须努力去学会想透。

未知的世界

就这样想着，想着，忽然想到了：很明白，有一个未知的世界，很大的，很深很远的世界，必须走进去。而我这样幼小，无知，应该怎样走进去？一个孩子，不就是要学吗？谁来教我？大人们，老一辈熟人，老师（我读二年级了）教给我的，只有一句话：“听话。”听什么呢，要我听的我都听了，想听的却还总是没有听到，这叫我纳闷。我必须自己想办法让我能够走进我渴望进去的未知的世界。

不知道这种想法对不对：孩子们的游戏是对大人的模仿，模仿的目的是要走进未知的世界。那时候，我们的游戏有很大一部分是这样的：打群仗总是认定对方是坏人、昏君、奸臣；自己这一边是英雄、侠客。仗是非打赢不可的，因为我们是对的，他们是不对的。当然也可以把对方想象成偷果园里的水果、果园里的瓜菜的贼，以及偷鸡埘里的鸡的黄鼠狼。也学大人们下棋赌钱，只是下的是最简单的“猪卵孵棋”，输赢不超过两个铜板，主要是斗智吧，比一比谁的反应更敏捷，还有更重要的，比谁更有男子汉气概，经得起输赢。

没有好久我就渐渐退出这种模仿大人的游戏，虽然说不太清楚为什么，但我多少有点发觉这种活动只不过是我和小朋友们快速成长期间，躯体里涌动着的生命力不断高涨后的释放要求。下棋这种游戏的斗智性质只不过偶然闪现于求胜防败的心理过程里。我还没找寻到我自己的精神出路。

也许我真的有些怪。大人们总觉得这个孩子有些不正常是必然的。这时候我又遇到一些推不开摆不脱的揪心事，当然是人们不会去留意，更不会想了又想总是反复思索的事情。

小镇上偶然也会有变把戏的。据说是从南边来的，海港城市厦门，甚至更远的南洋群岛。他们也以跑过许多大地方自豪，可以说明他们的把戏不是仅仅只能吸引我们这些没见过世面的乡下人。他们的目的是卖“能除百病”的膏药，还有装在小玻璃瓶里的药粉。“把戏是假的，膏药是真的”，他们自己这样宣传。他们的机灵叫我佩服。叫我想不通的是，既然这样机灵，为什么还要“跑江湖”，还要用假把戏推销假药过日子？机灵就这样没有价值吗？难道他们不知道这样做是在浪费机灵，是对机灵的侮辱？我想不下去了，这太复杂了。

每年在一定的时候，会有道士从老远的浙江的什么海岛上来，头发像女人一样梳成髻状，还插上一根很长的银钗；灰袍；裤脚扎得高高的，膝盖那里有块厚厚的补丁，最特别的是背上背一个菩萨像，菩萨像前面还插三支点燃的香，一边唱着不知什么歌，走三步跪下来拜三拜。小镇的街道不长，笔直的，总共有千把米吧，算算看他要跪下来多少次，多少次？从街那头起到尾，走走跪跪拜拜完了，再挨家挨户化缘，想来大概总可以应付吃饭和住客栈的开销吧，然而也太辛苦了。他为什么要这样做，信神吗？和尚道士不都是讲究“静坐”的吗？老远地天涯海角地跑，不太辛苦了？也许是什么“苦行”，好像他又不觉得有多么苦，那么这也算是一种行当了，该不是很好的行当，虽然是以菩萨名义化缘，说白了还是和乞丐差不多，一样是向人乞讨。看样子不是很笨的人，干什么不好偏要干这个，这世界难道就没有他安身的地方？……这又会让人想好久，好久。

有时我会觉得自己很脆弱，有些事情很容易让我难过，当时难过，以后很久还难过。我最怕听小孩的哭声。我知道他为什么哭，因为他有痛苦，他用哭来表达，还没有能够用说话表达，他太幼小了。听他哭我知道他痛苦。为什么痛苦，痛苦些什么，我不知道。这叫我痛苦。但是我的痛苦比起他的痛苦小得多，他的痛苦是没有办法让人知道他为什么痛苦，他感到不被人理解的孤单。他是用哭来安慰自己的吧，来支撑自己的吧。让孩子总是甜甜地笑才好，让我忘记孩子的哭声吧。

小镇上有不少乞丐，他们来来往往，想必是在附近地区内流动，有的来的次数多些，我认识他们中间的两个。因为一个带只狗，一个带只猴子。带狗的那个，还带一个小道具，很小很简单的，跷跷板样的。乞丐唱一句，狗踩一下，脚一松板就落下来，顶端那串洋铁片就铃铃响起来。带猴子的那个，让猴子翻两下跟头，作几下揖，表演不那么枯燥单调。每次都这样，也很平淡，却给我留下很深的印象。那狗，瘦小，浅黄色的毛好像正在褪色，也是狗里面的小孩吧。那对茫然的眼睛总是叫人觉得有对生活失去希望的苍凉。乞丐一定虐待它，但是它又不能不跟着乞丐。那只猴子，很衰老了，也许是被耍猴戏的抛弃了的。乞丐收容它，让它做这种也算是表演的表演。它的眼神叫我害怕，那里流露的心思我完全明白，完全理解：我吃不饱。我知道你们谁也不可怜我。算了吧，我没有什么指望了，混一天算一天。那里面有一长串这样的话语，悲哀的，叫人流下眼泪的话语。

怎么会这样呢？这个世界怎样了？人，和人一起的动物，怎么会有这么多带着修复不了的创伤，万般无奈地活着？难道没有一点方法可以生活得哪怕比较好一点，只那么一点也好？

我想，我确实是有点跟别人不一样了，不只是怪，是怪得特可怜特可怜了。就因为看见了记住了不能不去想的事情多起来了，压向心头的负担多起来了。我并不愿意这样，我只想躲避，最好有个什么方法消解。我渴望轻松，自在，渴望被人理解，我知道我并不怪，不愿意怪。

躲到爱好里

我开始寻找，已经不能回到只晓得玩游戏的时候，我需要新的满足。我不算小了，读高小了。起初我找到画画。画画的愉快不就是把你认为美的东西弄得更美？第一步只是把书上的黑白插图涂成彩色的。颜料对于我有化妆品对于女孩子一样的魅力。让白纸上有各种色彩的交错、对比，形成可见的具体的幻想是最大的享受。花更红；小猫的眼睛更绿；雨点是银灰色的游丝；橄榄青里带黄叫人嘴馋。不管是不是真的画出来了，我都以为是已经画出来了。一直到不久后发觉画画是一件技术性很高的事，是要经过苦学苦练的，需要全身心投入的，而我缺少足够的精神余裕，我不再画了，而只是在对画的欣赏中寻求愉快、安慰。

差不多同时，我迷上音乐。音乐是什么？为什么会有音乐？我想音乐是用来补充、代替说话的最大缺陷的。音乐是无保留的说话，谁听到过百分之百的真实的话？哪怕百分之五十，甚至百分之十真实的都很少。谁听到过不真实的音乐？哪怕一支很短很短的山歌，人都要让自己真实起来才好开口唱。笛子里吹出来的，胡琴里拉出来的，口琴吹出来的，哪怕最短的曲子，都是从那些不真实的话里提炼出来的真实的、最真实的话。唱歌的人，吹笛子的、拉胡琴、吹口琴的人，在那个时候，都真实起来了，都把心里想的平常不经意说的话用音乐给说出来了。人们其实都有说真话的愿望呢。可惜我没有唱歌的嗓子，得有耐心去学怎样运用乐器，到头来只能是爱听，只能凭听觉享受音乐。

也曾迷恋戏剧。家乡的草台戏，据说是从很古老的“南戏”流传下来的有悠久历史的剧种。不要因为它古老而且简单就轻视它，对于幼小的我，那已经是最充分、最有戏剧特色的、十足的戏剧了。因为在我看来，每一个演员，扮演的每一个角色，戏文的每一个情节、唱腔、唱词、动作，都集中在表现人的内心里。哪怕一个昏君，一个奸臣，要做一件什么坏事，也会自己先说出来。少女会说出思春的心事，小丑在开玩笑之前会说“让我开他一个玩笑”，就这样叫你不能不相信这是真实的，虽然是演戏，但是比真实还要真实。到处是遮掩、假装、做作，戏台上却只有真实，怎能不叫人入迷？我甚至会跑十几里路赶到外乡看夜戏，甚至记得整本戏文，从头到尾唱一遍。戏剧让我觉得这种表演是在把人的内心活动无保留地展示出来，而且得到人们的认同。各式各样的心思、心事好像每个看戏的人都有，大大丰富了我对于大人世界的认识，我开始变得“老成”起来了。

真正让我“老成”的还是文学作品。这时的我开始读整部的被我叫作“大书”的旧小说、新小说。小说让我进入由许多许多人的互相关系编织起来的，许多许多故事环节联结在一起而形成的世界里。让我知道所有的人，包括还是儿童的我在内，都不可能孤立地存在，人是不能不互相依靠的，当然依靠的程度和方式也是有许多式样的，像我们儿童（我已意识到我不再是幼儿了）就不能不依靠大人，尤其是在生活上。

于是我有意识地开始摆脱对大人的依靠。因为在几乎察觉不到的某个突然来临的瞬间，我发觉自己可以说是少年人了，再依靠大人是可耻的，不正常的。但是又能做什么呢？除了有力地用逆反心态来维护作为一个独立的人的尊严之外，还能做什么？我开始看不起那些守规矩的、胆小怕事的同学。那个可怕的、涵盖一切的“孩子必须听话”的行为准则越来越叫我痛恨。老师和同学里的好学生开始给我下“倨傲”“犟”这类难听的评语，我的好朋友都是有名的“调皮角色”。也不再思考什么了，以为自己知道的已经够多了，在长时间的疑惑、躲避、寻觅之后，没有任何人，任何书本的引导，我居然不由自主地走进了虚无主义，这世界只让我厌恶，我用虚无主义反抗它。

诗魔附身：苦恼，困惑，挑战

写诗，是思绪的，情感的，甚至是在知觉的生理反应驱使下的宣泄、释放、呻吟或呼叫吗？大多数情况下应该是的，忍不住了，压抑不下了，那时候会有那么多热得烫喉咙的话不说出来不好过，于是想写，于是写下来了，想来每个人学习写诗的最初经历都这样。但是难道就只是这样？过细想想，是还有另外一些，层次深一些，涉及面广一些的因素，不可能宣泄、释放过了就没事，说到底，精神活动，不是做体操、跑步、游泳什么的。

为什么迷上诗，长时间迷上，这里面有什么玄机？凭什么形容写诗是“苦吟”，既然这样苦，还写，不怕苦？写来写去，总算学到了这么一点：既然是精神劳动，那么劳动辛苦，也很有乐趣，不是有“创造性劳动”的说法吗？别的不知道，写诗和一切精神劳动一样，不是机械地重复，是在创造，创造没有固定的框框，没有底线，没有终端，探索、实验、反复、再反复。这个我渐渐明白些了。那么，不是迷上“苦”，不是中邪、着魔又是什么？

是有这么一个魔，就管他叫诗魔吧，迷上写诗，越陷越深，叫作诗魔附体吧。这诗魔缠住你，不是毒蛇那种缠法，附在你身上；不是水蛭那样，叮得你痛。倒很舒服似的，有点痒，有点迷糊；有时又神经病发作似的疯疯癫癫，有时守财似的斤斤计较，连个标点符号也不放过，梦里说醒时的话，醒时说梦里的话。有什么好处呢，值得这样？只用苦笑回答，意思是在“你没迷上，不可能知道的，你来试试看”。

谁试呀，你这份苦中有乐的乐，真玄，真邪，着了魔的还能没有魔气？别人把你当成疯子，诗疯，另类的另类，你觉得很正常，因为诗魔已经附在你身上好久好久，人以为苦的不苦，人以为乐的毫无吸引力，有吸引力的倒是那些啃不动嚼不烂的什么语言问题、形式问题、传统、创新，是浪漫主义还是现代主义等，足够难倒不满三十岁就因用脑过度、额头至少三道深沟皱纹的学者的难题。诗魔的法力在于：不是教所附身的诗迷解题秘术，却能叫他成天整夜跌进难题网里，爬，滚，越爬越滚，难题之网缠得越紧，无法脱身，甚至不想脱身而有乐于被捆绑之瘾。

学习写诗多少年了，这切肤之痛，之乐，摆不脱，也不想摆脱，除了这，好像也没有什么愿意来打扰，也不敢奢望有什么正道的、有出息的、有前途的好事来找到你，不成器，已经习惯让诗魔牵着鼻子走，谁知道会走到哪里，走就是了。

说起语言，用苦恼这个词就能说到点子上。都说文学，特别是诗，是语言的艺术，清楚些的说法是：语言是文学的、诗的材料，就像雕塑家的黏土或大理石，没有材料，无从成形，不成形就不可能是独立的存在。然而问题来了，语言，很简单，除了哑巴，谁都在用语言，丰富、复杂到叫你吃惊。千万个族群、千万个地域的语言带着千万个鲜明特色，奇怪的是越是小族群、小地域的语言越是富有文学语言素质，越富有表情。有正在运用的，还有前人包括老远年代的古人用的流传下来的；有嘴上说的，又有用文字符号记录下来的；听得懂的和听不懂的在交流，习惯了的说法和不习惯的说法的掺杂。就是覆盖面最广的通行语（母语），很简单的内容（比如说“我想去”或“我不想去”），随着情景不同，也可以有多少种不同说法。语言有音调，音调也就是色调，而且还变色龙似的，会随时随处变。语言还很有怪脾气，很犟，有时你只能听它的，它就是不听使唤。生活在语言大森林里，选材、用材、艺术加工，够吃力的，但也够有趣。都说写诗的应该是语言炼金能手，而且炼出来的必定是你的金，和别人不同的金，让人一眼看到就知道是你的。学写诗，总是因为写不出理想中的诗苦恼，苦恼什么？语言苦恼摆在首位。

诗魔附身，这个魔可不止一只面孔，一副心思，想法却只有一种：你跟我走。对于我，他这几副是：古典主义、现实主义、浪漫主义、现代主义。古典主义离我远，敬而远之；现实主义，也不知为什么，好像早已在我身上扎下根；现代主义，五花八门，只知道那应该是现代的现代主义，有亲和力，这个可爱的魔也已经落户，住下来了，不是附身，也不是硬要巴着你的挥之不去的可怕的魔；又可怕又可爱的是浪漫主义，他和诗、和文学艺术各个门类都有先天的血缘关系，他的生命力可强着呢，他代表情感、想象，不是一般的，还特别强烈，是激情，是奇思妙想。文学艺术少不了他，更不用说诗。诗，白居易给下了这么个定义，“根情、苗性、华声、实义”，情可是根本呢。诗不就是抒情吗，怎么能不浪漫主义，附身就附身吧，有什么不好？然而问题来了。他代表一种主义、一种信念、一种观点，他只要根，不管长出的是什么苗，会开什么花，最后结成什么果，他对，没对错，但只对四分之一，人类文明史的要求必须对四分之四。你学写诗，什么都不管，只管抒你的情。当然，写诗很个人，很个性，爱怎么写就怎么写，可又不能忘记：人是社会的人，文学艺术总是通过个人感受表达特定社会群体的感受和思考。毕加索说：画家为什么画画，因为他有话要说。写诗的人抒情，个人之情应该就是群体之情，可是浪漫主义走极端，强调个人过头，个人凌驾一切，到头来连个人也没有了，个人情感恶性膨胀，勉强灌进虚假做作的气球里，一声爆炸化为零。看来，不管我们愿意不愿意，个人的一切都被打上历史进程的印记。和时代之轮同步向前奔，还是向后看，是很严肃也很严格的选择，可是，浪漫主义又是文学艺术本性的一个重要方面，文学艺术素质的一个重要成分，你写的作品，不论哪一种形式，里面必然有它，没有它就不是文学作品，更不用说诗必须集中精粹地凸显文学艺术的这个特性。事实是，浪漫主义如果在今天还是作为一种思潮，一种创作方法，一种审美追求，就行不通。这里有好多具体问题，现代人的感受，现代人的思维，现代人的审美取向和需求，简单化的个人抒情不但已经远远不能回应诗歌艺术发展的新任务所提出的新的要求，而且已成为障碍、赘疣，甚至是导致腐蚀的霉菌。可它又是那么顽强，附着在你身上，冷不防就冒出来，让你不知不觉地又浪漫主义起来，又唯情、唯美，又写出好像一百年前古人写的那种诗。值得注意的是，它还有市场，还为一些人欣赏，包括你自己，奇怪吗？也不，两世纪之交，新旧更替，怀旧情绪不会很快消失，接受新事物要有个过程。在我，是痛苦的过程，是长久的困惑，可以好像很前卫，很有探索、实验的勇气，写出来的骨子里还是浪漫主义老一套，还不能不在困惑中挣扎。

说到诗，最初想到的就是形式。很古老的习惯，诗不就是最精炼的文学体裁吗，不就是短小精炼，四言、五言、七言，不就是讲音节，有律的吗？于是自古以来诗就有格律，要押韵，西方有十四行诗，日本有俳句、和歌。现在我们写自由诗，“五四”新文学运动产物，一出世就被看作怪物，人们惊呼：既然不押韵，何必叫诗！写自由诗容易，随便怎么写都可以，所以有这么多人写，是这样的吗？看来旧体诗好像还容易写些，五四运动好几十年了，还有这么多人写，不会比写新诗的少。自由诗容易写不？我看最不容易。格律诗，首先给你准备好一个定型，按葫芦画瓢就是，当然其中也有好多讲究，好像认真讲究的也不多。自由诗，你写这一首就得给这一首造个型，必须让它有个造型感，什么样的内容就相应地应该有什么样的造型，长、短、章、节、句，统一在可视的造型里，还得加上语言的色调、乐感，是有那么多功夫该下的。古人“吟成一个字，捻断数茎须”，功夫下在一个一个字上，我们现在必须下整体功夫，作整体设计，有全局布置，因为现代人的思维就有这么全方位、多向度、多层次。单纯固然好，现在已经不能说绝对好，只能说相对好。自由体，很不轻松，别以为上不封顶、下不包底、海阔天空，它是既自由又很不自由的，创造艺术品，要求很严格，严格到残酷的程度。写诗遇到的最大的挑战是形式的挑战，我知道，我的应战能力有限，但还得鼓足很小的这一点点勇气，东奔西走地闯荡。常常想，没有勇气写“不像诗的诗”，就干脆别写。不像，反习惯的“像”而行的异端的，另类的，让人摇头、侧目而视、掉头而去的诗，人们觉得怪，因为从没见过，不能接受，怕烫手；不认同，因为不合规范，如此等等的回报，和写诗的为应对形式的挑战而付出的努力，相比之下，轻松多了，随意多了。其实这些都不重要，最重要的是面对挑战不怯场，要咬紧牙关接受考验，临阵逃脱就是搁笔不写，做不到了。一直热衷写散文诗，也因为不能不这样。散文诗很先锋，很另类，也很前瞻。诗魔附体，我已迷惑太深。不会放弃，正如早上不会忘记刷牙，不会忘记一天服五次药。

为什么这样？一定有深层次原因，有个核，里面有中子，放射着能。宣泄，释放，还有个非生理性的东西在不停息地驱动，有很强劲的企求：寻求美，创造美，在我，只有一个选择，写诗。很天真的，或许还很鲁莽的想法，年纪很小的时候就这样：这世界太窒息，灰色、喑哑，所有的人在我看来都可悲，越厉害越可悲。《三国演义》人物都狡诈、愚蠢，我为他们悲哀。《红楼梦》写得好，写最热闹场面想一想你会觉得最可悲。陀思妥耶夫斯基的《穷人》《被侮辱与被 损害的》，狄更斯的《大卫·科波菲尔》，都曾让我醉酒一样地沉醉十天半个月。鲁迅先生《〈穷人〉小引》里的“世界竟是这么广大，而又这么狭窄”“爱是何等地纯洁，而又何其有搅扰咒诅之心呵！”《野草》里的“于浩歌狂热之际中寒，于天上看见深渊，于一切眼中看见无所有，于无所希望中得救”，更是成为我的座右铭，不能自已的哀伤、无奈、茫然，这世界永远带着神秘感，永远激发我的好奇心，永远让我疑问、猜想，也许正是这样，诗魔乘虚而入，俘获了我。曾想献身乡村教育，从军、坐牢，其后一心想献身文学艺术，都是为了寻美、创造美，用美改变世界，提升自己。美是我的宗教，诗是我的宗教，不需要教主，也不是信徒，不皈依任何宗教，只皈依美，皈依诗，跋涉在寻美寻诗的路上，回过头看，脚下留的凌乱的脚印，催促我走下去，我也只有走下去，再走下去。走下去，就是接受考验，诗魔对我的考验。

（原载《扬子江评论》2009 年第 4 期）

《外国诗辞典》序

诗歌在人类文化里有着崇高的地位。历史学家早已发现，人类在蒙昧时期就自觉地用诗的灵感来证实自己的智慧、尊严和文明进程。每个民族都以诗歌艺术的发达表示精神素质的优越，表示他们绝不迟钝、粗野。诗不但是文学的元素，而且是所有艺术创造物的元素，是最困难的同时又是作者最多的一门艺术，几乎没有一个人一生中从来没有过“诗兴”，在生活中最激动、最难忘的日子里，有谁不曾为诗的谜样的魅力所陶醉，不曾像个诗人般地吟哦过呢？诗歌文化从来就是人类的骄傲和共同财富。改革开放以来，随着文化交流的增进，兴起于五四运动、始终处于世界诗歌大潮流中的我国新诗，正处于一个新的发展阶段，诗歌在我国人民的生活中占有非常重要的地位。人们从更加广阔的视野里了解各国诗歌的历史现状的要求，更加迫切了，这是十分自然的。一方面，作为诗歌古国的我国对人类诗歌文化曾经有过辉煌的贡献，对其他民族的尊重历来是我们自信的表现。另一方面，多年封闭之后，我们发现我国诗歌文化和当今世界诗歌文化发展水平存在着明显的差距，发现我们在相当长的一段时期内没有用好我们的才能，跻身于当代诗歌先进行列的紧迫感，和由此而产生日益旺盛的求知欲，正是我国诗歌文化腾飞的征兆，这是使人兴奋的。正是在这样的背景下，我们编撰了这部《外国诗辞典》。

我们认为，作为一部专业性辞典《外国诗辞典》，它和一般文学辞典的不同之处应该是：尽可能全面、系统地介绍中国以外的世界诗歌文化过去和现在不断积累起来的、本领域知识中读者最需要掌握的重要和精粹部分，以详尽的但经过严格选择的词条，通过尽可能简明扼要的释文，将人类诗歌文化广泛的、丰富多彩的现象，经过浓缩提供给读者，为读者在工作和学习中遇到的各种问题提供尽可能准确的答案或可靠的线索。我们的愿望是使它成为能够最大限度地满足读者的需要，成为具有一定价值的咨询工具书，不但适用于诗歌创作者、文学和诗歌研究者，也适用于文学和诗歌爱好者。

我们认为，我们的设想应该首先体现在这部辞典内容的广泛性，即它的收录范围上。它应该包括诗人、名著名篇、重要事件、重要出版物、诗歌团体、流派、诗歌奖等，尽力做到不遗漏、不重复。从地域上说，它的覆盖面应该遍及中国以外所有地区。我们唯一的取舍标准是：凡属有价值、有意义的诗歌文化现象都应该收录。不论大国、小国，不论其诗歌文化积累情况有多大不同，它们都曾经和正在以各自的独特成就丰富了人类精神宝库，因而都应该受到重视， 不应该以这个国家的情况要求另一个国家。从语种上说，不应该只注意英、法、西等大语种，而忽视其他语种。我们还注意到对世界各地华文诗歌的介绍。我们认为，各国华籍、华裔诗人用华文创作的华语文学应该和诸如英国以外的英语文学、法国以外的法语文学、西班牙以外的西语文学那样受到同等重视，虽然目前在某些国家和地区它还处于开创阶段，但随着中国的现代化、中国国力的增强和中国文化的飞速发达，世界华文文学地位的日益提高是完全可以预期的。我们还认为，不能以世界性大诗人为标准要求所有的诗人，凡是在各个国家和地区得到承认、有一定影响和成就的诗人都应该收录，事实上，我们需要了解的往往不只是人所共知的大诗人。人类某一历史时期诗歌文化全貌也不可能由某一位诗人来代表，虽然他的成就显示了诗歌史上某一时期的高峰。我们的认识基点是：世界诗歌所体现的首先是全人类对诗的本性和素质的共同认识，共同通过对现实生活中的诗的把握并通过诗的艺术创造实现的、对现实认识的深化和人自身品格的提高，达到推进现实发展的共同愿望。其次是由于各自不同的现实社会和精神生活发展历程形成的、不同的现实和爱美经验形成的、不同的把握现实生活中的诗，并加以艺术创造的特长。世界性是实质性的，地域性是派生性的，因此，以某个地域为中心或以某个语种文化为中心都是不可取的、非科学的。

这部辞典的词条以诗人为主，我们认为这是必要的。离开诗歌文化的直接创造者，就很难具体、深入了解丰富多彩的诗歌文化现象。其他词条也同样与诗人密切关联，名著名篇是诗人写出来的，诗歌史上的大小事项都与诗人有关。同时，我们也注意到不把这部辞典编撰成单调的诗人人名录，我们希望它能成为或接近成为一部“横向”的诗歌史，世界诗歌文化发展进程中的丰富成果和经验在这里应该从众多角度得到反映。在词条设置上，我们遵循的主要是这些原则。

在详尽程度上，我们既重视古代诗歌，也重视现当代诗歌。古代诗歌有过光辉的成就，二十世纪后半叶以来的现代诗歌的发展更加引起我们的注意。在时限上我们尽可能延伸到当代，当今人类文明发展的速度是这样快，诗歌领域的新思潮、新流派不断出现，一部鲜为人知的作品很可能突然震动世界，一个默默无闻的诗人很可能一下子誉满全球。我们的愿望是尽可能迅速地反映新的现实和现实提出的新的问题，不至于让人觉得这是五年、十年前出版的过时的出版物。我们对东方（阿拉伯世界、印度、南亚次大陆、日本、朝鲜、东南亚各国）给予更多的注意，我们在文化上和他们有着不同程度的亲缘关系，而我们对他们却往往了解不够。我们对拉丁美洲、非洲、大洋洲也同样给予较多的注意，二十世纪以来他们的崛起给予我们的启示和鼓舞是十分可珍贵的，我们不应该对他们依旧生疏。

我们也希望这部辞典能够达到比较符合要求的学术水平。它不应该让人觉得虽然也还算提供了一些资料，但似乎仍然不是必不可少的工作和学习伴侣。这里首先牵涉的当然是我们的学力、工作态度和方法、工作条件问题。学力不可强求，工作态度和方法却应该从严要求，工作条件应该努力去创造。一部辞典的学术水平主要指内容的科学性，作为专业性诗歌辞典，应该对诗歌文化现象所显示的历史内容和文化素质作出客观的反映，而不应该仅仅冷漠地、流水账式地抄录人物履历表、年代记、图书目录；避免匆忙地以赶浪头的方式对两种以上不同观点产生以及对人和事的不同评价作所谓的“表态”；对争论中的，未有定论、定评的人和事和与其相关联的正、反面问题要尽可能公正地、冷静地作无偏见的介绍，在引用权威性评论的同时，也应相信读者能够作出自己的判断。我们的主要任务是提供可靠和有用的资料和信息，我们不可能像写诗歌史、诗歌评论那样写词条释文。

我们认为，重视科学性和重视可读性并不矛盾。在要求表达得明白准确，避免含糊不清、模棱两可的同时，应该注意避免行文的枯燥干涩。辞典的词条释文有它自己的文体，发表议论和进行想象式的描写都是不可取的。我们注意到了避免用大同小异的陈词滥调作过分的赞许，也避免用苛刻的语言作过分的挑剔。

好的愿望的实现必须经过努力，努力的效果决定于我们的能力。我们知道，我们编纂的这部辞典不可能没有缺点和错误，使我们安心的是我们曾经做出了真诚的努力，因此它可能多少接近我们的愿望，我们希望它能在大家的帮助下逐渐达到完善。

1992 年 3 月

这是燕郊为安徽文艺出版社《诗歌大辞典》（罗洛主编，他主编《外国卷》部分）中《外国卷》所作的序言。从 1988 年底开始组稿，集四十多位专家，撰写辞条约两百万字，于 1992 年交齐稿。1994 年该社做最后校对，并称已列入省“八五”出版计划，但迄未出版。在陈稿中发现他的“序”，为他当时的一片苦心和期望，也为凝聚了众多专家的辛勤劳动而遭遇如此，深感遗憾！年前，我曾经多次和该社领导、编辑联系，据对方称：事隔多年，原件已难追寻，无法退稿，云云。

兰欣　谨识

2011 年 9 月 28 日

（原载《书屋》2011 年第 12 期）

在湘大的日子

二十世纪七十年代末，1979年3月，那个整个中华大地洋溢着希望气氛的年代，结束四分之一世纪不寻常生活，我来到湘大，重新做自己爱好的教师工作。和所有经历过不堪回首的噩梦般的十年“文革”的人一样，浸沉在庆幸美好憧憬终于再一次亲切闪现的大欢喜里，一切都那么鲜亮、温煦、贴近，几乎伸手就可以触摸到，有一种被爱和可以勇敢地去爱的幸福感。

听说，湘大创办时，湘潭人上北京求见毛泽东主席，要求支持，特别想请他给派些教授来。毛主席的回答是，有了大学，就会有教授，大学出教授，不是教授出大学，从头干起吧。

“四人帮”垮台了，拨乱反正，一切从头再来过，中华大地忙着恢复没有做完、做好而一直渴望做成的建设国家大计，开始做以前没做过、不敢做的事，节庆般的日子，浓郁的狂欢气息的日子，来到湘大，我的最初感受就是这样。万事起头难，当然，那个时候谁又怕难？创办时留下的建筑物只有几栋，学生宿舍记得是四栋，一栋比较大的兼作会堂的食堂，还有一栋医院。有好多老师住在农民家里，三位校领导住在医院楼上。

最初，我被安排住在学生宿舍一栋二楼中间一个小套间的前房，两边是学生们的住房。小套间后房住着郭青峰老师，前房不大，好在我除了一张小床、一张小桌和两个木箱没有别的什么。我和郭老师都在食堂吃饭，打热水，打开水，每天晚饭后都和郭老师一起到后面大家都叫作“北山”的那一大片起伏不平的山丘上散步，边走边聊天。那时候学校的主要建设项目是图书馆，我们都认为这样做非常正确，大学是必须有个好图书馆的。当初选校址的时候，可能较多考虑环境的幽静，选中了这个偏僻的山窝，学校要发展，只能向背后的一片又一片起伏的小山包延伸，图书馆址正在山脚下，几乎硬是削平一大块山体才开辟出必需的地基，从总体规划说，这还是一小部分，据张勇校长说，这片山丘都要推平，后来果然也都推平了。

才到学校那半个学期，只给一班工农兵学员上课，好像是最后一届了，学制不一样，是三年制吧，时间短，和同学的接触不多，他们好像都较腼腆。暑假过后，来了77级同学。这批同学一来，学校整个气氛就大不一样了。

基建工程进展很快，在现在叫作东坡村那里建了两三栋教师宿舍，两室一厅的，在那时算是很可以的了。左维老师、沧南老师，还有郭青峰老师和我同住一楼，郭老师仍旧是我的邻居。来了一个外籍老师，也住那里。学校没有围墙，校区里还住着农民，楼下就有水田，农民正在忙春耕，有时想出去走走，一走就走到田野里。在城市里住久了，这下算是圆了少年时代的梦，那时我的理想是做一个乡村教师，生活在农民里，在大自然里。有了房子，我开始把长沙家里的书逐步搬来，开的课是“诗歌概论”和“民间文学”。77级同学很不一般，比几届以后的不一样，比“文革”以前，甚至建国以前的都不一样。经过“文革”，经过上山下乡接受贫下中农再教育，年龄一般较大，比较成熟，求知欲更强，那时，我有些不能不参加的社会活动，常常离校去长沙参加会议之类的，只好回校后补课，有时还不得不在晚上补课，同学们都很体谅，很配合，没有缺课的。我上课还有个不能说是好的习惯，一般都来得比同学早，喜欢两节课甚至三节课一口气讲下去，中间不休息，同学们也没意见。还有一两次，觉得课程结束不了，期末加上两三节课，也得到同学们的配合。对于教学工作我有偏爱，一方面，同学们旺盛的求知欲和对我的很宽容的信任感动我，推动我努力学好、做好；一方面，为了做好，必然学好。其实我又能教给他们什么？对诗，对民间文学，我只不过是爱好，我必须边学边讲，这对我帮助真太大了。那时已经有录音机了，杜平等同学还帮忙整理成记录稿。喜欢诗的同学常拿写的诗来和我讨论，喜欢民间文学的同学开始收集资料，得到学校的支持，同学们创办了文学刊物《来者》，引起文艺界和兄弟院校同学的注意。

有两件事给我很大的鼓舞：第一件是成立了“民间文学研究室”，这在国内算是比较先走一步，虽然还只是试验性的，还在摸索，不过很有信心，并得到学术界前辈的支持，在《湘潭大学学报（哲学社会科学版）》上出了一期《民间文学专号》。1981 年，招考了民间文学专业硕士研究生，77 级同学袁铁坚、杜平成为我校第一批民间文学硕士中的两个，袁铁坚同学对于湖南“夜歌子”的研究，杜平同学对于湖南孟姜女传说的研究，都有一定的创见，得到学术界的称许，袁铁坚同学在中国旅行社深圳华侨城主持的《民俗文化村》，被公认为有示范性的创举。可惜的是，杜平同学英年早逝，未能尽展所长。

诗，永远是青春的伴侣，由于热爱诗的同学越来越多，很自然地有成立全校性诗歌团体的要求，这得到校领导和系领导的关心和鼓励。第二件就是 1983 年成立了“旋梯诗社”，历年连续出版多期《旋梯》诗刊，还出版过一套《旋梯诗丛》，举办过全省大专院校学生诗社大会，编辑出版《全国大学生诗选》。旋梯诗社成立二十三年后的今天，仍然经常举办有关活动，社员们还在写出许多清新可读的诗作，成为国内有数的具有一定影响的大学生诗社。

八十年代初，学校建成当时最宽敞的、现在大家都喊它“校长楼”的新的教工宿舍，安排给我一套，房子更宽了，我终于能够把全部藏书搬来。书多，吸引同事、同学常来聊天。每天晚饭后，少则五六位，多到十一二位，都喜欢到我这里来，来得早些，就一起到屋后的北山散步，来得晚些，就聊天直到要就寝时才告辞。我生活在温馨的大家庭里。

从 1977 年到 1987 年退休，十年湘大教工生活①，回忆起来，有那么多感动人的难忘的美好回忆，同学们可爱，同事们可爱。说起同事，最难忘的是勤勤恳恳做学问的张铁夫老师和他的夫人曾簇林老师，他们的成就是有目共睹的。还有刘庆云老师和史大浩老师，刘老师的《词话十论》堪称当代词学著作中的扛鼎之作，大浩老师主持学报，一直念念不忘关爱我，真比亲人还亲。华济时老师甘于默默无闻，埋头科研，他那部关于湖南现代文学的著作，其实就是一部很难得的“信史”，

① 此处记忆有误，彭燕郊到湘潭大学任教是从 1979 年开始的。

虽然不自标为“史”。陈耀球老师，贺建成老师，都古道可风，不嫌浅陋，总是抽暇听我讲课，给我勇气，给我护航，此情此景，今天回想起来，心里还觉得温暖。徐炼同学，现在也当教师了，毕业后我们共事期间，情同手足。原中文系主任王方之和夫人陈岳云，更是三十年如一日，无微不至地关爱我。我常想，一个人生活在世界上，不可能只是一个人，应该是一个人和许多人生活在一起，孤单的生活是不可想象的。

这些年，常有机会回湘大，每次回去，看到学校日新月异的变化，总是兴奋不已：中文系已发展成为文学与新闻学院，在季水河院长和他带头的领导班子的努力下，正蒸蒸日上地向前发展着，今天的湘大，已跻身百强，作为一个“退伍老兵”，怎能不高兴！

生活是丰富的、多彩的，丰富多彩中多的是温馨，回忆温馨，用温馨的回忆喂养自己，就能生活得更有信心，让生活更丰富多彩，我不能不珍惜十年湘大的回忆。

（收入王继平主编：《回望湘大——湘潭大学五十周年回忆录》，
湘潭大学出版社，2008 年；并刊载于 2008 年 9 月 10 日《湘潭大学报》）

彭燕郊致施蛰存书信九封（1981—1982）

易　彬／辑注

（一）一九八一年九月四日

蛰存同志：

得到你的信，真高兴！

暑假我到长沙去了（离此一百二十里），今夏大热，简直受不了。我估计你可能出去避暑去了，可我自己前天才回来，距你给我的信寄到之日已将近一个月了。

四次文代会[①]，日程太紧，我住北京市四所，和你们的住处相近，但也没法多去，只去一次，匆匆间见到王西彦、许杰、马宁、郭风几位，很多想见到的都没能见到，真太遗憾了。

但我在报上读到你的新作，引起很多感触（不止对你一个人的）。我之称你为前辈，自己认为是恰当的。我认为一个人的劳绩是不能（当然更不应）无视的，你为新文学运动做的贡献，应当得到应有的评价。而我呢，毕竟是得到

① 全国第四次文代会于1979年10月30日到11月16日在北京召开，施蛰存也参加了会议，但目前并没有彭燕郊当时与其会面和交往情况的记载。

你的教[①]的后辈中的一个。

出版译诗丛书，是我开的头，给他们提的建议，开始似乎还不那么热心（这些年人们提到诗就摇头，假、大、空泛滥之后果有如此者！），现在期望颇切，我也乐于帮他们“跑跑腿”，现在，得到你的援助，可庆幸处，岂仅得一忘年之知己而已。

译诗集计划以人名集，就带有“全”集之意了。我们的设想，某个人的译作，不管过去是否出过单行本，都要把它包括进来。望舒译洛尔迦，译恶之华，都是一绝，不可不收，这似乎也不涉及版权问题。最近看“人文”书目，“洛”集他们亦未列入重印计划。此外散见各处的译诗，我所保存的仅叶赛宁、《西莱纳集》[②]两组。今秋我拟去桂林查阅该地图书馆所藏报刊，我记得那里是有《星岛日报》（当年望舒在编“星座”时的）的，当可查到一些。资料搜集到后，当即寄到你处，请你编定。“人文”处，所拟出的全集，我估计不会包括译作，因译作成书者多达三十种上下，有些（如《弟子》《紫恋》[③]）恐亦在一般人的视野之外。不过这只是我的揣测罢了。总之，如这里先出，也就没问题了。

你的译诗，我记忆最深的是《现代美国诗抄》[④]，我认为也是译诗中之一绝（你当可相信我辈中人皆不善于说不由衷之言的），其中不少诗（如《咏树》）后来有好几个译本（杨周翰等），平心而论，确都译得差些。我建议你把原计划的四册合成一集，使之全，读者必定会感激你的。过几天我到长沙，和他们具体商量好，再写信给你。至于篇幅多少，是没有什么关系的。

另外，还有这些事要麻烦你告诉我：

1.《现代》上的陈御月，是否望舒的笔名？安簃是否你的笔名？[⑤]

2. 我想建议把朱湘译的《番石榴集》列入译诗丛书[⑥]，需要找朱的家属，不

---

① 原信此处在信纸转页处，“教”后疑有脱字。

② ［法］特·果尔蒙：《西莱纳集》，戴望舒译，《现代》，第1卷第5期，1932年9月。

③ ［法］蒲尔惹：《弟子》，戴望舒译，上海：中华书局，1936年；［法］高莱特：《紫恋》，戴望舒译，上海：光明书店，1935年。

④ 1934年10月，《现代》第5卷第6期出版“现代美国文学专号”，其中有施蛰存译《现代美国诗抄》30首。《咏树》为乔也斯·凯尔默（Joyce Kilmer）的作品。

⑤ 陈御月为戴望舒笔名，安簃为施蛰存笔名。

⑥ 朱湘选译的《番石榴集》（商务印书馆，1936年）收入古埃及、阿拉伯、波斯、印度、希腊、

知你知道不？有什么线索？

3. 抗战前上海商务印书馆出版了于熙俭译的《邓肯女士自传》[①]，此书大可重印，但找不到于熙俭其人，你知道吗？

4. 我很喜欢艾林·沛林，拟写一小文谈他的作品在中国的流传。抗战胜利后你在上海出的那套"域外文学珠丛"[②]（我没记错吧），我一直保存其中两种（《胜利者巴尔代克》《称心如意》）。"文革"乱后，已失去了，我明显记得其中是有艾林作品的，而且记得东欧小国短篇集，在你那套丛书中有三种或更多些。不知你手中还保存这些书不？能不能把尊译艾林作品篇目见示（从周作人起到胡愈之、鲁彦直至解放后所译的，我大体有个眉目了）。介绍东欧短篇，我认为也是你的一大劳绩。

5. 记得你在"珠丛"序言中曾提到你想过用"北山译乘"名这套丛书[③]，此名甚好。译诗丛书，你能代拟个名称吗？简捷地叫"译诗丛书"，似乎不够味，我又想不出，只好向你再啰唆一阵了。

开学了，想必甚忙。本期我没课，因而可以较自由些。你年事已高，千万多珍摄，不能不以此类琐事相扰，乞谅！乞谅！

盼赐复 即颂

健好！

彭燕郊

1981年9月4日

（接上页）罗马以及意、法、西、德、俄、英等国诗作数十首。"诗苑译林"丛书后来出版洪振国整理加注、罗念生作序的《朱湘译诗集》，长沙：湖南人民出版社，1985年。

① 爱莎多娜·邓肯：《邓肯女士自传》，熙俭译，上海：商务印书馆，1934年。

② 1948年9月，施蛰存的三种译作，《丈夫与情人》（匈牙利莫尔纳著）、《称心如意：欧洲诸小国短篇小说集》（原名《老古董俱乐部》）、《胜利者巴尔代克》（波兰显克维支著），列入上海正言出版社"域外文学珠丛"。该丛书原计划出版10种，但实际上仅出三种。参见沈建中编撰：《施蛰存先生编年事录》，上海古籍出版社，2013年，第570页。

③ 1945年10月，施蛰存译作东欧诸小国短篇小说集《老古董俱乐部》，列入福建永安十日谈社的"北山译乘第一辑"，书末刊有广告"北山译乘第一辑——施蛰存先生选译"，计划出版10种，参见沈建中编撰：《施蛰存先生编年事录》，第522页。

（二）一九八一年九月十七日

蛰存同志：

得九月七日来信，大喜。十日回长沙（我家属还住长沙，距湘大一百二十华里），一是过节，二是找出版社的同志商量译丛的事，他们听到我所说的你的意见，同样大为高兴。现在他们正在定明年的计划，译丛事实上已列入计划了的，接下去的就是具体安排了。

你提出几点，都很中肯。望舒译诗集，就是个“洛尔迦诗抄”要不要收进来的问题了。我已去信绿原同志（他在人文外国文学部），请他代征求一下人文的意见。如他们不同意，也就算了。

集名依你所说，不用译者名集，我想了一下，确乎好些。如“洛”集不收入戴集，诗集用的不是他的名字，即不带有“译诗全集”的含意，也就较有回旋的余地了。但如朱湘的《番石榴集》能收进来，用原书名怕商务会有意见，去年这里出了李健吾的《福楼拜评传》，其实商务是不会再印此书的了，据说也仍然提出异议，理由是他们书店现在还存在。

丛书名确乎不宜太雅。“外国诗歌丛刊”有个分别（“丛书”似较能与目前的大型文学丛刊——实即变相杂志），确较通俗，但目前此类名字的刊物（如外国文学丛刊、美国文学丛刊等）不少，用一个既通俗又大方、又好记的名字，当更理想些，你看怎样？要我想，一时却想不出。

开本，如你所说的，甚好。但“百花”那套小丛书我未见到。我也喜欢诗集印雅致些，不要搞来堂而皇之的一大本。直行排，大约不可能，可以试着跟他们提一提。

绿原答允译一册“欧美现代诗选”，沈宝基在长沙铁道学院，他在写一篇论阿波里奈尔的论文，已译了十来首阿波里奈尔的诗给我了。他有个学生也在译。梁宗岱、卞之琳不知已回信给我了没有（我到长沙来了，信是寄到学校里的），其余的尚在联系。十二册当可无问题。

现在，可以确定的首先是你和望舒的、绿原的。请把书名拟定（你和望舒的）、篇幅大体上多少行。你看是不是一般在二百页上下为好，一百五十页似乎薄了些，厚一些倒没有什么关系。一般每页（横排）二十二行上下，用五号仿宋体。

望舒译的那几首叶赛宁诗，过几天我回学校，当即抄奉。

我想要知道你译了那(哪)几篇艾林·沛林？收在那(哪)本书里？我拟写一文，亟须你告知。艾林的其余译本，我大体上掌握了。至盼！至盼！

匆匆 祝

秋好！

彭燕郊

1981年9月17日

（三）一九八一年十月十二日

蛰存同志：

你九月廿四日写给我的信我是三十日接到的，那天我就回长沙去了。一来是回家过国庆节，再则是译诗丛书的事，还有，此间办一民间文学刊物（名《楚风》，每期约十四万字，季刊）暂无人负责，我只好顶着。[①]在长沙共住十二天，译诗丛书的事已全谈妥了，明年一月开始出书，现在就得赶快些交稿。你的和望舒的，盼能即寄给我，如此，则出书可更早些。湖南人民出版社算是较有魄力的了，最近出版的鲁诞百年纪念集[②]，想亦已寄给你了。这样的出版物，国内是不多的。我们这套丛书，从内容到形式，我都想搞得尽可能好些。出版社也寄予较大期望。你的那本，能否也在二百页上下？梁宗岱的，差不多也是那个样子（如收入莎氏十四行，当更多些）。

谢谢你把《艾林·沛林还历纪念》[③]寄给我。现奉上，请查收。《文心》想是孤岛时期出的刊物，不知后来还出不？这回回长沙家里，清理一个书柜时，竟又找到了《称心如意》，也够我称心如意了。这样，我写《艾林·沛林在中国》，

① 彭燕郊当时为中国民间文学研究会湖南分会副主席，前信提到参加全国四次文代会，彭燕郊的身份为民间文艺工作者。

② 鲁迅博物馆鲁迅研究室编：《鲁迅诞辰百年纪念集》，长沙：湖南人民出版社，1981年。

③ 施蛰存：《艾林·沛林还历纪念》，《文心》第2卷第4期，1940年2月。

资料就丰富了。[①]

梁宗岱同志有部《蒙田散文选》[②]，嘱我找地方出版，我是个好事之徒，又勾起了我多年就有的一个想法：能不能出一套“世界散文译丛”？郭风对散文很有劲头，他曾设想过编一套散文丛书，约我把过去的习作也整理整理[③]，但有几个月没接到他的信了，不知他近来怎样，大约工作够忙的。他那“榕树”，似乎也好久没出了。

如能出散文丛书，你和望舒的这方面译作，是都可以成集的。记忆中望舒在《星岛日报》［还有《华侨日报》，黄茅编付（副）刊］发表过不少巴罗哈的散文，用的是“江兼葭”这个笔名[④]。也译过阿左林。还有卞之琳和徐霞村也译过。现在的中、青年，是连这些作家的名字都没听说过的，水平怎能不日见低落？！

你寄给我的那本书，开本似嫌小了。现在流行印大三十二开（是否即过去的二十四开？），堂而皇之，实在也不好，但他们似乎认为要够“气派”才好。你的意见呢？丛书的名字，想来以“外国诗丛”为好，还未最后和他们商定。

《流冰》[⑤]我也藏有一本，但那译法，似乎太旧了，重印恐不会受读者欢迎。朱湘遗族尚未找到。绿原同志要我找徐霞村，我这两天就写信去。散文诗，我想还是不收入为好，如能出散文译丛，编进那里头似乎好些。巴金不知在上海不？久不见他露面了。邢译波氏散文诗[⑥]，确差些（石民也译过[⑦]），沈宝基同志最近在我的劝驾下，也译了一批，我给郭风寄去了。郭译《鲁拜集》[⑧]后来收进他的

---

① 此文后来未见写成。

② 梁宗岱译法国作家蒙田的《蒙田散文选》曾连载于郑振铎编辑的《世界文库》（生活书店发行）第7—12册，1935年11月至1936年4月。

③ 彭燕郊的散文诗集《高原行脚》，后收入郭风主编“曙前散文诗丛书”，花城出版社，1984年。

④ 经多方询问，“江兼葭”很可能是“江兼霞”的误记或误写。“江兼霞”这一笔名比较复杂，可能是戴望舒、施蛰存等人合署（另一个笔名“江思”，情况类似，也是戴、施等人合署）。

⑤ ［苏］查洛夫等：《流冰（新俄诗选）》，画室译，上海：水沫书店，1929年。按：画室为冯雪峰笔名，1983年2月，施蛰存作回忆文《最后一个老朋友——冯雪峰》（《新文学史料》，1983年第2期），其中谈到了《流冰》。

⑥ ［法］波多莱尔：《波多莱尔散文诗》，邢鹏举译，上海：中华书局，1930年。

⑦ ［法］波德莱尔：《巴黎之烦恼》，石民译，上海：生活书店，1935年。

⑧ 应是指郭沫若所翻译的波斯诗人莪默·伽亚谟的《鲁拜集》，郭译本的版本较多，最早应是1924年的泰东书局版。

译诗集里去了。他的译诗，以此为最好。能找到好插图，单独印也是件大好事。可惜叶灵凤死了，找谁问这些事？

我所最怀念的一本译诗集是韦素园译的《黄花集》（开明版）[①]，如能找到就好了，你能帮忙找一找吗？我的一本，抗战时早已丢失了。

又：我藏有你的《追》[②]，不知你自己有没有？这次回长沙没找到。如你要，下次回去找出寄你。

盼早寄稿来。

匆匆 颂

教安！

彭燕郊

1981 年 10 月 12 日

急于付邮，请恕潦草，此间每日只一班邮。

（四）一九八一年十月三十日

蛰存同志：

你好！

这些时我一直在等你的信和稿件。

《梁宗岱译诗集》已编好，卞之琳和孙用的译诗集正在联系中，他们对译诗丛书都很支持，很热情地提供了不少宝贵意见，也提供了一些线索。

朱湘的家属正在找，北大中文系有个孙玉石同志是研究他的，可能知道情况。我已写信去了，还写了信让我在厦大的妹妹去找徐霞村，听说徐在那里工作。

你和望舒的译诗集什么时候能寄出？我希望最近就能得到。

“人文”将出一不定期的译诗丛刊，名《外国诗》，这样，译诗或能兴旺发

① 韦素园译：《黄花集》，上海：北新书局，1929 年；开明书店，1933 年第 2 版。此书所录为俄罗斯的散文和诗歌作品，作者有契里诃夫、勃洛克、都介涅夫、科罗连珂、戈理奇、蒲宁等等。

② 可能是指施蛰存小说集《追》，初版为水沫书店 1929 年版。

达一些了吧。他们可以为译诗丛书吹一吹风，这对我们也是个鼓励。

我想，丛书除了总结“五四”以来译诗成果外，也得努力组织力量译那些必要译而至今未译的重要作品，出版那些应出版而未出或未认真地出版过的名作佳译。

例如，五十年代纪念迦利陀娑时（作为世界文化名人纪念的），金克木译了《云使》①，可惜只印了少数单行本，最近我又在《春风译丛》上读到他译的伐致诃利的《三百咏》，也很好，很想请他参加一册《印度（古代）诗选》，但不知他的地址，你知道吗？请告诉我，最好请代为介绍。

上海有没有搞法国诗翻译的同志？龙沙，还有维尼，缪塞，拉马尔丁，我想都得好好译过来。又如塔索和彼得拉克，至今没译，真太遗憾了。你看能找到合适的译者不？

上次寄信时，忘记把你的“埃（艾）林还历纪念”一文寄上。这两天清积存资料，找出了抗战时你发表于桂林创作月刊上的一篇译文，一并寄上，请查收。

希望这几天就能接到你的信和书稿。

匆匆不尽　即颂

秋安！

弟　彭燕郊　上

1980年10月30日②

（五）一九八一年十一月十四日

蛰存同志：

有好多天我一直在等你的信，直到收到你2日的来信③才安下心。接到你的

---

① ［印度］迦梨陀娑：《云使》，金克木译，北京：人民文学出版社，1956年。按：该书印五千册。

② “1980年10月30日”属误署，邮戳显示，寄到上海的时间是1981年11月2日；同时，信中有“埃（艾）林还历纪念”以及戴望舒、施蛰存译著方面的信息，故时间当为1981年。

③ 此信从“的来信”开始，笔迹明显不通，可能是写信时有间断，第一句话意思不够连贯可能与此有关。之前有两个“收到”，当属误写，而“的来信”之后宜有一个逗号。

信后我就决定上长沙来，那几天连接着又接到孙用、卞之琳、林林的信，更感到非快些来和出版社的同志商量不可了。你说周煦良同志译的霍思曼能加入我们这个译丛，这真是太好了，同时你又告诉我金克木同志的地址，这都得感谢你！这样，目前可以确定的就有这样几种了：一、戴望舒译诗集，二、你的域外诗选，三、卞之琳译诗集（题未定），四、梁宗岱译诗集，五、周煦良译霍思曼《西泼洛州的少年》，六、孙用译世界诗选（题未定），七、林林译《日本古典俳句选》，八、如金克木同志稿未被别处约去，则还可以有一本《印度古代诗选》了。这个阵容列出去，我相信是很可以的了。①

因学校里有些事拖住了，我直到前天才回长沙。昨天到出版社，和两位负责同志就丛书事进行了较详尽的讨论，确定了：一、这套丛书可以先出第一集，十二种，以后陆续出。二、丛书要起一个好名字，我介绍了你想的几个名字，一时不能确定下来，请再想想。三、书名准备这样安排，让每本书有个统一的“规格”，初步设想如下：

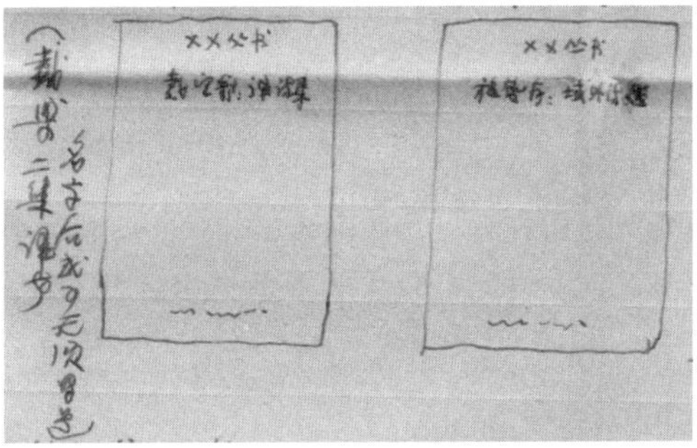

这样，对戴、梁（将来或有朱湘）的集子，保留了“译诗集”的书名，对别的译者，也可以用先列出译者名字的办法使之与他书一致。不知你以为如何？四、要有一篇总序。五、每集都要写一篇后记，后记中要写入作者介绍。六、封面、装帧要搞得好些，尽可能地好，要印一部份（分）精装本，如林林译的“俳句选”，

① 这里所提到的翻译人物，“诗苑译林”丛书后来出版了戴望舒译《望舒译诗集》（1983）、施蛰存译《域外诗抄》（1987）、卞之琳译《英国诗选》（1983）、梁宗岱译《梁宗岱译诗集》（1983）、周煦良译《西罗普郡少年》（1983）、孙用译《译诗百篇》（1988）、林林译《日本古典俳句选》（1983）、金克木译《印度古诗选》（1984）。

他是对外友协的负责人之一，与日本俳人协会联系较密切，势必要拿一部分到日本去的。同时，也要考虑向国外发行。

给周煦良同志的信，请代转去，我热烈盼望他最近即把稿寄来。望舒那一部，一定要请你写篇详细些的后记。“洛尔迦诗抄”你原来写的，我想要保留下来。那篇译文是否保留，请你决定（我记得你译了一篇介绍洛尔迦的文章），十二月份务请把稿寄来。你的那一部，我希望至迟在明年一月份给我。金克木同志处我已去信联系了。

出版社有位同志问了罗念生同志，看罗的回信，似乎他可以代表朱湘家属。罗在信中说，朱湘的女儿，本来要由他抚养的，后来闻一多要去了。卞之琳已答允编一集。

房子事想已搞好了，这么大年纪了，还要为这些事折腾！近来想较宽舒，亦一大好事。暇盼来信。

即颂

文祺！

彭燕郊

1981 年 11 月 14 日

又:《番石榴集》我藏有一册,但其中有缺页,将来必要时再向周煦良同志借抄。

（六） 一九八一年十二月七日

蛰存同志：

你好！

先得请你原谅，我上月十四日离校，在长沙停了几天，十九日到桂林。在广西第一图书馆查阅资料，昨（6）天[①] 才回到长沙。校里的同志把你上月十九日的信带来了。今天才能给你写信，已拖延十几天了。

---

① 本信为 12 月 7 日所写，“昨（6）天”，即指“昨天（6 日）”的意思。

译诗丛书你一定得来一本，一百二〇页是薄了些，能加上一些新译是太好了。目前情况大体是：第一本先出望舒译诗集，第二本出梁宗岱的。三本以下，视下之琳、孙用、周煦良、朱湘、金克木、林林诸人稿到先后再定。这次在桂林，读到孙毓棠抗战时发表的《鲁拜集》[①]，觉得不少比郭译好多了，很想写信征求他的意见，看能不能编入丛书。比亚兹莱的插图，浙江出的一文学插图集里有二十五幅，惜印得不算好。如找不到更好的，虽不太理想，也可以用的。朱湘遗族情况，据徐霞村说，可问罗念生。徐还说朱的儿子最近才落实政策回来，我拟写信去问罗，估计没什么问题了。林林译俳句，是用的你说的那种译法。曾见过两三种《万叶集》译文，用的都是中国的五言诗，确甚觉乏味。彭君所译，则未见到。

封面依你的意见，确较好。情况大约是这样两种：一种是“（戴）望舒译诗集”等，下面似无须再印译者名字，因如果朱湘的叫《朱湘译诗集》下面再印，似乎重复。一种是书名下再排译者姓名，如《霍思曼：西波洛州少年》下面署：周煦良译。封面图案、色彩均统一，或图案统一而色彩略有不同，或图案风格统一而各有不同，均可。希望能找得一位好设计者。

我还想搞一本徐志摩译诗集[②]。中山大学有位研究生，收集了五十余首，已可成集。如能编成，或请卞之琳写一序、跋。

你给望舒译诗集写的序、跋不要太短了。“洛尔迦诗钞”我已问过绿原同志，他说他们不拟印，收进来没问题。还得打听一下有无“手续”问题。金克木有复信来，伐致呵利的《三百咏》[③]“人文”已要去了。《云使》可以交给我们，但也得先问过“人文”。

“文苑”事，我一回来就拿着你写的计划和一位同[④]谈了。他的看法和我一样，估计出版社没敢出它。杂志内容固应“杂”，但目前已有类似《名作欣赏》《艺丛》之类的刊物了，且都无甚“苗头”。出版界是一股风的。此间有一大型文学丛刊，

---

① 孙毓棠译：《鲁拜集》，《新文学》1卷2期，1944年。

② “诗苑译林”丛书后来出版徐志摩译、晨光辑注：《徐志摩译诗集》，长沙：湖南人民出版社，1989年。

③ 金克木译：《伐致呵利三百咏》，北京：人民文学出版社，1982年。

④ “同”后应是有脱字，看起来，应是“同志”或“同事”。

学上海的《收获》的，也是尽量登小说，迄无何起色，然他们乐此不疲，对于办“文苑”这样的刊物，却无兴趣。据说，目前读者倒是趋向于要求高级读物，且不怕“专”，有个趋势，译作的销量上升。最近出的《拜伦抒情诗七十首》初版八千册，很快就卖光了，就得重版。与上半年有所不同，广州一地，即有外国文学刊物四种。我看到的两种，内容很差，亦“一股风”也，但此风颇能说明问题。

明春我可能去北京，拟就便再到上海，希望能有机会去拜访你，到时当可海阔天空地长谈了。我也有些想法，恐亦不切实际，不过极想征求你的意见。

信寄挂号，是因为我们这里有时有些乱，多因孩子们集邮，有时连信也“集”去了，而邮票则以花花绿绿的为多。你那里该不是“大杂院”吧。此举亦颇是说明一个人年纪大了就有些过份（分）小心。

在桂林借阅抗战时报纸，见四三年《新文学》杂志有你译的约翰·根室的《大使夫人》①，借阅该刊，恰缺这一期。另有两篇，则是已收入《称心如意》的了。

不多写了，下次再谈。

匆此　即颂

文祺！

彭燕郊

1981 年 12 月 7 日

（七）一九八二年一月二十四日

蛰存同志：

春节好！

十五日来信收到好几天了。我寒假前仍忙着一些琐事，到二十二日才离校回到长沙家里过春节。今天除夕，在家给你写的这信。

《望舒译诗集》我们当然希望能作为第一种出版。目前，梁宗岱译诗集稿已在我这里，正在写作者简介。每个作者都要写一短短的——二、三百字上下简介。

---

① 约翰·根室：《大使夫人》，施蛰存译，《新文学》，第 1 卷第 1 期，1943 年 7 月。

同时得写一短跋，对译者也略做介绍——略侧重于译诗方面。梁老本人卧病已久，一时也找不到别人写，只好以“编者”名义写一写。另外想写一总序，也是以编者名义，不署个人名字，这样较好些。

拙诗有承奖誉处，内心甚为感奋，特别是你指出我的一个老毛病，往往恣肆为文，不善于控制自己（控制真是一个不容易的艺术）。另外，我从开始写诗就爱（语言方面的）散文美，欲从这条路上找出语言美的新路子，结果也带来了个毛病：不够精练。友人灰马（三十年代在《新诗》上发表过诗作）说我“太不注意形式”，我认为他说得对，时刻记着他这句话。你说我那首《钢琴演奏》可删者至少在三分之一，可谓痛下针砭矣！我感谢你，我会永远记着的。愿以后能写好些。

我近来没时间写了，写了，也没时间去完成它，我写诗很少肆口而成的。总是觉得不满意，写诗很少给我快乐，只给我苦恼，并使自己对自己不满，或年纪大了，有以致之。

我们这些人都是饱经风霜的了，死了好几个，如今，既然还活着，当然想多做些于“四化”有益的事，其奈心有余力不足何！绿原序，有欲言又止之概，其心情也不难想见。

此集[①]在京发售，情况较热烈。王府井大街书店三天就卖光了，此间未到书，爱诗的朋友们时来打听，大约过些时才能到。如何发行工作环节也太多了。

望舒集，仍盼赶一赶。尊集，也望接下去就赶出来。

劳荣集望寄来，可寄学校，因我过了年就想回去，下学期我有课，还带两个研究生，不能在家多停留的。匆匆不尽，盼复。

即颂

文祺！

弟 彭燕郊

1982 年 1 月 24 日

① 当是指绿原、牛汉编：《白色花：二十人集》，北京：人民文学出版社，1981 年。

（八）一九八二年七月二十二日

蛰存同志：

我月初回校后，又到岳阳去开了十来天会，前天才回来。读到你的信，很高兴。在北京时，确曾打算过取道上海返湘，后来因种种原因改变了计划。不过，今年内我总要到上海一次的。张式铭同志告诉我你精神十分健朗，在京时，刘北汜同志给我看了你的近影，确实很健朗，依稀仿佛，尚存当年风采（那是在战时的永安，我还是个小青年，在路上见到过你，你当然不认得我）。我到上海，目的之一是约稿。“诗苑译林”第一批四种，出版社说就要付排了，或已付排。望舒集，当照你的意见，将道生的那两首仍编进去。这次寄来的《瓦上长天》[①]是原来就有的。另外那几首，我想到图书馆去找找看，象（像）《文学周报》这样的杂志，应该是好找的。现在是大热天，你当然要多休息。秋凉后，望能把《域外诗抄》编起来。“外国散文译丛”仍望你给予支持，我想，以《域外文人日记抄》[②]为基础，再加上历年所译，也甚有可观了。如编辑事务，特别象（像）抄稿，找资料等，只需你开个目录，可以要人去作的，请先考虑考虑吧。罗念生同志已允编一《希腊罗马散文选》，另介绍了一本培根的，一本琉善的。[③]我看是可以搞得起来的。这件事希望你多支持，除了你自己的之外，给我们出主意，介绍稿件或提供线索，至盼！至盼！

湖南是大陆性气候，到现在这时候，稻谷成熟，乡里人所谓“发南风”天气，

---

① 指戴译法国诗人魏尔伦的诗歌《瓦上长天》。

② 施蛰存编译：《域外文人日记抄》，上海：天马书店，1934年。按：该书收入曼殊斐儿、托尔斯泰、乔治·桑等七人日记。

③ 彭燕郊筹划、组稿的“散文译丛”后来由湖南人民出版社出版，1980年代中段出版了数种，其中有罗念生编译的《希腊罗马散文选》（1985）。

大刮热风，非常难受。上海是沿海，入夜就凉快了，而这里最难过的是从黄昏到午夜，真不得了。暑假，你得多多珍摄，能搁下来的就搁一阵再说吧。余容再叙。

即颂

夏安！

彭燕郊

1980 年 7 月 22 日①

（九） 一九八二年九月二十七日

蛰存同志：

十五日的信收到好几天了，恕迟复。你要我把望舒译诗集抄个副本给你，我们研究了一下，一时怕抄不出来，因为有五百多张稿纸，抄很费事。且书已发排，尽管印刷厂生产能力差，（但）我们去催一下，我们可以请他们多打一份样子给我们，再寄给你，这样比抄一道要便捷得多。

现在，我把你寄来的望舒译诗底稿先寄给你，我认为这都是十分珍贵的资料，放在我这里，我生怕搞坏了。请你收到后再清点一道，看有缺的没有，很可能忙乱中搞错了放到另外个地方（因同时处理几部稿子），还可以找的。

你的《域外诗抄》务必在明年一月一定交稿，千万！千万！你所听说的译诗销售情况不确。目前文艺刊物确在大跌，有的省级刊物已跌至几千份。不过他们反正有公家的钱可贴，无所谓的。目前读者兴趣转入“高档”读物，译诗已是属于“一上架就喊再版”一类（“上架”指在门市部开始出售）。所以出版社乐于印较高级的读物，虽然初版往往因书店不肯多进货而印数偏低，但很快就再版，可以不断地印，反而不怕蚀本的。

① “1980 年 7 月 22 日”属误署，信封上的邮戳显示，寄到上海的时间是 1982 年 7 月 25 日；同时，结合信中“诗苑译林”付排的细节，可确定为 1982 年。

望舒译的散文，“人文”集中未列入译作一项（译诗除外），你如没有时间，可否给提供线索，让我要我的助手到北京图书馆或上海图书馆去查阅旧报刊，抄下来再编成集，你的，也同样由他去找去抄，再编起来。“外国散文丛书”一定要搞，出版社劲头不小，我以为不妨促一促。资料找齐了，你再动手编定一下，也不费你太多时间。这事，希你能俯允。我们将非常之感谢！

嘱转信，我未转去。此等事，以不了了之为最好。此间似又进入一热潮，我们系里要提为付（副）教授的有十一人，占比例很重，其办法是由两个“专家”对科研成果写出鉴定（有印好的表格一类的东西）。事关重大，我是愧乏菲才，谢绝了。当然，这是个很有意义的工作，去年我参加省里的评审工作的一大部分，结果发现此等事不是象（像）我这种条件的人所能胜任的，颇后悔不该去参加，当然是个工作，不参加也不好，为此陷入矛盾、苦恼之中。……凡此琐琐，实不足为长者道，闲谈而已，当不见怪。

一写，又写了这么多。

盼来信，祝

教安！

弟 燕郊

1982 年 9 月 27 日 晚

（原载《扬子江评论》2017 年第 3 期，附录在易彬的《新时期以来翻译出版事业的见证——关于施蛰存与彭燕郊通信的初步考察》一文之后）

接受、影响与融通

——彭燕郊诗歌访谈录

何云波

何云波（以下简称“何”）：彭老师，还是在读大学的时候，就听过您的课，课程的名字仿佛就叫“诗的艺术”。印象最深的是听您饱含深情地分析波德莱尔的《信天翁》。

云霄里的王者，诗人也跟你相同，
你出没于暴风雨中，嘲笑弓手；
一被放逐到地上，陷于嘲骂声中，
巨人似的翅膀反倒妨碍行走。

看到您眼睛里闪闪的泪光，那时既感动，又很有些疑惑。后来，读了您的诗，对您生命历程的曲折与坎坷有了些了解，才慢慢明白了波德莱尔为什么让您那么入心入骨。最近又重读了您的诗论，特别是那篇《再会吧，浪漫主义》，觉得写得特别好，您写评论的方法不同于纯粹的学术研究，而更多的是作为诗人对诗歌的切身的感受，有着一种独特的视角，眼光非常敏锐。

彭燕郊（以下简称“彭”）：就是些读后感。我常常觉得自己受的教育有限，理论修养不够。

何：但您对诗歌却有真正的理解。您谈诗歌的现代性，首先从波德莱尔开始谈起，而您对波德莱尔的概括就非常到位，虽然现在对波德莱尔的讨论很多，但是真正能够切入到他象征主义精神的内核的评论却不多。就像您说兰波是“通灵者”，我倒觉得您的某些精神气质跟兰波、波德莱尔有相似的地方。您在谈到波德莱尔很多特点的同时，给我的感觉是您的诗歌在很多方面和他是相通的。

彭：当我开始写诗的时候，很受现代派的影响。当时在二十世纪三十年代中期，施蛰存编的《现代》杂志、戴望舒编的《新诗》影响很大。艾青也是在那时崭露头角的，他曾留学法国，因此也深受现代派的影响。

何：所以彭老师您提出的现代性，当然一个方面肯定同现代主义有关，但是我感觉您是有意地将现代主义与现实主义糅合在一块，如您后来所提出的现代的现实主义。

彭：对于现代主义，有些人的理解比较“左”了些，这也同苏联的影响不无关系，当时在文学方面都要按照苏联的模式，而在当时的情况下，屠格涅夫的散文诗都是要受到批判的，记得张铁夫老师译过屠格涅夫的散文诗，我在给译诗集的序中也提到过。我感觉如果真的照这样下去的话，那文学就没有路可走了。所以苏联在改革以前，也就是赫鲁晓夫的秘密报告以前，是几乎没有文学了，尽是一些虚假的东西。其实作为苏联来讲，在“十月革命”以前，彼得堡几乎要超越法国，形成世界诗歌的中心。当时“白银时代”的那批诗人非常了不起，他们也有一批象征主义的诗人。而在我国，像沈宝基先生，他的象征主义是正宗的象征主义，因为他是从法国留学回来的。但是很遗憾，我们对法国的象征主义，对法国的现代诗接受得还很不够，到底还是差距太大了。中国新诗受世界影响最多的还是英美的诗歌，还有日本诗歌的影响。现在回过头来看，像沈宝基这样的诗很难再看到了。因为现在的青年写诗几乎很少接触到外界的东西，这是非常遗憾的。所以现在的年轻人写的诗都差不多，你像我，我像你。很可惜啊，老一辈的诗人一个个都走了……

何：沈老的那些诗歌好像同兰波、马拉美更接近一些，而同波德莱尔反倒有些距离了。

彭：这是属于个人的创作个性问题。

何：彭老师，我看您的诗包括诗论，觉得您最推崇的其实是波德莱尔。

彭：是的，波德莱尔非常了不起，要掌握他的神韵很难。所以相比之下，我的诗歌受凡尔哈伦和叶赛宁的影响更多些。而对于法语诗，你若不懂法语其实很难理解它的精髓。法语确实很美，所以很可惜的是沈宝基先生走了，戴望舒也走了，戴望舒走得太快了些，他法语好，西班牙语好，英语就更不用说了。老一辈的诗人学者的去世很可惜，所以我在想一定要把沈宝基的两部长的译诗出版。

何：我所在的中南大学外语学院，为沈宝基先生出过他的诗集和译诗译文集。沈宝基先生的诗，确实有浓厚的法国象征主义的味道。而彭老师，您说到的凡尔哈伦，艾青也深受其影响，好像艾青还译过凡尔哈伦的诗。

彭：是的，艾青在狱中的时候，译过凡尔哈伦的《原野》《城市》《穷人》《风》等九首诗，取名《原野与城市》，托难友从狱中带出来，后来在上海出版了。我就是从艾青的译文中开始接触了凡尔哈伦。

何：凡尔哈伦早期也被称作乡土诗人，写过许多带有佛兰德民歌色彩的诗，歌颂家乡的女性美和自然美。后来发生“精神危机”，转向象征主义，喜欢用阴暗、隐晦的语言来描写那个冷冰冰的世界，用以表达他复杂、痛苦的内心世界。彭老师，您的诗似乎也有这么一种转型，只不过后期的诗歌，从一己之痛苦，追求上升到了一个更高的层面。

彭：凡尔哈伦诗里有很多动人的东西。比如他写放牛的女牛倌，在青草堆里呼呼大睡，健壮得“像一棵富有曲线的橡树，浑身的血液迸发出力量”。而他写原野上一棵孤零零的顶天立地的大树，呼风唤雨，浑身充满了青春的活力，使诗人也情不自禁地要高呼：“力量神圣！”

何：所以，彭老师，在您的诗中，也就既有凡尔哈伦式的“穷人”，有着“如此可怜的心，同着眼泪的湖，灰白如墓地的石片”，有着“如此可怜的背，比海滩间的那些，棕色陋室的屋顶，更重的痛苦与负荷”，而您又在不断地寻求着苦难的山国里的“神秘的潜在的力”，欲雨的云天下的“春雷”，战火中的青春。而您写的《风前大树》，风中的孤单的树，用利爪紧紧地抓住大地的树，还有那首《尤加利树》，在锐利的北风中挺立，给牢狱中的人带来希望，体现着“生命力的壮观”的树，也让我们看到了凡尔哈伦的《树》的影子。

彭：是的，像艾青的《雪落在中国的土地上》，就明显受凡尔哈伦的《雪》的影响。我也写过一首《雪天》，不过色调更明朗一些。

何：彭老师，您还谈到叶赛宁对您的影响，您写过很多具有浓郁的乡土色彩的诗，而叶赛宁作为现代乡土诗人，身上又存留着浪漫主义的影子，我从您的诗里，特别是早期的诗里，也读出了许多浪漫的情怀，您在《再会吧，浪漫主义》中用“为理想赴汤蹈火的勇气，不羁的瑰丽想象，一泻千里的奔放热情，艺术创造世界的大胆开拓”来概括浪漫主义，这有点像您的夫子自道，至少早期是这样的。乡村、土地在您的笔下，既是苦难的，也是唯美的、浪漫的，这是为什么？

彭：这是必然的，因为对于“浪漫主义”本身，我们不把它单单作为一种思潮或者一种流派，而是将它作为文学的基本元素来看，可以说没有浪漫主义就没有文学，尤其没有诗。因为它是文学艺术特别是诗歌中最基本的东西。阿波里奈尔的诗就很“浪漫主义”。对我来说，我的童年对我的影响很大。我从小生活在乡村，对家乡、土地，对农民都有着深厚的感情，直到二十岁以后才来到城市里。所以我不像徐迟他们，年轻时一直生活在大都市里，我同他们当然有着不同之处。

何：从这点看，您跟叶赛宁似乎很接近，他从小生活在乡村，当他进入莫斯科之后，他又永远没法把自己当作一位城市诗人。故乡是他的生存根基，也代表了他的精神之梦。

彭：对对对，当他看到火车进入乡村的时候，他说“铁的时刻来了”。

何：他有一个比喻就是火车同老马，老马想要追上火车，而作为“钢铁巨人”的火车，跑得越来越快，老马则被落得越来越远。老马在某种意义上其实就是乡村的象征，而“钢铁巨人”典型地代表了现代文明，因为十八世纪的工业革命首先就是从蒸汽机开始的。

彭：听说我的家乡也是在不断地被“现代化”，因为我也有好几十年没有回过家乡了，很偶然的一次机会，我在电视上看到了家乡的变化，变得同长沙的街道差不多了，我想如果我现在再回到家乡，肯定是感慨万分啊！

何：就像叶赛宁重新回到自己的家乡，也已经变得陌生了。在故乡人的眼里他是个城里人，而在城里生活着，他又总是不忘自己来自乡村，这就造成诗人的一种身份的尴尬。

彭：是这样的，已经过去的事很难挽回了。

何：彭老师，您早期的诗歌有很多地方写到乡村的场景，是不是既有家乡的记忆，也有别的一些地方？

彭：对，基本上是以家乡为背景的，还有江南的乡村，因为我年轻时在福建参军，后来行军到皖南，芜湖附近。

何：您二十世纪八十年代又写过一组与乡村田园有关的诗歌，整个的风格很有点新田园诗的味道，比如春水、雨、犁、油菜花等等。

彭：那个时期因为我研究民间文学，接触到湘西的民歌，很受湘西土家族摆手歌的影响。且当时湘潭大学刚建校不久，许多老师还住在农民家，我开始住在学生宿舍里头，中间有一间给老师住的，后来分给我一套小房子，下面是田，农民就在田里犁田。整个学校那个时候只有那么几栋房子，很多都跟农民住在一起，所以那个时候感觉比较亲切。

何：彭老师，您现在如何看待当时写田园乡村的那些诗歌？

彭：我觉得还是很真实的，也写得比较清新。

何：这些诗歌里面是不是或多或少有些叶赛宁的影子？

彭：那还是有的。我对象征主义包括对唯美主义，各种流派的诗我都很愿意去钻研它们。这可能跟一个人的个性有关，也与自己的能力有关，因为毕竟我们这一批人，从抗日战争时期开始写诗，当时都还是些小青年，而我们接受的教育很不够，就拿我们被当作“七月派”的一些诗人来说，其中有两三个当时是在大学读书的，其他的都和我差不多，我只读到初中二年级上学期，初中二年级下学期就参军了，一般的都是这样的情况。我们这批人受的正规教育太少，都是靠自己的努力去自学，不可避免的是外语尤其差，跟穆旦他们就不同，跟“九月派”的那些诗人也不同，他们当时都是西南联合大学的学生。

何：彭老师，您谈到的您二十世纪八十年代写的那些新田园诗，感觉还是非常真实地表达了当时的心声。但是相对来说，我们现在回过头去读那些诗歌，觉得它们可能只是表现了乡村的一个方面，而从另外一个方面来看，乡村除了这种美好的东西之外可能还隐含了许多痛苦的、苦难的东西。同时您后期的诗歌里面非常重视这样一种"思考"的诗，对人生的大苦难的思考。在您的诗歌里，对乡村的表现，一个方面确实有着如叶赛宁风格的、更多的是发掘一种诗的美；但另外一个方面，相对于城市而言，对于真正的乡下人，他们的生存里也充满了许多苦难，这些东西在您早期的诗歌里面有所体现，因为描写乡村的时候同时也表现了战争的苦难。但您二十世纪八十年代写的这些诗歌，基本将苦难隐去了，更多地写出了城市知识分子视野下的乡村的美，您怎么看待这个问题？

彭：二十世纪八十年代的基调是歌颂的，这个跟当时改革开放初期、拨乱反正的风气有关，在那个时期大家都这样，思想、感情乃至整个的精神状态都非常乐观，以为这以后都会很好。"文化大革命"前十七年一步一步越来越"左"，"文化大革命"时期"左"到极点了，经过那么一段之后，进入到改革开放的时代，突然间好像一下又回到了解放初期，春天又来了，当时大家普遍都是这种情绪，我也是一样。当然，我也有思考。这组诗里也有几首，后来没有写完，当时也不重视它。我记得有一首是写"农业学大寨"的情形，当时"农业学大寨"到处都贴满了标语，做表面文章，记得还在一个山坡上面用破碗、破磁片拼了很大的几个字——"农业学大寨"，但是那个时候经过风吹雨打，跟着这场运动又失败了，山坡上的字已经零零落落，几个字都不成字了，我就写了一首这样的诗，带点反讽的味道。我觉得虽然我们这种知识分子喜欢思考，对现实应该说也是想得比较多的，但另一个方面又很理想主义、很天真，这就形成了一种矛盾人格。

何：彭老师，您的大部分诗歌都跟乡村有关，但是还有少数一些诗歌是写城市的，我原来读过您的一首诗，叫《长沙新站大道》，不过诗文集里好像没收录进去。那首诗歌给我留下非常深刻的印象，因为当时五一大道刚建成不久，您是纯粹以一个城市的歌唱者的心态写出了很美很美的东西。您把城市的街道比作"一条浩浩荡荡的地上运河"，车队就成了"鱼群"，而Y型路灯柱是"载歌载舞的少男少女"，楼房是"被歌曲胀满的手风琴箱"，窗户是"琴键"，简直就是一曲城市浪漫主义的颂歌。

彭： 那首诗我也是很喜欢的，那也是表现改革开放初期的新面貌的。这次我本来想再整理一下，因为觉得还不够，还需要修改。

何：对，诗里很有一种蓬勃向上的精神，因为写城市的时候，大部分是在美化乡村的同时又隐含了对城市的批判，从波德莱尔开始，就一直以这种眼光来审视城市，他虽被称为都市诗人，但他更多的是对都市的丑陋的发掘。“熙熙攘攘的城，恶梦堆积的城，幽灵在光天化日之下拉扯着行人”，这就是波德莱尔笔下的城市风景。现代诗人很少把城市当作一种审美欣赏的对象，所以赞美城市的诗写得好的实在很少，赞美的时候也大多流于表面浮泛的东西。就好比苏联，当时也有过一个时期大家都来歌颂钢铁，歌颂机器的轰鸣，叫作无产阶级的诗歌，但大多比较浅薄。反而像波德莱尔那样写城市丑陋、阴暗的，古今中外都出现了不少优秀的作品。而歌颂城市的诗歌写得好的真的很少。您的诗文集里还有一首《电力机车之歌》，但您是以另外一种视角来写的。

彭： 最近我正在写一首诗歌，叫《体交叉》，写好再给你看。

何：好。但是《电力机车之歌》同《长沙新站大道》还是有所不同，《长沙新站大道》确实有一种想要拥抱城市的新生的感觉。而《电力机车之歌》，看起来好像在写电力机车，但是它同时又充满了象征与隐喻，事实上同您后期的思想有关，它代表一种不断拓进、不断追求的精神。电力机车在某种意义上就不再是一个实体，它实际上已经成为您的一种精神追寻的符号。我们也很难把它当作写城市、写工厂的诗了，机车仅仅只是一个外壳。从这个意义上来说，在您所有的诗歌里面，真正的城市诗歌就是那首《长沙新站大道》。

彭： 还有一首《倾斜的原野》，是写城市的扩张，那是从另外一个角度写的，那也是叶赛宁味道的。

何：像叶赛宁，他也写了莫斯科，写莫斯科的小酒馆、街道啊，是以一种拒绝的心态来写城市。凡尔哈伦也写过一首《城市》，他把城市比作“向四面八方伸触手”的章鱼，比作“一堆死尸，庄严的骨头架势”，城市代表了繁华、欲望、野心勃勃、丑陋，在吞噬着乡村。《倾斜的原野》也是类似的风格，那片毗邻城市的倾斜的原野，展开在城市的皱缩的边沿，日益被城市的噪音、汽笛的撕裂神经的吼叫、烟囱里吐出的浓烟、黄色的尘埃、垃圾、阴沟里的污水所侵染、蚕蚀。凡尔哈伦说，“条条道路通往城市”，它成了乡村的一种宿命。《倾斜的原野》里，“城市的贪馋是可怕的，只想一口吞下这一片可怜的土地”。而原野也在以他不屈的生命抗拒着，试图“以大片大片清新的绿色，阻挡城市盲目的吞食，用绿色洗涤所有的污垢，使城市健康起来”。它与凡尔哈伦的《城市》，形成了一种有趣的呼应与对照。

彭：对。我确实从凡尔哈伦那里得到过灵感，但似乎比凡尔哈伦存着更多的一点希望。

何：彭老师，您早期的诗歌，城市与乡村、自然世界与人的世界、红与黑，似乎有着一种两元对立。然后到第三个时期，二十世纪八十年代后期开始，您逐渐超越物我、城市和乡村，意识形态的红与黑，转向对人生、人类、人性的共同性的东西的思考。后期的诗更多地代表了您的一种追求，从抒情、从写实走向思考性的诗。因为您在谈到波德莱尔时始终强调一种思考的诗，而不仅仅是自我表现的诗。而您强调的这种思考更多的是对人生的痛苦的思考。这是否代表了您对“现代的现实主义”的理解？

彭：对，实际上就是这样，你讲得非常透彻。你有兴趣把它写下来吗？

何：我是想首先跟您交流一下我的阅读感受，因为您提出“现代的现实主义”这个概念，非常有意思。我们应该如何去理解“现代的现实主义”？因为从我的理解看来，您一直在推崇现代诗，但这种现代诗更多的是指一种具有现代意识的诗，而不是现代主义的诗。您对现代、现代主义有一种宽泛的理解，您把艾青都划进“现代的诗”里面来，但是另外一个方面，我觉得您创作中最核心的东西还是现实主义，您的诗歌里面也不乏浪漫主义的因素，但是通过不断地反省最终要告别浪漫主义。现实主义可以看作贯穿您一生的一条主线，但是您对现实主义有不同于一般人的理解。您说您的现实主义是一种“现代的现实主义”，在我看来您是在强调要不断地往深处发掘，这种发掘一方面是要发现隐藏在现实背后更真实的东西，另一方面要进入人的内心去探寻更本真的一面。从您的现代的现实主义中，我想到波德莱尔的诗歌还有陀思妥耶夫斯基的小说，因为陀思妥耶夫斯基讲他的小说里体现的是最高意义上的现实主义，而您提出的现实主义一直强调不断地开拓不断地深入，好像追求的也是一种最深层次的更真实的现实主义。那么从这个意义上来说，现代主义，就像波德莱尔，像陀思妥耶夫斯基，他们对人生的痛苦的发掘，对城市背后所隐含的更真实的东西的揭示，包括对人的内心世界的发掘，事实上他们的这种现代主义可能就构成了一种更高意义上的更深刻的现实主义。

彭：对，其实我觉得后来的这些流派包括波德莱尔、包括现代的一些流派，他们的“老祖宗”应该是陀思妥耶夫斯基，这一点非常重要。我觉得所谓现代主义其实就是一种历史感，一种现代感，现代感就是从他开始的，他对人性的挖掘、对人的潜意识的挖掘确实是前无古人的，所以有的人认为陀思妥耶夫斯基比托尔斯泰伟大，在某种意义上应该可以这么说。抛开陀思妥耶夫斯基的大部头不讲，他有两部中篇小说对我的影响非常大，一篇是《穷人》，一篇是《白夜》。

何：《穷人》与《白夜》，写的都是关于爱的故事，纯洁的高尚的感人至深的爱，也是失落的有着撕肝裂肺般的痛苦的爱。陀思妥耶夫斯基把《白夜》称作“感伤的罗曼司，一个幻想家的回忆”。彼得堡的“白夜”里的一场遇合，给主人公带来了无穷的梦想，当梦快要成真时，又马上破灭了。但即便如此，“我的上帝！那是足足一分钟的欣悦啊！这难道还不够一个人受用整整一辈子吗？”彭老师，这使我想起您的《无色透明的下午》和《影子》，“影子”所留下的那“一片豁然开朗的万里晴空”，那“蓝悠悠的一片汪洋”“蓝得是那样深啊，蓝得是那样苦啊”。我想，这“蓝”中有着年轻时代的记忆中留下的那一片“宽阔的蔚蓝”的影子，这“苦”中也有着《白夜》里的“梦者”的“欣悦”吧！这是陀思妥耶夫斯基式的独特的爱的宗教。他小说的爱，既是灵魂的洗礼、拯救，有时又包含着残酷的拷问、折磨，就像您在那首《爱》的诗中所说：

> 爱是这样的，是比憎还要锐利的，
> 以锐利的剑锋，刀刀见血地镂刻着，
> 雕凿着，为了想要完成一个最完美的形象，
> 爱者的利刃是残酷的。

彭：确实，苦难、圣爱与拯救，这就是陀思妥耶夫斯基。作为一个诗人应该更能懂得人的内心，陀思妥耶夫斯基虽然不写诗，但是他比任何诗人都更懂得人的心。这点是非常了不起的。鲁迅先生对陀思妥耶夫斯基是非常佩服的，你去看他写的中译本《穷人》中的序。

何：鲁迅先生说，陀思妥耶夫斯基的小说挖掘人的灵魂，不仅写人的罪孽，还要写出罪孽之下的洁白来。而这洁白就是波德莱尔的“恶之花”。

彭：对，其实“象征主义”这个名词，也像印象主义、野兽派之类，它本身并不非常确切，“印象主义”这个称呼本来是用来讽刺这些艺术家的，野兽派也一样，说这不是人画的画，而是野兽画的。所谓象征主义，它并不是如这个名词所言，只是一种手法，一种技巧，所有的艺术作品严格说来都是一种象征，更重要的还是人的内心。

何：彭老师，陀思妥耶夫斯基的大部头作品您读过哪些？

彭：差不多都读了，我是个陀思妥耶夫斯基迷呀。

何：什么时候读的？

彭：大概就是在抗日战争时期。那个时候开明书店出了一套，除了《卡拉玛佐夫兄弟》，其他像《白痴》《死屋手记》等都是开明书店出的。

何：我在读您的诗歌包括您的诗论的时候，就感觉到好像这种思想里面投射了陀思妥耶夫斯基的影子，尽管您在许多公开场合都没有谈到过陀思妥耶夫斯基，但您从陀思妥耶夫斯基那里似乎继承了很多精神性的东西。包括您讨论波德莱尔，也让我们时时看到陀思妥耶夫斯基的影子。

彭：是的，还是比较明显，容易看得出来的。

何：因为您对思考的执着、对人生的大苦痛的执着，您在谈波德莱尔的诗的时候，曾经说到他在痛苦的思索过程中留下来的一个个伤口、瘀血和肿块，陀思妥耶夫斯基也是这样，他给你常常带来巨大的心灵冲击。

彭：对。陀思妥耶夫斯基他写的所有的人都是被逼到最后，没有一点办法了，然后再去寻找出路。

何：是的，他将人不断地往前推，逼到绝境无路可走之后，再给你一种新生的希望！这是从污秽和痛苦里提炼出的生命的觉醒、启示。彭老师，我感觉您后期的诗歌走的也是这样一条路，对人生不断地追问，到无路可走的时候，好像突然发现天堂里的微光，就像您写的《混沌初开》，包括其他的一些诗歌，在困惑、彷徨中，不断地深入、掘进，不断地寻求出路，哪怕是条缝，也要从缝隙里去寻找微光。正因为如此，光成为您后期诗歌里最重要的意象。您整个的精神追索的历程好像跟陀思妥耶夫斯基有很深的渊源，就像《罪与罚》的最后，展现在主人公面前的也是一个“沐浴在阳光里的”世界。

彭：对，我受他的影响很深。其实鲁迅也是这样的。

何：我这段时间重读了《野草》，因为您曾经说过您深受鲁迅《野草》的影响，尽管您很少在写作中模仿鲁迅，但是他给您的影响可能更多也是一种精神层面的，可以说，鲁迅、陀思妥耶夫斯基、波德莱尔差不多是同一类型的作家，他们永远都在无路可走之中寻求一种出路。

彭：鲁迅曾说过“于浩歌狂热之际中寒，于天上看见深渊，于一切眼中看见无所有，于无希望中得救”，这完全是陀思妥耶夫斯基的精神，所以鲁迅的伟大也就在这里。我读初中一年级的时候开始读《野草》，序言的头两句就抓住了我，“当我沉默的时候我觉得充实，当我开口又觉得空虚”。真了不起，这是一个很高的境界。托尔斯泰写过这样的话，说：“我们应该经常和伟大的东西在一起。”这是非常重要的。现在的一帮年轻人非常浮躁、非常现实，没有精神追求，这对我们整个民族来说都是一个危机。现在的媒体一天到晚都在宣传吃喝玩乐……你讲得很深刻，一些研究者老说我是个浪子，说我在“自我放逐”，说我一生坎坷，老是倒霉啊什么的，其实我自己一点这样的感觉都没有，我觉得就算是被抓去坐牢的时候也没有不幸的感觉，我认为所有的人都在历史中扮演一个角色，这有点宿命论。那些迫害我的人，在我面前耀武扬威的人，我觉得他们很可笑。那些表面很凶恶的人，他们有时候也很有人情味。记得“反胡风”期间我被关了起来，一个处级干部审问我的时候一副很凶的样子，但是有一天当我被允许出来一会儿的时候，我在走廊碰到他，他反而很和蔼地跟我打招呼，还和我拉起家常来了。所以我觉得人性这个东西是很复杂的，不要很表面地去看。有些人虽然在迫害我，同时我又觉得他们很可怜。

何：这也就超越了一己的痛苦，因为很多人受点苦之后，容易一辈子都执着于那点苦，然后又用那些苦提炼出很多首诗来，开始还会觉得比较感人，但是当痛苦成为一种自我陶醉之后，也就显出他的浅薄了。所以，彭老师，我觉得您一直在追求从一己的痛苦里超越出去，最后关注的是人的大的苦痛，包括整个人类的生存，就像您写的那首《生生不息》。

彭：对，现在很多人都是被扭曲了的。异化就是一种扭曲，人性的扭曲。所以我觉得作为现代主义来讲，它最核心的是象征主义。我们对象征主义，一定要从更高的意义上去看，从精神的层面上去看，它其实是对人、对世界的一种更深刻的理解，如果光是把它当作一种手法，那就误解了。

何：所以您谈波德莱尔，手法是次要的，始终关注的是他诗歌内在的精神。并且我感觉您自己的诗歌也一直在追求这样一种内在的精神。从这个意义上讲，您的诗歌同现代主义就有了共通之处，而您提出“现代的现实主义”，在我看来，就是鲁迅、陀思妥耶夫斯基他们的那种不断地往深处挖掘的现实主义。最后，它落入的不是颓废、绝望，而是经过痛苦的追寻之后发现理想，用您诗歌里的意象来说就是光。而您在《混沌初开》里面，是在不断超越之后，最终走向了全光。有人也谈到过您后期诗歌里的宗教感。这种宗教感它是超越一般的教义、教派的，它代表的是一种宗教精神。您诗里的光确实给人一种宗教感，但这种“宗教感”是人生经过不断迷途、不断追寻之后所获得的一种启示。从这个意义上来说，它确实赋予了您的诗一种宗教的精神。

彭：对，因为我写过两句话，“诗是我的宗教，但是这个宗教里头没有神”，没有神也就是说这个宗教的神是人。

何：像陀思妥耶夫斯基的小说，他的小说里宗教感比较强，他本身也是一个虔诚的教徒，他为他所有的小说人物设计的一种出路，就像《罪与罚》，因为罪，通过惩罚获得上帝的拯救。所以陀思妥耶夫斯基的宗教感既是一种精神，另一方面它确确实实也是来自上帝的一种救赎。而您的诗歌里面的这种拯救，上帝作为一个实体已经隐去了，但它代表了人对彼岸的一种精神的追求。在痛苦之中，在不断地挣扎中走向超越，最终走向全光，这全光给人的感觉就像来到了一个启示的世界。

彭：有两种现实主义，托尔斯泰那种是比较古典的，另外一种是陀思妥耶夫斯基这样的现实主义。有时候我想，安娜·卡列尼娜如果给陀思妥耶夫斯基来写的话会是什么样的？这样比较起来的话，托尔斯泰写得很俗，就是一般言情小说的路子，被男人欺骗，对人生绝望了，就是所谓的爱情悲剧而已。他没有突进到人性的这个层面上来，他已经走到这个边上了，但是托尔斯泰没有再走下去。

何：托尔斯泰的终点可能就是陀思妥耶夫斯基的起点。当安娜·卡列尼娜面临痛苦的时候，陀思妥耶夫斯基会为她设计一种灵魂的挣扎，当然结局我们不得而知，但是陀思妥耶夫斯基会从安娜·卡列尼娜的灵魂面临痛苦的抉择时写起。

彭：我年轻的时候开始看托尔斯泰的作品，非常地佩服。他在《复活》里用的一些比喻非常形象。当聂赫留朵夫第一次看到玛丝洛娃时想，她像一块没有用过的香皂，上面的字都还清清楚楚的。他在写少女时用的这个比喻，现在想起来很庸俗。他写安娜·卡列尼娜卧轨自杀时，说就像我们脱光了衣服住进云层里面去一样，当时觉得真好，但是现在想起来觉得他没有写到灵魂深处去，只是给人一种感觉。他确实是一个大作家，很会抓感觉也很会表现，但总觉得还缺点什么。

何：所以，托尔斯泰是一般意义上的现实主义，是大家所认为的正宗的现实主义，而陀思妥耶夫斯基是最高意义上的现实主义，这也就是他们的区别。

彭：托尔斯泰是相当厉害的，我看过他的《马的故事》，他把马写得跟人一样，因为他是贵族，他们都有钱玩马，同现在的有钱人玩车一样。从文学技巧上来看，他确实厉害，但从思想层面上来看，那可不行。

何：所以彭老师，您追求的这种“现代的现实主义”就更近似于陀思妥耶夫斯基。

彭：对，现代人的思考和感受应该是非常丰富的，应该很深刻。因为现代生活本身逼得我们非深刻地思考不可。

何：但是现在很少有诗人能像您一样不断地对现代生活的复杂性保持敏锐的感受，做深刻的思考。他们更多地是把现代生活的五光十色描摹下来，很少能够沉得下心来。像陀思妥耶夫斯基、波德莱尔他们都是处在社会转型的时期，我们现在其实也处在这么一个时期，应该产生大作家，但是我们这个时代又没能产生像他们这种意义上的大作家，您觉得主要是因为什么？

彭：我觉得应该还是在那里产生，只是我们没有看到，因为这是任何东西都压不住的，总有一天他会在不经意间冒出来，突然间出现在我们面前。我一直有这种想法，肯定有人在那里写。你想这么丰富的东西，太应该写了，中国本身不是没有天才。

何：就像您诗里说的："新生的圣火仍在地下燃烧。"

彭：地火在燃烧，你现在看不见，总有一天会冒出来。

何：彭老师，您让我最敬佩的就是，当很多诗人到了您这个年纪，他们基本上都在安享晚年了。而您，还在不断地思考、掘进，越到晚期诗写得越好、越耐读，您发掘出了另外一个世界。您早期的诗歌也写得好，但是那种好别人也写得出来，而后期这些诗歌是很多人想写也写不出的。您创造了一种独特的风格，这一点在中国诗里不说绝无仅有，但至少是非常少见的。

彭：我还是觉得自己"营养不良"啊。艾青他们条件多好啊，他当时去法国留学，他父亲拿出两千块光洋出来，徐志摩他们就更不用讲了。

何：有时候条件好对于写诗来说也不一定是好事。像彭老师您这样沉得下去，不断地往精神的深处去追寻，从这个意义上来说，诗就成了您一辈子的宗教。

彭：是的，因为诗，我觉得自己活过，并且还在继续活着。活着，写作着，痛苦着，快乐着，是一件多么幸福的事啊！

2007年3月访谈于彭燕郊寓所

2007年5月整理成文

（原载《世界文学评论（高教版）》2014年第1期）

第二辑

回忆与印象

彭燕郊，1984 年重游桂林。

彭燕郊的诗：四五“斤”

朱　健

《彭燕郊诗文集》新近出版。他拿到样书即电话相告：印制颇满意，四大本，五六斤重。他的意思大概是说：“搬运”送来，或我去“搬运”，彼此力所难及。放下电话却想到，评价诗，也可以论“斤”。四大本，诗占三大本，至少四五“斤”。

燕郊今年八十七岁，写诗七十年。从聂绀弩所谓的“战争之子”，到五十年代成了“苦斗之子”，监牢里仍写诗不辍，再到八十年代后回归“人之子”，衰年累积变法，绚丽而清峻，宁静而深远。把七十年积累的诗捧在手中，放在心上，实实在在感到很有些分量，若论“斤”，四、五后不知道要加几个零。

写到这里，想起去年秋天[①]黄永玉到长沙，约燕郊、钟叔河和我等数人小聚。座中有女青年（不知是否为黄永玉千金）听到彭燕郊名字，连问“是不是那个写诗的”。黄永玉逸兴大发，朗声宣布：“老朋友哇，四十年代就认识，喜欢他的诗，发表一首就一场轰动，再发一首又一场轰动，不得了，了不得。”黄永玉的“轰动”说，

① 指2005年。

可为燕郊诗的“斤”量历史见证。八十年代后燕郊诗是“人之子”的诗，不必轰动，只是对灵犀相通人之心的抚慰、叩问或震撼。论“斤”多少，难言之矣。

（收入朱健：《野坡散记》，
南京师范大学出版社，2009 年）

我心目中的彭燕郊老师

汪华藻

彭燕郊老师作为著名诗人，作为在当代诗歌发展中产生过巨大影响的诗人和学者，文学评论家、文学史家已做了比较充分的、深刻的研究和评价，我这里不说，也没有这个能力说。我这里要说的，是我作为二十世纪五十年代以来与他接触比较多的学生，谈谈他作为一个老师，在我心坎里留下的深刻印象。

1950 年 6 月，彭燕郊老师受当时湖南大学中文系主任谭丕谟的邀请，来湖大中文系任教。我是 1950 年 8 月考入湖大中文系的，一直到 1953 年 8 月院系调整时转到武汉大学中文系学习为止，我都是他的学生。在此期间，他教过我《现代诗歌选》《民间文学》等课程；1952 年 3 月，湖大开展知识分子思想改造运动时，我们一起被调到湖大校刊《人民湖大》编辑部工作。1953 年 8 月至 1954 年 8 月，他在湖南师范学院工作，我在武汉大学学习，期间他曾给我写信，寄给我他主编的《湖南歌谣选》。1954 年 8 月，我从武大毕业后分配到湖南师范学院中文系当助教，彭老师又是我的指导老师。那年的 11 月至 12 月，我们还一起带当时的四年级学生到长沙市二中（长郡中学）实习。我们同吃同住，很多具体工作都是在他的指导下进行的。1955 年上学期我开始教中国现代文学课，我的教案主要是彭老师和当时的系主任韩罕明老师审查的。

所以从 1950 年 8 月至 1955 年 7 月，彭老师是我的名正言顺的老师，我是他的学生。

1955年7月至1976年7月前后，由于众所周知的原因，我们失去了联系。大约在1976年8月，我们偶然相遇，相互谈了彼此的情况。粉碎“四人帮”后，我们往来多了，落实政策前后，我们往来更多。湘潭大学首先是通过我与他联系的，由我坐上他们的小车带他们到彭老师家。湖南师范学院想留他回院工作，当时的系主任邓超高老师找我谈了两次，我将谈的内容转告他。他到湘大任教后我们往来减少了，但我仍然每年去看他。1987年他退休后也仍然如此。所以，彭老师在湖南五十八年，除那特殊的二十年外，我们一直有联系，他一直是我的老师。我想根据我的所见，谈谈他在我心目中的一些具体的、较为深刻的印象！

第一，紧跟革命形势，紧跟共产党。

这是彭老师在我心目中最鲜明、最深刻的印象。

他到湖大后的第一学年，担任中文系四年级的班主任。中文系主任谭丕谟在系内管理上实行班主任制，而且非常重视，每周都要开班主任汇报会。当时中文系四年级这个班人数较多，情况比较复杂，学生有的来自原湖大，有的来自原国立师范学院，有的来自原民国大学或克强学院。大部分人只会用文言文写作，不会用白话文写作，思想比较陈旧。彭老师担任该班班主任不久，情况便有了很大变化，如原国师的杨自翘、刘树勋、罗心敏等便开始用白话文写作了。在彭老师的教导和影响下，罗心敏还特别热爱民间文学，后来参加土改时收集了大量湖南民歌。来自原湖大的蒋静、王起生等还写了许多新诗。1950年10月，美国武装干涉朝鲜内政，党中央号召“抗美援朝，保家卫国”，湖大掀起了“参军参干”热潮。在这段时间里，彭老师多次发表热情洋溢的、具有强烈爱国精神的演说，并举行多种形式的座谈会，经常与学生个别谈心，使这个班的报名“参军参干”运动发展达到高潮。到了后期，湖大领导在总结这段工作时宣布：报名“参军参干”人数最多的首推文教学院，文教学院中“参军参干”人数最多的是中文系四年级和一年级。

1951年8月以后，他担任1951年入学的中文系一年级的班主任，在他的领导下，这个班十分活跃。在土改、思想改造运动中，出现了许多积极分子。现在我还记得的就有易扬、马赫、肖曼平、巫瑞书、徐寒玉、邓黔生、王高振等。

1950年寒假参加土改，他在益阳；1951年寒假参加土改，他在溆浦。这两次参加土改，学习阶段他都是大队长，我是小组长。我亲眼见证了他听报告、记笔记时的认真态度。如1951年12月27日我们听湖南省军区政委黄克诚的报告，我只记了两页，他却记了四页，字迹整齐清晰。大会、小会发言时，他多次联系自己的家庭出身，剖析封建地主的罪恶，阐明土地改革的必要。

1952年上学期，湖大开展知识分子思想改造运动。当时省委驻湖大的工作组长是宣传部副部长唐麟，秘书是高岳森。他们一来便将彭老师调到校刊《人民湖大》当编辑，我以学生的身份随去，此外还有肖曼平、巫瑞书和从其他系调去的学生刘岱岳、刘学沛、潘一民等。我们以校刊作阵地，多方宣传知识分子思想改造的必要。彭老师多次发表演说，强调知识分子必须通过学习马克思列宁主义，改变立场和观点，才能适应新社会的需要，否则便会被时代淘汰。在当时的师生印象中，特别是在老教师的印象中，他都是紧跟革命形势，紧跟共产党。1954年11月和12月，我们一起带学生实习，因为吃、住都在一起，交谈比过去多，彼此更加了解。一天，他语重心长地对我说："要更好地为新社会服务，更好地发展自己的才能，我们要进一步靠拢党，并争取加入共产党。"1955年4月前后他又说了类似的话。

1955年7月，他因"胡风案件"被捕。8月，《新湖南报》发表一系列文章对他进行揭发。在湖南师范学院内部的很多揭批会上，还说他给一个青年改诗，改出一句打倒共产党的话来了，我开始对他产生了怀疑。《新湖南报》发表的一系列文章，有肖敏颂代表民盟湖南省委写的文章，有涂西畴代表湖南师院党委写的文章，有魏猛克代表湖南省文联写的文章，还有湖南人民出版社、湖南话剧团、湖南花鼓戏剧团、长沙市二中等许多单位的文章。《湖南文艺》杂志上还发表了谭丕谟从北京师大写来的文章。综观这些文章的内容，无非是说他使用两面派手法、挑拨离间、破坏团结，建立自己的山头，宣传胡风理论，拉拢和毒害青年，扩大其反革命组织，等等。这些材料固然十分吓人，但在我的私心里，还认为可以从不同的角度去解释。严重的是涂西畴的文章提到被他拉拢的青年中有一人写了反动诗。涂的文章是这样写的："如一个讲师的侄儿因为受了他的拉拢和毒害，在未醒悟前，除了写了反动诗外，竟天天想叛离自己的祖国，到香港和台湾去。"到底是什么反动诗，涂的文章未明说。而在师院某些揭批会上，则被具体化了，说这首诗中有一句打倒共产党的话，而且是彭老师改的。这就十分严重了，使我不能不对他产生怀疑。心想：彭老师解放后的一系列表现，都是紧跟革命形势，紧跟共产党的，难道这是伪装的？是两面派？

大约过了半个月，这个疑问解决了。一天，我在澡堂洗澡，碰到了那个青年，他是湖南澧县人，与我是老乡。他主动告诉我："我就是报上说的那个青年，那句诗不是彭燕郊改的，是我自己写的，是肃反干部 ××× 要我说是他改的。"

这个青年短短的一句话，使我一下陷入了开始怀疑党的基层组织甚至怀疑整个肃清胡风集团运动是否正确的痛苦深渊。彭老师被捕不久，我因与他的关系和在武汉大学时曾去曾卓家吃过饭而受到搜查和隔离审查，所以在我的心里，常常有一种不祥的预感：认为自己也会被捕，也会被扣上"反革命"帽子。半年后，通过多方审查，我的问题作了结论，认为我与胡风集团没有组织关系，只是一般师生关系，我的包袱卸掉了，但对彭老师的同情没有消除。在当时这是立场问题。这一内心的同情给自己埋下了不幸的种子。

1957 年 2 月，当时武汉大学生物系研究生刘岱岳回邵阳过春节后，返校时来到了我的住处。他在湖大学习时也是《人民湖大》的编辑，与彭老师关系很好。他一到我的住处便问我：肃反时与彭老师的关系受到审查没有？我说：受过，但后来弄清楚了。他说他当时受审查时处理很严重，隔离反省几个月，开除团籍，最后也弄清楚了。接着又说："今天特来告诉你，据衡阳市委宣传部部长说，彭燕郊已经释放了。"接着说了许多感慨的话，说他都已释放了，而我们过去却受到那么严格的审查等。我告诉他那个青年对我说的话，还说："改诗的事一定查清楚了，否则不会释放。"又说："这话我一直埋在心里，不敢对任何人说，现在可以说了。"

1957 年 6 月 1 日，我收到刘岱岳的信，说他在武汉大学贴出了为胡风集团翻案的大字报，得到了武大师生的广泛支持，要我提供彭老师的情况，以便他进一步鸣放。我在回信中说："这次'鸣放'我感到十分兴奋，这是历史上不曾有过的事情。人民公开揭露执政者的缺点和错误，只有共产党领导的国家才有可能……所以，这点是否与你的认为党对胡风有严重的宗派主义有出入呢？"要他三思。在提到彭老师时，我又写了如下的话："彭燕郊我未与他见面，现在不知在何处？我问了些同志，都说他是胡风分子，经过审讯判为免于刑事处分，其他不知。根据前年报纸上公布的'罪恶'是空洞的。"（以上引语，一切按照当时师院中文系批斗我时，对我的信的复印件抄下来的）就是信中的这几句话，我于 1958 年 2

月 1 日被划为右派，并被专政改造二十年。

1979 年落实政策后，彭老师曾多次对我说，在任何情况下，我们要相信历史，相信自己的清白，相信伟大的中国人民，相信党的路线会一步一步走向正确。要我向前看，不要失去希望。正如他当时赠给我的一首诗《小船——赠华枣》中所写的："急箭般的台风它跌撞过／狂热的九级浪里被抛掷过／可怜的小船，如今，唯一可以告慰的是／没有摔碎，裂缝不深，破处还未洞穿。"诗的结尾提出希望："请记住，这不是我们的过错／只有绝望才是我们唯一的过错。"

因此，在我的心目中，彭老师在任何情况下，都是紧跟革命形势，紧跟共产党的。到湘潭大学后的头六年也是如此，有时似乎比以前更积极。在我的印象中，似乎从 1986 年起，彭老师开始超越自我，超越阶级，超越地域，一切从亿万人民出发，从民族出发，甚至从整个人类利益出发，表现出对人类的大爱。

第二，对青年、对学生的无私关爱。

五十年代初，他自己也是青年，年仅三十岁多一点。当时，他与校内的学生或社会上的青年交往很多，关系十分好。他知识渊博，藏书很多，在交往中总是无私地教导他们、帮助他们。如 1950 年 8 月至 1951 年 8 月，他与当时中文系四年级学生罗心敏便亲如兄弟，共同收集了大量湖南民歌。1952 年前后. 他与当时中文系一、二年级学生易扬、肖曼平、巫瑞书、李果、刘日辉等，有深厚的友谊和师生之谊，经常指导他们写诗或写小说。在《人民湖大》编辑部工作期间，他与生物系刘岱岳、历史系刘学沛的友谊和师生之谊也很深。他们在 1953 年全国院系调整时离开湖南后，一直到 2008 年 3 月，除中间的二十年因特殊原因没有联系外，或写信，或打电话，或登门看望，都有不同形式的联系。

1980 年 5 月，他收到当时湖大历史系学生刘学沛的信后，在回信中说："学沛同志: 整整四分之一世纪(而且还超过了一些)的隔绝了! 老实说, 接到你的来信，我是用颤抖的手拿着，急切地读下去的。读着不禁热泪盈眶了。"刘学沛写信时在福建省社会科学院工作，1994 年任福建省地方志编委会负责人。近几年他经常打电话询问彭老师情况，曾一再表示要来湖南看他。去年他听说彭老师不幸去世了，特将彭老师的信复印了一份寄给我。

彭老师对我的关怀至深和无私帮助，更是一言难尽。这里只举几件比较突出的事例。1954 年 8 月至 1955 年 7 月，他是我的指导教师。我的主攻方向是中国现代文学，他为了使我对艾青的诗歌有较充分的了解和研究，把艾青各个阶段的初版诗集《大堰河》《向太阳》《北方》《黎明的通知》等借给我，并经常与我探讨艾青诗歌的特色。1979 年至 1984 年，他知道我在收集《三国演义》方面的资料，便将这件事当作自己的事一样时时放在心里。1979 年 3 月 2 日给我的信说："清理书物时又找到一些有关《三国演义》的资料，想来也许可供参考。"并说不日可托人带给我。1979 年 6 月 10 日来信又说："我又寻出了一些《三国演义》的资料……下次再带给你。写书事，极望你抓紧进行。"1979 年 6 月 12 日，又来信说："我还有些资料要给你，得等下次回长时再给你。"有一次，他到我的住处，我不在家，他就把送我的书从窗户口丢进来。这样的事不胜枚举。1979 年 4 月 4 日，彭老师来到我的住处，带来了他的许多诗歌近作。同年 10 月 2 日，他有事找我，送了一份他的《寸心草》诗抄（出版时改为《毋忘我草》）的复印件。在他的影响下，我也把我的不像样的诗抄给他，请他指导。事后他对我说：有诗意，其中有两首有些散文化，一再鼓励我努力写下去。由于我的不专注，他希望我抓紧写的那本书并没有出版，他希望我努力写的诗并没有成就，我常因此而自责，但他长期对我的关爱，对我的鼓励与帮助，是我永远不会忘记的。

第三，他对曾经在报刊上或其他场合揭露和批判他的人的宽容、理解和不计较。

二十世纪五十年代，曾有老师说他有些个人英雄主义，有些骄傲，有些自我中心，但在我们学生的印象中却不是这样。在我的印象中，他很尊重当时湖大中文系主任谭丕谟以及继任者魏猛克。与一般文化界人士交往也十分随和、友好。1954 年 10 月前后，我与他在旧书摊买书，见到不修边幅的名记者严怪愚，彭老师很远便大叫："严怪！"见面之后又是拍肩又是握手。当时我感到很惊异，心想："这位严老师不见怪吗？"事后才知道，严老师不仅不见怪不生气，而且对他非常友好，他们的关系非常融洽。从那天起，严怪愚老师又成了我的忘年交，关系非常好，友谊长达三十年之久。

这类的事还有很多，这里我要着重说的，是他对那些曾经在报刊上或其他场合揭发他、批判他的人的态度，这些人和事，我们都知道，他也知道，其中有些过去与他关系比较密切的人，如魏猛克在《新湖南报》上、谭丕谟在《湖南文艺》上发表了揭批他的文章，韩罕明更在很多场合对他进行了揭发和谩骂。涂西畴过去是他的顶头上司，在湖大、师院都曾经十分器重他，1955 年 8 月 9 日却在《新湖南报》上发表文章全面揭发、批判他。可是1979年落实政策后，彭老师从不计较这些，相反，他以宽容、理解的态度，一一拜访这些人（谭丕谟1958年因飞机失事，与郑振铎一起遇难了）。这里我想举两个十分感人的例子。

1979年元月7日，彭老师与傅紫荻（原长沙市委文艺处处长）、易扬（湖大1951年入学学生，当时正在筹办长沙大学）来到我的住处。彭与傅带有做好的菜，易扬带有酒，约我到魏猛克家聚餐。彭老师在席上大谈过去的友谊和师生之谊，大谈党的正确路线给我们带来了新的生命和美好时光。在他的《毋忘我草》中，还有一首非常有影响的诗《一朵火焰——呈孟克》。诗中说："一朵火焰，有柔和的光／不是摇晃不定的、闪烁的光／是恬静的，越看越亲切的光／可以长久长久地注视的光……"对魏猛克进行了赞扬。

我们都知道，彭老师与谭丕谟在1946年同是当时中华文化界抗敌协会桂林分会的常务理事，关系十分好。1950年又是谭请他来湖大任教的，关系更不一般。1955年8月，谭在《湖南文艺》上发表文章揭批他，对他自1945年到1955年7月的表现予以否定。然而当我们为撰写《文学史家谭丕谟评传》在2000年10月3日访问彭老师时，彭老师对谭先生的一系列的工作给予了全面肯定。谈到1946年的情况时，他说："文协经常开展一些进步文化活动，谭先生是积极参加者之一。"谈到湖大的情况时，他说："谭先生很注意团结这些老先生，随时与他们交心谈心，尽量安排他们上课，以发挥他们的作用。"还说："谭本人很有传统学者风度，办事认真、细致。"

此外，在湖大表现得很进步的学生、后来曾担任湖南师院中文系主任的樊篱，在湖大与彭老师关系较好、在师院曾担任过民盟负责之一的汪名凡，在彭老师落实政策时，曾先后约我去拜访过他，彭老师也先后约我回拜了他们。这都说明彭老师在这些人心目中，形象是美好的。

总之，彭老师在落实政策后，对那些曾揭批过他的同辈，或长期与他划清界限的学生，都十分宽容、豁达、理解和友好，表现了不计得失的高风亮节，使我十分感动和敬佩。

第四，永远有一颗年轻的心，永远具有一种诗人的爱美的潇洒、文雅和风度。

这是彭老师留在我心目中的又一个鲜明、深刻的印象。二十世纪五十年代他还年轻时如此，二十一世纪他步入晚年时仍是如此，永葆青春的心、爱美的心和美好的诗人形象。

二十世纪五十年代，他给我们上课时，别的老师上完课后便走了，他上完课后总是留在教室里与我们谈心，有时还哈哈大笑，像小孩一样。因此，他当时的青年朋友很多。记得1952年的春天，我与几个中文系的同学和他一起参加《人民湖大》的编辑工作，午睡休息时间，1951年入学的女生肖曼平一时高兴，拉着彭老师的手说："彭老师，来！我教你跳舞！"彭老师哈哈大笑之后，也就跟着跳起舞来。他在湘大退休后，住在他爱人的工作单位省博物馆，我每次去看他，他总是大谈他正在进行的工作和准备进行的工作。一般情况下，他是留着比较长的头发，冬天着一件开襟毛线衣，谈笑风生，仍然风度翩翩。有一次，我想给他照几张相，他非常配合，选取了好几种角度让我照。还有一次我与王福湘、赵树勤老师带了摄像机同去，当我拍摄彭老师与王福湘老师对话时，他的女儿张丹丹用她的摄像机摄我。我说："张丹丹真好玩，还像小孩一样。"他说："她永远长不大！"过了一会儿他又说："这也好，永远天真，跟我一样！"是的，彭老师永远具有一颗年轻的心，永远充满了各种幻想，永远保持一种诗人的风度翩翩的、潇洒文雅的美的气派。

写到这里，我想起张兰欣老师告诉我：2008年3月29日，省政协秘书长欧阳斌去看彭老师，当时他已经昏迷了，听到有人来了，突然睁开眼睛，吃力地辨认之后，用微弱的声音叹息着说："欧阳啊，这回我可弄狼狈了。"从此便再没有醒来，永远告别了这个世界。

"这回我可弄狼狈了"这最后一句话，可以说是彭老师特殊性格、心灵活动在特殊时刻的自然流露。他一生永远具有一颗年轻的心，永远对未来充满幻想，永远保持潇洒文雅的美的风度。他没有想到死，只是被病魔弄成现在这个样子，他才感到狼狈。这里还有一个潜台词，意思是"我从来没有这样狼狈过，只有这一回"。他根本没有想到这回的狼狈使他永远地离开了这个世界，这是多么令人感到悲痛啊！

彭老师！你永远离开了我们了。愿你化为一只美丽的雄鹰，永远在我们的天空翱翔！

（收入陈思和、王德威主编：《史料与阐释·贰零壹壹卷合刊本》，
上海：复旦大学出版社，2013年）

忆彭燕郊先生

张铁夫

三本珍贵的书

彭燕郊先生是个极其爱书的人，堪称书痴。他爱看书，爱买书，爱藏书，曾被评为长沙市的藏书家。他在《爱书》一文中说："爱书的人，对书有一种特别的感情。一般人对书，不过是读一读算了，爱书的人却是把书当作不可缺少的恩物，想方设法求书，求得之后，读完之后还要当宝贝收藏，成了爱书癖。"他本人就是这样一个爱书的人，书就是他的"恩物"。不过，他虽然爱书成癖，却并不吝啬。他尽可能不向别人借书，以免有"夺人所爱之嫌"，但别人若向他借书，他却有求必应，甚至还会主动把书借给别人。别人不还，也不向借书的人讨书，宁可自己再买一本。有时他觉得某本藏书对别人有用，索性送给别人。在跟彭先生共事和交往的近三十年中，他曾送给我不少书，除了他本人的诗文集或他主编的刊物外，还有三本关于普希金的书。

第一本书是《波尔塔瓦》，作者为普希金，译者系查良铮，出版者是平明出版社（1954 年 3 月），送书时间为 1981 年 9 月 25 日，扉页上有彭先生用钢笔写的"铁夫同志存　燕郊　81.9.25"字样。

《波尔塔瓦》是普希金于 1828 年创作的一首具有史诗特点的叙事诗。诗人选取俄国历史上最伟大的时代之一——彼得大帝时代和最伟大的事件之一——波尔塔瓦战役，生动地塑造了彼得大帝的形象，全诗是普希金关于塑造真实的历史人物、讲述真实的历史事件、遵循客观的历史走向的历史文学观的体现，在普希金的整个创作中具有重要的意义。译者查良铮（穆旦）曾在清华大学（抗战时期在国立西南联合大学）攻读英美文学专业，但也选修过俄语课。1949 年赴美留学，继续研究英美文学，同时选修俄罗斯文学。1953 年归国后，开始从事俄罗斯文学翻译，第二年在巴金主持的平明出版社几乎同时推出普希金的叙事诗《波尔塔瓦》、《青铜骑士》（现通译《铜骑士》）、《高加索的俘虏》，诗体长篇小说《欧根·奥涅金》和《普希金抒情诗集》五部译作，继 1937 年之后在中国掀起了第二个阅读普希金的热潮。我当时还是个高中学生，也被这股热潮卷了进去。不过当时使我如醉如痴的主要是查良铮译的《普希金抒情诗集》（还有戈宝权与罗果夫编译的《普希金文集》），至于阅读难度较大的《波尔塔瓦》等其他几部译作，我是在大学阶段才开始接触的。

彭先生送我《波尔塔瓦》的时候，“文革”刚刚过去不久，买书、读书成了学校师生的头等大事。当时我在系里给学生讲授俄罗斯文学，同时应漓江出版社之约翻译《普希金论文学》一书。为了教学和翻译的需要，我正在大力搜集、购买有关俄罗斯文学或普希金的书。我所在的湘潭大学名为恢复，实为新办，图书资料极度匮乏，“文革”前的书籍就更不用说了。尽管全国许多高校向湘大捐赠了不少书，但真正有用的书不是很多，像《波尔塔瓦》这类书是很难找到的。因此，对我来说，彭先生送的这本书犹如雪中送炭。

在我的教学计划中，普希金及其创作为四学时，而抒情诗和诗体长篇小说《叶甫盖尼·奥涅金》的讲授占了大部分时间，叙事诗只能讲三十分钟。在得到彭先生的赠书后，我把叙事诗的讲授时间增加到了一学时（五十分钟），至于《波尔塔瓦》，则着重讲了它的历史基础、基本思想、情节线索、人物形象及其在文学史上的意义。从时间上来说，这当然是不够的，但比以前却充实多了。在翻译《普希金论文学》一书时，彭先生的赠书对我也有很大的帮助。《普希金论文学》的原文有两处涉及《波尔塔瓦》一书：一处摘录了普希金的短论《驳〈波尔塔瓦〉的批评者们》的主体部分，另一处是普希金的女友凯恩谈普希金在创作《波尔塔瓦》时，“常常沉浸在它那富于诗意的形象与和谐的诗句中”。在翻译这两处特别是第一处时，彭先生赠送的查良铮译本是我的重要参考书。

第二本书和第三本书分别为《普式庚论》和《译文》新二卷第六期。《普式庚论》出版者为桂林远方书店，出版时间是 1943 年 4 月 1 日，译者系吕荧。这是一本论文集，主要根据苏联对外文化协会于 1939 年出版的论文集《普式庚》英文本译出。作者都是苏联赫赫有名的学者或作家，如卢那卡尔斯基（卢那察尔斯基）、高尔基、吉摩菲叶夫（季摩菲耶夫）、赫拉普琴珂（赫拉普琴科）、希克罗夫斯基（什克洛夫斯基）、维笃古尔（维诺库尔）等。内容涉及普希金的抒情诗、叙事诗、散文、戏剧、童话等各种体裁作品，以及他与西方文学的关系和在俄国文学史上的意义。据译者自己说，他阅读和翻译这本论文集的目的，是为了在着手移译《欧根·奥涅金》之前，"希望对这位'世界的诗人'的气质、艺术、风格，能有一个比较具体深切的体认"，当然，他也希望这本书"在春的曙光已在辉耀着的中国，能促引'俄国的春天'与'中国的春天'（中国的普式庚）的遇合"。

《译文》新二卷第六期是译文社于 1937 年 2 月 16 日出版的"普式庚逝世百年纪念号"，编者为黄源。其内容分为两部分：第一部分为魏列萨耶夫等苏联研究家写的评论文章，如《普式庚的一生》《十二月党的诗人》《普式庚之生涯与作品》《普式庚的流行之基础》《普式庚之死》，译者分别为著名翻译家克夫、茅盾、丽尼、唐弢和赵家璧。第二部分为普希金的作品，包括《乡村》等十九首抒情诗，以及叙事诗《强盗兄弟》和中篇小说《杜勃洛夫斯基》（现通译《杜布罗夫斯基》），译者分别为孙用、刘盛亚、劳曼、菡亭、蒙沙和孟十还。此外，还有曹靖华编写的《普式庚年表》和二十七幅插图。编者在《后记》中说："这一期我们以全部篇幅来纪念普式庚，我们纪念着这位百年前'为了他对于人民的热爱而被专制政权谋杀的伟大诗人'，同时不由得想起了我们自己的不久前逝世的伟大的存在（指鲁迅——引者）。读着这纪念号的诸君，谅必亦有此同感！""后记"还谈到，译文社还从《译文》杂志过去已发表的论述普希金的文章和普希金的诗文中选出一部分，编成《普式庚研究》一书，并说："我们对于普式庚的绍介，由于几位致力于绍介新旧俄国文学者的努力，在论述方面，可说已超过了日本的。"

彭先生赠送这两本书的时间是 1999 年岁末，扉页上均有用钢笔写的"奉赠张铁夫兄 燕郊 99 岁末"字样。当时我正在做《普希金与中国》这一课题。两年多前，我曾去圣彼得堡出席第四届"普希金与世界文化"国际会议，并在大会上用俄语做了题为《近年来中国普希金作品的翻译与研究》的发言。会议组织者之一，俄罗斯著名普希金学家福米乔夫教授在跟我的一次谈话中，希望我把自己的发言加以扩展，就“普希金与中国”这一内容写成一部专著。我回国后便开始阅读资料，拟定提纲，认为这本书应该包括三个方面的内容：第一，普希金对中国的兴趣、认识和描绘；第二，普希金作品在中国的传播和研究；第三，普希金对二十世纪中国文学的影响。至于书的体例则可以采取以人物为主线的结构方法，即把一代代翻译家、出版家和研究家的事迹连接起来，构成一部普希金在中国的接受史。

彭先生那一代人是有很深的普希金情结的。他曾经在一篇文章中说：“1936年（应为1937年），普希金逝世一百周年，我国举行了盛大的纪念活动，出版了一大批普希金作品的译本，自那以后，甚至在物资匮乏、生活艰苦的抗日战争相持阶段，桂林和重庆还出版了《叶夫盖尼·欧涅金》《青铜骑士》等名著，爱诗的朋友们宁愿少吃一餐饭也要购阅这些被认为不可缺少的精神营养。为什么普希金能够赢得中国读者的倾心和依恋，一接触他的作品就把他看作知己，看作心中人？大量介绍普希金作品的三十年代中期，正是民族危机严重、中国人民奋起投身救亡运动之际，普希金反抗压迫、争取自由的崇高品格，在那风雨如晦、鸡鸣不已的年代，更能激起我们的共鸣，更使我们仰慕……”我知道，彭先生不但是普希金的一个读者，而且对普希金的作品及其在中国的传播也很有研究，他本人的诗歌创作也在一定程度上受到普希金的影响。因此我专程去长沙征求他对我的计划的意见。他肯定了我的计划，认为这个课题很有意义，早就该做。在这次谈话中，我还向他谈到了自己的两点困惑：一是资料缺乏，特别是二十至四十年代的资料，二是很难把握普希金对二十世纪中国文学的影响，具体来说，就是他对中国作家的影响不如其他俄国作家那么明显，如屠格涅夫之于巴金，果戈理和契诃夫之于鲁迅。关于第二个问题，他认为普希金对中国作家的影响主要是思想上的、总体性的、潜在的，他本人就是这样，至于资料问题，他建议我去北京图书馆（今国家图书馆）和北京大学等老校图书馆查找，同时他还表示，在他的藏书中，可能有些书对我有用，找到了一定送给我，这就是第二本书和第三本书。当我收到这两本书时，简直是如获至宝。要知道，这是我正在寻找而又极难找到的资料。它们向我提供了大量的信息，使我形成了如下一些基本观点：第一，普希金在中国的译介经历了一个先小说后诗歌的过程，这多少带有一点误读的性质。

当然，这种错位现象并非偶然，而是清末民初小说观念变化和地位提高的反映，亦即出于本土文化的需要；第二，1937 年普希金逝世百年前后，我国掀起了一个译介普希金作品的高潮，普希金在我国的接受开始了从自发到自觉、从读书界到全社会、从片面到全面的转变；第三，在译介普希金作品的同时，非常重视对苏联普希金研究论著的介绍，中国学者和作家自己在写的文章中，对普希金的作品和人格给予了高度的赞扬，具有某种偶像化倾向。这些观点，后来我都写进了《普希金与中国》一书的第二章《20 世纪上半叶普希金在中国的接受》的“概述”中。

当然，彭先生送给我的三本书的价值，不能仅从功利性的角度去理解，它们更主要的是体现了一个前辈学者对后学的提携和帮助。此外，这三本书本身还是文物。《波尔塔瓦》从出版至今已过去了五十六年，而《普式庚论》和《译文》新二卷第六期则分别有六十七年和七十三年的历史。在这半个多世纪里，它们的主人受尽磨难，而它们竟安然无恙，这简直是个奇迹。对我来说，它们是真正的无价之宝。

一部译作的诞生

二十世纪八十年代初期，我在翻译《普希金论文学》一书时，决定把 H.B. 波戈斯洛夫斯基编的《批评家普希金》一书中的《同时代人回忆普希金谈文学》译出，作为该书的附录。这个附录有两处摘引了安・彼・凯恩的《回忆录》。一处是上文提到的回忆普希金创作《波尔塔瓦》时的情景：“1828 年冬天，普希金正在写《波尔塔瓦》这首长诗，他常常沉浸在它那富于诗意的形象与和谐的诗句中，一边反复吟诵着他刚刚写出的一句诗，一边走进我的房间。例如，他有一次进门时高声朗诵道，‘战事开始了，波尔塔瓦之战！’”另一处是回忆普希金对波多林斯基的《肖像》一诗的称赞。

安・彼・凯恩这个名字，我在中学时代就已经非常熟悉了，普希金献给她的那首《致凯恩》(《我记得那美妙的瞬间》)更是倒背如流，那个“纯洁美丽的精灵”，那个“昙花一现的梦幻”，我相信给所有读过这首诗的人都留下了难忘的印象。然而凯恩的回忆录我却从未见过，也不了解。于是我通过馆际互借的方式从上海图书馆借来了这本书的原版。它的内容包括回忆文章、日记和书信三大部分。日记的第一部分，写于1820年6月23日至8月30日，当时普希金正流放南方，两人天各一方，不通音讯，因此这些日记跟普希金没什么关系；第二部分写于1861年11月20日至12月18日，当时普希金已去世多年，它与普希金也没什么关系；第三大部分虽然收录了普希金致凯恩和凯恩致普希金的几封书信，但篇幅较小，而第一大部分有五篇文章，其中《回忆普希金》《回忆普希金、戴尔维格和格林卡》《戴尔维格与普希金》这三篇文章与普希金有直接关系。它们首次披露了普希金生活和创作中许多不为人知的事实，塑造了一个真实的、活生生的普希金形象；《同亚历山大·帕甫洛维奇皇上的三次会见》和《回忆我的童年》虽然不涉及普希金，但却客观地、可信地描绘了十九世纪二三十年代俄国社会生活的图景。五篇文章均具有珍贵的文献价值和文学价值，因此我决定把它们译成中文。由于这一想法还不太成熟，我只跟我校历史系的陈耀球先生（《苏联三女诗人诗选》的译者）简要地说了一下。

不料过了不久，我突然收到彭先生的一封信。信是这样写的：

铁夫同志：

你好！

耀球兄说你有一本凯恩的《回忆普希金》，书是不是在手边？

你有没有兴趣，特别是有没有时间译出？

译成中文大约有多少字？原书插图多不多（最好有较多插图）？如原书没有，是否可以从别处找到？

得暇，盼示数行，谢谢。

颂

春节好！曾老师好！

彭燕郊

1986年2月7日

我知道，彭先生正在为漓江出版社的“犀牛丛书”组稿，于是在回信中把我上面提到的想法告诉了他，并表示愿意把书译出。他在接下来的一封信中对我的选题作了肯定，说“整个这本书都使我高兴”“对这本书我们寄予很大期望”，认为它必能受到读者欢迎，不过，为了吸引读者阅读好书，要把书名搞得活些。他建议，就用普希金《致凯恩》一诗的第一句《我记得那美妙的一瞬》作为书名，不过“一瞬”可改为“瞬间”，这样“文义生动些，也响亮些”。此外，他还谈到插图也很重要，封面要印彩色的凯恩像。

3月16日，漓江出版社就寄来了正式的约稿信。这封信是手写的，一看就能认出是彭先生的字，但字迹比平常的信要工整一些。信中还提到，“有关交稿及其他编辑事务，希与彭燕郊同志联系”。看来，彭先生不仅是“犀牛丛书”的组稿者，还俨然是这套丛书的责编了。我在当年6月份就译完了书稿，并且将书稿直接寄给了他。他在11月5日的信中说：“凯恩的回忆录已交出版社，列入第一批五种内了，请释念，我希望能赶快印出来。”11月23日，他在从桂林寄出的信中说：“我们搞的这套丛书，如今已收稿十部，而他们的译文室共只三人，调走一人，剩下二人，到现在才看稿四部。无奈，有几部稿只好我来再看（我原先看不是以责编要求看的），你的这部，我又再看一遍，说实在的，我以为你只要再加努力，就可以跻身名家之列了。”作为诗人、散文家、学者，他当时有着繁重的创作任务，同时还担任《国际诗坛》的主编，已经是够忙的了。在这种情况下，他又为“犀牛丛书”的出版耗费了大量精力，令我们这些译者十分钦佩，十分感动。

由于征订数不够理想，“犀牛丛书”迟迟不能付梓。我的那个译本据说征订过三次，前两次因印数未到三千，一直压在出版社。直到1991年8月，彭先生在信中告诉我，“征订数已够了，就可以印了”。这年10月至第二年5月，我在俄罗斯访学。回国后不久，我就接到漓江出版社寄来的一包书，这就是我的那部译作，但书名已被出版社改为《普希金情人的回忆》。除我的这部译作外，这套丛书还包括乔治桑与缪塞的书信集、巴尔扎克致韩斯卡夫人书信选、阿·茨维塔耶娃关于她的姐姐玛·茨维塔耶娃的回忆录、卡夫卡的随笔集和奥维德的《爱经》。它们无不倾注着彭先生的心血。

2010年10月20日

（原载《芙蓉》2011年第1期）

遥寄湘江

——忆彭燕郊

柯文溥

一

近年来，也许因身体缘故，夜半梦回，往往想起许多故旧。今夕一觉醒来，再也无法入眠，书桌灯光下，有本《彭燕郊诗选》，月光映入窗内，浸透了我的全身，我在悲凉寂寞的心境中，又想起这位历经坎坷而铁骨铮铮的诗人，历历往事不由浮现在我眼前。

1979 年春，我赴长沙开会前夕，厦门老诗人童晴岚叮咛我，路过湘潭时，务必代他去湘潭大学拜访彭燕郊，向他问候。我知道童老抗战时期与他一起在桂林从事文艺活动，而且缔结下深厚友谊，我欣然应命。

其实，我很早就听过吾乡出现过两颗文艺明星，一是郭风，一是彭燕郊。郭风长期在福建从事文艺活动，已为众所知。而彭燕郊建国前在华南和西南一带从事文艺工作，作品流传到南方不多，尤其是因 1955 年“胡风反革命集团案”，蒙冤二十多年之久，更鲜为人知。

根据童老介绍，我在图书馆尘封的书架上找到胡风主编的《七月》以及彭燕郊主编的《力报》副刊《诗垦地》，翻阅了他抗战时期的一些作品和有关评论，又找到了彭燕郊之弟陈德力，了解彭燕郊若干情况，大致知道他的生平事迹。

彭燕郊，诗人，编辑，教授，民间文学学者。原名陈德矩，1920 年 9 月出生于莆田黄石镇。父亲陈燕堂早年去北京、上海求学，思想较开明，家中藏书甚丰。长兄陈德规建国前在南京国民党政府任要职，1949 年徙迁往台湾。1934 年彭燕郊来厦门，考入陈嘉庚创办的集美师范。两年后转学去漳州龙溪简易师范。毕业时，正值抗日运动风起云涌之际，他由郑畴老师介绍参加新四军，从闽西开往皖南前线，被编入战地服务团任宣传工作，并开始在军中《抗敌》上发表诗作。1940 年 5 月因肺病奉命疏散到后方。在浙江金华与覃子豪（诗人，抗战胜利后赴台湾，其后与余光中等组织蓝星诗社，主编《蓝星》诗刊，对台湾诗歌发展起推动作用）等创办《诗时代》，并进行创作。长诗《春天——大地的诱惑》《战斗的江南季节》《岁寒草》等发表于胡风在重庆主编的《七月》上，彭燕郊成为“七月诗派”代表诗人之一，引起诗坛强烈反响，同时也种下 1955 年因“胡风反革命集团案”蒙难的祸根。他的诗大多讴歌伟大的民族解放战争，反映前方军民抗战的英雄业绩，抒发浓烈的爱国热情。另有一些以农村题材的诗，则表现出对农民命运的深切关怀。抒情色彩浓厚，意象新颖，具有感人的艺术魅力。

1941 年，彭燕郊去桂林，年方二十一岁，被选为中华文艺界抗敌协会常务理事、创作部副部长和诗歌组组长，主编《力报》副刊《诗垦地》、《诗》杂志等，先后出版诗集《春天——大地的诱惑》《妈妈，我和我唱的歌》《战斗的江南季节》《第一次爱》以及散文集《浪子》等。1949 年去北平，参加第一届全国文代会，任《光明日报》副刊编辑，并与钟敬文合编《光明日报》另一副刊《民间文艺》。1950 年应聘到湖南大学中文系任教，1953 年调往湖南师院任职，并任湖南文联常委、《湖南文艺》编委等职，出版论文集《文艺学习札记》，致力于民间文学的搜集和研究，先后编辑出版《湖南歌谣选》《五更阳雀啼》《湖南花鼓戏演唱集》等。

1955 年因“胡风事件”蒙难沉冤达二十多年之久。1979 年 3 月政治形势较为宽松，从北京传来消息，胡风一案行将平反，经湖南省委同意，湘潭大学聘请他来校任教。

梳理完彭燕郊的人生轨迹后，拂去岁月的蒙尘，我似乎已走近了这位湮没已久的诗人面前。

二

在湘大校园，我拜见了先生。他才从课堂回来，手里还沾着粉笔灰，穿着一身整洁的中山装，黑白夹杂的长发向后梳着，虽近花甲之年，但充满活力，两眼闪烁着熠熠神采。房间陈设简朴，书籍占了很多空间。他得知我与他同乡后，倍加热情，他问及童老近况，要我向他致谢。从谈话中我得知先生在中文系讲授“诗歌欣赏”课程，受到广大同学欢迎，还有外系学生涌入听课。先生兴致勃勃地说，他还要开设“民间文学”课程，筹办一个民间文学刊物，回到诗坛重新放歌。我分明看到诗人磨难一生风骨犹存，他的饱满的精神气质深深打动了我。

我因要赶往长沙，不能再停留，先生给我一个长沙住址——星期六他将回家，约我到他家畅叙。

事后，我才知道，因胡风一案平反政策未正式落实，湘大只能将先生列入编外人员，领的是一份借用人员的工资，但先生不愿被列入另册，于是工资分文不领，显示出诗人矜持的性格，

在长沙，我参加了几天研讨会后，恰好星期日休会，便去东风路湖南博物馆拜访先生，那是他爱人所在单位。先生住房三间相连，似火车厢，中间狭小的客厅是利用走廊围堵起来的。屋里凡是能堆置书籍的地方都堆满高高低低的书。我很惊讶这样狭窄简陋的住所日后竟是他创作的工场。先生热情而健谈，知道我对诗歌感兴趣后，就向我推荐波特莱尔的《巴黎的忧郁》、艾略特的《荒原》……对“五四”以来的诗歌也有许多精辟的见解。他如数家珍，娓娓道来，顷刻间打开我的视野，我的思想顿时豁然开朗起来，得到一次艺术的享受。

先生离开闽中故土几十年了，记忆的烛光照亮了他的悠悠往事，他怀念梦牵魂系的生息过的嵋洲湾畔家园，对昔日求学过的厦门、漳州也不尽缅怀。蓦地，我想起先生在抗战期间发表的《怀厦门》，我背诵出若干片段：“我怀念厦门 / 如同羔羊怀念他的慈母”“在厦门 / 到处开遍花 / 相思树绿叶常青 / 天，像海一样蓝 / 和煦的海风吹着”“而今强盗的兽蹄踏上这个岛市 / 今天是凌辱，是血，是仇恨”……先生随即激动地说：“那是 1939 年发表在胡风主编《七月》上的诗，当时我在新四军抗日第一线，听说厦门沦陷后，十分悲愤，乡愁国恨都涌上心头，

我记得最后一句‘厦门永远是咱们的’。”

先生很怀念在集美度过的岁月，他深情回忆，那绵远的海岸、雪白的浪花、金黄的沙滩、彩色的贝壳，给他多少醉人、神奇的幻想。大海陶冶了他的气质，养成了他豁达的胸怀，尤其是陈嘉庚先生为集美师范所提的校训“诚毅”，对他毕生身处世都有重大影响。

先生还问及厦门的局势。他说：“台湾与厦门隔海相望，指顾之间，亲友不能团聚。”他怀念长兄德规，炯炯的眼神里贮满对烽火年代的深情回顾，他说：“德规也是个热血青年，抗战爆发后，立即投笔从戎，投入救亡工作，其后，因政见不同，我们走的是两条不同的道路，但毕竟是亲情骨肉，难以分离。还有诗友覃子豪，当年写了不少抗日救亡诗歌，很有才气。”他吁了一口气，充满希冀地说：“但愿皓首重逢，早日结束这场人为的历史悲剧。”

先生还兴趣盎然地谈到厦、漳的风情，他说，那里物产丰富、气候宜人、人文景观灿烂多彩，是民间艺术的沃土。他当年喜欢看布袋戏、歌仔戏，听南音，有次在漳州，为了观看传统剧目《吕蒙正》，深夜校门关闭了，只好悄悄逾墙而入。他还去圆山看艺匠巧雕水仙花，那高超的民间工艺令他惊叹不已。他吸了一口香茗，眼睛里闪烁着灼热的光芒，昂奋地说：“这些带着乡土色彩的民间艺术，培养了我的兴趣，为我以后从事民间文学研究打下基础。”接着先生还笑呵呵地说：“记得漳州中山公园的一棵大榕树下，摆着热气腾腾的蚵仔煎、手抓面，我是那里常客，可是几十年来再也没有机会品尝了。”

晌午时分，先生的夫人张兰欣早已准备饭菜，先生留我午餐，对这位半个多世纪随丈夫经受重重磨难而不屈的女性，从她温和微笑的脸上，我读出坚毅的神色。先生一生历经坎坷，却也有人间最珍贵的幸福，我由衷赞美他们。

三

1979年4月起，先生在《诗刊》上相继发表《家》《画仙人掌》等，这是他重进诗坛放声歌唱的信号。接着，他在全国各地报刊陆续发表不少优秀作品，如《塑像》《殒》《归来》等，蕴含着对历史、社会和人性的透视和反思，是最早在诗歌界出现的“伤痕文学”。还有一部分是以巨大的热情歌颂城乡的新气象，如《长沙新站大道》《南国浅春谱》等。先生的诗一向以散文美著称，不注重外在韵律，往往凭情绪律动表现语势的抑扬顿挫，以语言的自然音节和应感情的内在节奏，造成一种美感。这些新作都具有行云流水、卷舒自如的散文美。

1980 年 9 月，胡风一案得到平反后，先生先后出版《彭燕郊诗选》、《高原行脚》（散文诗）。从 1986 年起，他的创作出现了最重要的转折和最辉煌的飞跃。他花三年时间，创作了一首规模宏大、气势磅礴的两万多字的散文诗《混沌初开》，这首蕴含多层次含义的精神史诗，是对历史、现实和自我进行的深刻反思和回味，是对一代知识分子心灵历程的洞察和感悟。此后，先生陆续发表长诗《漂瓶》《无色透明的下午》等。对比一下他早期的诗歌，艺术风格有了明显变化，他以哲理情思代替早期浓烈抒情，在优美形象和深刻意蕴中闪烁着智慧与理性的光泽。他不断探求新颖构思和艺术表现方法，创造了自称的“散文体”诗歌，完成了美学大转换。他的许多诗作被收入“五四”以来各种诗歌选本中和各类“诗歌鉴赏辞典”中。《中国文学》英、法文版译介过他的诗，香港文艺刊物也纷纷转载过他的诗作。先生与郭风同时荣获中国散文诗学会颁发的“中国散文诗终身艺术成就奖”。

先生五十年如一日，锲而不舍。他一再来信“搞文学要有一些痴情，我这几十年来，可以说是把世间的所谓幸福欢乐都抛弃了”“我们搞文艺的，就是凭这点痴情，支撑干下来的”。在七十一岁至八十七岁十多年间，先生仍创作不辍，接连出版诗集《混沌初开》《芭蕉叶上的诗》《当代湖南作品选・彭燕郊卷》、诗论《和亮亮谈诗》、散文诗集《夜行》《野史无文》、随笔集《纸墨飘香》以及洋洋四大巨册《彭燕郊诗文集》等，还有大量诗文未辑印成册。

除创作外，他还主持民间文学刊物《楚风》，为湖南出版社策划《诗苑译丛》，在湘潭大学开《民间文艺学》《民俗学》课，创办民间文学研究室，招收国内少有的民间文学研究生。先生还担任湖南现代文学研究会理事长、中国民间文艺研究会湖南分会主席、中国民俗协会理事等职。

先生为人谦逊低调，1998 年春，莆田某文艺宣传部门 ××× 一行人为了弘扬家乡优良文化传统，介绍先生的文艺教育功绩，拟赴长沙为先生拍摄专题电视纪录片，找我向先生联系，先生却委婉辞谢，他复信：“承告家乡文友对我的关心，使我深深感动，××× 先生他们想到这里拍电视片，使我感到惶然，我不过是一个普通作者，没有任何其他身份，论创作无足道也，我是不适宜上镜头的。”先生不骛名位，不屑追逐于市，始终专注于创作，这种境界不是人人都可以企及的。

先生对晚辈充满真挚的爱。当年我着手试写《论“七月诗派”》，手头资料不足，向先生求助，先生慨然把手头仅有的一本《七月诗选》寄赠给我。《论“七月诗派”》发表后，蒙先生奖掖。之后，先生又来信说：“重庆西南师范大学新诗研究所准备召开“七月诗派”学术研讨会，除尚存七月派诗人之外，又邀请研究新诗史的专家参加，我想在全国范围来说，像你这样专心研究新诗史的专家是很少的，我以为你应该参加，我已向 ××× 同志推荐了。”我知道信中过誉之词，是先生对我的激励，可是我因教学任务繁重，无法前往。此后，每当我默坐在深夜灯下时，一想到先生对我的关怀，总觉得我应该更勤快写些什么。

大至学术，小至我个人健康，都得到先生无微不至的关怀。1984 年秋，我不幸得了痛风，久治不愈，先生不辞劳苦，前去找湖南医科大学一位教授为我求诊，并开来处方，他来信劝慰：“你的病不是一时可以医好的，我的经验主要是乐观，心情开朗，有打持久战的思想准备。”大大增加了我治病的信心和勇气。

四

1985 年秋，我去桂林参加一个学术研讨会，想趁此机会在当地搜集一些抗战时期的诗歌资料，作为撰写《中国新诗流派史》的准备。不意与先生邂逅。于是我们又有一次彻夜长谈的机会。

诗歌是先生永远谈不完的话题，他谈及他的诗学主张，对“五四”以来的新诗及其现状发表了许多精辟见解。我将另文详细介绍，不在这里转述。

接着，先生问及我案头工作，得知我的写作意图后，说：“搞史书，应建立在大量原始资料基础上，没有资料，谈不上研究。”当即开了几位当地文化人的住址，嘱我如有困难可向他们求助。他介绍我读勃兰兑斯的《十九世纪文学主流》、泰纳的《艺术哲学》以及柏林斯基、圣佩韦的评论，认为那些著作是史与评的典范。接着，他又对整书的框架、流派的界定，以及对某些诗人的具体评价，一一作了指点。

先生说，他不日将去广州，他所主编的《现代散文诗名著译丛》将由花城出版社出版，他已写好“总序”。多年来他总是关注世界诗坛，他主编《国际诗坛》，一部一百八十万字的《外国诗辞典》也在编纂中。他认为中国新诗发端、发展除继承中国古典诗歌外，与外国诗歌也有着密切关系，可是国内诗歌界对西诗介绍很不够，先生希望我在撰写《中国新诗流派史》时，要特别注意流派与外国诗的关系。

此后，先生每次来信，总是问及写作进展情况，正是在他的鼓励下，我才心无旁骛，完成了《中国新诗流派史》这一专著。拙著出版后，又在先生关怀激励下，我完成了《中国新诗潮流变》《现代文学主体倾向》等书。

先生离开闽中已逾半个多世纪了，但乡情缕缕不绝，1995 年春节，先生寄给我一张贺年片，背后写着"录杜工部句'孤舟一系故园心'并志乡思"。他来信说："至今我还保存一张五十年代莆仙戏唱片《仙姑探病》，怀乡病发时，就拿出来听。"又说，"拜托你回乡时给我打听一下莆剧唱片等，可能还有录音带了。"可是我几十年来浪迹异乡，也去信向家乡亲友询问过，都未有回音，辜负了先生的期许。直到八旬，他还来信："我想在还走得动时回乡一行，看看家乡的变化……当然，也想去厦、漳，看看改革开放后的新气象，再品尝那富有闽南风味的蚵仔煎，观赏优美的歌仔戏，那时我们又可促膝谈心了。"可是先生因忙于工作，这一夙愿终未实现。

2008 年 3 月 31 日，先生以八十八岁高龄逝世。弥留之际，他交代家人送行时，务必为他播放贝多芬的交响曲《命运》。先生的一生也像贝多芬一样，不断与命运抗争，又不断战胜命运。

先生的名字将永远镌刻在现代文学长廊上，先生的著作是人类一笔可贵的精神财富。

（原载《闽台文化交流》2010 年第 2 期）

与彭燕郊的稿缘

古 剑

一

在网上看到“彭燕郊先生走了”。八十八岁，米寿之年走了，老诗人又少了一位。

少年读诗时代，知道他的名字，知道他因与胡风有交往，在《七月》发过诗歌而遭关押，“文革”一来再陷狱中，并不因他于1938年参加新四军而能幸免，整整二十年的创作青春被埋没了。

我与他会有联络，与施蛰存老师有关。那时他主编三套丛书《诗苑译林》《现代散文诗名著译丛》《外国诗辞典》，与施先生多有交流；而我正在编《文廊》副刊，施先生担心我稿源不足，便介绍了一些老作家给我写稿。他交来的有散文、诗和散文诗。记得施先生曾劝他不要写散文诗，可多写散文，我想，他是喜爱散文诗的，不然他不会主编《现代散文诗名著译丛》。而且2007年的中国散文诗颁奖，他荣获“散文诗终身艺术成就”奖。他编过《光明日报》副刊，自然明了报纸副刊的容量，所以寄来的都是短篇。当年他已七十多岁，无论是作文或作诗，他都在想着“有所突破”“不重复”，他的诗心是年轻的。因他住在博物馆宿舍，初时我还以为他在博物馆工作，原来他在湖南大学、湘潭大学当教授，退休了，从事编丛书和创作。他寄稿时附了一封信：

辜健[1]先生：

你好！

感谢施蛰存先生的美意，嘱向尊编《文廊》投稿。施老并给我寄来两期《文廊》，内容充实而无虚张声势之病，我以为是很好的。今寄上拙作《张家界游踪》，请看看能用否？想写的是对我人今日的生存状态的思考，也想在写法上能有所突破，所憾者力不从心耳！

请多赐指正。匆匆不尽，顺祝

文祺！

彭燕郊

1993年5月22日

赐教请寄：410005长沙东风路湖南博物馆宿舍

老辈人的美德是谦虚，彭燕郊亦如是，总自谦“力不从心”“力有不逮”。一谈到创作，就像年轻人一样充满了热情和追求，他强调不能重复他人也不能重复自己。虽难、虽苦恼，但他的“乐趣也就在这里了”。

二

他寄来的诗文，我没全登，一是不能登得太密，二是有一晚报馆的洒水器莫名其妙地洒了一夜，桌上的书、稿全泡糊了，全丢弃，他的一些来稿也在其中吧，或者拖到最后《文廊》也停刊了，没机会刊发。《悼顾城》一文照理我会登的，为什么没登呢？事过境迁，稿又没留下，记不真切了。我想这篇稿虽“注意措辞的分寸”“不会伤害谁，更不能伤害死者”，且又“语重心长”，但那时对顾城的贬议颇多，对“朦胧诗”的批评已成压力，我不想因这篇文章被误解为也站在他们一边，可能是这样。这一切是否写信跟他说过，我已没有印象。

下面的一封信，多少也可看出他对中国当代诗坛的看法，和想象出他的诗的大体模样。印象中他有首诗，我原想发刊的，因形式上太创新，很难排版，终究放弃了。

① 古剑原名辜健，写信时有时用原名，有时也写成“辜剑”。

古剑先生：

你好！原谅我许久没有写信了。

拙作承勉励，刊用。先生以拙作志在开拓，真是知音者言。毕加索有云：重复是违背艺术规律的（大意）。我想，非但不能重复他人，且亦不能重复自己，难就难在这里。苦恼也就苦恼在这里，然乐趣也就在这里了。

现寄上散文一篇、散文诗四篇、诗二首，盼赐正。散文《悼顾城》，于十余年来的诗运，不免有所涉及，当然没有责备死者和他的诗友们之意，相反，我对他们至今犹寄予厚望，认为是中国新诗希望之所在。但我不能同意个别批评家至今对他们还停留在“叫好”阶段。我以为，批评家如果真正关心新诗，关心他们，则应该作他们的诤友，和他们一起来检讨十余年来的得与失，以利再战。我相信我是真诚的，语重心长，完全不去计较人们理不理睬；当然，行文时也一再注意到措辞的分寸，事实上我不想也不会伤害谁，更不能伤害死者。

拙诗和时下流行的吟风弄月，发思古之幽情（当然都加以“现代化”的了）或风流自赏的扯淡体相比，不免显得有些萧飒之气了。此真无可奈何者，有些人则以写诗解馋（物欲、仕进之馋）。士各有志，不可勉强。我只想写自己对生存状态、生命价值、我们这颗小小星球上的生灵们的命运的感受与思考，所愧者统统力有不逮，写出来的总不如理想的那么完满。有时且颇有些乖张，如《靶》，有友人说有些荒诞而近于黑色幽默，其实却只是写实，这也是无可奈何的。

今年因搬家，我的书太多（在长沙家中的近一万五千册），名曰搬家，实是搬书，自六月中旬至十月初，整整忙了三个半月，人也累垮了，简直做不得什么事。希望今冬明春会有所好转，希望能常得到你的赐教。

匆匆 致

文祺！

彭燕郊

1993年11月8日

2005年购读了他的《纸墨飘香》，才知道他“从小就爱读、爱买、爱保存书”，难怪他收藏的书达一万五千册，长沙冠之为藏书家。他说“名曰搬家，实是搬书”，我亦深有同感！他搬书虽累垮，书还是保住了，我只得将十六箱送给某校，十四箱寄放于某公司，再移阵地时只剩十一箱。我的书就这样一次次流失，这也是漂泊者的侧影。

《纸墨飘香》可能是他最后一本书，写书话，说淘书，记存书题识，留下他书痴的素影。

三

辜健先生：

你好！

已是许久没写信了，其实一个多月前就整理了一些习作，想寄给你，请你多赐指正。只是近来较忙，而且我写东西较迟缓，对自己总是不满意，一改再改之后才能定稿。现在寄上的一篇短文和一首诗，希望你能有兴趣读完它们，给我多提意见。

施老给我写的地址我总觉得有一两处看不太清楚，如"11字楼"这个"字"我就觉得有点认不准确。但愿这封信不会因写错地址送不到你手里。

盼赐覆。匆匆不尽，即颂

新年好！春节好！

彭燕郊

1994年1月15日

四

古剑先生：

你好！

久疏问候，乞恕。

今春以来，长沙多雨。气候变化无常，非贱体所能承受，老病（心、肺、气管及整个上呼吸道病）时发，简直连最低限度的读、写都不可能了。五月底前后还能勉强做点事，不料本月上旬突然爆发一次支气管大发作，经过三星期，近两日才稍好。

两个多月前曾寄上拙编的书数册至尊寓，不知收到了没有？现在严肃读物、真正的文学作品出版异常困难，我久已不敢接受这方面的工作任务了，往往劳而无功，累了自己，也累了朋友们。

我曾先后收到贵报寄来的三笔稿费（93.8.13.700，94.2.22.500，94.3.13.250），因为我过的是闭门索居的生活，平时足不出户，甚至连报纸也少看，可谓糊里糊涂，日前才让老伴去银行打听能不能办托收，最后中国银行接受了，但去年8月13日的那一张（700元）说是日子久了，恐怕办不成，特寄上。请你费神问一问财务部门能不能想办法，如不可能，不必勉强，以免使兄为难。

现寄上《山花》《观景台》两稿，乞赐指正。我是把它们当作散文体诗写的。你当可以看到，我很想在语言上做些探索。《山花》几乎无须用一般方式标点了。这或许可算是一种写作的乐趣吧，很想听你的意见。

得暇。盼示数字，以慰远念。谢谢，颂

文祺！

彭燕郊

1994年6月25日

彭先生寄书给我已没印象，可能没收到，现存的签名本中没留下一本。那个时段，香港给内地寄稿费是烦心的事。金融还没接轨，初时是去银行汇钱，再后接受支票了，但存入银行，得候三个月才能取钱。很烦人。香港凡银钱交付都用支票，划钱支票非本人不能提取，又有票根留底，逾期六个月不取即作废（退回的支票可重开），既方便又保险。社方稿费结算交给编辑的是支票，编辑只要写信封交给工友，他们会去寄出。很省事。

彭先生不知有限期，几张积攒在一起才去办，七百元支票就放到过期了。后来补发给他。

与彭先生的信稿缘，后来因《文廊》停刊也缘尽了。

在我与彭先生书稿来往间，印象最深的是，他不像一些老诗人，老了，诗情也淡薄了，而他却仍诗情浓烈，每写一首诗都希望不重复自己，不但在内容上而且在形式上也能有所创新，这点是很可贵的。

（收入古剑：《聚散》，北京：海豚出版社，2014年）

诗般跌宕的生命

——岁末怀燕郊先生

陈子善

一年将尽，追忆 2008 年谢世的、我尊敬的文坛前辈——彭燕郊先生。

我与燕郊先生仅一面之缘。十三年前的暮春三月，我有长沙之行，办完事情后拜访燕郊先生，受到他的热情接待。当时谈些什么，已不复记忆了。燕郊先生当年 8 月 21 日致我信中提到“春间有幸识荆，惜未能畅叙，怅怅”。可见这唯一的一次见面时间并不长。

燕郊先生是中国现当代文学史上有自己独特风格的重要诗人、散文家和文学评论家。他历经坎坷，八十八岁高龄还笔耕不辍，这在中国现代诗人中是不多见的。文学史家习惯于把他归入“七月诗派”，这当然不算错，但他后来在新诗创作中不断探索所达到的境界、所取得的成就，却远非“七月诗派”所能概括了。燕郊先生对新诗倾注着全部的、真挚的爱，主张现代诗人必须“以思考为第一选择”，确是精辟之见。他留下的那么多优秀的诗篇可以说是一代知识分子的心灵史诗，充分体现了他的思考的深度、人性的深度和诗艺的深度。

1992 年 1 月，我与燕郊先生首次通信，这位著作等身的前辈诗人对我这样的后学不吝赞扬之词，使我大感意外，受宠若惊。他在信中明确表示：“尊辑有关郁（达夫）、周（作人）、梁（实秋）诸集，已成寒斋藏书中之珍本，钩沉集腋，功在文苑。”这与其说是他肯定我的努力，不如说他由衷地欢迎整理出版周作人、梁实秋等长期被文学史遮蔽的作家的作品更为恰当，也足证燕郊先生的思想充满活力，他的文学史观是开放的、包容的、与时俱进的。而他自己在八十年代克服种种困难主编的“诗苑译林”丛书，曾使多少年轻的诗歌爱好者入迷，不同样也是“钩沉集腋，功在文苑”吗？

与燕郊先生的交往可说是真正的“忘年交”“君子之交”。除了一次见面，我们只通过三次信，最后一次通信更加使我感动。去年6月，我得知四大卷《彭燕郊诗文集》问世，而且还制作了毛边本。欣喜之余，立即向他函索毛边本，他在当月就寄给了我，并在复信中感叹：“湖南小地方，印刷厂竟不知‘毛边本’为何物，经再三要求，勉强得到两套，有友人取去一套，剩下的这套，奉上请哂纳。知音难得，拙作可以说有幸得到最好的归宿了。”我没有想到《彭燕郊诗文集》总共只有两套毛边本，燕郊先生把我视为“知音”，把他自己留存的一套赠送我，如此厚重的情谊，如此谆谆的鼓励，意义非同一般啊，我实在是愧受了。

燕郊先生虚怀若谷，他在这封长信中谦逊地说：“这些年来，限于主、客观条件，虽然仍痴迷于艺文，但我没能如自己所期望的，写出稍如人意的东西。”同时告诉我，“今年我已八十七了，精力大不如前，曾写过十几位师友的回忆（有些只写一部分没写完），有出版社想印，但自己觉得还是缓一步为好。平生无别的嗜好，只爱买书，大约还有两百来种今天看来算是较稀罕的，只想写些‘存书题记’，聊作与书的鸿雪因缘的纪念。”燕郊先生知道我对回忆录和书话的偏好，才有如此的表示，也说明他确是一位至情至性的爱书人。我多么想早日拜读他的怀旧篇章和书话文字啊，只要是从燕郊先生笔端奔流而出的，那一定是极具史料价值的，一定是思考至深、感人至深的。然而，令人极为痛惜的是，我收到此信后不满十个月，燕郊先生就永远离开了我们。

“但愿老天爷能照顾我多活几年，能写出较像样的东西。”这是燕郊先生对我流露的肺腑之言。他还在不懈地追求。老天爷竟不愿稍稍眷顾这么真诚、这么杰出的诗人，实乃让人抱憾！

戊子冬至于海上梅川书舍

（曾以《彭燕郊：诗般跌宕的生命》为题，
刊载于2008年12月27日《新京报》；
后收入作者所著《看张及其他》，北京：中华书局，2010年）

彭燕郊与林仲铉的文缘

林信国

1942年秋，林仲铉考入当时内迁至四川成都华西坝的燕京大学国文系。该校新闻系有个学生叫骆惠敏（后为澳大利亚的悉尼大学教授），福建惠安人，爱好文学，尤喜写诗。两人是福建老乡，又有同好，故常有交往。1945年年底，林仲铉（时已转入华西协合大学，也在华西坝）正在筹办《生活与学习》杂志。骆惠敏找林仲铉说，他有个诗友彭燕郊（原名陈德矩），可以向他约稿。原来，彭燕郊是骆惠敏的邻县莆田黄石人，1938年春在皖南参加新四军，并开始学习写诗，1939年始在《七月》《抗战》《现代文艺》等有影响的刊物上发表诗作，1941年在广西桂林从事抗日救亡的文化活动，编辑《力报》副刊《新垦地》及《半月文艺》等刊物。当时已是较有名气的诗人了。

骆惠敏写信将林仲铉办刊、组稿等情况告诉彭燕郊，并强调该刊是进步刊物，得到孙伏园、朱光潜、姚雪垠、陈翔鹤等名家的支持，请他直接与林仲铉联系。不久，林仲铉收到彭燕郊的来信（惜此信已失），信中所述大意是，他年轻时因痛恨家乡的黑恶势力，愤然从军。得知林仲铉办刊，很高兴，并说，他们那边也办有一家山水出版社，今后双方可以互相支持、互相帮助。林仲铉即回信，说《生活与学习》创刊号已准备就绪，今后还望赐稿。

不久，彭燕郊又来信，说他的第一本诗集《第一次爱》已由桂林山水出版社出版，此间颇费周折。另外，该出版社还出版了他们研究罗曼·罗兰的论文集，希望林仲铉能在他主编的《生活与学习》杂志上刊登广告。来信附有两则广告词。此时，《生活与学习》第一期的编排工作已完成，第二期因社长彭中宇要登有反苏内容的文章，林仲铉拒绝刊登，辞去主编职务。直到要出第三、四期合刊时，彭中宇向林仲铉妥协，又请他担任主编。林仲铉对彭燕郊的请求予以帮助。他在这一期的第25页的左下方刊登了彭燕郊诗集的广告词：

诗集：第一次爱 人生的初恋 战斗的雅歌 如火如荼的对土地、对人民的爱！彭燕郊著 桂林：山水出版社 定价四百元

林仲铉又在这一期的第43页的左上方登了另一则广告：

文学果园丛刊之一：纪念，研究，论文集 罗曼·罗兰 收集国内外纪念研究罗兰的名作 山水出版社版 成都总代售：本社定价四百元

那时彭燕郊已将长诗《叫嚣的土壤》寄到《生活与学习》杂志编辑部。林仲铉认为此诗写得好，拟发表。他在第三、四期合刊的目录后，刊登了“生活与学习月刊第五期要目预告”，其中列有彭燕郊的《叫嚣的土壤》（长诗）。此期合刊于1946年7月1日出版后，林仲铉正着手第五期的编辑工作。不料，7月11日与7月15日，著名爱国民主人士李公朴和闻一多相继被国民党特务暗杀，激起全国人民的极大愤慨。林仲铉决定在本期出“悼念李公朴、闻一多二先生殉难特辑”。由于出这个特辑，出刊又推迟了一段时间，这一期又成了第五、六期合刊，出版时间延至10月1日。本来彭燕郊的长诗《叫嚣的土壤》是在这一期刊出，由于这个“特辑”，增加了朱自清、陈翔鹤、林辰、郭沫若、陶行知、黎望等人的悼念文章，因版面所限，彭燕郊的长诗及部分原已安排本期刊出的其他一些作者的诗文，只好临时抽掉，拟放下期发表。

如果不出意外，彭燕郊的诗会在第七期刊出。《生活与学习》的政治倾向显而易见，加上每期都有众多名家的文章，在成都乃至各地都产生了很大的影响。成都的国民党当局也嗅到了该刊的政治气味，1946年年底，《生活与学习》杂志

被查封，彭燕郊的长诗最终未能刊出。

不久，林仲铉与彭燕郊失去了联系。后来才得知，1947 年彭燕郊因参加“反内战、反饥饿、反迫害”运动，被国民党当局逮捕，关了近一年。那时他也不知道他的长诗《叫嚣的土壤》有没有发表，发表在哪一期。1948 年 4 月 9 日，四川大学生请愿示威，抗议以镇压、屠杀革命进步人士著称的王陵基接任四川省政府主席，两百多学生被捕。林仲铉（声铮）参加了这次活动，被国民党成都警备司令部列为“奸匪”分子（共七人），公诸报端，后又密令通缉。到 6 月初，林仲铉一拿到毕业证书，就悄悄离开了成都，潜回故乡福州。就这样，林仲铉与彭燕郊完全失去了联系。

解放初期，林仲铉在福建师院（今福建师大）中文系任教。1956 年秋，入学的新生中有一个学生是彭燕郊的弟弟（名字已忘），林仲铉教过他。林仲铉与他谈起与彭燕郊的文字交往。此时他才得知，解放初期，彭燕郊在湖南大学、湖南师院等校任教。彭燕郊是“七月派”著名诗人，1955 年因涉“胡风反革命集团案”被关押。彭的弟弟毕业后，林仲铉也没有得到更多的有关彭燕郊的消息。

使林仲铉与彭燕郊重新得到联系的是刘皓宇。刘皓宇的胞姐刘絜宇原是金陵女子文理学院（也在华西坝）社会学系的学生，时兼任设在那里的全国基督教会学生公社干事。林仲铉在该学生公社设联络站，以基督教活动作掩护，开展地下党的外围组织活动。刘絜宇介绍喜欢文学的弟弟刘皓宇与林仲铉认识。林仲铉介绍进步刊物包括《生活与学习》杂志给刘皓宇。解放初期，刘皓宇在《新湖南报》当记者。1957 年被打成右派，1979 年改正后，曾任岳麓书社社长、党支部书记。一次他生病住院疗养，彭燕郊也在那里。彭燕郊于 1979 年平反后，在湘潭大学任教授。一次两人聊天时，聊到了林仲铉。没想到双方都知道林仲铉，只是彭燕郊与林仲铉神交多年，尚未谋面。

1984 年 4 月，湖南人民出版社出版了《彭燕郊诗选》。彭燕郊给林仲铉邮寄一本。他在扉页写下：“仲铉同志惠正 彭燕郊 八四、九月”。这本诗集与《第一次爱》还有一些关联，如抗战胜利后出版《第一次爱》时，其序原是绀弩（聂绀弩）于 1942 年在桂林时就写好的。但印这本诗集时，竟然惊动了反动派（他们对绀弩是有深刻印象的），这篇序给抽掉了，还给删去了好几首诗。这次《彭燕郊诗选》出版，彭燕郊就用当年聂绀弩写的序作代序。还有扉页上方正中一幅小画，也是冰兄（廖冰兄）为《第一次爱》作的，当年因为无法制版，只好请讷维（杨讷维）刻成木刻。这次新诗集出版，也把它重印。《彭燕郊诗选》选取了彭燕郊从1938年开始写诗起四十余年来各个历史时期的代表作。林仲铉还惦记着当年《生活与学习》杂志因被迫停刊而致彭燕郊《叫嚣的土壤》一诗未及刊出。此诗彭燕郊有否再投别的刊物？有否采用？有否收入这本诗选？林仲铉一收到赠书，便先浏览书目，没有发现《叫嚣的土壤》一诗。但他看到了其中一首长诗《叫喊的石块》，也是作于1946年。林仲铉认为，一个作者不可能在同一年里写出两首诗名相近、长短相仿、诗意相似的诗，《叫喊的石块》应该就是当年那首《叫嚣的土壤》，只是作者将诗名稍做改动。此事须待来年若有缘与彭燕郊晤面时再请教。林仲铉相信，福建莆田县黄石是彭燕郊儿时的故乡，如今国泰民安，彭燕郊定会旧地重游。不想，彭燕郊竟于2008年3月31日溘然长逝，最终缘悭一面。他们因文字结缘，半个多世纪以来，不管历史风云如何变幻，一生诗心不死，文缘长存，友谊永在。

（原载2013年1月13日《福州晚报》）

彭燕郊先生

周　实

也许因为住得近，电话联系也方便，自然少有他的信，好不容易找到一封，信也不长，只有几句。

周实兄：

你好！

谢谢惠寄《良友》第三辑，看来好像已经在努力形成自己的风格，给我的印象是“民间化”气息浓郁起来了，很好，很难得。前四组文章特别吸引我，有一种感激之情，如今这样的阅读体验很少有了。

今年夏天长达两个月的35℃上下高温让老弱的我几乎支持不住，什么事也干不成。近日稍凉，有恢复的迹象，也想做些事了，而且很想找人聊天。可找的人，首先想到的是你，记得你告诉过我去你家里因为令堂欠安不方便，我去过一次你的办公室，不知近来搬动了没有？电话号码也不知更动了没有？天气好时，想找你会先打电话问你方便不，可以吗？

你是编、写高手，我是贪馋的读者，自然很想向你讨教，也很想告诉你作为一个读者的需求，但这种需求又能向谁倾诉呢？虽然出版界的熟人似乎不少。

当然也很想向你们投稿，总是在考虑怎样才能比较接近你们的要求。

再谈，祝

秋祺！

彭燕郊

2007年9月10日

他是客气的，一贯都客气，我也给他回了一信，幸亏是用电脑写的，所以也就留了下来。

彭老师：

您好。请原谅我用电脑给您写信，习惯了，用笔写起来都不太顺了。现在能像您这样，一个格子一个字地写的人，不多了。

今早看到了您的信。今天是个太阳天，早上有雾，太阳在雾后面，红红的，没有芒，就像水彩润染的那样。

您在信中所讲的，所想的，我想我是能体会的。应该我到您那里去，到您那里于我来说，真的很方便。我只是怕耽搁您，打乱您的生活节奏。年纪大了，能安静，能看书，而且还能写点东西，多么好。我担心我打扰您。我家里有老人，我很明白这些的。

关于编书、读书、写作，真的不知如何说好。

从去年到今年，我所组织、编辑的书，基本都被枪毙了（当然也有少数漏网，但很可怜，都已经奄奄一息了）。

比如，您看到的这套《良友》文丛，在湖南，连选题都未通过。只好转文汇出版社，请文汇出书号，请青岛日报报业集团出资金，由文汇出版社社长肖关鸿兄和青岛日报报业集团总编辑蔡晓滨先生当主编，才算弄成了。幸亏了他们两位老总，也幸亏了青岛兄弟文化公司的两位年轻的朋友（此书具体由他们编辑，我们这边组一些稿），不然，肯定又夭折了。现在，第四本已经下厂，来势、反映都不错。再就是《咔嚓》，这套民间影像丛书，在湖南仅仅出了两本，反映虽然非常好，湖南也不肯出了，只好转山东画报社，他们很看重，愿全额投资，新编的一集快下厂了。去年到今年，我已编辑完但被枪毙、拘留（暂搁）的以及正在营救（想办法）的还有《七〇后诗歌档案》（四十来万字）、《八〇后诗歌档案》（四十来万字）、《中国新诗五十年》（带图，四十来万字，打算分上下两册出版，林贤治写）、《中国散文五十年》（带图，二十来万字，也是林贤治写），还有很多不错的书，都在这里枪毙了，只好转别的地方出版了。从去年到今年，我主要在编《湘潭黎氏》一套五卷的传记，共一百七八十万字，书稿是黎氏后人黎白先生写的（曾写过电影《金沙江畔》等），改得很苦，现在改完了，也排好了，封面设计也做好了，结果仍然被压住，说什么要专题报批，现在正办报批手续，难矣（不过，我想终会通过）。关于《湘潭黎氏》这套传记，我是有一点想法的，因为一九四九年以后，“家族”这个词已被弄臭了，而一个国家若没有好的家族承传，在我看来，那基础也就是非常差的了。我原想由此开始，好好组织编出一套好的中国家族的传记，但现在看来，恐怕也很难，光是报批这一项，就可使你焦头烂额。讲到好一点的书，已经组织完稿的，还有一套三本的《中国同性恋报告》（李永平负责组稿编辑），也是一百多万字，是青岛的张百川先生多年来的研究成果，也是联合国组织的一个重点科研项目，结果也是不能出，没有人签字，只好暂搁了，但愿哪天能有一个好的出版社的社长愿意承担出版它。总之，一句话，在编辑方面，我是很沮丧的了。看来，今后我这人是很难做成什么事了。再说，自己人也老了（在您面前说老字，虽然显得有点好笑，但面对现实确是如此）。家里的事也不少，身体也大不如从前。灰心之时，疲倦之感也就越来越大了。那天，一位朋友来信，问及近况，我就写了这么几句，算是给他的一个回答：

突然之间，我就老了
你看我的这条胳膊，仿佛已有百年时光

太阳显得有点暗淡，在那玻璃后面游荡
那是一块磨砂玻璃，一块昂贵的磨砂玻璃

天空也是点点斑斑，凸的，凹的
方的，圆的，带有一块块的瘀伤

我的脑海，或者眼底，总有一团

闪耀的火光，它总将我看到的一切
滋的一声，化作青烟，一缕，一缕，飘向四方

还有河水，滔滔流过
映着孔子千年的身影，模糊了我远望的目光
记忆的铁锚抛在哪里？往事的风声响在耳旁

关于写作，去年出的那本《写给Phoebe的繁星之夜》，我记得是送给您了。那是一次即兴的网络写作，激情是有的。去年到今年写了一些随感，最近选了一些，编了一本，取名叫《无法安宁》，打算交花城出版社出，当然，最后能不能出还要看。这里呈上一本打印的（里面还有些错别字，出版社通过后再改吧）。

这几年的写作，就我而言，除了《刀俎》外，大都是一些很个人的文字，这也是没有办法的事情，也算是人生的一种必然表现吧。

周实

2007年9月15日

此信后半年，他就病逝了，我去参加了追悼会，回来写了一点文字。

参加了彭燕郊的追悼会，才真正地感觉到他是真正地走掉了——永远。

追悼会遵照他的遗嘱，播放了贝多芬第五交响曲第二乐章，悲怆的音乐表达了他生前的忍耐坚强，表现了他那含蓄的、不被命运打倒的笑容。

去的路上，我心想，会放什么音乐呢？我想应该是《送别》——夕阳山外山。后来，果真放了这首，可惜奏得太急太响。

悼词中说他是一个纯粹的诗人，纯粹对于他，确实一点不为过的，只是可惜这个词在如今的社会上已经被人用滥了。

还朗诵了他的诗，又感到了他的心情以及他的语言的张力和那放射的冲击力。

去年九月他来信，想要到我这里来，想要和我聊一聊，我说不行，这怎么行，还是我去你那里吧。后来，先后去过两次，具体日子说不清了，两个下午，

两个人，对坐着，乱扯着，一直扯到天断黑。他后来又来了电话，还想要我去，可是，我却因为事多，一直没有去得了。今日想来，真是遗憾。人生就是如此吧，就是如此的遗憾吧。

扯了一些什么呢？扯到很久很久以前，扯到眼下的一些人事，还有可以设想的未来。

扯得最多的，当然还是诗，他的茶几上摆了好多诗——朋友送他的，各地寄来的。

我知他的心里的想法，可惜我仍忙于俗事，无法深入他的心——他的那颗无羁的诗心。

他很遗憾吧？我也很遗憾。一个诗人的那颗心，若不全身心地深入，你是很难把握的。

何况他，写得那么多，而且那么好，简直就是一个奇迹。

他在我的心目中，就像李白杜甫那样，一生都在写着诗，从生写到死。

也曾谈到死，他哈哈一笑，我也望着他直笑。死对一个诗人来说，真的不能算得什么，诗人看重的是他的灵魂。

他的灵魂就是诗。他的灵魂摆在这里，你真的能好好看吗？

开完追悼会，又回到家中，打开他送我的诗文，又翻到了这首《家》，我第一次读他的诗，就是读的这首《家》。

家

——给一个在动乱中失掉家的人

小小的蜗牛
带着他小小的家
世界是这样广大
而他没占有一寸土地

除了这小小的家
他再也没有别的什么——

这小小的家
他自己的血肉的一部分

像他自己那样的小，那样的轻微
那样地容易受到攻击
这小小的家，谁知道
哪一天会遭到毁灭

……

凄凉地，瑟缩着
在天光里，裸露着他那软弱的身体
满身布满伤痕，茫然地蹒跚着
这垂危的流浪者，真正一无所有了

一颗沙子也能够伤害他
一片草叶对他也锋利
这一道道堆叠起来的伤痕，难道
就不能给他多少增添一点自卫的力量

人们常说，家是一个沉重的负担
如今，他该感到轻快了吧
谁知道呢？可能，习惯于轻快
并不比习惯于沉重容易……

他的诗心是不死的，我对自己这样说——无论处在何种环境，无论天堂还是地狱，他的诗心都是不死的——我对他人也这样说。

那两个下午，我和他聊着，究竟聊了些什么？聊得最多的，现在想起来，还是编辑和写作。他对我说，他这辈子，还想创办一份刊物，刊物的名字叫《少数》。他问我如何，我说当然好，相对于“多数”，那是绝对好。他笑了，他问我，到底想说一些什么？我说我想到的是除了他所说的少数，那些思想上的少数，那些追求精神的少数，这个国家还有一些令世界都震惊的少数， 如秒杀豪华轿车的少数，买几万元一件衣服的少数，买上万元一双皮鞋的少数，住上千万甚至几千万伴山临水别墅的少数。他说我故意和他抬杠，我说是，任何事物都有两面。他问若是我来办，我有什么具体想法。我说若是我来办，那我更想办《个性》《个人》《个体》或者叫作《某个》也行。少数和多数，也非绝对不变的。少数可以变为多数，多数也可以变成少数。少数时他们是这样，多数时也可能会是另外一个样，这种情况在中国可以说是屡见不鲜。中国多的是群众，少的是个人，少的是个人特有的立场，少的是个人格外的意见，少的是个人的不同思想、不同主张、不同主义，还有个人应有的尊严。中国如果有个人了， 有了个人的这些了，中国的少数也会变，中国的多数也会变，中国的群体也会变，整个中国都会变。那时的中国会是一个由独特的个体构成的统一坚实的整体。当然，这只是我的想象，我的认识，我的这个个体的意见。他说他喜欢这个意见。他真的是谦虚的。他的谦虚是那种活到一定年纪的谦虚，你没活到那个年纪，你想学也学不好的。

十年之前，他曾经将他改定的一篇旧作重新公开发表。发表后，他寄我，嘱我看一看。我看后将感受写成一封公开信，发在《三湘都市报》上：

燕郊先生：

你好。

发表在《创作》今年二月号的长诗《妈妈，我，和我唱的歌》拜读了。

你要我多提意见，我却不知如何说好。

随着年龄的不断增长，意见也就越来越少，用各级领导的话来说，人也越来越成熟了。

总算成熟了。已经四十八岁了。好不容易才成熟的。你却要我提意见，而且要我多提意见，不是又把我拉回去，拉回到那种不成熟吗？依不少人的眼光来看，成熟的人是不会随便提什么意见的。要提也是尽讲好话，讲人乐意听的好话。这不是一件容易的事情，尤其对我这号人。我虽然已经成熟到能把自己的嘴闭住，不去评说别人的事情，但若真的给我机会，要我提出自己的意见，恐怕我就很难保证说得恰如其分了。

我心里很清楚我还是很不成熟的。跟你讲句老实话，也许我这一辈子想成熟都很难了。借用他人的一句话：“他还没有长大呢！”但愿老天多给时间，让我能够长大才好。

你应该是长大了的。你都已经八十了。八十岁还长不大，在某些人的眼光里，怎么说都过不去的。不过，看了这首诗，我就不敢保证了。如果从诗看你的话，你好像也不大，或者长得不够大。你在你的心灵中好像还是一个小孩。

你真的只是一个诗人。诗人总是年轻的。不年轻，又怎能写出如此青春的诗？

你真的只是一个孩子。一个长大了的孩子。一个很老了的孩子。这样说，听起来，虽然有点不恭敬，却是非常亲近的。能与一个孩子亲近，总是非常快乐的，总是非常幸福的。

如果非要我谈诗，我就不说好的了。好的，龚旭东的评论已经说得很充分了。我完全同意他的评论。我在这里只挑刺。

我觉得还是散了点。就像诗的标题一样，不但要写妈妈，而且要写“我”，还要写“我”唱的歌，还要写这三者之间潜伏着的那种关系，即使是长诗，笔墨也难兼顾吧？何况这诗还有点抒情叙事结合的味道。读后，我觉得这三点都还有点不到位。“我”的形象和妈妈的形象都不如我渴望的（我怀有多大的渴望呀！）那么突出和鲜明。我没有获得极大满足。

是不是笔调太雅了？这点，真还拿不准。

那个不听话的孩子，野得好像不太够！

还不是一个野孩子！

在现实中，野孩子确是不多的，尤其是心灵，特别是思想，大多是规规矩矩的。

我想象这首诗应是一个野孩子在人生的路上跑累之后，跑得提不起脚的时候，风里雨里，骄阳之下，蓦然回首，看见妈妈，孤单地伫立于田塍尽头……他想重回妈妈身边，想再对妈妈说点什么，想再为妈妈做点什么，可是现实却不可能……

当然，这只是我的想象，是我从你的诗行中所看见的我的诗。

我不是一个好读者，由此已可清楚见出，可又有什么办法呢？

小时候，妈妈曾经对我说：“娘疼崽，大路长。崽疼娘，扁担长。”

事情真是这样的吗？当时，觉得不好回答，或者说是不好反驳。现在回过头来看，情形还是一个样，还是觉得不好说。

“娘疼崽，大路长。”这是一点不假的，我的母亲就这样。

“崽疼娘，扁担长。”心里虽然不同意，但是若和母亲比，也要说是大路长，又觉得实在不能比。

母亲疼儿子和儿子疼母亲，确实不是一样的。什么地方不一样？心里有感受，说却说不好。

我也写过诗给母亲，收在《剪影》的《泪》里面：

妈妈，你见过
你的儿子流泪吗
你会说，你见过
在他那么小的时候

妈妈，你见过
你的儿子流泪吗
在他长大成人之后
恐怕你只能摇摇头

妈妈
不是儿子长大了
所以不会流泪了

妈妈
是你的儿子长大了
眼泪只能往心里流了

不敢说有很多的诗意，感受却是实在的。

面对妈妈，看看人生，心里多的只是惭愧。

有时，我也曾这样想过，是否能有那么一天，我能自信地这样说：“妈妈，我所过的人生，无愧于你给我的肉身！”但，现在却不敢这样说。因为我心里非常明白，我这肉身所有的思想，很多不是自己的。我这肉身所过的生活，很多是他人规定的。

我为自己感到惭愧。我对母亲只有歉意。

我很同意你的话：“诗来自现实，现实最美。”

《妈妈，我，和我唱的歌》是一首来自现实的诗。不论满足不满足，我都喜欢这首诗。真的非常感谢你，能让我读到这样的诗。

周实

2002年4月23日

他看后也回了信，也是一封公开信，信的题目很温馨——《人生难得是知音》：

周实兄：

你好！

你那篇用书信形式写的诗评《诗来自现实……》，我读了，非常感谢你。那首诗，是年轻时的习作，大概因为多少凝聚了当年的某些美好幻想，这回整理旧作，有点舍不得，保留下来了，也是想借此听听朋友们的意见，毕竟对自己来说，曾经是寄予期望，也付出了努力的，尽管始终不很满意，也知道那只是一个逝去岁月留下的痕迹。正如你指出的，这样的大题材在大师笔下，完全可以写成史诗型的巨制，而我却只能是“妈妈”“我”“我唱的歌”三者都没有直立起来的、平淡的“叙事加抒情”，这还是次要的，特别要感谢你的是，你还指出那个根本性的问题——“笔调太雅”，我体会，这“雅”还不能不是创作心态的折射。本来，“应是一个野孩子”，结果却“野”不起来，于是整个作品失去应该有的力度，“雅”了，“文”了。

回想起来，“野”不起来是有种种躲不开、摆脱不了的因素的。少年时代，有那么一种精神需求，渴望拥有一个精神支柱，一心一意要革命，要革命就必须有信仰，有信仰就必须有行动。信仰是成理论体系的，生来就很感性的我，总觉得理论这东西很玄，一知半解都谈不上；行动，生来爱幻想的我看得很浪漫主义，很有不怕抛头颅洒热血的气概，但也没有能发展到所谓的个人英雄主义那个地步，其实革命行动不浪漫，要讲纪律，倒也知道收敛自己，也知道必须是集体行动，必须服从命令听指挥。对反动派可以是狼，干革命必须是经受严格训练的战马，这里就有个底线：不可以有个性、个人意志。就这样，对旧世界，不守规矩多少做到了，真正的“野”却做不到。

幸好还可以保留一点点个人爱好，对集体行动无害的，或许有时还有一点用处的个人爱好，在我，就是文学爱好，学习写诗的爱好。说实在的，我的信仰，我的历史认识、社会认识都是感性的、情绪性的，因为都是从文学作品中得到的，俄国革命初期的文学作品《铁流》《毁灭》，中国的鲁迅先生的小说、散文诗、杂文，《八月的乡村》《生死场》等，组成了我的“历史社会百科全书”。那结果是，想做个合要求的革命“红小鬼”，最后却被认为是个反面人物。但也不算冤枉，我确实太“雅”了些，太唯美，苏俄的文学作品我就只爱看革命初期的，因为很新，很先锋。什么主义、什么流派我不在意，思想性高不高我不在意，能感动我的我都喜欢，这样就形成了你所说的“太雅”。我体会你指的不只是文本，还有内在的东西，你这一说就说到我的心坎上了，我确实是这样，是想逃到美里，逃到诗里，也因此永远“长不大”，永远是个“孩子”，和你一样，永远“成熟”不了。

当然，不用我说你也明白，我们说的这个成熟与别人期望和要求于我们的不一样。那样的话，今天我会“成熟”成什么样，我都怕去想它了。然而，二十多年来我也确实成熟些了，过程是曲折痛苦的，丢掉那些很玄的又深入到骨髓里的东西可真是个大工程，持之以恒吧，总有一天成熟到真正“野”起来，那该多么好，到那时可能真正唱出自己的歌了。

人生难得是知音，因为高兴，拉杂写下这些，表示感谢，更表示在你的鼓励下，为了报答知音，我会努力，希望有一天会写出让知音多一点满足的诗。再一次感谢你！

现在来看我的信，写得真的很冒失。我怎么会那样写？还拿自己的诗说话！我真的是“不成熟”，我真的是“长不大”，一辈子都“长不大”。我也不知我当时是怎么了。

我与他的联系密切是从创办《书屋》开始。《书屋》创刊号的头题就是他为我们写的他读莫泊桑的札记。那是一篇独特的札记，每则三百来字左右，一共写了近六千字。那年他已七十五岁，文字还是那么活泼，充满年轻人的朝气，看他是如何点评《首饰》的：

> 这确实是不朽的典范，是莫泊桑的温和但又冷峻的风格所能达到的高峰，短篇小说艺术所能达到的高峰。莫泊桑笔下的人物，有不少是这类被庸俗生活压碎的糊涂虫，在他们背上，如同被雷电击毙似的，写着不合理社会的罪状，而他们却往往并不值得同情。
>
> 高度严整的五幕悲剧似的结构，这里可以学到的东西是那么多，题材被压缩得多么好！晚会前，晚会进行中，晚会后；没有首饰时，借到首饰时，丢掉首饰时。强烈的对比，而且是一再加强的强烈对比，但却一点不做作，一点也不叫人觉得生硬（对比是容易流于做作和生硬的）。也许因为写的是短篇，短篇只能这样写。但是如果不用短篇，难道还有什么别的形式能够表现它？我只能相信：这是艺术上的高度成熟，而如果不是对生活的高度敏感和严密观察，就不可能有这样圆满的成熟，从而也不可能如此明确、精炼地表现生活。

他自己也一样，比如他的那首《家》，他所写的那只蜗牛，不也同样明确、精炼地表现了生活吗？关于他的这首《家》，我也写过一点文字：

> 认识彭燕郊先生是读他的《家》。
>
> 那是二十世纪八十年代。那时，二十六七岁，如今已经五十多了。
>
> 读毕的感觉是无言，很久很久的无言。
>
> 心里感到一种震撼，一种很深很深的震撼。
>
> 这震撼，不但深，而且大，一种无言的巨大。
>
> 活在这个人世上，我们的感觉很多很多，那种感觉却是不多。
>
> 那是一种什么感觉？那是好多好多的感觉，却又说不出的感觉。
>
> 你会想到好多事情，想到好多好多人。

你会想到他们的命运，真的就像那只蜗牛。

那样一只手，那样随意的，那样漫不经心的，就把它的家碎了。

为了什么呢？什么也不为。

或者只是一时高兴？或者只是不太高兴？或者只是有点无聊。

你会生出一种愤怒——那愤怒是压抑的，低沉的，缓慢的，就像子弹压进枪膛，一粒，一粒，压进枪膛。

你会生出一种悲悯——既悲自己，又悯他人。

就是那手，也难遮天——那手上面还有手，那手旁边还有手，那手搓揉着，那手绞动着，那手握成拳，那手拍出掌，那些各种各样的手。

这样的诗，只读一遍，也是不会忘记的。

这样的诗，让人看见，诗人是个怎样的人，怀有一颗怎样的心。

他是孤独的，即使身处队伍之中，即使身处潮流之中，他也是很孤独的，但他相信自己的文字，自己的声音，不孤独。

他的心，也独特，独特得是那样敏感，就像那只蜗牛一样，一粒沙子，一片草叶，对他也是锋利的。

他能感到那种锋利，感到那种无形的锋利，那种锋利无时不在，那种锋利无处不在，随时都会伤害人，伤害好多好多人。

我很感谢燕郊先生，感谢他写了这样的诗。

这样的诗能让我们看到自己怎样生存，遐想应该如何生存。

（初刊于2014年第1期《社会科学论坛》；
后收入作者所著《老先生》，北京：华夏出版社，2015年）

大师教给了我什么

——我与恩师彭燕郊教授鲜为人知的故事

张效雄

2018 年 3 月 31 日，是我的恩师彭燕郊教授十周年忌日。旋梯诗社的同学们约我写点彭老师的故事，以为对先生的纪念。十年前先生去世时，彭燕郊研究专家龚旭东曾嘱我，把有关先生一些人们未知的事儿写下来，那是最真实的历史记录。我自知责无旁贷，但又觉得很难写好，所以拖了十年。后来想明白了，写故事，理应实事求是，不为尊者讳，那才是最好的纪念。但愿在天堂的彭老师不打学生的手板。

我很幸运。湘大的大师们，好几位是我十分熟悉的。哲学系的王守昌教授是我太太的导师，我对他一直是执弟子礼的晚生。尹世杰教授的儿子尹清非是七七级计算数学班的同学，与我是好朋友。毕业离校前的那个晚上，我和许进超同学就住在尹老师的家里。我当记者后，第一篇上头条的消息，写的就是袁龙蔚教授创办民办科研所的新闻。当年给七七级中文班授课的，基本上都是大家。姜书阁教授讲秦汉文学，羊春秋教授讲唐代诗歌，刘庆云教授和张式民教授讲唐宋文学，曹让庭教授和张铁夫教授讲外国文学，王勤教授、李仲初教授讲现代汉语，彭忠厚教授讲古代汉语，潘泽宏教授讲文学理论和美学。还有从复旦大学、华东师大、华中师院、西北大学、湖南师院请来的老师，如翁世荣、杨安伦等老师，都是大家。恕我未能一一讲出教授过我们的所有大师的名字。但我可以自豪地说，我是湘大中文系阵容最强大的那个时代的大师们的真传弟子之一。这些众多大家中，当然关系最为密切的是彭燕郊教授。他是我的学位论文导师，我是他的入室弟子。几十年里，我经常聆听他的教诲，直到为他尽孝送终，造坟培土，竖碑纪念。

我常常在想，湘大的大师们教给了我们什么东西。理科和工科的事儿我不敢妄论。文史经哲几科，我数年来回味，大师们教给我们的，可以概括为“磨砺、坚持、激情”六个大字。

以彭燕郊老师与我的交往为例，我说些故事以为证明。

先说磨砺

古语说：“能受天磨真铁汉，不遭人嫉是庸才。”

彭老师来湘大之前，五十多年里历经磨难。抗战初期他慷慨从军，历任新四军二支队（二师）政治部宣传队员，军战地服务团团员，军政治部敌军工作部科员。皖南事变后，他离开部队，转到地方从事抗战工作，曾任中华全国文艺界抗敌协会桂林分会常务理事、创作部副部长。1939 年开始发表作品，著有诗集《战斗的江南季节》《第一次爱》，长诗集《春天——大地的诱惑》《妈妈，我，和我唱的歌》，散文诗集《浪子》《高原行脚》《夜行》，评论集《和亮亮谈诗》，编辑《诗苑译林》《国际诗坛》《现代世界诗坛》《现代散文诗名著译丛》《散文译丛》《湖南歌谣选》等。

不幸的是，五十年代的他，被无情地卷入了胡某反革命集团事件，受审坐牢，从湖南师范学院扫地出门，到街道工厂做工。二十多年间，他变换过教师、囚徒、工厂油漆工、供销员等不同角色，生活在社会最底层，或者说是在死亡线上挣扎。改革开放以后，彭燕郊获得平反。他不愿意回伤心地湖南师范学院，便转到刚复校不久的湘潭大学任教。那时候，一个个头衔接踵而来：教授、省民间文学研究会副主席、全国人大代表，等等，还传言他即将出任省出版局副局长。

之后又一个风波袭来，将他从巅峰又摔入谷底。

从此彭老师退出教坛，躲进在省博物馆工作的师母张兰馨老师的狭小房间里，二十年里冷冷清清，不再过问江湖俗事，闭门编诗写诗。这二十年是他创作的巅峰时期，这也就是人们所称的衰年变法时期，创作的逾千行长诗《混沌初开》《生生：多位一体》，被誉为“构筑起20世纪汉语的精神史诗”。如果说，他当年顺风顺水，踏入政坛，可能会有另外一份成就，却难有衰年变法。历来有“愤怒出诗人”“磨难出诗人”的说法，彭老师或许就印证了这个说法。

我也不知道，我当年遵师命写的那个《内参》，到底是害了他，还是帮了他。但他历经磨砺的精神，给我做了实实在在的榜样。

再说坚持

细数我认识的大师们，大都是经历过磨砺的。但光有磨砺是不够的。成就一番大事，关键还是要坚持。

彭燕郊老师的坚持精神，就在于他对诗的执着，在于对诗的境界不屈不挠的追求。

要创造不同于凡人的成就，就必须耐得住寂寞。彭老师退休离开湘大以后，门庭冷落车马稀。除偶尔有几个崇拜者登门求教，或是旧友诗书往来外，他整日面对青灯书卷。好在他是长沙市的十大藏书家之一，从不缺可读之书。心血来潮时带上几个小钱去旧书店淘书，也算是苦中求乐。他从年轻时期起，就喜欢收集唱片和版画。兴致来时，打开留声机听听老唱片，翻翻老画册，也是一种享受。也可以寻找到一种境界。

更多的时候是孤独寂寞。

记得先生七十岁生日那天，袁铁坚、杜平、徐炼、赵树勤等同学从外地赶来省博物馆祝贺。师母做了一桌好菜。那时还没有时兴订做生日蛋糕，街上的食品店也没有像样的蛋糕买。我找了好几家，才买了一个，但食品店只剩下几根蜡烛。我们点燃了七根蜡烛，歉意地说，只好以一当十，请老师许愿吹蜡烛吧。老师一口气吹灭了七根蜡烛，开心地喝了点红酒，感慨地说，活了七十年，这是第一次过生日吹蜡烛，好久没有这么热闹了。我当时想哭，但忍住了。此后过年过节，我总要和太太一起去拜见老师师母，有时候还把孩子带过去，偶尔也做点家务，让他们高兴高兴，希望他由此找到灵感和快乐。我家里现在珍藏着的《世界地理未解之谜》等几套丛书，就是老师送给他的小孙孙的珍贵礼物。

要坚持下来，有些东西可就要放弃。

有一件事，我们几个学生一直为他抱不平。彭燕郊是1938年参加新四军的，按常理晚年应该享受离休待遇。由于皖南事变和他生病等原因，他离开部队转到地方去了，在桂林、香港等地继续做抗日救亡的工作，后来加入了民盟，与过去的组织脱离了关系。五十年代以后，他长期处于被审查、被管制的状态，没有能力也没有可能去寻找档案或证明人。八十年代刚平反时，他全心全意扑在工作上，也没有顾及组织关系这个事儿有多重要。直到二十世纪末，我们问到他是离休还是退休时，他才知道离休和退休在待遇上有很大的区别。我们劝他找找人，把组织关系弄清楚。他摇了摇头。我们想通过自己的关系为他去找找人，他断然拒绝。他认为找关系弄待遇这事儿不值得，自己的重点应该在诗歌上。他说，没完没了地找人证明，太费事，物是人非，算了算了。

人过了八十，难免有这病那病。要保持旺盛的生命力，心理上的坚持也很重要。有一天，我突然接到电话，彭老师住院了，要我过去一趟。匆忙赶到湘雅医院，我才知道他得了严重的肺结核，人很消瘦，气若游丝，要转到专业医院去救治。我当即找了车，送他去长沙市结核病院，请熟悉的医生特别关照。那几个月，我正好在行政学院兼课，每个周末都要拐到医院去看看他。很难相信一个八十岁的老人，有那么坚强的意志力和与病魔抗争的决心，与医生配合得那么默契。出院以后，彭老师像换了一个人，很快就投入《混沌初开》的创作。他不会用电脑，就凭着纸和笔，不停地在诗歌的海洋里畅游。五年时间里，他夜以继日地工作，有一股与时间赛跑的劲头，几十年的积累如喷泉涌出，变成了气势磅礴的壮丽诗篇。后来被评论家称为“衰年变法”的这段时间，彭老师写出了他一生中最伟大的长诗，也把他的事业推上了巅峰。

如果没有坚持的精神，没有与病魔抗争的勇气，就不会有一个完美的彭燕郊。

彭老师的坚持精神，一直在默默地鞭策我。我写作长篇小说《风起》的十年，经历了人生的大起大落，几度艰难得差点放弃。但和彭老师谈起我的小说，看着他那期待的语气和眼神，我不得不克难前行。我的成功，自认为是彭老师坚持精神的再生与继承。

还说激情

有人说，彭燕郊天生是个诗人，说的是他诗人的气质。

谈起诗来，彭老师总是如痴如醉，各个流派，各种风格，各个大诗人和名篇，尽在他的脑海之中，尤其是谈起外国的诗人，各种逸事掌故，如数家珍。他是福建莆田人，自幼受海风熏陶，受的西洋教育，对新诗格外偏爱，一辈子致力于新诗的创作与推广。就是在他最困苦的两个阶段，也不会离开诗歌。受管制期间，他的身边有一小批跟着他学诗的小伙伴，后来大都自学成才成了专家教授。他离开湘潭大学之后几年，大部分时间编辑外国诗歌作品。有这些诗人和诗篇伴随着，他才不会孤独，他才能够始终充满了激情。

加入新四军的时候，彭燕郊不满二十岁，就是部队里有名的宣传员。他最拿手的活儿，是在农舍的墙壁上书写墙头诗。别人刷标语口号，他却利用墙头创作诗歌，把沸腾的战斗生活和自己的理想追求，对祖国的爱，倾泻在一片片小小的墙头上。《战斗的江南季节》等作品，就是那段时间的佳作。可惜由于战争的原因，那些充满激情和战斗力的作品大部分散失了。这是他终身的遗憾。

彭老师成名很早，年轻时期他是否有过风流韵事，我未曾去研究过。老师也不会主动说这个话题。他二十出头在桂林的时候，风度翩翩，钟情于他的姑娘不在少数。他爱上的是十六岁的桂林姑娘张兰馨。师母也是热爱艺术之人，戏剧、绘画等造诣很深，是行内知名的雕塑家。编报写诗的和绘画雕塑的两个艺术家从此结为秦晋之好，几十年里终身厮守，相濡以沫，不离不弃。我们不难想象，不论是颠沛流离的战争岁月，还是人心惶惶的某个时期，一个诗人和一个雕塑家组成的家庭，在再困难的条件下，也会创造出浪漫的生活趣味来。

果然有奇迹发生。这个受管制的“五类分子”，在一个小小的玩具厂做油漆工和推销员，凭着一股激情倒腾起玩具设计，居然可以救活一个小厂。彭老师曾自豪地告诉我，他把自己的发明，无偿地转让给另外一个同命运的“右派分子”，帮助其渡过了生存难关。这个“右派”改正后做过我的顶头上司，我深知他们是患难与共的好朋友。

几十年里，我无数次地去过彭老师的家，无数次地陪同他和师母喝茶谈诗，出行聚餐。他总有说不完的话，讲不完的故事。他时常表现出天真，童真般的天真。小孩子叫他一声爷爷，可以使他笑得合不拢嘴。一道可口的美食，他可以在好多天以后还会提起。他常常会提出一些关于当前社会的幼稚的问题，不论你如何回答，他总会满意地点头称谢。其实这些天真的背后，蕴含的是激情，是原生态的激情。

一场看似平常的演出，一次规模不大的画展，都可能激起诗人的雅兴，在他的世界里掀起轩然大波。甚至一只蜗牛的蠕动，也可以激发出一首不朽的名篇。这就是彭燕郊诗一般的生活。我们读过的《东山魁夷》《钢琴演奏》，铺陈的是一道美景、一阵轻风，让人美不胜收。几十行的小诗《家》，描绘的是风雨之下的蜗牛，那么悲切，那么凄凉，那么渺小，每个字句里透出无奈的倾诉、奋争的激情。

我们很难想象，彭老师是在怎样的状态下完成《混沌初开》《生生：多位一体》写作的。虽处斗室，但激情在胸中澎湃，他会是何等的亢奋激昂！

记得在彭老师八十七岁的时候，湘大为他举办了一次专题报告会，他的不少学生和朋友从外地赶来参加，唐浩明先生以省作家协会主席的身份做了主题发言。上午的大会他难得穿上西装，正襟危坐，午间也不休息，下午的讨论会照样精神，仔细记录每一个人的发言，并一一作答致谢，看不出半点老态和疲倦。

他人生中最后一个春节，我和龚旭东去给他拜年。还没等我们坐定，他撇开师母把我们拉到另外一个房间，风一般速度解开围巾，让我们看到他脖子上长出的一个小坨坨。我们感到大事不好，还是劝他不要紧张，当即联系人安排他去住院。彭老师反过来安慰我们说，自己已经八十八岁了，无所谓了，别让张老师操心就是。从他的举动和神态，我们看得出来，他是十分平静和坦然的。他早已将生死置之度外。他完成了自己生命中最重要的史诗创作，他的生命、他的激情早已融入自己的灿烂诗篇之中了。

没有激情，不会有大师，也不会有壮丽的人生。大师的生活，就是一首充满激情的诗。

大师教给我们的，不只是知识与技巧，不只是途径与方法，而是他们历经磨砺、不屈不挠的坚持精神，是他们充满光能和热度的激情。

我为能成为大师的学生而骄傲。

（本文为作者于 2017 年 12 月 19 日在湘潭大学的演讲稿，
2018 年 3 月 31 日发布于“新湖南客户端”）

每周六，我们在南门口像地下党交换情报一样交换书籍

——我和彭燕郊的故事

王　平／口述
吴　睿／记录

编者按：二十世纪七十年代初期，刚二十出头的王平与年长他三十岁的彭燕郊先生相遇了。在那个特殊的时代里，这一对忘年交最快乐的时光，便是躲在小工厂的墙根下捧着书扯谈，扯出些即远即近的梦想。

我跟彭燕郊先生的交往最早可追溯到二十世纪七十年代初期，且有些传奇色彩。那是一个很特殊、很压抑的时代，尤其对于我这样内心还存有一些幻想，喜欢读书的年轻人而言。

那时候我二十岁刚出头。因为出身“黑五类”（父亲毕业于民国时期的中央政治大学，大学校长是蒋介石，于是顺理成章，成了历史反革命加“特嫌”），只能在南门口城南路上的一个街道工厂做车工，不可能进国营工厂。不过在此之前，我在长沙机床厂做过一阵合同工（比临时工稍好点），干的是几乎没有任何技术含量的起重工。在那里，我认识了一个开刨床的正式工人，他喜欢写诗。我离开长沙机床厂以后，他还经常找我聊文学。有一次他悄悄跟我说，他认识了一个很有来头的人，以前是个诗人，被打成“胡风反革命集团”成员，在北区阀门厂做油漆工，说什么时候可以一起前去拜访，这个人就是彭燕郊。

我怀着极大的兴趣和他去了彭燕郊家。刚开始，彭燕郊对我们的到来多少有些警觉，但看得出来他又很矛盾。他内心是渴望和热爱文学的年轻人交往的，但又怕惹事。尤其是他的爱人，因为二十世纪五十年代以后历次政治运动的冲击，精神受了很大刺激，任何陌生人到家里来她都很抵触。

现在回想起来，彭燕郊那时不过五十多岁，但头发已经花白，整齐地梳到脑后，笑容真挚，显得温和而睿智。他双手粗糙，当时我还有些不解，一个诗人的手怎么长得像种地的农民的手呢？

我是带着自己写的诗歌找他请教的。还记得有首诗的灵感是在蹲厕所时产生的。阳光透过窗户，把树影投射到厕所墙上，本来墙壁就斑驳，那影子看上去就像一幅独特的版画。但因为发生在厕所，便有了一种与美的疏离和反衬。我这人讲话率性，他问我什么时候写的，我说是上厕所时写的，他当时就笑了一下。出来后朋友怪我不懂事，说诗歌是最美好的东西，我居然把它和厕所连起来，彭老师肯定觉得这是一种亵渎，因为那时诗歌在我们心里是非常神圣的。但这件事情似乎并没有影响彭燕郊对我的印象。后来，那位朋友反而去得很少，我去他家的次数却多了。慢慢地，我和他建立了非常密切的关系。这也许和我初次见面的坦率有关吧。

那时我们惺惺相惜，我写的东西想请他看，他有时就约我去他工作的阀门厂。阀门厂在南郊树木岭，骑单车要骑个把钟头，但我一点也不觉得累，只有隐隐的兴奋。进厂后，满眼都是生铁铸造的、不同几何形状的阀门。每回找到油漆车间，远远地，都看见彭燕郊在认认真真地刷油漆。那个场景令我非常感慨。他见我来，就把满是油漆的帆布手套摘下来，放进他的铁柜子，再从里面拿出两本书，还左右望一下，生怕别人看见，然后偷偷领着我到车间外边一个僻静的墙根下，躲在那里扯谈，也对我写的诗提些意见。

当时彭燕郊住在烈士公园附近的砚瓦池，是省博物馆的老平房宿舍。我住在南门口的倒脱靴，一南一北。阀门厂在长沙的更南边，离他家就更远了。彭燕郊每天上班下班早出晚归，也蛮辛苦。但即便如此，在有段时间里，每逢周六下午下班，他中途都会在南门口公交车站下车，然后步行到我家里来送书给我看。他到南门口的时间几乎固定，误差不过几分钟，到了我家也不进门，给我书的时候我同时把上次看完的书还他，就像过去地下党情报员接头似的，匆匆说两句话就走了。以至于每个星期，我都盼望着这一个下午。后来觉得于心不忍，估摸着他要到站了，便往公交车站去碰他，且经常在中途碰见。当然也有时他并没有来，这时我就会感到很失落。这个习惯至少持续了两三年。

后来关系更熟一些，每隔十天半个月，我都会骑单车到他家去和他聊天，偶尔帮他做点杂事。我有个朋友是木匠，还请他给彭燕郊做过一张书桌。还依稀记得因少了木料，有只抽屉没做完。久而久之，彭燕郊的爱人张老师对我也没了戒备，还会打打招呼泡杯茶，有时候我甚至还可以蹭顿饭。记得还吃过张老师做的冬瓜盅，做法是将一只小冬瓜切一小半，切成碗状，放入肉泥入锅蒸熟，又好看又好吃。他们的女儿丹丹那时才四五岁的样子，红扑扑的小圆脸，大眼睛，长得很可爱。我听彭燕郊聊文学，或听他讲过去一些文艺界的故事。其实他跟胡风并没有什么深交，只是二十世纪四十年代在胡风主编的杂志《七月》上发表了一些诗歌，彼此通过几封信而已。1955 年反胡风时，在胡风家里搜到了他写给胡风的那些信，就被打成“胡风反革命集团”成员。

在彭燕郊家，印象最深的就是他的藏书。他家有三间房，是通间。除了一张床和简陋的桌子，就是书架书柜了，总之什么空隙都塞满了书。我惊讶，为什么“文革”初期没有把他的书抄掉？现在想起来，恐怕与他五十年代即被开除公职，过早沦落社会底层，乃至无人问津多少有关吧，这也算是不幸中的万幸。那些书就是他的命，乃至有一次搬家，他爱人担心出事，一度想让他把书处理掉，他为了书的去向急得要命，还跟我商量有没有地方藏。当然最终还是将书搬进了新家。他不敢惊动任何人，只找了我当搬运工，他搬家其实就是搬书，我替他借了部板车，两个人搬了两三天。

除了书，他还藏有大量西方及俄罗斯的绘画作品，当然都是些印刷品。但即便如此，也令我大开眼界。我在他家第一次欣赏到了莫奈、凡·高、毕加索，欣赏到了列宾、列维坦，知道了什么是印象派和立体主义，什么是俄罗斯巡回画派，并且迷上了被誉为“森林的歌手”—— 俄罗斯著名风景画家希施金的作品。此外彭燕郊还收藏了很多黑胶唱片，要用手摇唱机放。我经常和他偷偷躲在他家里听贝多芬，听肖邦。把窗帘拉上，只放很小的声音，耳朵贴着听。那个时代，这种行为毫无疑问会被认为是资产阶级情调，我的罪名倒是小，但他，足可以被扣上腐蚀毒害青少年的罪名。跟我交往，他承担的风险要大得多。我就是这么赤条条来去无牵挂，而他很可能会受到新的打击。所以现在想起来，他爱人对他的担心和最初见到我时的谨慎甚至胆小，都是完全能理解的。

他非常爱惜自己收藏的这些东西。有一次我弄丢了他一本书，他很生气，眼泪都出来了。他每次借书给我，都是用牛皮纸或白纸包起来的，就是怕弄坏。因为他对文学的非凡鉴赏力，我在他那里受到了极大的启示和熏陶。而且我是一个街道工厂的小工人，在那个时代是几乎看不到任何想看的书的。如果说我在“文革”期间看了很多有味道、有价值的书，毫无疑问是通过彭燕郊。他很全面地让我明白了，什么才是真正的文学。他借给我的书，类别也很广泛。譬如诗歌，除了传统的普希金、拜伦、雪莱、济慈等人的，还有现代派诗人波特莱尔的《恶之花》等。我从他那里第一次听到了金斯伯格的名字和他的嚎叫派诗歌，读到了不少从未听说过的国外小说家如蒲宁、库普林、迦尔洵等人的作品。后来还读到了北岛等人创办的地下文学刊物《今天》。有一次我写了个电影剧本，他觉得不错，于是又借给我好多电影和戏剧方面的书，包括《戏剧思想史》《世界电影史》这一类。现在我还留存了一本笔记，回头去看当时摘抄下来的东西，大都还是经典的理论，并没有过时。其中契诃夫的戏剧《海鸥》《万尼亚舅舅》《三姊妹》尤其令我深受震动，使我当时非常喜欢契诃夫。

“再这样生活下去是不行的，无法忍受的！”这是活跃在契诃夫戏剧中的一种燥动不安的思想，直刺我的内心。

笔记中还有段摘抄很符合我那时的心境：“理想，当它还没有转化为实现理想的斗争的时候，当它还没有产生公开抗议的力量的时候，便注定了只能是隐蔽的存在，它变得模糊渺茫，可是它被压抑得愈深，就愈痛楚地啃啮着人的灵魂。”

正是跟彭燕郊的交往，让我更加清醒地意识到，我们身处的那个时代，迟早会产生巨变。

我的青年时代是在“文革”期间度过的。那个期间和彭燕郊建立的亦师亦友的深厚情谊，是我的精神支撑点，是我一辈子最深刻、最值得珍惜的事。他大我三十来岁，我和他是真正的忘年交。那时我爱好文学但苦于找不到良师益友，而他恰恰出现在我的面前。想到这些，我对他感激不尽。

“文革”结束以后，我们继续还有来往。彭燕郊的处境很快改观，首先是“胡风反革命集团”冤案平反，后来恢复湘大教授职务，不久又被选为全国人大代表……地位改变了，很多荣誉都来了，在这个时候，我反而跟他有些疏远了。我的命运并没有因为“文革”结束而改变，因为我无“反”可“平”。我还继续在街道工厂工作，和他见面的时候显然少了。他仍旧对我很好，很客气。但我却隐隐地有一种没有办法回到过去的感觉，说不清道不明。毕竟，我和他产生了事实上的一种微妙落差，虽然这种落差没有给我带来任何心理上的失落感——我本来是个工人，后来仍旧是个工人。而他本来是一个在文艺界有影响的人物，平反昭雪恢复职务，鲜花和掌声接踵而至是理所应当的。不过“文革”之后，大环境变了，人的境遇和心态也慢慢在改变，但是相互间的珍惜度反而降低了。对此我毕竟有些感慨。

直到 1987 年，我的命运终于有了转机。我告别整整工作了十八年的那家街道工厂，考入武汉大学中文系（作家班），毕业后调入湖南文艺出版社。1995 年再调入省新闻出版局参与创办《书屋》杂志。

大概是九十年代初期吧，因为彭燕郊与他人的一些私事，虽然与我没任何关系，却把我卷入其中，使得他对我产生了很大的误解，乃至和我有所疏离，以后的来往变得更少。

2008 年 3 月，彭燕郊先生因病去世，享年八十八岁。我没有被邀去参加他的追悼会。只有这张 2004 年第六次省作代会上在湖南宾馆和他的合影，还有多年前他送给我的几本诗集和一部分书，成为我对他深切的怀念。直到晚年，彭燕郊的思想仍然鲜活灵动，并创作了大量可以载入文学史册的诗歌，这是非常罕见的。彭燕郊是真正的天才，他是因诗而生、唯诗而生的，毫无疑问。

附图五种（由王平提供）

图一　“文革”期间彭燕郊送我的几本书。这些书都是他在旧书店淘的，上面盖着不同单位的公章。如“邵阳市第 X 中学”之类的字样，应该是“破四旧、立四新”的时候流落出来的。

图二　1982 年 5 月，我结婚。彭燕郊送了我一本库普林的《决斗》。现在想起来，结婚送《决斗》，还真有点意思，这也是我收到的最特别的结婚礼物。

图三 1984年10月，彭燕郊赠予我平反复出后的第一本诗集《彭燕郊诗选》，里面有我最喜欢的一首诗《小牛犊》，开头安宁美好，结尾惊心动魄。

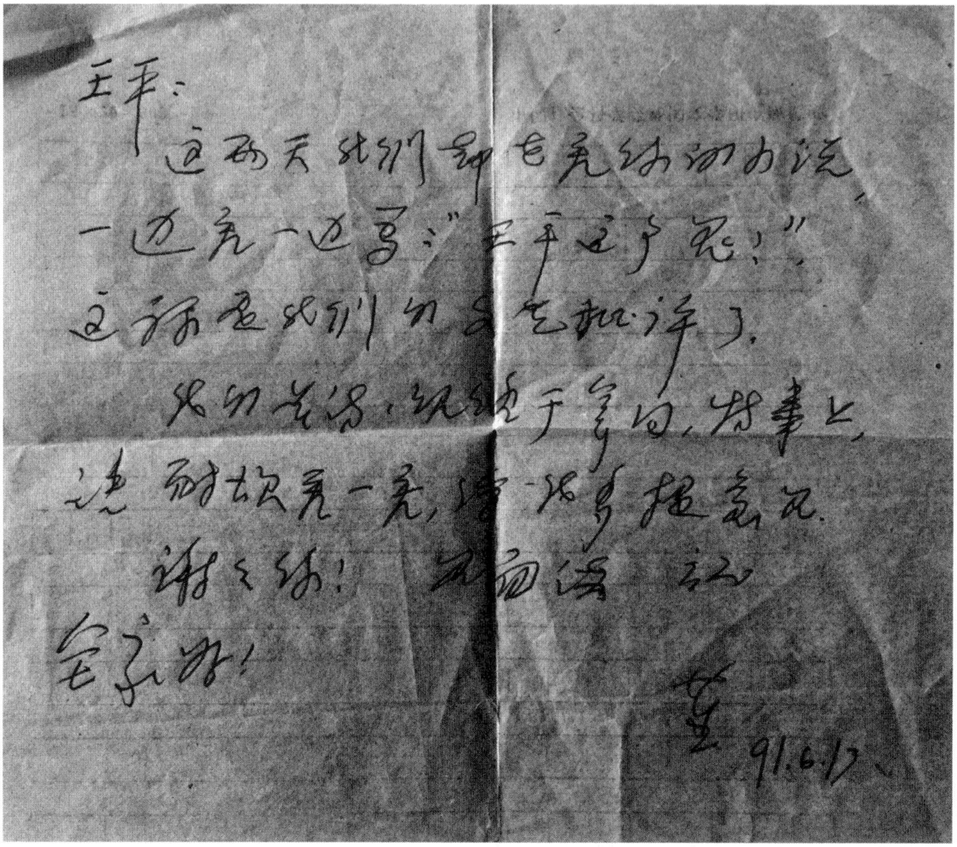

图四　1991 年 6 月 13 日，彭燕郊去我家未遇的留言条。当时我仍住在倒脱靴。那时无电话，不能事先联系，找不到人是常事，写留言条也是常事。留言条的内容如今读来倍觉亲切。

图五　2004年9月与彭燕郊的合影。省作协第六次代表大会期间摄于湖南宾馆。这是我和他认识近四十年来，唯一的一张合影。

（原载《晨报周刊》第200期，2011年12月14日；
后有修订，2018年3月1日发布于“新湖南客户端”）

彭燕郊先生未完成的2008

——艰难的回忆之一

龚旭东

从来没有觉得写文章有这么难。自2008年3月31日彭燕郊先生去世以来（我还是习惯如他生前那样叫他“彭老师”），我只在他去世当天“奇迹”般地写了一篇几百字的悼念短文，作为报刊上最先发表的纪念彭老师专版的一个组成部分。当时大脑似乎一片空白，写上句时不知道下句要写什么、会怎样写，从来没有过那样的感受，就那样做梦般写了一篇很短的文章，可能是我写文章四十多年来最“无心”却又最刻骨铭心的一篇文章。此后，我虽然一直到处劝朋友们写关于彭燕郊老师的回忆文章，但我自己，却一直处于“失语”状态，整个身心像全部堵塞起来似的憋住了，写不出一个字来。很抱歉、很内疚地推辞和推迟了好几位朋友的约稿。感谢朋友们的理解与宽容，使我得以透过这一口气来。关于彭老师，要说的太多了，反而不知道从何说起，觉得说什么都似乎已经变得无关紧要、不值一说了。心太痛了，反而就觉得痛已经不是痛，心中一片茫然漠然淡然惘然……直到几分钟前，才下定决心忍住、憋住心中的痛，将它憋压到心底的最深处，尝试拿起笔来，尽自己应尽的责任。

还是不知道从何说起。

彭老师八十多年来的事情一幕一幕地浮来浮去。二十多年来亦师亦友、情同父子的忘年情谊，实在难以在尚未平复的心境中清晰而有条理地述说出来。

过去在课堂上给学生讲解“长歌当哭，是必须在痛定之后的”，讲解“亲戚或余悲，他人亦已歌”，自以为体会甚深，能道出一些人所未道之言，现在才知道，自己还是太浅薄，最深切真挚的情感，往往是道无可道、无话可说的。这种时候，语言是多么苍白无力。我在这样的心境中更深地体味了先贤们那些心头滴血的吉光片羽之言是怎样的剀切、犀利和深挚。

六十六天来，我无数次地劝朋友们写关于彭老师的回忆性的文章，而不仅仅是写悼念性的文章，因为我觉得最好的纪念，不是仅仅抒发对彭老师的哀悼的情感，而是一点一滴地真实记述与他交往的具体事实，他的音容笑貌、举止言行，他的所思所想以及相关的场景和细节等，为后人留下传神写照的丰富而感性的材料，留下我们各自眼中、耳中、心中的“彭燕郊记忆”，使人们能够将这些记忆与他的作品相互比照，更完整、更深入地认识、研究其人其诗。这应该是我们这些有幸与彭老师交往的人所应尽的责任——为彭老师，为喜爱彭老师诗歌的人，也为我们自己。

还是从最难的地方开始吧。先谈谈2008年彭燕郊先生想要完成却永远也不可能完成的那些计划与设想。他曾经怀着多么热切、急切的心情对我、对许多朋友谈论过这些设想啊。一想到这些，并随即意识到这些大都已经变成了真正的梦想而无可实现，心就痛。

我不知道下面的回忆会是怎样的，重要的是必须坚持住，就从这里开始——

2008年年初的一天，大雪，正是湖南大冰冻开始之时，我担心彭老师老两口外出摔跤，于是带了一堆菜去看望他们，嘱咐他们冰雪期间一定不要出门走博物馆的那个大斜坡（张阿姨要买菜，而八十多岁的彭老师则总是忍不住想往书店跑）。这天，彭老师又一次很郑重地对我说，今年是拜伦逝世220周年，值得很好地纪念一下，希望我在我服务的报纸上做一个纪念专辑，并组织一个纪念活动。我很赞成。我们一起就此商量了许多，例如开一个小型的座谈会，讨论拜伦与中国新文学发展的关系及其意义，例如约一些态度认真严谨的朋友写一批文章，除了在我的报纸上做纪念专辑，还要在一些杂志、民间诗刊上做纪念专辑，等等。这件事，几乎成为2007年年底、2008年年初彭燕郊先生心中念念不忘的一个兴奋点，每次去他家，他都要兴致勃勃地谈及。

他去世的当天，我打电话报告朱健先生，他愣了好半天才回过神来，大呼了一声“哎——呀——”，随后短短几分钟的通话，他“哎——呀——”了十几次。过后不久，朱健先生来电话，向我口述了一段话：

> 他（彭燕郊）今年1月22日给我打了一个电话，告诉我，今天是拜伦诞辰220周年纪念日，本想找几个人纪念拜伦，但冰雪太大，谈不成了。
>
> 我在电话里给他背诵了拜伦《哀希腊》里的诗句。他和我一起背诵。
>
> 言犹在耳，没想到他却驾鹤仙去了。
>
> 他一生是照着鲁迅《摩罗诗力说》中的两句话做人写诗的：“立意在反抗，指归在动作。”
>
> 我想用这几句话纪念他，写在纸上给他送别。

就我所知，彭老师对许多朋友都说过纪念拜伦这件事，并且与《诗歌与人》杂志的黄礼孩先生等商谈了做纪念专辑的事。

在现在的许多人看来，拜伦已经是一个老古董式的浪漫主义诗人了。一向保持思想、艺术上的先锋姿态，曾经倡言“再见吧，浪漫主义”的彭燕郊先生何以要如此重视地纪念他呢？这是很耐人寻思的。在我看来，彭老师倡言“再见吧，浪漫主义”是基于文学史和现代中国文学发展轨迹作出的诗学和美学判断，并且有其特定的时代背景与文学界定，但不等于要一笔抹杀浪漫主义诗人们的文学史价值乃至现实意义，相反，基于对现实社会文化与文学的思考与忧患，彭老师甚至颇为看重拜伦身上追求自由独立、虽千万人吾往矣的性格特征。纪念拜伦，在彭老师，是蕴含着特定的文化忧患意识和文学寄托的。这可以成为研究彭老师晚近思想的一个入口，也是他“立意在反抗，指归在动作”的一种体现。

2008年3月5日，彭老师第一次住院出院后，我去看望他，我们两人有一次极为畅快的长谈。回忆起来，这似乎是我们最后一次深谈，此后的几次见面，他都是在医院的病床上，已经无暇深入细谈了。这次谈话，涉及了许多方面，其中的一项，是他今年还想做的一些事情。

他说，还打算为已经写了十多篇的《胡风回忆录》续写数篇；而已经完成的回忆聂绀弩长文，也还想补充一节。他还具体回忆起1943年在桂林准备与绀弩办一个杂志的筹划过程。这种回忆与他近年来一直想再办一份自己的同仁诗歌文化杂志相关联。

多年来，他一直想再办《现代世界诗坛》那样的诗歌文化杂志，并且将作品的重心转向汉语诗歌或中外诗歌作品并重。从2007年起，他多次与我商量办一份自费刊印的诗歌文化刊物，名称都想好了，就叫《少数》，每期一个印张，最多不超过两个印张，刊发我们认为真正优秀的或有独创性的汉语诗作或翻译诗作，可以是一位作者的一组作品，也可以是几位作者的一组作品，还可以是新翻译的外国诗歌佳作，总之要少而精，真正有诗的品格，有诗的震撼力和启示性。诗歌之外，每期还要组织刊发犀利的、有现实战斗性的评论和文化漫谈，有针对性地对当下诗歌界、文化界的许多现象进行评说。彭燕郊先生是“五四”新文化运动之子，深受鲁迅等现代文学大师的影响，强调对现实生活与文化的主动而独特的介入，他一生办刊物、做出版，直至后来主编“诗苑译林”“散文译丛”“现代散文诗译丛”及《国际诗坛》《现代世界诗坛》等，无不寄寓着深刻的现实文化用心（关于彭老师耗费大量心力从事的外国文化及诗歌译介出版工作，当另作专文述之）。

彭老师晚年一直有重新掀起一个诗歌运动乃至文学、文化运动的梦想，在这方面，他一直有一种不屈不挠的堂吉诃德式的理想主义精神。编辑《少数》是彭老师深思熟虑数年的一个理想，已经进入实施状态的彭老师没能实现这个理想，是十分遗憾的。所幸有一批年轻的诗人朋友已经决心秉承彭老师的这一遗愿，将《少数》办起来。

2007年，彭燕郊先生在湖南文艺出版社出版了许多朋友期盼已久的四卷本《彭燕郊诗文集》，我在许多场合说过，这应该是中国新诗和当代中国文学的一件大事。《彭燕郊诗文集》的出版，引起了巨大的反响，出版社首版的一千套书迅速告罄。由于诗文集收录诗作较为全面，加上印数不多，定价偏高，因此，诗文集尚未印出，彭老师就开始与我商量编选一部普及性的《彭燕郊诗选》（这个想法是我最先建议的），为此我们反复讨论过许多次，他要我开列了诗选的目录（事实上，十多年来我已多次为他开列诗选目录并数次受命作序，都因故未能出版），他在此基础上反复斟酌，对自己诗选集的市场前景亦十分乐观，决心2008年一定要出版出来。他去世后，我得到了他最终拟定的诗选集篇目，分诗选和散文诗选两本，体现了他对自己创作的一些想法，这是十分珍贵的。我希望彭老师出版诗选的这一遗愿能够有完成的一天。

在正式出版诗选集的设想之外，他还打算像1996年自费编印《混沌初开》那样，自费编印一本《生生：多位一体》。1996年，彭老师将他的散文长诗《混沌初开》与九位朋友所写的对该诗的评论（含公刘写的序）编成集子自费印刷出来。这部集子在内容、形式设计等各方面细节上都较好地体现了彭老师的想法。《混沌初开》的文本也比较靠得住（此前在刊物上刊发时有不少错误，这次编印，我曾帮助校对过三次）。彭老师非常满意。他曾对我说："我的诗发表不出来，诗集出版不了，都没有关系。我今后就自己自费，这样一本一本地印出来就是了。人们总会看到的。"为此，他将这本书命名为"彭燕郊近作Ⅰ 混沌初开"，并在后面打出了"Ⅱ 画仙人掌""Ⅲ 瀑布"的预告，但"彭燕郊近作"之二、之三后来并未能够编印。也就是在那一年，彭老师开始构思创作他的自由体长诗《生生：五位一体》，并于1999年酷夏，在一个月内完成了这首四百多行的长诗。十年之后，2006年我在帮助彭老师编辑《彭燕郊诗文集》的过程中，曾反复希望他将《生生：五位一体》收入诗文集中，但他因为一直不满意这首诗并决心修改，故始终不同意收入。我一直不肯放弃，因为这是彭老师近十年来最重要的创作，即使已经不满意，也仍然具有重要的文本价值和意义，我认为诗文集可以先收入这个版本，今后修改后的新版本可以再发表，还可以与前一个版本一起编一个集子，对照印出来，也很有意思。他觉得我的想法很有意思，但仍一直不松口。后来，全部诗稿已交出版社并将要出清样了，在我再次劝说下，他终于同意收入《生生：五位一体》，但前提是，他要"修改"它。结果是，八十六岁的彭老师在两个星期内重写了这首诗——由四百多行扩展成了七百多行，诗题则改成了《生生：多位一体》。诗文集出版以后，他起意要像当初印《混沌初开》那样，在2008年自费编印一本《生生：多位一体》，虽然还没有具体与我商量细节，但他已经开始请许多年轻朋友写他们对这首诗的看法与评论。我希望有一天，能实现他编印《生生：多位一体》的这一愿望，将1999年版本的和2006年版本的两首诗放在一起，附上朋友们的评论文章，那将是颇具诗学启示性和研究价值的一本书啊！我想，彭老师的在天之灵看到这本书编印出来，也一定会十分高兴和欣慰的。

由于《彭燕郊诗文集》只列有一册"评论卷"，彭老师仍有数量巨大的作品未能收入。2008年彭老师的工作里，还有编辑出版自己的回忆录、散文集、书话选的计划。他在这些方面的大量文章还没有真正开始进行整理编辑。其中，回忆录他已经考虑得较为成熟了，除了前文所述关于胡风、绀弩的文章以及很大一批回忆文章外，他还计划写关于柳亚子、李济深等人的回忆，另写回忆邵荃麟的文章（他已经写过一篇）。此外，大量关于民间文学、民俗学、诗歌理论与教学讲稿等文字也在整理计划之中。

2008年彭老师另一项急于完成的工作，是整理注释胡风夫人梅志先生给他的书信。这是在完成诗文集出版及2007年整理注释完聂绀弩致彭燕郊书信之后，彭老师十分重视的一项工作，其中十分艰难的整理、摹清工作已经完成（梅志晚年的字迹不大容易辨认），并已交胡风先生家属审核并提出意见，注释工作正待进行。现在，这一工作十分遗憾地停顿下来了。不久前，胡风先生的女儿晓风大姐将彭老师写给梅志先生的数十封书信寄来，希望我能够编印一部彭老师与梅先生的通信集……

我将要特别提到的，是2008年彭老师一直念念不忘的长诗创作计划。

彭老师的诗歌创作，有一个十分突出的特征：他可以将一个构思放在心中琢磨几年、十几年，甚至几十年；他可以将一首诗反复修改打磨几年、十几年，甚至几十年。这种将诗当作真正的艺术品进行长期、艰辛创造的严谨态度与心态，使他每写一篇作品，都力求使之成为一次思想嬗变和艺术探险的结晶，也是彭燕郊一生的诗歌创作能不断产生精品的真正奥秘。（“打造精品”这个说法现在已经被人们说得太滥了。什么是“打造精品”？怎样“打造精品”？请看彭燕郊的艺术创造过程与结果！）

彭老师的创作还有一个习惯，即自己基本没有满意之前决不轻易示人，自己觉得满意了，才将手写（复写）诗稿给身边的朋友征求意见。我听他谈过许多诗作的奇妙构思，其中有的已经创作出来了，有的正在创作之中，有的可能仍然是一个构思。例如，他的一个构思《鬼是没有影子的》，我听他谈了快有二十年，直到2006年为他编诗文集，他才突然拿给我看。这首诗收在散文诗卷《七夜谭》中，这七首诗我都是在编诗文集时才第一次读到，而此前只有《鬼是没有影子的》他经常与我提起，其余六首，我从没有听他说起过。我认为这组作品是他晚年的代表性创作，因此推荐第一次刊发在2008年的《芙蓉》杂志上。二十多年来，我时常感到，他那令人简直不可思议的大脑里，装了不知多少奇思妙想，而我们能够看到的，仅仅是冰山一角。

诗文集编完以后，他一直对我说，他还要完成两首长诗，写完了，诗歌创作方面也许基本就不会再写长诗了。这两首长诗，其中一首我知道，是《眼睛》。这首诗的构思，我也听他说了十几年。起因是当年坐牢时，他眼前常常浮现各式各样的眼睛，后来在“文革”中更是真切地看到了各式各样的眼睛。他想以此为切入点，将他对这个社会里各式各样的人的感受写出来。当然，艺术创作时，不会是这么简单。他很喜欢这个构思，常常提起，而且我知道，他已经在动手创作。2007 年他告诉我，已经初步完成了，但还要改，还不能给我看，也就是说，他还不满意。但是他信心满满，计划要在 2008 年完成它。如今，这部诗稿还静静地躺在彭老师家里的某个地方，我仍然没有读到它，我不知道它会是什么样子，也许是惊喜和震撼，也许是不满足（我对《生生：多位一体》就觉得不满足），但无论如何，我相信它一定是一部充满着人性力量与深刻反思的作品，因为它蕴含了彭老师八十多年来对中国社会和中国人的洞察与反思。

计划中的另一首长诗是哪一首，我不知道，彭老师在说还要写两首诗时，没有说这另一首的题目（我不习惯追问彭老师的创作情况）。我只能猜测。也许是《虎乳》？这是彭老师多次对我说过的许多构思中的一个，也已经有一二十年了。它是彭老师的一个妙想：在深深的大山里，有一位美丽的姑娘，但她的美并没有人知道。有一天，她在家中洗澡，被经过后山的一只老虎窥见了，老虎因姑娘的青春之美而惊呆了……多年前，彭老师就曾兴致勃勃地对我谈到这个构思，我当时就为这一异想天开的构思而陶醉，一直不能忘怀。我知道彭老师也没有忘怀。偶尔，他也会提及它。我也不知道，这样的一个构思，在炉火纯青的艺术大师彭老师心中、手里会被锤炼、锻造成什么样子。彭老师细说给我听的，也很有可能只是他对这个构思的反复考量、拿捏过程中，产生的无数个版本中的一个。他另一次对我说这个构思时，与上面所述的就似乎有所不同。但这一个构思，已经让我一二十年来有无数的联想、变形、引申和冀望了。

如果，彭老师能将他真正想写的东西都写出来，那会是怎样的一番绚丽景象呢？

我不敢想，想起来心就痛啊！

关于彭老师 2008 年的未竟工作这个话题，实在还有许多可说的。最后，我还必须简单谈到2008年彭老师和我打算一起做的三件事（只能略述，我将在从自己的角度回忆彭老师的另文中专述）。

首先，是他和我已经计划并无数次讨论了十多年的、关于“七月派”的长篇对谈录。最初，是九十年代初我打算写一部“七月派”论，彭老师对此寄予厚望，并不断催促我早日动笔。我们为此有无数次的交谈，交谈中我们各自有许多想法和思想火花，因此我们都想以对话的方式各自畅所欲言，从历史真实实践（彭老师是亲历者）上和理论上全面澄清许多问题，并联系当代诗歌的现状，对整个新诗史做一番正本清源的工作。这个计划十分宏大，而我杂务缠身，他也有许多工作不得不做，这件事就一直拖延下来了。《彭燕郊诗文集》出版后，我们又开始多次谈到这个话题，他曾急切地对我说，你要尽快写“七月派”，我们要尽快谈“七月派”，现在有人关于“七月派”乱说一通。也正是在这一次谈话中，他很郑重地说：“做一个诗人，就如同当一个战士；搞文学就如同上战场，非生即死，开不得玩笑，每一步都要走好。一不留心就可能毁于一旦。”他的话实有所指，颇含深意（关于他与“七月派”，也当另文专述）。

彭燕郊先生是二十世纪三十年代以来中国文学发展的亲历者和见证人，他与众多文坛及文化界人物有深厚的交谊，他见闻广博，记忆极佳，若能将丰富曲折的生活经历写出来，必定具有重要的文史价值。多年来，我一直劝说彭老师写一点关于自己的回忆录，他总是不置可否，认为重要的是写出自己想写的诗，回忆录要到完成那些作品以后再说。我知道，他可能是觉得一写回忆录，就证明自己已经老了，没有创造力而只能靠回忆度日了。他从不承认自己老，也不喜欢被称为“老诗人”。我也知道，他总是会有想要写的诗作的。他总是在发现和思考，决不停顿，因此，他的诗是写不完的。他将写诗写到生命停息方止。他也确是这样。但自从开始写关于胡风的系列回忆文章后（写法也还是从史的高度而不是一般生活回忆的写法），大约是经常回顾年轻时的经历，他的上述想法不再那么“顽固”了，我趁机又开始“吹风”，于是他终于动笔写了一组精神自传式的回忆文章。我觉得这种精神自传式的回忆录固然有益，但他一生的实际经历、所见所闻也更加具有史的价值与意义，于是建议他不妨在写“精神自传”的同时，另写一部实录式的经历、见闻回忆录，这样可以与精神自传一起，构成一部理性与感性“双重奏”式的回忆录。他觉得我的这个想法很有意思，答应考虑。由此，我们有过几次很长的交谈，他也回忆了许多历史情况。随后因为编诗文集，“精神自传”没有继续写下去，这个事情就搁置下来了。编完诗文集后，我提议干脆以口述实录的方式写他的经历，作为见闻回忆录，他知道我对他的情况及文学史较熟悉，颇为理想，也对近年来不断增多的许多来访者的诸多访谈不够满意，多次决意开始与我对谈，但他同时又不断觉得我写《彭燕郊论》（此是另文专述）和关于“七月派”的对谈更加重要，不愿让我做这样的“小事情”。2008年年初，他终于觉得今年可以同时开始做这件事情了。我专门为此买了一个可以录音的手机准备来做这件事。就在3月5日我们最后一次长谈时，还专门谈到了这件事情。这次谈话是我第一次用手机录音，可惜因不熟悉用法，操作失误，没有将录的音保存下来，留下了一个永远的遗憾。

不久前，彭老师找出了土地改革期间下乡时的两大本笔记和一小本札记，很兴奋地给我看。我认为很有史料价值，可以整理成一本很好的书。他很高兴，打算今年整理出来，并将那本札记交我整理。整理中，我觉得其中蕴藏着许许多多大有意味的经历、感受、故事，如果回忆出来，将是最活生生的历史。可惜，现在只能从当时记下的话语中去揣想那些历史场景了，而作为亲历者的彭老师，已经在留下大量的精神财富后转身远去……

进行这样的回忆，于我来说，是艰难而残酷的，伴随着无限的遗憾、痛悔及联翩的追思。这些回忆也是十分零散的，仅仅是在目前心境下从记忆海滩上勉力拾撷的几枚贝壳而已。但即使在彭老师2008年想要做的事情这样一个小小的角度下，从我这些并不完整的回忆中，你也能看到彭燕郊先生有着多么巨大的思想、艺术创造活力——一位八十八岁高龄的人，仍有着多么生机勃勃，宽广深厚如同大海的心灵世界。“彭燕郊现象”是近年来人们越来越关注、谈论得越来越多的一个话题，我想，正是他的这种不可思议的生命活力与文化创造力，才令那么多人为其人其诗而倾倒和沉醉吧！

彭老师去世以来，已经有许多朋友要我为之作一个评价。我总是说：彭燕郊的去世，标志着一个文学时代的结束。

这句话，在我，绝非随意妄言。

作为八十年来中国新文学发展的亲历者和见证者，彭老师素来能够对文坛旧事娓娓道来，连细节都能描述得栩栩如生，他交游广泛，见闻渊博，是真正的文坛“活化石”，而且他正准备开始对他亲历的历史进行回顾、整理，做出有思想高度的总结。他的故去，真可谓虽百身而莫赎。虽然彭燕郊先生这一辈文化老人尚有许多人在世，也有几位还能写作，但是，在彭老师那一辈人中，像彭燕郊先生这样充满思想上、艺术上的创造活力，能够站在当代文学发展的前沿，总览中国及世界现当代文化的源流，敏锐把捉现实社会文化的发展动向，并在自己的创作中做出迅速反应与深刻思考的，已经绝无仅有了。他那一辈人中的绝大多数在世者，思想艺术创造力已趋于衰竭。因此，我曾经认为，彭燕郊的存在，是中国“五四”新文学传统仍在现实文化与文学发展中不断承续、嬗变、拓展的一个光辉的象征。以彭老师思想和文化反应能力的敏锐性、文化视野的宽阔性、艺术创作的新锐性和开拓性，我与朋友在2008年年初还乐观地估计着：他至少还可以保持五年的创作活力，没想到他竟然走得如此匆忙。

一个时代过去了。留下了无数追思、缅怀、向往和企望。我想，彭燕郊先生将永远如生前那样，在天上的某个地方，用他那深邃、亲切而慈祥的目光，含着微笑注视我们一路前行……

2008年6月于长沙菊隐园

（原载《扬子江评论》2009年第4期）

回忆彭燕郊伯伯

王细流

我第一次见到我的彭燕郊伯伯，是他刚调来湘潭大学不久之后。大概是在1979年春，我父亲时任语言文学系首任系主任（中文和外语在一个系），当时湘潭大学正值复校初期，条件十分艰苦，记得那是个大太阳天的下午，我父亲是要去看彭伯伯来校之后安顿怎样了，问我和他一起去看看不，并说彭伯伯是位著名诗人，我母亲在湖南大学化工系读书时，他那时在那任中文系教师，是个“红学”专家，还参加过新四军呢，后因“胡风事件”坐过牢，还说他并没有上过大学却成了大学的教师，我父亲自己还与他夫人曾经在省文工队同过事，都是老熟人了。我怀着十分敬仰和好奇的心情，就陪着我父亲去了。

记得是到了湘潭大学南苑球场上面马路东边第一栋三楼中间一套无水、无卫生间的房间（这比我父亲来时住周边农民家要好些）。见面的第一印象是很深的，我父亲让我叫他彭伯伯，他们寒暄后，谈及语言文学系中文方面不仅要搞文学理论、古典文学，还要搞诗歌散文、电影戏剧、小说等创作、写作，这样才有特色和出路，才能用很短的时间，培养出很快能写出像样作品来的学生，显示学校的实力，成为真正的重点大学，不然，新办的学校光靠四面八方支援的教师，没有创新，拿什么与老牌重点大学比。聊些怎么办好创作写作班之类的事（我父亲调离学校、彭伯伯退休后，学校就没有这种班了），我只是听着，眼睛却在注视着彭伯伯。他个子不高，但身材匀称，鼻梁略高且轮廓鲜明，留着向后梳的背头，让我感觉他很有艺术家的风范，皮肤黝黑确实是饱经了日月的沧桑，面带笑容笑眯眯的样子，显得十分和善近人，现在想来是能承载一切的苦难。一开口说话，声音很有磁性和穿透力，眼睛并不大，但好像是要从眼缝里去看透什么似的，有着一种特殊的气质。

那个年代朋友间交往是非常朴素、真挚的，时常是邀到家中来吃饭，而且饭菜是自己亲手做，我父亲有时也邀请彭燕郊伯伯一起来家中吃饭、聊天，交往逐渐增多，我便和彭伯伯成忘年之交了。

通常，我是晚饭后散步去他那儿看看，与他聊聊天。我们那时聊起他的过去，他曾被下放到长沙某玩具厂工作，当时他夫人也下放了，他就一个人带着女儿艰苦生活。他常谈及周围的工人们怎么对他好，厂子里有个年轻人怎么跟他学诗，后来又怎么慢慢写起诗歌来，由工人变成了文化人。还聊起改革开放，科学的春天到来，他说那是自由写诗的好时机来了，有时也能从他那儿听到一些小道消息，聊些时政，聊最近上映的电影，等等。那时我也萌生过写写诗的欲望，聊起写诗歌时，他要我不拘形式，试着写些不称之为诗的东西先给他看，练练后，看能否也学起写诗歌来。只可惜，我诗歌的天赋不足，悟性又不高，抓不住诗歌的灵感、景物的变幻、心境的融合，精练语言能力不强，生活体验不够，终究没成全我的诗歌雅兴。

我那时在湘潭大学科研处从事电子衍射仪生产、调试工作，学得了一些冲洗照片的技能，实验室里有一间冲洗室，他偶尔要我帮他洗些旧照片，洗好照片后送给他，他总要把照片中的人物介绍给我听，指着照片中的人说，这是柳亚子、那是钟敬文等（那时还有学校电教室的尚树功也给他洗照片、照相的），说他们怎么有学问，与他们之间的接触，也讲讲与他们的逸事，还聊起他正要从事的湖南民间文学研究，准备筹建一个单独的资料室，带这方面的研究生。彭伯伯故去后，我几次遇见他的同事王建章教授，他总是跟我说他之所以评上了教授，就得益于跟随彭老先生从事民间文学研究，在第二教学楼二楼那间资料室里看资料、学习，到湘西去采风，写了很多这方面的文章，才评上了教授。只要我们一见面，他就会提及此事，并说上一长串感恩不尽的话来，讲起彭先生带他们去湘西采风的有趣，建起民间文学资料室的成效。只可惜，彭伯伯退休后，湘大的这个专业就因后继无人停办了，这不能不说是湘潭大学在文学专业特色上的一个损失。

他来校伊始常给本科生讲课，有时讲诗歌时也要我去听。我有幸去听了一次他的古诗讲课。那次前来听课的人很多，记得是在第一教学楼二楼东头北面的一间教室，教室的后排和门边都站满了前来蹭课的学生，估计有些同学也是慕名而来的。他天生嗓音高亢，每每都是用抑扬顿挫的声调，将他诗一般的灵感，爱憎分明的情愫，敏锐的洞察力，深刻的人生经历感受，精练的语言，淋漓尽致地展现出来。在讲课的过程中，他常常爱微微抬头，凝视着前方的天花板，仿佛是在回忆他先前的亲身经历似的，用他诗人的想象去描述着，时而用手又比画着，完全是要带着大家与他同随诗歌的思想和情绪的起伏，向无穷无尽的天空翱翔。短短四行诗，他生动地讲解了一下午，不仅像讲故事一样有情节，还有人物动作的细节。记得好像是讲一个女人，怎么照古时候的铜镜，怎么去铜镜前，怎么擦镜子，怎么摆弄姿势，为什么又走到屏风后面，会是怎么想的，而且人物有形态，有神韵，有思想，有情感，有血有肉，活灵活现的，让人听得如醉如痴。这是我第一次觉得诗是这么读的，一句话里有那么多内涵，那么多的东西可以去想象，真是太佩服了。我后来有次晚饭后到他那儿聊天，跟他说怎么不把这些读诗的感受编本书，他说准备以与人对话的形式来谈诗。后来他就写了《和亮亮谈诗》。

那时他带了两名也是仅有的民间文学专业研究生（袁铁坚、杜平），还有一名年轻的助手（徐炼），他们仨经常在他家里上课、整理资料，我与他们时常遇到，自然也成了好朋友。还有很多爱好诗歌的师生们常去他那儿，找他谈诗歌，请他看他们写的诗歌、论文等，给他们指导指导。他非常喜欢结交朋友，尤其喜欢青年朋友来与他交谈。他可能觉得同青年人在一起有活力、朝气，青年人接受新事物快，而且有时有些新观点、新思想，正是诗歌里最需要的血液，这是他曾经跟我说过的。

彭伯伯在湘潭大学中文系任教期间，还非常关注学生社团活动。中文系同学成立的“旋梯诗社”就是根据他的诗《旋梯》而起名的。这个诗社办得小有名气，他经常托我给诗社的学生们送书、捎话。他是真心希望年轻的学生能多了解诗、多宣传诗、多写诗。在那诗歌不太景气的时代，能让诗歌事业后继有人，不断发展下去，是他的一个心愿。

他单独与我讲解诗歌让我记忆深刻的有两次，一次是在湘潭大学他居住的校长楼里。那时学校教授不多，他是资深人士，又是著名诗人，自然被请进了校长楼入住（他从学生宿舍后来搬到东坡村6栋二楼两室一厅住过一段）。我到他那里时已经天黑了，他客厅开着白炽灯，照着白色的墙面呈黄色，他从中间卧室拿着用稿纸抄好的刘半农的《相隔一层纸》叫我读，当时没外人我都有些紧张，在念到“可怜屋里与屋外，相隔只有一层薄纸”时，我念出的味道他总觉得不对，他反复给我讲这里应该怎么去处理好，哪个字要念长点，哪个字声音要大点、突出点，哪里声音要轻点、弱点，要用什么样的节奏，怎样去理解过去穷人与富人的生活感受——穷人穿不暖，富人不是怕烤坏自己，而是怕烤坏水果。叫花子的命都不如水果，没有旧社会生活体验的人，要怎么去感受这种强烈对比，怎么找到诗歌的言志和韵味。

还有一次是在长沙省博物馆他的宿舍里。我那时想学着写短诗，我以为短诗容易写，就写了点不像样的东西给他看。隔了一段日子，我又去给他送工资，他便把我给他看的东西拿来，跟我谈诗歌的升华、精练，还拿出早已准备好了的一本雪莱的诗歌集，翻到挑好的那首诗“冬天来了，春天还会远吗？”给我启发。最后又去卧室拿来一张黄色稿纸给我看，记得上面写着一首短诗，叫《玻璃》，他说这首诗他写了很多年，一直没有拿出去发表过，一直放在那儿，总觉得去点醒别人的东西不够，深度不够，他说等到哪天突然来灵感了，再改改，或重写，可能有一天能发表的。他说有的诗歌是一气呵成的，也有很多是不断修改完成的。不要以为短诗好写，其实短诗更难，表现的意义更凸显深刻。但我至今再也没见到过他的《玻璃》那首诗了。

间接的赏诗是他的研究生杜平跟我谈起彭老师是怎么教他读曾卓的《悬崖边的树》这首诗的。先是介绍作者是湖北的、在“文革”时期坐过牢等，然后说作者怎么写“不知道是什么奇异的风，将一棵树吹到了那边”，“奇异的风”多么富有想象（暗示了“文革”时期的种种迹象）；“倾听远处森林的喧哗”，对自由的渴望程度那心理描写隐喻之妙（坐在牢里想“森林里”）；“留下了风的形状”（生活的烙印）刻画得多么深刻；等等。尤其谈到最后写出“它似乎即将倾跌进深谷里，却又像是要展翅飞翔”，这种境遇的反差太神奇了，失落中向上的精神太可赞了。杜平英年早逝，但他整理了彭伯伯1982年和1984年的“诗歌研究”课程讲稿，这些讲稿现在经徐炼导读、注释，以《彭燕郊谈中外诗歌》之名出版，读者可以从中一睹彭伯伯当年在课堂讲诗的风采。

彭伯伯一生非常节俭，在他退休后，因他住回长沙的他夫人所在单位省博物馆的宿舍，我们之间便有了书信来往，他用的信封很多是用过后翻过来再用的。他的生活也极简单，做饭往往就是用小奶锅把米放在炉子上煮得半熟，再把油、盐和切好的菜放进去，往往是肉、蛋和蔬菜一起放进去，再焖一会儿就好了，这有点像我们今天流行吃的煲仔饭，他那时就这么做了。早上，他就是吃甜酒、汤圆冲蛋，或是麦片、奶粉冲蛋，他还喜欢放点葡萄干、桂圆干在里面，也算是个讲养生的人。

他省吃俭用积攒下来的钱，大多用来买书了。他酷爱书籍。我清楚地记得，彭伯伯退休后，他的书是我和校车队司机蔡国清帮他运回湖南省博物馆宿舍的。那么多书，差不多一大客车，也不知他是用了多少时间去整理的，精心用牛皮纸包好，纤维绳捆好，真是细心、认真，实在不容易。记得我父亲曾跟我说过，彭伯伯是没上过大学的，是靠自己发奋读书、写诗、研究《红楼梦》成为教授的，我父亲常把他当作学习的榜样来教育我、激励我。彭伯伯常常约我去旧书店，早先是去长沙中山路与蔡锷路拐角旁的新华书店古籍书店，后来，那里关闭了，就去窑岭集散的旧书小门面，每每去总要提一些书回来，从不空手而归。这中间也淘到过一些好书，每每得手后，我见他总是高兴得跟个孩子似的，而且会逢朋友来便拿给他们看，还能说得出这书的一些花絮，这书是什么年代的，在什么情况下写的，现在怎么少有了，有时还会很神秘地悄悄告诉他们一般人怎么不知它的价值，等等。

我几乎没看见彭伯伯有什么体育锻炼，只知道他爱种花草（这可能就是他的休闲体育锻炼），爱听音乐，是个兴趣、爱好也很广的人。他集邮、收藏书画；爱好音乐、艺术；他还收藏唱片，什么新的音乐播放设备一出来，他就买来，刚开始流行 CD 时，他就买了 CD 机听。在他喜欢的东西里，他是追求时髦的，这从他年轻时的穿着和冬天出门爱穿呢子大衣可以看出来，他的衣服不多，但多是耐穿的精品。他还收藏挂历（当然都是字画之类的），甚至收藏一些玩具，有小朋友来时，他就送给他们，我儿子就得益不少。他晚年还养了一条小狗，叫“草根”。我想，他之所以把这条小狗叫草根，可能是有什么特别的意义，比喻自己像草根一样具有极强的生命力，放到哪里都能生长，墙头、水泥缝都不怕，不怕风吹雨打，还不怕踩，越踩根越深，越长得稳，也不怕火烧，春风吹又生。他常对我说“草根”怎么通人性，怎么乖，怎么会自己去上厕所。正是这些兴趣、爱好，使他的写作灵感不断，使他的作品深入、细腻。他自己并不吹拉弹唱，可像《钢琴演奏》《小泽征尔》这样的诗，不是对音乐的极度爱好、极其熟悉，怎么写得出来？不是对生活观察深入、细腻，怎么写出《小牛犊》这样的作品来？而且怎么会到老都写作不断，激情四射？真是令人万分敬佩。

彭伯伯可以一连几天把自己关在家里，埋头看书、审稿、编书、思考和写作。他是“活到老，学到老，做到老”、学术作风严谨的典范，也是最耐得住寂寞、不惧孤独的人。他完全是凭着自己对事业的热爱来奋斗的，不图名、不图利，默默地勤奋耕耘，坚守、奉献自己的一生。彭伯伯不止一次地跟我说过，诗人是很苦的。他也跟我谈过，好诗一般是在最苦的时期，或者是在最好的时期写得的，这个时期的思想最活跃。他写诗也不是为了钱，完全是感兴趣和热爱这个事业。不像现在很多人为名图利，往往是为个人利益而专攻于学术，他很反对这种学术风气，他很早就敏锐地看到了这一现象，并用一生来诠释了真正要有所成就的人，往往是要同时具有坚守、勤奋和奉献的品质。这里要特别提一句，他编辑的《诗苑译林》丛书，本来还可继续出一些册的，稿子收了不少，后来没能出了，也是一件很遗憾的事。

彭伯伯退休后回长沙居住，我母亲也在长沙住。我每个月要回长沙给我母亲送工资，也顺便帮他代办了这些事，他的退休工资基本上是我每月代领送去他家中给他的。这事一直坚持到他临终前。原来长沙、株洲、湘潭没有一体化，异地取款要手续费。他没在湘潭住了，有些重要书信一般都寄到他原来湘大所在的中文系，寄到离退休办公室也有少许，要我转给他。他的医疗报销也要我代办。他与湘潭大学张铁夫教授、陈耀球老先生、徐炼教授，后来的曾思艺、郑长天等老师保持着私人交往，翻译俄文东西、编辑《诗苑译林》的手稿、从事比较文学研究等有时也是通过我来代为传递信息的。无形之中，我便成了他退休之后与湘潭大学之间的纽带。我每次去他那儿，他都非常客气，他是个宁愿亏自己也不亏别人的人，总要送些东西给我。我曾在书信中与他说过，而且见面与他也谈过，我们之间不用这样客气了，这样我会不自在的，但他依然如故。我一般是晚上送工资到他那儿，有时是吃过早餐到他那去的，他一般起得晚，有时正好遇着他吃早餐，他非常热情，非要我和他一起吃汤圆（放了葡萄干、桂圆干，不搅散的鸡蛋，调点奶粉的甜酒冲蛋汤圆）。不吃他就不高兴。有时就是配有葡萄干、桂圆，打上鸡蛋煮的牛奶麦片糊，味道很好的。记得印象最深的一次是，我带着儿子去看他，他很喜欢我儿子，告别时，他送我们父子出了省博物馆，我说不要送了，可他说老坐在家里，也要出来走走，也可多聊会儿。带着我们到博物馆大门斜对面的肯德基店，他非要给我儿子买个汉堡包，之后，他又陪我们到3路公交车站，等车来了看着我们上好车后，再独自一人绕到砚瓦池十字路口，穿过人行道再往回走，我们的车徐徐开着，我透过车窗远远地看见这一情景，这令我终生难忘。

彭伯伯脾气、性格非常好。我从未见他与人红过脸，他也从不与人大声说话，非常平易近人、谦和，是你敬我一尺、我要敬你一丈的人，这大概也是很多人都与他有深交的原因。因为他自己挨过整，他更知道怎样去尊重人、关心人、爱护人，怎样尽力去帮助人，甘为人梯。

记得是他重病前的一两年春暖花开的时节，我带工资到他那儿，他心情很好，高兴地跟我说起，希望我暑假没事能陪他去深圳，他的学生——在深圳华侨城“锦绣中华”民俗村工作的袁铁坚与他说了，想接他去玩，在深圳玩过后，开车送他回老家福建莆田去看看。他说那一路是走海边过去，风景美丽极了，他准备在家乡住一段时间，再坐飞机回。自我认识他起，就好像没见他回过家乡，他打小出来奋斗，几十年在外漂泊，最后定居长沙，只遗憾这一愿望由于种种原因最终没能实现。我因工作原因，出差从福州到石狮、厦门和三明，曾路过莆田，当时在车上还幻想着看到的某一幢房子就是彭伯伯的老屋。

我与彭伯伯交往有三十多年，后期有种感觉，好像他是把我当他的儿子看待了。在他临终前的几多月里，有次去他那儿他告诉我，他有天洗脸时，突然摸着颈根后右下处有一个小坨坨，像往常一样拿点消炎药来吃，可不见消肿，他就觉得不对头了，可我那时根本就什么也不懂，只是说去医院看看，可能是没吃对药，根本就不知道事情的严重性。后来他是去医院检查了，随即医生要他住院了。我得知他住院的消息还是他夫人张伯妈告诉我的，说病情比较严重了，最好要学校的人来看看了。校领导和院领导分别去慰问，我是陪校离退休办公室党总支部书记王建斌一起去医院看望的，我们还特意找到主治医生了解情况，当时医生说，是淋巴瘤，考虑他年纪大了，不好动手术了，估计他这样还能熬半年的。一周后，我又去看望他，他又出院在家了，我以为身体有所好转了，在他夫人与他的学生、朋友商量怎么继续给他治疗时，他单独把我叫到了他的床头边，说这次怎么吃药打针都不见效，胃口不好，不想吃饭，当时，他寝室的书桌上还放着一碗没太吃动的面条。他可能预感到了什么，腿上盖着被子坐在床上，眼眶慢慢湿润起来，最后眼泪忍不住流了下来，他一边擦拭着，一边很快平静下来慢慢对我说："我前段太忙，还有些要看的东西没精力看了，你好好带帅帅（我儿子），他好可爱的。好好过日子就是，别的也没什么，没什么要争的，越往后走你会越明白的。"我只是答应他，心里不知去说什么。这是我第一次看到彭伯伯流泪，也是仅有的一次。这几句话我也会记得一辈子的，尤其是在此刻他还惦记着我的儿子，这情谊已无法用言语表达。可当时他的感慨是什么，我无从知道，但他对我们的厚爱我铭记于心。现在回忆起来真像经典电影里英雄人物的最后一幕，他真诚、自然的表露，轻声的诉说，我真没想到，这是我们的最后一次谈话，成了我们的诀别（医生说还有半年，我们至少还有好几次见面的呀）。我真的万万没有想到这就是我小时候看的英雄电影里的临别场景了呀，想到这里我真的止不住泪水了。他在用诗人宽广的胸怀眷恋着我们，现在看来还在永远爱着、关怀着我们……

没几天的一个傍晚，我就接到他女儿丹丹打来的电话，说她父亲已昏迷了（那时不像现在这样自己有车，可说走就走），我心想：医生不是说还有半年时间吗？不会这么快走的，过几天周末了我再去看他，打点吊针，可能还会回光返照的（常听人这样说）。可没曾想到第二天早上就传来病魔匆匆夺去彭伯伯宝贵生命的噩耗，这是我怎么也没有想到的，也不敢、不愿想的。我根本没有想到，才短短十几二十天呀，半年中的十几二十天啊，我看到的是他还能说话，还能吃面条，也并不是一点不能行动的他，我想人不吃不喝打点吊针，应该是能维持很长一段时间的，老天爷是怎么了，就这么无情无义，这么快让他逝去了。他一定还有不少写了没发表想要再修改的诗还没改完，还有已经构思没提笔写的，还有想说的事、要编的书，他是忙得累了，太累了，累倒了……

一生劳累，一生奋斗，依然风采。彭伯伯始终都没驼背，就在过年前，他出门依然是脖子上挂着围巾，身披他爱穿的呢绒大衣，依然梳着大背头，他依然那么潇洒，神采奕奕。看得出，他依然追求诗人的美，也想展现诗人的美，希望看到的是美，创造的是美，享受的也是美。他真是我们勤奋、坚守、奉献，生命不死，战斗不止，甘为人梯的楷模。这恐怕也是诗人彭燕郊——我的彭伯伯诗人灵魂、韵味和真谛所在了。

我不会写诗，但还是借此以交一次作业的形式奉上我的不成诗的东西——《雷公啊，你到底在对我说什么》——作为我的纪念：

雷公啊，年年你都会定期或不定期地
突然在寂静的天空
微微地张开一条细缝的口
射出一道刺眼的青光
喷发出震耳欲聋的吼
看得出你已是被气得龇牙咧嘴
大地都为之颤抖
风声在津津乐道着小道消息
雨滴在背后议论着离奇故事
都不能说出你所见到的真正历史
你是想让他们闭嘴
还是想挺身站出来说清楚
最后你只是“轰隆隆”温柔地渐行渐远
雷公啊，你到底在对我说什么……

2018 年 4 月 7 日

诗歌赤子彭燕郊

吴昕孺

捧读易彬整理、彭燕郊口述的《我不能不探索：彭燕郊晚年谈话录》（后简称《谈话录》），才知道我和易彬是同时、在同一个场合第一次见到彭老师的：1997年一个秋夜，在湖南师范大学中文系二楼某教室，黑蚂蚁诗社成立会上。有所不同的是，易彬当时还是一名大学生；而我毕业经年，因一直没有中断诗歌创作，便以资深校园诗人的身份忝列嘉宾之席，与另三位嘉宾彭燕郊、龚旭东、陈新文一同坐在讲台上。和旭东、新文是老朋友了，但此前，我从未见过彭老师。我主动上去躬身和彭老师握手，他说他知道我。其面容慈蔼，语气平和，与秋夜的清宁朗彻是那般协调，简直毫无二致。

我在师大图书馆读过彭老师的《与亮亮谈诗》，读过他主持的“诗苑译林”丛书中的好几本，读过他的一些前期诗作。我早就知道在长沙有这样一位了不起的前辈，只是一直无缘相见。彭老师尽管是一口福建普通话，听来却并无障碍。他在会上做了一个简短的发言，希望大学生们多读诗、写诗，他说诗歌应当成为一个人一生的朋友。随后，他朗诵了艾青的名篇《我爱这土地》，声调不高，想高也高不上去，但能充分感受到他内心的激越。会场静极了，直到最后一个字落音，掌声响起来。他则像个孩子低下了头，竟满脸羞涩。

因为顺路，我和彭老师会后坐学校委派的同一台车回家。理所当然先送彭老师到湖南省博物馆门口，我也下了车，彭老师又握着我的手，短短地说了两个字：来玩。那天我十分激动，看着他的背影走进博物馆大门，仿佛一棵树走进秋天的深处。

那个背影消失了，这一消失，就达数年之久。一贯不喜串门的我，没有将“来玩”当作实在的邀请，加上自己写诗断断续续，后又下海经商，自绝于风雅，不仅一直没去见过彭老师，更很少参加诗歌活动，也无从与他邂逅于某个月夜或良宵。2005 年，也就是青年学者易彬开始与彭老师“谈话”的那一年，我因自己创办的市场刊无法满足投资方所需求的回报，而被降职、罚款，重新回到体制内，因此有较多的时间读书、创作，再度投入诗歌的怀抱，独自舔着伤口……有一次，我突然发现，用五笔打字，“伤口”与“作品”竟是同一字根！后来，随着对彭老师有更多的了解，我愈益深刻地领会到，“作品”就是从“伤口”里面流出来的，就是自己舔伤口舔出来的。那一年，我与诗人欧阳白共同经营诗屋论坛，编辑《诗屋》杂志及年选，酝酿“好诗主义”。

欧阳白是彭燕郊老师和张兰馨师母最喜欢的青年诗人之一。2005 年初夏的一天，欧阳白对我说：“彭老师读过你的诗，觉得很不错，我们一起去见见他不？”此刻，我耳边萦绕着八年前那个晚上彭老师对我说的那两个字“来玩”，便欣然与之同往。多年相忘于江湖，须臾见面，却一点也不生疏。我依然躬身向老师伸出手去，他微笑着，轻轻握了握，柔若无骨，却传递过来丝丝暖意。那天，老师兴致很高，他搬来一摞最近收到的从各地寄来的诗歌报刊，逐一进行评点。他安静的时候，略显笨拙；说得兴起，手势便多了起来，直至大开大合。他属于那种长相俊雅的人，但眼睛不大，他望着你的时候极为专注；你望着他，则仿佛看到一汪明净的深潭，有瀑布飞流直下，轰然作响，却是那般幽谧与安详。那次见面，是在彭老师家小小的客厅里，也就是易彬和彭老师对谈的地方。那个客厅本身并不算小，但因为环壁皆书，地上到处堆得有报刊，所以显得有些局促。

那次彭老师主要谈了两个内容：

一是现在写得好的年轻诗人不少，诗歌在渐渐复兴，但无论诗人个体还是中国诗歌的整体，他们努力得还很不够。这一点在《谈话录》中也有体现，彭老师在“必须了解整个世界诗歌潮流的大方向”一节中说：“‘五四’新诗走过几十年，总的一句话，中国诗基本上跟不上外国诗。”他认为，中国新诗的现代主义历程仍然任重而道远。

二是他厌恶那些擅长炒作、作秀的诗人，他说，那是与诗歌格格不入的东西。孤独而非喧嚣，才是诗人真正的朋友，诗人一定要比同时代人看得远、看得深、看得透，他的作品才具有引领性，才富有精神营养，但诗人必得付出孤独的代价。他还很反感那些口口声声称他为“大师”的年轻诗人，说这是“他们自己的大师情结在作怪”。《谈话录》中至少有三处提到这一观点，最后一处是在“新四军作家”一节，他斩钉截铁地说：“现在我对那些把诗拿来开玩笑，把诗拿来沽名钓誉，把诗拿来作秀，非常反感。”

从彭老师家里出来，我觉得他是孤独的。他并不视孤独为一种享受，他视其为一种担当。这种担当，正是我最为敬重彭老师的地方。《谈话录》中的彭老师，低调谦和之中，处处可见其对自己作为一名“诗人”的自豪。诗人，是他的主动选择，是他的身份标识，是他的宿命和夙愿，也是他渡过苦厄的苇草与安身立命之本：

> 我这一生的选择没有错。在我的生活经历里头，有好几次，我可以丢掉诗，丢掉文学，去搞别的事情，但是我没有转行，我宁愿被人家看作是一个背时鬼。我宁可背时，我不能丢掉这个。
>
> 对于我，其实无所谓突围不突围。我总觉得，谁也没有围过我，外界始终没有影响过我。我挨过这么多次的整，你整你的，我无所谓。我一直是我行我素，泰然处之。

是什么让彭老师历经人生风雨而安如磐石？当然是诗歌。“人们不可能没有诗，这是很根本的问题。”彭老师很早就有作为一名诗人的自觉：任何苦难都是诗歌的垫脚石。他于是坦然接受加诸其身的一切，哪怕是坐牢，也甘之如饴：“我觉得坐牢对写诗倒是蛮好的。你一天到晚给关在那里，可以一天到晚想你的诗。”

第二次去彭老师家，大约在半年后。我跟欧阳白说，想去看看彭老师了。我们一起走进那个有点落寞的庭院，几株挺拔的古樟直参云天，让那两栋褪色的红砖平房笼罩在厚如棉被的阴影中，显得更加矮旧。而彭老师的兴致是那浓重阴影中最为明亮的部分，他精神很好，连嗓音都亮堂起来，他带我们去参观另一栋他新买的一套用来装书的房子。我们都为他那些堆积如山的书刊终于有了栖息之地而感到高兴。那次，我们没谈什么诗，话头在书上。彭老师说，写诗不能光靠天分，如果不读书，才气很快就会枯竭。

2006年5月6日，欧阳白打电话给我，说彭老师想看看长沙新城，问我能不能作陪。我说求之不得啊。那天下午，白兄开车，载着老师和师母，从北到南，慢慢驶过湘江大道，让他们得以欣赏湘江风光带。到杜甫江阁，车停下来，我和欧阳白搀扶着老师和师母，随意溜达。彭老师那时已显龙钟之态，但看得出非常开心，他眺望远山近水，抚拍着温润的白玉栏杆，发出一声悠悠感喟："物换星移。"在火宫殿吃过晚饭，我们送老两口到家后，因担心他们累了，要休息，故匆匆别过，没作停留。

再要见，就是在彭老师的追悼会上了。2008年3月31日，欧阳白电话告知，彭老师仙逝。我为之一惊。欧阳白说，此前彭老师没有去世的预兆，既无沉疴，更无暴疾，只是身体有些小恙。我对白兄说："这也是一件快事，高人自有高境界，非我辈庸常者所能度之。"4月2日，长沙明阳山殡仪馆，我和三百多名诗友、文友以及彭老师的生前亲友一起，给老师送行。现场奏响了彭老师最为喜爱的贝多芬第五交响曲第二乐章，还有湘潭大学的女研究生深情地朗诵老师的诗歌。彭老师躺在玻璃棺里，一副凝神思索的样子。我向他鞠躬告别时，心头并没有涌起太多的悲哀，只是轻轻地喊了声："彭老师。"

我之所以与彭老师接触如此之少，除了性格上比较封闭外，还有一个重要原因，就是当时簇拥在彭老师身边的青年诗人、诗评家并不少，而其中有些诗人，正如我第一次去彭老师家拜访时彭老师所说的，口口声声称他为"大师"；有些诗评家为了盲目拔高他，用上无数大词，给他戴上各种高帽。这让我感到，彭老师似乎有成为别人的工具之嫌。这样一位真诚、单纯而又执着的诗人，很可能被年轻人那世俗的功名心所利用——他们有的渴望成为"大师"的弟子，甚至是传承与继任者；有的迫切想制造出一位"大师"，自己则充当"大师"身边的代言人……从与彭老师有限的几次谈话中，我深知其态度之决绝。但他性情温煦，对诗和青年又有着深挚的热爱，因此，他心知肚明之余，却也不和他们计较。与以前被损害、被侮辱、被漠视时一样，在被"大师"、被吹捧、被抬起来到处当作旗帜的时候，他同样不卑不亢，不愠不火，"一直我行我素，泰然处之"。

我敬重彭老师，但不想跻身于炮制"大师"的行列。我压根儿没想到，比我小很多的同乡易彬教授，这位长着一张娃娃脸的青年才俊，从2005年8月起，因着眼于“文化抢救”的特殊意义，就默默地开始了与彭燕郊老师的对谈。当很多“弟子”蜂拥在老师周围，做着各自的“大师梦”的时候，笃实力行的易彬却以一己之力，捧出了这本有着深厚学术价值与人文情怀的《谈话录》。

我喜欢这本书，因其文风质朴，几乎是原汁原味，没有修饰，更没有拔高。比如彭老师谈到“文革”后，他有一次去北京开会，碰到著名诗人臧克家。臧克家对他说，我们大家要互相原谅。“我心里想，我有什么东西要你原谅的？”这句话真是把彭老师的纯真、俏皮和孩子气表露无遗。彭老师在《谈话录》中还提到，有个人写了部长篇小说，请他作序，要求一万字，付费一万块钱，一块钱一个字。“我心里说，你把我看得这么不值钱啊，我一个字也不给你写，你真的好我不要钱也给你写。”他就是这么一个固执而可爱的老头！

我喜欢这本书，因其访谈双方完全平等的对话方式。易彬说，彭老师一再强调“我不喜欢那种记者问答式的访谈”，他要求进行一种平等的对谈。这其实是对访谈者提出了更高的要求。易彬为此“唯有充分地准备材料”“主动地发现问题，提出问题”。比如，他们对“潜在写作”问题的探讨，易彬认为，从一般经验层面而言，人总会自觉或不自觉地修正自己的过去。彭老师则从他的个体经验出发，声明“我自己不会因为其他东西而改变”；就群体写作而言，彭老师觉得，“小地方的修改是正常的，只要不做根本性的改动”。在这里，彭老师因其单纯的心性，始终忠实于自己的内心，因此他也相信别的作家一般都会像他那样；而易彬以一名评论家与学者的良知，坦陈时下名家写作中的修改与“作假”现象，使得所谓特殊的文学史价值成了一个伪命题。可见，易彬对老师和真理报以同等的尊重，使得这部书成为研究“彭燕郊现象”的一份最为直观、真切、含义丰赡的重要文本。

我喜欢这本书，因为它是一次年轻诗人与老诗人之间的交流与切磋。易彬是青年学者，同时也是一名优秀的诗人，他与彭老师的对谈，既有顺水推舟，也有暗潮翻涌；既有金石铿鸣，也有机锋相接。是故，彭老师许多珍贵的诗学与美学思想在这部《谈话录》中处处闪光：

> 我觉得一个诗人要有四点，第一是好奇心，第二是机智，第三是幽默感，第四是神秘感。

作为一个人，肯定有悲欢，有个人得失，有小事情，但是，一个真正的思考者，思考的应该显示为一种人文关怀……要不然的话，你也可以成为一个诗人，但绝不是真正的诗人，甚至于你一辈子都只是一个平庸的诗人。

歌诀好记，但是文学作品不应该这样，不应该利用语言的惯性，不应该让人好记。它需要内在的东西使人家永远记得。

一首诗应该完整地站起来。不是瘫在地上，也不是散在地上，如果是那样的话，那就是没有完成……让它成型（形），成为一个独立的个体，有它自己的生命和灵魂。

写作，我觉得要往下看，才能看到更多、更深、更本质的东西。

彭燕郊老师，无疑属于被损害，至少是被耽误的一代，他们度过了相当长一段时期毫无尊严与自由的日子。幸运的是，彭老师有着独特的内心结构，那里耸立着坚如磐石的美学追求与荡若长河的艺术自觉。这一内心结构不仅让他渡尽劫波，更使他的劫后余生焕发出奇异的诗歌光彩。从二十世纪八十年代起，身心俱获自由的他终于挣脱禁锢，突破自我，开始“衰年变法”。

在那样一个激情燃烧的年代，当我们把目光投向那些引领思想启蒙与文学解放的朦胧诗派的年轻诗人时，不要忘记了，彭燕郊、公刘、郑玲……这些为数不多却是中国诗坛宝贵财富的老诗人，他们在更加艰难地调整状态，激励自我，唤醒那被摧残得几近消亡的诗之灵魂。这其中，彭燕郊是最为突出的一位。可以说，他通过最后二十年的努力，创造了那一代诗人所能达到的最高水准；他以其一颗诗人的赤子之心，老而弥坚，老而愈醇，在别人衰颓之际他却走向巅峰。

《谈话录》中有个典型的例子，同写《小泽征尔》，对彭燕郊影响最大的老诗人艾青是这样写的：“把所有的乐器 / 组织起来 / 像千军万马 / 向统一的目标行进……”彭燕郊则这样写：“这些感官、情绪，这些连锁反应 / 像互相溅水为戏的孩子 / 夸耀他们悦耳的童声，尽情地叫 / 不断地把正在闪耀的 / 抛开，引出更新的闪耀……”一看就知道，这是两种完全不同的语言了。难怪，二十世纪八十年代初期，彭燕郊去艾青家里拜访，艾青悲凉地对他说：“我不写了，我已经写尽了。”其实，不是写尽了，一个真正的诗人怎么会有写尽之时？而是被榨干了，被捣毁了，被浇灭了，被铲除了。

当然，我个人认为，彭老师最终也没能成为大诗人。这不是他的问题，是历史与时代的局限使然。他在《谈话录》中说，“人们往往不知不觉地成为悲剧人物”，也逃不脱自己的“历史规定性”。在彭老师的诗歌中，我最喜欢的是《车站》《无色透明的下午》《芭蕉叶上诗》和《倾斜的原野》，它们呈现出清澈的质地、丰厚的内蕴以及超凡的表现力。像《混沌初开》和《生生：多位一体》这样被评论家们深度关注的作品，窃以为过于注重物理与哲理，虽是长诗，却显得匆忙而急促，就像一个喝醉了酒的高人，充满智慧，却身形趔趄，步伐凌乱。彭老师在《谈话录》中说：“我觉得我还不够现代，我还有一些旧的东西没有抛掉。”这不是自谦之词，而是一种严格的自我鉴定。可见，彭老师是一个真诗人，是诗歌赤子。中国古代诗论，彭老师印象最深的就是那句“诗人者，不失其赤子之心”。

易彬在本书附录《关于“彭燕郊访谈”的几点想法》中说：“由于种种原因，一些诗人往往并不能及时获具与其写作相称的诗名，彭燕郊即是这样的一位。”对此，我深表赞同。但我认为，彭老师被严重低估的，是他作为一名诗歌赤子的意义，而不是其诗歌技艺。因为对于诗歌的信念与热爱，因为在诗歌创作中所展现的无穷的探索精神与创造力，使得他成为一个真正诗人的标本，成为无数后来者的一面镜子——我见过太多有才华的青年诗人，一旦靠诗歌谋取了一官半职或一羹半炙，就毫不犹豫地弃诗而去，成了世务的宠儿、名利的猎物和文山会海的旗手。彭燕郊的意义在于他是一颗种子，几十年殷殷自守，不计荣辱，不求闻达，始终饱满、丰沛、自信，诗与人一体，人与诗相融，他用自己一生的创作经历和诗歌文本告诉广大青年诗人：诗人是这样炼成的。这个意义，比界定他是一位所谓“世界级大诗人”要重要得多。在我看来，彭燕郊是中国诗歌新世纪的一缕曙光，在这缕曙光的催生下，我们期待看到中国诗歌的太阳。

前年秋天，因事去湖南省博物馆。办完事，我又绕到了那里，古樟依旧参天，庭院更加落寞。我看见兰馨师母坐在门口，手里捧着茶杯，茶雾袅袅，如怀人之思。她不认识我，我也没有叨扰老人。黄昏浓郁的阴影恍如一只巨鸟的翅膀，但我只看到阴影，看不到巨鸟，也看不到翅膀。我静静地返回，路过一株古樟时，轻轻地喊了声：“彭老师。”

（原载《书城》2014 年第 12 期）

五十八载樟树小屋中的湖湘岁月

肖 欣

2008年3月31日凌晨，轻纱似的细雨笼罩长沙。八十八岁的著名诗人彭燕郊先生，安详地沉入永远的梦乡。

1950年，三十岁的彭燕郊先生由北京南下长沙，再也没有离开湖南。他的五十八载湖湘春秋，被炽热而纯粹的、殉道般的诗歌激情与信仰浸透着，支撑着，并未随着诗人的离去而枯萎。

2000年冬天，我有幸与彭燕郊先生结缘，和这位大隐隐于市的大诗人毗邻而居，窥见他最后生命时光里的吉光片羽：长沙东风路湖南省博物馆，一棵大樟树下的小屋里，一位愿为诗、为艺术牺牲一切的平凡圣者，点燃最后一盏心灯……

微雪中的岳麓书院，初闻彭燕郊

2000年元旦，我去岳麓书院采访研究员、诗人江堤，完成一个关于千禧年与千年书院的报道。说着说着，江堤提到彭燕郊这个名字："你一定要去采访他。"

江堤告之，我的报社同事龚旭东是研究彭燕郊的专家。过几天，我就请旭东兄带我去找彭燕郊先生。原来，我家离先生的住处差不多只隔了一条马路。走进湖南省博物馆大门，左拐上一个斜坡，在一棵大樟树下再左拐数米，迈过几步小台阶，就能望见诗人的家门。

小屋给我留下最深的第一印象，是它的简陋朴素。特别是里面的小书房，灰暗、阴冷，水泥的地面，满屋子都是书柜，满柜子都是书。因为书太多太重，一些书柜的木板甚至被压弯。书柜的模样大小也各异，有的柜子腿瘸了，用几块砖头垫起来……

显然，八十岁的彭先生并不在意。他面容清瘦，神情舒展，坐在一把深褐色的旧沙发上，微微昂着头，带着似乎要倾听这个世界秘语的神情，笑起来则像个天真的大孩子。谈到岳麓书院在新千年如何发展，他的思维敏捷而开放，谈锋颇健：

“千年学府岳麓书院在任何一个时代代表的都是一种学术品位很高的精英文化、严肃文化。在精英文化与大众文化的互动中，我们不能关在小圈子里孤立地自我欣赏而漠视大众的文化需求，也不能被大众文化牵着走，应警惕大众文化的利益指向。我希望书院能保持一种精英性、纯正性，又能实事求是地利用千年论坛、读书会、座谈会等多种开放交流渠道，将严肃的文化普及宣扬。”

近二十年里，处于大转型、大变革的中国文化大舞台如快速翻转的万花筒，令人眼花缭乱，其核心之一不就是精英文化与大众文化彼此博弈所发生的种种纠缠、争斗与交融吗？回头来看，彭燕郊的这一段话真可谓站得高看得远，更难得的是他的“辩证法”，他强调的“实事求是”，对于当下在文化复兴的高歌猛进中暴露的种种弊病，依然是一剂良药。

遗憾的是，那时的我只是传声筒般记录，并没有更敏锐地意识到彭燕郊先生的文学价值、生命价值。

那一天占据我脑海的，是诧异甚至不平：一位资历很深、全国闻名的大诗人，竟住得这么寒酸……

一张挂在墙上的黑白照片

春暖花开的时候，我和旭东兄又去了小屋，并带上了一位摄影记者，准备为彭燕郊先生拍一组照片，做一个专访。

彭先生特意换上了一件细条纹的浅灰色西装，刮了脸，下巴上还不小心刮破了一点皮。那天天气很好，小屋温暖而灿烂，与第一次的印象大不一样。阳光从门前的窗口照进来，照见坐在窗前一张小书桌前的彭燕郊，清瘦而精神的脸亮堂堂的。

那天，我们还翻拍了挂在小屋墙上醒目位置的一张黑白照片：年轻的彭燕郊穿着白衬衣和笔挺的西裤，披一件开衫，和一头短发的夫人张兰馨并肩站在一处山岗上眺望远方。风吹得彭先生的头发调皮地向上扬起来……

那是 1950 年刚到长沙的彭燕郊夫妇留下的合影。历经多年的流浪奔波后终能安居长沙，这对年轻夫妇的黄金岁月刚刚开始。

彭燕郊十多岁就离开家乡福建莆田。他参加过新四军，辗转于桂林、重庆等地，在严酷与苦难中，淬炼成颇有影响的“七月派”诗人。1949 年，彭燕郊出席了全国第一次文代会，并担任了《光明日报・文学》副刊的主编。

为什么要离开热闹的北京来湖南呢？多年后，接受长沙理工大学教授易彬的采访时，彭燕郊说：

“主要是因为我觉得北京太上层了，太高了，离生活太远了。北京到处都是名人，全国性的、国际性的活动非常多。当然，我在那里玩下去也可以，我买了很多书，很多唱片，我在北京是如鱼得水。有买不完的书，买不完的唱片，光明日报社对面就是长安大街，梅兰芳他们都在那里演戏，京戏我也喜欢看，那个好玩极了。但是我想这样下去不行，我在北京住下去，我会变成一个大玩家。我还是想创作，写诗，搞我的艺术。”（《我不能不探索：彭燕郊晚年谈话录》）

1950 年 5 月，一心想着要“搞艺术”的彭燕郊，接受湖南大学中文系谭丕谟、杨荣国的邀请南下长沙，成为湖南大学深受学生喜爱的“王牌教授”。

这张一直挂在小屋墙上的照片，留下的就是岳麓山上彭燕郊夫妇最珍贵的瞬间。展现在他们眼前的生活一如岳麓山上红艳艳的秋之浆果，有着历经风霜之后的甜美。

“这种薪火相传的情景，非常温暖，也最感人……”

长沙市开福区东风路上的湖南省博物馆，“后樟树”下的小屋，是彭燕郊在湖南的最后一处住所。

颇有意味的是，从岳麓山脚下一直到湖南省博物馆，彭燕郊走到哪里，就会把诗歌和美带到哪里。似乎他的家有一种神奇的文化魔力，吸引着那些热爱诗或者做着不一样的梦的人们，特别是年轻人。哪怕“文革”中他被下放到街道工厂劳动，他的家也成了秘密的私家课堂。他曾偷偷地辅导一位初中没毕业却喜欢读书的名叫万里的孩子，教他掌握了从初中到大学的几乎全部课程知识，直到他能写出一手漂亮的文史论文。“文革”后，万里破格成为一所大学的老师，又调到湖南省社科院，成为一名颇有建树的专家学者。

1979 年 3 月，重获自由的彭燕郊赴湘潭大学中文系任教。他将收藏的图书都搬到了湘大。“每天晚饭后，少则五六位，多到十一二位，都喜欢到我这里来，来得早些，就一起到屋后的北山散步，来得晚些，就聊天直到要就寝时才告辞。”（《在湘大的日子》）

北山，是我熟悉的一座小山坡。我曾在湘大求学四年，只是入校时彭燕郊先生已退休定居长沙，我无缘亲睹当年先生的风采。在“文革”刚刚过去的一种普遍强烈的文化饥渴中，先生是怎样热切地吸引着一批批年轻大学生从他那里汲取甘甜的文化清泉。他的诗歌创作也进入一个井喷期，《小泽征尔》《陈爱莲》等一批经典作品就产生于此时。先生曾谈到当年教学与创作的情景：

“改革开放后，一下子接触到东山魁夷、小泽征尔、陈爱莲，那种心态真是兴奋……我上课的时候讲这些东西，同学们一个个都跳起来了，羡慕得不得了。我讲，陈爱莲，男演员把她托起来，像托一根稻草一样，轻得不得了。同学们听了都在底下叫。那个时候，觉得一个人这样活下去还是值得的。那时想把这种心情传达给别人，所以写了。”（《我不能不探索：彭燕郊晚年谈话录》）

在北山脚下教诗写诗的同时，彭燕郊还以极高的热情，主动倡议并参与策划主编《诗苑译林》丛书。1983 年，《诗苑译林》由湖南人民出版社出版，至 1992 年，共出版了五十一种外国诗歌汉译诗集，梁宗岱、戴望舒、卞之琳、冰心、郑振铎、施蛰存等大批翻译名家齐聚丛书之中，被誉为“汉译诗歌第一丛书”。

从岳麓山下到北山脚下，那些当年和彭燕郊一起散步、聊天，陪着他去各地访友组稿的年轻学生，今天已成为全国诗歌界、新闻出版界等社会各界的中坚力量。在他们的心目中，彭燕郊是永远的精神导师，是关于诗、关于爱、关于美的启蒙者。常常，我和他们一起去小屋看望先生，听他们回忆起当年先生在大阶梯教室上课，窗台外过道里都站满了学生，回忆起先生在课堂上泪光闪闪地朗读波德莱尔的《信天翁》、叶赛宁的《狗之歌》……

正如文学评论家李振声所说："彭燕郊对后辈特别的亲近。他的家里像贾植芳先生家里一样，后辈包括年轻的学者川流不息。这种薪火相传的情景，非常温暖，也最感人。不带任何世俗功利，就是一种精神的召唤，一种人格的吸引，一种相互的打开、照亮、提升。"

湖南省博物馆大樟树下的小屋，是彭燕郊一生创作诗、传播美的最后驿站，也被视为长沙最重要的人文地标之一。

三月，最后的告别

2008 年年初的冬天，特别漫长而严寒。也是在那个冰封季节，我决定离开长沙北上。春节过后，我带了一束鲜花，去小屋看彭燕郊夫妇。彭先生说，去北京看看也是好的，还说起了当年去潘家园淘旧书，去长安大街听京戏……

没有想到，这竟是见先生的最后一面了。

在北京三月的满城飞絮中，我似乎患上思乡病了。有一天半夜，我竟然被一阵从来没有过的剧痛痛醒，它潮水般涌来，又潮水般退去。第二天，我接到旭东兄的电话，听见素来语调安稳的他带着哭腔告之彭先生凌晨离去。赶回长沙，拐上那个长坡，看到大樟树的那一刻；走进小屋，在黄菊、百合等鲜花簇拥的先生遗像前跪拜的那一刻，我止不住我的泪。

2008 年 4 月 2 日上午 9 时，长长的送别车队缓缓地穿过长沙城区。看着窗外一路上洁白的玉兰，高高的梧桐疾迅闪过，我想起第一次和彭先生在小屋谈到千年书院时，他告诉我说前几天他才陪一个北方来的老朋友，坐公共汽车去了书院。我后来才知道，先生常常坐公交车去长沙的旧街老巷淘书、淘唱片，公交车是他穿过这座城市的主要交通工具。

2009 年春天，我从北京回到长沙，第一件事就是去大樟树下的小屋。门前还是熟悉的铁树、月季，进门还是窗前那张铺着浅碎花布的小书桌，黑白照片也挂在墙上……

可是，木沙发上那个总是昂着头笑着倾听的老人，永远地沉落在时光的深处了。

“我现在一点一点地更懂得他。我得为他做些事。”那一次，张兰馨女士含泪对我说。年过八旬的她，一个人坚守着小屋，学会了用电脑打印文章，和女儿一起将彭燕郊未录入诗文集的部分手稿整理编辑，于2010年3月彭燕郊去世两周年之际，在花城出版社出版了《彭燕郊纪念文丛》。

那两年里，张兰馨女士和旭东兄曾交给我一些彭燕郊的诗文稿来录入打印。我第一次读到先生的手稿，薄薄的格子纸，浅蓝色的笔迹，有的看得出是复写的诗稿。在夜晚的灯下，我抄录这些诗稿，总想起小屋里那张并不高的小书桌，高大的诗人要低着腰背，一笔一画地写下这些飞扬的诗句……

“你留给我们的是丰富，是永久，是无穷的启迪……”

我常想，彭燕郊先生的五十八年湖湘岁月，对于湖南诗歌意味着什么呢？湖南是有着深厚诗歌底蕴的热土，屈原行吟湘楚大地，开创中国诗歌浪漫主义的源头。有着大学教授、诗人、出版家、民间文学研究者多重身份的彭燕郊先生，在这片土地上播下的诗歌种子，美的种子，将如何影响汉语诗歌的未来风景呢？

我相信随着时光的推移，这个问题的答案会越来越清晰。我常想起的是2006年的端午节。那一年报社准备举办一场纪念屈原的活动，邀请他作为嘉宾参加。八十六岁的彭先生竟连夜创作了献辞《永远忘不了你——端午遥寄屈子》，打算要在活动现场吟诵。但因创作过度劳累，他没能去现场，托人将这篇散文诗稿交给了旭东兄：

“……你把自己融进江水，让自己化作江水，成为江水的一部分。你完成了回到母亲怀抱的心愿……你有大欢喜，你用大欢喜克服大悲痛。你知道吗？你留给我们的是丰富，是永久，是无穷的启迪……”

是怎样高昂的创作激情，促发一位八十六岁的老人连夜创作出一篇优美的散文诗？或许那个夜晚，果真有诗神的护佑吧。而彭燕郊先生留给这片土地的，也“是丰富，是永久，是无穷的启迪”。

我愿长沙城里，那座大樟树下的小屋，是载着先生划向故乡的船和桨，也是一条闪耀着先生不灭心灯的月亮河，飘荡着永恒的诗歌的芬芳……

（原载2018年2月28日《中华读书报》）

自问自答：关于彭燕郊老师的五句话

欧阳白

彭燕郊先生去世七年了，但他的音容笑貌一直留在包括我在内的湖南晚辈诗人的心中，他一直是我和许多诗人的精神偶像。对于他的诗歌，已经有很多的研究，我也曾写过一些小文章试图去理解，去表达自己的感动和感悟，但总是觉得意犹未尽，有说不完的话。我在二十世纪末才认识彭燕郊老师，他看了我当时稚嫩的作品和对我个人有了一些了解以后，说了一句让我终生感动的话，他说“我们认识太迟了”。从与老人相识到他辞世，相隔三百公里的我几乎每月都要去拜会他，聆听教诲，和他去旧书店淘书，参加一些活动，甚至去他家蹭饭，我们不知道聊了多长时间，多少话题，但我总是觉得还有一些话要问他，当然现在已经来不及了。下面这五句话，我没有完整地问过老人，但在我们的接触中其实已经有了答案。

第一句：美为什么总与苦难联结？彭老师是一个用美去消解苦难的人。

出生于1920年的彭燕郊先生，其实有一个相较一般人更富裕的家庭，要是他也能安于一般的世俗生活，或许他会有另外一种人生际遇。但他从小就喜欢美，喜欢一些不着边际的东西，喜欢幻想，这种个性直到他生命的晚年还没有任何改变。八十岁的彭燕郊老师经常去旧书店淘书、淘旧唱片，在废旧的书堆中淘宝，家里书越买越多，一个房子装不下了，就专门买了隔壁的房子装书。彭老师买的其实不只是书和唱片，而是他沉醉于那种对美的发现，特别是对那些容易被别人忽略的角落，他独到的眼光可以发掘出异样的美丽来。

他喜欢带有悲悯情怀、悲剧色彩的《红楼梦》，甚至给全书做了十分细致认真的标注，他非常喜欢陀思妥耶夫斯基，其实在某种意义上，他们是一类人，是身心长期处于痛苦折磨的人，但陀氏偏颓废，彭燕郊先生则高扬。他在高处审视痛苦，包括自身的痛苦，陀氏的悲悯是感同身受的，彭燕郊先生的则是悲天悯人式的，他有着中国文人天生的智慧与超脱才能。

痛苦之美源自哪里？其实是源自一种悲悯情怀。痛苦本身其实是恶的，是精神和肉体一定程度的不适，世间的人没有谁处于完全快乐状态的，绝大多数人要为生计奔波，几乎所有人都要为理想或欲望奋斗，生、老、病、死、怨憎会、爱别离、求不得都是苦。

当我们把痛苦表达出来的时候，疼痛感就会减轻，当我们找到根源和解决办法的时候，痛苦或许就会消失。彭燕郊先生就是一个善于让痛苦异化为美的技巧大师，一个心灵大师。

第二句：拒绝被同化甚至拒绝被救赎，自甘边缘，自我放逐，既是品性，也是艺术标杆。

首先是拒绝成为任何固定生活的附庸，彭燕郊先生本可以随叶剑英元帅去广州，或是待在《光明日报》这种中央报刊单位过稳定的生活，但他没有。

其次，他可以成为官员，甚至是级别不低的高官，但他不愿意，更不追求。

再次，他丰厚的经历足够他写出足够多的回忆录，他可以靠写一些文人往事、轶闻来得到更多的收入，这些都是可以多次印刷出版拿到高额版税的，但他宁愿写他的诗，写很难出版的诗集，宁愿自己到一个小小的打印店去打印自己的《芭蕉叶上诗》，他会像小孩子一样高兴地把这种“彭燕郊出版社”出版的书送给诗友，甚至还帮诗友出版这种诗集。有一个事实是，彭燕郊先生作为一代诗坛大家，直到接近去世前的两三年，都很少在国内的正规出版社出版过诗集。

第三句：现代的现实主义。

彭燕郊先生有着一种天生的浪子情怀，这几乎注定了他不会安生地生活在他的出生地——福建莆田，正像他其实本命不叫彭燕郊，而是陈德矩，现在看来，彭燕郊并不是一个作为诗人最好的名字，“彭”本身就是一个真实的姓，但他依然要改名字，所以这是宿命使然，他天生就不愿意按照命运的自然安排去生活。

他对生活的理解很容易就会被人认定为一种浪漫主义的方式，但他却反对甚至是反感浪漫主义，甚至写出长篇文论批判浪漫主义，他提倡现实主义，他看重现代性，所以他提出了一个可以作为诗学概念的命题：现代的现实主义或是现实的现代主义。

他从波德莱尔处学习略微颓废的现代性，并且迷上他。

人类的颓废、阴暗、忧郁的病态状，按说是一种不健康的脉象，却为许多人迷恋，可谓奇哉怪也，这是美学的一个大课题。

而我以为，这中间其实包含了一个更大的哲学命题。

这中间的秘密在哪里？

其实源于我们开始对美的歌颂。这与当时的眼光有关，与当时的条件有关，当时的眼见为实并不是现在的眼见为实，更不是将来的眼见为实，那时候我们很容易把很多东西神圣化，神圣化的过程就是虚化的过程，就是事物离开本真走向虚名的历史，支撑美的基础变得弱不禁风，一旦撕开面具和皇帝的新衣，残酷的现实图景就会让人震惊，让习惯的情感认定为一种丑与恶。现实主义向真实走去，现代性是走向真实的列车，它是现实主义的工具，是远离浪漫主义的彼岸的摩托车，留给历史一缕发黑的烟尘。

彭燕郊先生发现了这个秘密，他发现浪漫主义继续遮掩真相的企图，所以他选择站在彰显真相的一边，当然，现在的我们也只是在自以为地接近真相。他知道了现代性对于现实主义的重要性，以现代性重新审视一切，打量历史，我们获得了新的契机，获得了对既有情感的陌生化整理和处理的巨大艺术空间。

与很多从一个极端走向另一个极端的先锋派不同，虽然彭燕郊先生不反对甚至推崇先锋，比如他多次用非常赞赏的口气提到一个叫欧外鸥的诗人，但他并不喜欢过分的审丑，不喜欢描写那些令人恶心的事物。他从“中道”出发，平和地看待一切，就像他平和地看待崇高的历史一样，他也平和地看待当下，从不陷入道德和主流思想的双重陷阱，他掌握住了现实主义的真谛。他认为只有真实的，才会真正地逐步到达美的境界，虚假的美最终会破灭，会被钉上另一根耻辱柱。极度的真实达到善，至善达到美。

第四句：诗能成为宗教？没有宗教价值做思想背景如何成为一个大诗人？把诗作为宗教有何意义？

彭燕郊先生没有一般意义上的宗教信仰，我问他的宗教信仰是什么，他说诗就是宗教，我当时很震惊，也很不以为然，但今天我能够充分去理解和尊重他。他能抛离一切世俗的荣耀真诚于诗，能终生与诗坦诚相见、坦诚以待，磊磊落落，了无愧疚，直心是道场。中国式宗教总是把修行看成头等大事，有许多大德品行高尚，教化一方成就非凡，也有一些出家人心不出家，不离俗世欲望，反而让人更加失望。

彭燕郊先生制心一处地写诗、读诗、研究诗，甘于清贫、乐于边缘，内心是宁静而舒坦的，就算在两次大的牢狱之灾时，也能苦中作乐，不以为悲，以心中的缪斯为神，不为外物所累，不为外境所困，始终坚定执着地守护心中的神圣处，这何尝不是一种修行？

第五句：内心世界的绵密与繁复，现代社会难以容忍的调式，却体现诗人内心的柔软和人性的善良。

身材高大的彭燕郊先生，写起诗来却非常细腻，他有一种他人少见的绵密而繁复的文风，在《混沌初开》《电力机车之歌》《无色透明的下午》等篇章中表现明显。他在诗文中对细节的处理也是十分讲究的，他的眼光总是那么独到而专注，能够发现他人容易忽略的东西。他似乎要不停地对世人说话，说一些朴素而被人忽略的真理，告诫世人规则，点醒世人这个世界有哪些美好的事物。他婆婆心切的描述方式，甚至会被一些人以为是一种低效率的啰唆，但他没有为此改变，他的坚持使这种话语方式成为他的风格标签之一。

但实际上，他在使用这种绵密的叙说方式时，从不重复，而是以一种递进的方式，推动诗的意境向前滚动，不停地向高处上升。对细节的关注和对精巧技艺的追求，使他敢于大胆地使用这一看似笨拙实则极富音乐性的方法。彭燕郊先生的诗歌讲究音乐性和画面感，讲究形式构建，他认为每一首诗都因为有独到的内涵而需要有个性的表达方式，每一首诗都有自己内在的格律，他使用繁复的语调，其实也是在确保他诗歌的大厦能坚固久长。

（原载 2016 年 3 月 30 日《长沙晚报》）

曾与先生相遇

远　人

2007 年夏天，年已八十七岁高龄的彭燕郊先生前往广州领取青年诗人黄礼孩创立并颁发的第二届“诗歌与人 · 国际诗歌奖”。当时我陪同先生往返。启程时我还不能意识，这是先生最后一次出门远行。那时的先生已经走到了生命终点的大门前面。

那次广州之行，我印象最深的有两点：一是颁奖晚会上，先生站在麦克风前发言，原本准备好的发言稿未念一半，情绪已然激动的先生索性脱稿演讲。好几次，先生的话语深入个人和历史，动情处让不少听众落下泪水。二是我那次和先生同房而睡，因晚上被诗友们叫去夜宵，往往凌晨才返。其时先生已睡，我坐床头凝视着先生蜷卧侧背，恍然有凝视一孩子之感。先生当然不是“孩子”，而是在漫长一生将完结之时，先生已悄然返璞归真，留下一个单纯而瘦弱的背影。

实际上，不论当时还是今日，先生留给我的背影都很单纯，但不瘦弱，而是十分宽广。

一

第一次读到先生的诗还是 1987 年，那时我刚刚习诗，在《星星》函授版上读到一篇解析先生《钢琴演奏》的文章。该文没把先生的诗歌引全，大概只三分之二的样子。那首诗彻底震动了我，它也是一生唯美的先生的晚期代表作之一。我那时不知先生是谁，时代总在有意无意地遮蔽后学视野。当我在十余年后得以和先生相识，才知先生是“七月派”诗人，早在二十世纪三四十年代便名震诗坛。对我来说，搞懂“七月派”，还是在认识先生之后。从先生一生的轨迹中，得以窥见云遮雾罩的历史深处，有一些黄钟大吕，却只在被拦腰截断的往日回响，仿佛和今天无半分干系。

先生正是从那个历史里走到我面前的一个诗人。在很大程度上，先生的历史也就是一代人的历史。在先生那里，我终于明白的一件事是，与其阅读历史书本，不如阅读从那段历史中走过来的个人。在先生书房，我的确会有面对某种历史之感。先生家住一楼，光线难入，书房里白天也要开灯，那里的灯光总是偏暗，占据几面墙的书柜也是很有些年头的老式柜样，上面油漆剥落，书柜里的书多是古旧图书。先生坐在暗淡灯下，身后墙上挂副对联，是鲁迅所写的“横眉冷对千夫指，俯首甘为孺子牛”。我在先生身侧的沙发上坐着，总被一种恍惚感控制。因彼情彼景都太像身在某个历史角落，先生谈起的话也是历史。从先生那里，我第一次听到他参加新四军的经历，听到胡风、“七月”以及很多“七月派”诗人的名字。先生谈起历史，会很自然地对其中人物有所臧否。我会很惊异地发现一些我只读其诗、未见其人的老诗人在历史中的一些行为。不过，先生似乎无意深究很多特殊年代造就的事件，他往往只是感叹：“很多事都是没办法的。”我不由地想，先生在一生中，挺过那些风风雨雨，又是如何想办法的呢？

毕竟，先生青年时代正值战争年代，先生经历过战火和漂泊，离开家庭也就是永别家庭，因参加民主运动在牢房度过三百多个日日夜夜。这些对先生来说，都只在轻描淡写中付之一笑。只有件事让我心灵震动。因先生晚年生活只师母一人陪伴，我有次无意间问起先生的孩子问题。先生说女儿在广州工作，随后却说起令他一生伤痛之事，先生原来还有一男孩，仅仅几岁时在逃难中失散。在照顾其他家人时，先生不慎松手，孩子转眼就被难民冲散。对先生来说，这一伴随终生的痛苦极少对人言及。我当时听了，内心恻然。以先生心之大爱，如何会不从骨子里爱恋孩子？我有时想，是不是从那时开始，先生就养成了说话低沉和缓慢的习惯？这件事先生虽只对我说过一次，但我时常会构想先生和孩子失散的那个画面。先生的痛苦我当然能够理解，对先生来说，那既是他个人的苦痛，又何尝不是当时整个中国的苦痛？先生一生低调，这句话有高调之嫌吗？当然不，对先生来说，自己在经历历史，也会自然地成为历史的一部分。在中国经受痛苦的岁月，谁又可以从苦难时代中脱身？由此，先生一生的诗歌都在直面“很多事都是没办法的”整个人生。

从先生那里，我理解到诗歌真义，它蕴含的就是我们走过的全部人生体验。

二

先生谈历史很多，谈诗歌很多，我认识先生时毕竟已晚，最强烈的感觉却是，先生度过的是写作的一生、阅读的一生，同时也是孤独的一生。说先生孤独一生或许不太准确，我无法进入先生的青壮年时期，我进入的是先生的晚年。晚年的人是不是才会对孤独有最刻骨的感受？记得第一次去见先生时，带我去的朋友告诉我，先生住在省博物馆内，我当时无端端心中一震，博物馆？那委实是最清净的地方了。平时我去博物馆，只是去看一些永远不会出声的文物。它们冰冷地成为被谈论的对象。先生如此大名，住哪里我都觉得正常，就是觉得住博物馆有种怪异之感。而且，人在晚年，应该是享受儿孙绕膝所带来的天伦之乐了，我无法想象先生怎么会住在鲜有人去的博物馆内。

事实上我有些多虑。博物馆的住房是师母所分住房，看起来的自然之事还是让我不久后就觉得，先生被博物馆式的孤独浸染太久。退休之后，先生似乎就变成一个被遗忘的对象。因诗名响亮，仍免不了来人拜访。在先生生命最后的十年间，我亲眼所见，隔上几个月，就会有某个写诗之人频繁前往博物馆拜会先生。惊异的是，几个月后，来拜访先生的又很少和先生再保持往来。他们之所以来拜访先生，目的无非就是想用先生之名来给自己作品索评。先生对这些要求几乎从不拒绝。见过先生手稿的人都不会忘记，先生写作，从来都是在两页稿纸间夹上复印纸。一稿数份，自己留一份，给被写者一份，其余还有几份，送给一些另外的人看。我有时会觉得，先生没担心自己被人利用吗？先生给我看过很多份评论手稿，甚至还会问问我的意见。在写作上，先生从来不以师长自居，他总觉得现在的青年诗人有不少新锐的想法。每次看到先生给我这样的稿件，我内心既为先生感动，也不免为先生暗生不平。先生似乎从无被人利用之感，任何人登门，先生总是极为高兴，应允文章也都在说好的时间内写完。我记得我有次问先生，评论写完后，那个某某某是否还来过？话一出口我就后悔，因为这句话问得有些残忍。先生仍是一笑，说没来过了。似乎这样的事情不会对先生构成什么干扰，后来我才渐渐明白，对人生早已参透的先生，如何会不知人的心理？文坛的丑恶冷暖先生自然比我看得多，经历得多，也体会得多。先生不拒绝的原因，我是在后来读到先生那首《芭蕉叶上诗》时才有了体会，其中有这么几句，“一个知音，来吧，不嫌弃的话，给你，喏 / 这一滴诗，一片诗，一粒诗”。能够体会，先生对诗的痴爱或许会不自觉地将所有写诗者都看作到来的知音，所以他会继续这样写道：“……反正要冒险就不必计较 / 成功和失败，还是写吧 / 管他什么伟大，什么不朽，不这样 / 就不够顽冥不灵，不够明知故犯 / 就得不到冒险的乐趣，这样才够味！”

这就是先生，明明知道所有却愿意去“明知故犯”，而且，这些句子在我读来，蕴含极强的孤独之感。先生的确孤独，当我仔细阅读凝聚先生晚年心血的《混沌初开》和《生生：多位一体》时，我更能感到，先生的孤独既有个人的现实孤独，也有写作带来的高处不胜寒的孤独。两种孤独的结果却是促使先生对青年诗人们有种特别的爱护意识，总希望他们能尽快得到诗坛认可。被利用与否，其实是不值得去思考之事。在先生眼里，一个在泥沙俱下的时代里还依然愿意写诗的人，本身就值得他去鼓励。我的不平感消失了，因为这是先生一生赤子之心的持守表现。在一篇回忆文章里，先生早在三十年代就认定诗人们是“时代忠实的儿子，完全地、无保留地听从时代的召唤，忘我地投身于我们时代严酷、艰难而又极其壮丽的斗争中，他们只知道给予，而不知道索取，他们是最善良的给予者”。

在今天来看，先生又何尝不是我们这个时代“最善良的给予者”之一？

很多时候，最善良的，也是最孤独的。

三

先生另外给我的强烈感觉是嗜书如命。记得有一次，我到旧书店淘书时，看见好几本河北教育出版社版本的“世界名画家全集”丛书，刚想买下，不料，与我相熟的店老板却不卖给我，他说这是彭燕郊老师定下的。那时我才知道，先生也是旧书店的常客。我的确有些意外，早已满腹诗书的先生竟然每月还要买上百余本书给自己时刻补充学养。我忽然体会，怪不得先生与我谈话之时，能随时将话题引向很多我完全陌生的领域，甚至可以谈到量子力学等话题。对先生来说，没有哪种知识对他不具吸引力。先生从来不会要我去买他提到的书，但聆先生谈话，我又会非常自然地到先生提及的书本前买下。现在回想，这大概就是潜移默化带来的效果吧。

在惊骇先生的学识之余，我有一次也忍不住问先生，这么不停地买，以后书如何安置？对先生来说，这确是一个问题。先生住处不宽，间间房都是书柜，无法上架的书已找不到安置之处了。后来有一次，我去先生家中时，先生一见我，流露出一种特别不同的喜悦。他告诉我，他有了一套全部摆书的套间。一听之下，我也特别兴奋，他立刻带我去参观他真正的书房。这套房就在他住处的隔壁。一个两居室的套间。先生把这套房买下来，专门将它打造成书房。先生引我到一个个书柜前浏览，表情兴奋。第一次，我竟产生先生是一孩子之感。那种单纯的快乐非常富于感染力，我不知不觉，被他的单纯带进他独特的精神世界。现在，他的精神世界有了一个完整的书房来容纳，书架上一格格的书摆成数面书墙，无论是新书还是旧书，都显得一尘不染，显示出房间主人的高洁精神——一个与书相伴终生的人，他的精神又怎么会不高洁？

先生去世后，我曾问师母，先生的书如何安排。师母告诉我，先生留下的遗愿是将所有书都赠送给他曾执鞭授学的湘潭大学，唯一的要求是希望将书单独归置在一间命名为“彭燕郊图书室”的书房内。可惜的是，先生这一心愿至今未能实现。方方面面的阻碍和现实的条条框框实在太多，先生收集的数万册书竟然还是在博物馆的书房内等候知音。我不禁觉得，这种现实的残酷对先生这样的知识分子带来的伤害真的太多，我不禁又联想到先生生前受到的境遇。先生谈话时总是不急不缓的语调，唯独一次竟有些情绪激动。我记得我当时问及先生是何种原因开始写诗时，先生说是参加新四军开始。对先生来说，参加新四军是他一生的真正起点，令先生激动的是，有些部门始终不承认他参加过新四军。否定一个人的起点，就太容易否定一个人的一生。这是令先生难以释怀之事。先生一生做事多矣，有些事可以被强行否认，有些事却摆在所有读者面前，无论如何也否认不了。尤其是先生留下的诗歌，它们一行行无不出自先生心血，哪怕在遭受牢狱之灾时，先生仍继续作诗。狱中无纸无笔，先生就用自己发明的方式来写。将诗歌腹稿认真打好之后，自己反复背诵，然后用一个词来代替一个段落。就这样，先生只需记住一个单词，就等于记住一个段落；记住几个单词，就等于记住一首完整的诗歌。这一闻所未闻的作诗方式令我骇然。先生对创作之痴迷由此可见一斑。痴迷不能说明问题核心，以我对先生的理解，这是先生对人世之美与生活之美有绝对的信任。能为世间留下美，是先生毕生宏愿，即使先生以为的美并非常人以为的简易之美和单纯之美，而是更深入的复杂之美，甚至是“有毒”之美——后者才是先生以为的人世本质之美。我们也只有面对这种一言难尽之美，或才能真正理解生活中隐藏的种种玄机内核。

没有任何东西能否认先生认识的生活玄机，它们都在先生的诗歌之中。

四

和先生十年交往，先生似乎总不大出门。我每次见他，都是在先生家内，且无论什么时候去，先生总是在家。那里的安静和孤独构成先生给我的诗人底色。从先生的回忆文章中我能看到，青年时的先生交游颇广。那些和他一起创作的同伴都年岁已高，难得再见面了。也因为我没见过，所以总觉得先生孤独。不过，孤独的好处是先生在花甲之年还能创作出堪称杰作的《混沌初开》。晚年能创作出巨制的人从来不多。我特别记得先生完成那部千行长诗《生生：多位一体》的初稿之日，我凑巧登门拜见先生，遂有幸成为它的第一个读者。像先生的所有稿件一样，先生复写了好多份。他说那些复写的稿件将寄给一些还健在的老朋友。

我的确好奇先生的老朋友。没想到，我真见到了他的一些老朋友。

时间也就是 2007 年夏天的广州之行。颁奖结束了，活动结束了，该是我和先生返回的时候了。先生突然提出，想去见见郑玲。这个名字我很熟悉，其作品在《人民文学》等刊物上随处可见，我吃惊的是我竟然不知道，郑玲竟然是先生同时代的诗友。

陪先生到郑玲家时，郑玲在保姆的搀扶下来到客厅。先生在路上谈起郑玲时我已在想象，郑玲应是位瘦高、精神矍铄的老人。见到人后，她的精神状态果然很好，满头白发，梳理得十分精致。我第一次见到先生那样激动，他用力和郑玲握手，兴奋之情溢于言表，哪怕坐下后，我都感觉先生有种想手舞足蹈的冲动，似乎是见到了多年未见的亲人。我一问，才知道他们是半个世纪的诗友了，自郑玲离开湖南到广州后，两人已经有二十年时间没见过面了。我坐一旁看两位老人聊天，他们都显得非常兴奋。郑玲拿出相册，要先生认认以前的朋友和一些慕名的朋友。然后，郑玲又给先生看自己的新诗，先生竟然背下了他曾记得的郑玲的一首旧作。对先生来说，这是极为自然之事，对他读过的好诗，决不轻易忘记，他总觉得那些好诗有他没有达到的境界。我深深理解，这其实是先生对写作和诗歌所抱的敬畏体现。有敬畏，才有真正的热爱。我不能不想起先生跟我谈过当年被打入“另册”后的生活。出狱后的先生被安排到街道工厂劳动，每天所做的是刷油漆之事。那时的先生是如何被写作和读书的欲望折磨的？先生谈起这些往事时，总将它们都看成自己的人生财富。后来《书屋》杂志创办人王平君也跟我说过他在六七十年代和先生的往来之事。在那个只有“语录书”与“浩然小说”的年代，谁也不知先生是如何藏起一些名著书籍的。每个周六，他都像战争年代的接头人一样，和王平在公交车站见面，将所藏之书匆匆塞给王平后即刻离去，到下周再另换一本。我很诧异那个没有电话手机的年代他们是怎么联系的。王平说他们的见面时间是一个估算，周六吃过中饭后，休息一会儿，就动身到公交车站去等。每次都不用等多久，先生就会从一辆公交车上下来。每次听到这样的事，我总觉得能够从更深的层面来看待先生对文学的生命投入。在郑玲那里，我分明也看到先生对友情的投入。

流光易逝，转眼之间，从认识先生到先生离开后的今天，中间竟然是漫长的二十年岁月。它也是我生命中最重要的二十年。先生留给我的作品和人品，始终在我内心存放。对我来说，先生代表一种品质的存在。这一品质在堪称先生毕生压卷之作的《瀑布》中也有体现：

……

不管高和低，一直向前流去

高和低之间，有悬崖峭壁，怎么办？

……

转个弯就好了，干吗不转弯？

……
这里不存在转弯，不存在回头
于是，奔腾而下了，呼啸而下了
……
成为粉末了吗？
成为碎片了吗？
不，是展示。展示
这灿烂的洁白，洁白的灿烂
高高地飞扬起来，张挂起来，展示
生命的神奇的张力
……
用不着议论了，议论就是害怕
害怕就会去寻求平静
奔流的路上，存在平静吗？
……

我忘不了读过这首诗后的战栗。对我来说，这条“瀑布”不恰恰就是先生的一生写照？先生一生从未“转弯”去回避人生，更没有去“寻求平静”，而是在每一段人生的必然坎坷处上，义无反顾地选择了“奔腾而下”。唯其如此，先生对生命的理解才在不断深入生命的过程中有了晚年的超越。先生真的让我明白，写作不是一天两天之事，也不是一年两年之事。投入了写作，它就是一生之事。记得那时，我总会将自己刚刚写好的诗歌给先生过目。先生从来不去具体分析，而是在看过之后，建议我去读该读的书。此刻我忽然发现，足够我一生咀嚼的，难道不恰恰是先生留下的一卷卷文集？

2017 年除夕日凌晨初稿于长沙

3 月 3 日重写于深圳

4 月 18 日凌晨再改于深圳

（原载《随笔》2017 年第 4 期）

彭燕郊：美伴随一生

黄礼孩

2004年，《诗歌与人》为葡萄牙诗人安德拉德先生出了一个诗歌专号。今天，《诗歌与人》为诗人彭燕郊先生出了一个诗歌专号。从八十二岁的安德拉德先生到八十六岁的彭燕郊先生，让我敬佩的是．他们都是在漫长岁月中坚持写作，在耄耋之年还写作，并越老写得越好，源源不断推出光辉诗篇的诗人。《诗歌与人》心仪的正是这些有着旺盛的生命力和创作激情的诗人。《诗歌与人》一直在寻找与她在心灵上有着相同呼吸的诗人。

在中国，许多作家在年轻或中年时已完成了自己，到了老年就再也写不出像样的作品，即使是写作，也只不过是靠见诸报刊延伸自己的声名而已。我所知道的彭燕郊先生却是中国老作家当中少有的越老写得越好的诗人，他的作品在青年诗人、作家中流传，这让我们感到兴奋。事实上，中国作家在晚年一样可以像歌德、叶芝、庞德、里尔克等大师一样写作，以不朽的思想力和生命力开辟可以自由漫步的思想王国。

作为“七月派”的代表诗人，彭燕郊先生最先让我们记住了他的《东山魁夷》《小泽征尔》《钢琴演奏》等诗篇。他晚年创作的《混沌初开》写出中国知识分子的心路历程，写出生命的真诚、自信和坚持。它是天与地、生与死、含混与清晰、对立与统一、捆绑与解缚、尖锐与犀利、颠倒与畸变、异化与沉沦，是痛彻入骨的生命体验的呈现，是精神的深度和宽度的拓展，是精神对自由的皈依。他近年创作的逾千行长诗《生生：五位一体》印证了诗人澎湃的激情，并被誉为“构筑起二十世纪汉语的精神史诗”。诗人远人在他们的杂志推出的彭燕郊先生小辑中写道：“《生生：五位一体》，采取了一种循环结构，将个体的生命体验上升至澄明无蔽的境界，有力地提示出生命、生生不息之感应。长诗的创作十分艰难，《生生：五位一体》是诗人对自己精神与智力的双重挑战。彭燕郊先生对自己的诗歌要求甚高，他每写一首诗总不停地修改、完善，期待写得更完美。本期未能收入他这一首还在修改的诗篇《生生：五位一体》，感到遗憾。”彭燕郊先生同时还是一个诗论家，他在《和亮亮谈诗》一书中对现代诗进行多方位的探索，北京大学中文系教授车槿山在谈到《和亮亮谈诗》时，指出“如此大规模、全方位地试图‘在勾出世界现代诗发展的轮廓的同时勾出本国现代诗发展的轮廓’，从诗歌发展史的总体上融合中西来考察现代诗的特性，这似乎在国内外都不多见”。

彭燕郊先生经历了一个波澜壮阔的时代，命运时而把他抛向浪尖，时而又把他丢入谷底，这大起大落的人生给了他无穷无尽的写作元素。如济慈所说，这个世界用磨难来考验心灵、改变天性、塑造灵魂。所有这一切都在彭燕郊的作品中得到呈现。他是一个带有传奇色彩的人，他参加新四军，从事民主运动，坐牢，以初二的学历当上湖南大学中文系教授，他与胡风之间的来往，他与聂绀弩、钟敬文等人的友谊等，无不让我们对他产生神奇的想象。诗人牛汉在《在诗中体现人文境界》一文中把彭燕郊与沈从文、丰子恺等大师相提并论，他说：“老一代的诗人需要对内心的痛苦进行沉思、探究。现在毕竟是到了二十一世纪，回过头来看，特别是五十多年来，我有自己的看法，以及对整个历史的反思。最近几年，我有一句座右铭：‘有容乃大，得大自在。’近来又看到《汉书·杨雄传》中有一句‘默默者存’。我理解这一个传统，民族的传统。近五十年来，有沈从文、丰子恺、晚年的孙犁、上海的施蛰存和湖南的彭燕郊，等等。他们是‘默默者存’，清苦、自在，他们有作品留下来了，我一时还达不到这个境界。”

我常听湖南的朋友说起彭燕郊先生的生活，一个八十六岁的老人还有着童真的心灵，他常常独自去淘音乐碟，喜欢 VCD、DVD，喜欢绘画、电影，为出版社编各种中外文学名著，对一切美的事物都如痴如醉。一个人的一生经历过大风大浪，在晚年活得如此喜悦、平静、充满梦想，像大地一样疏朗，这是一种开阔的人生，这也是我们所期待的人生。法国诗人雅姆在《为他人的幸福而祈祷》中写道：“上帝，既然我的心鼓胀如花簇，渴望爱的萌生与苦的折磨，要是这样有益，上帝，就让我的心受苦吧。”我想彭燕郊先生一定是把爱和苦都上升到美的层面来了，他用美抵御丑陋，美成了他内心的个人宗教。我相信彭燕郊先生是一个对世界的秘密有所发现的诗人，他说过：美是真实的伴随物。事实上，对美的追求是他一生的事业，美与他相依一生。我喜欢这样的老先生。

2006 年 4 月 16 日

（初刊于黄礼孩主编“诗歌与人”第 13 期《彭燕郊诗文选》，2006 年；后收入黄礼孩所著《午夜的孩子》，北京：中国戏剧出版社，2009 年）

第三辑

研究与阐释

从左至右：彭燕郊、胡风、梅志，1984 年摄于北京。

彭燕郊现象

韩作荣

我和彭燕郊先生只有一面之缘。2006年，我应邀参加在长沙举办的一次诗歌活动，一天晚上在田汉大剧院看演出时见到了他。对于自己敬重的诗人，会面时却不知说什么好，只能紧紧地握手，问候一下身体状况，加之演出之前时间短暂，未及深谈。只记得八十余岁的诗人清癯消瘦，但精神状态还好，透出一种深沉凝重的气质。看戏时我们坐在一起，虽话语不多，却已有心灵相通之感。

当时我读过的彭燕郊先生的诗并不多，但印象都颇为深刻，让我感到这是一位似被忽略却对诗有着深入、精到理解的卓尔不群的、真正的诗人，却没有得到重视和应有的评价。这就如同马拉松赛跑，人们相互看到的都是挤挤挨挨前后左右的人，而跑得快的出众者由于跑得太远而看不见他，甚至被忽略。诗歌史中曾经走红一时、声名显赫的诗人未必是当时最好的诗人。杜甫的诗在唐人选的诗选集《才调集》《极玄集》《又玄集》等十种选本中，只有两种选了他的诗。布莱克，几乎隔了一个世纪才在人心上唤起反响。初期的勃朗宁、史文朋，绝不为世间所知，其声望甚至不及当时的众多小诗人。而文学史上的一些名著，初现时大都没被世人普遍接受。真正的诗人不是那种炒作自己、出尽风头的“诗歌活动家”，也不是那种蝇营狗苟的世俗名利之徒，因为他们确实和诗没有什么关系。或许，只有时间是无情的，大浪淘沙，能经得起时间检验的诗才能留得下来。

其实，我最早关注彭燕郊这个名字，并不是他的诗，而是他参与或主编的几套书。二十世纪八十年代初开始，湖南人民出版社陆续出版了六十余本以“诗苑译林”为名目的译诗集，旨在翻译外国诗歌名作，各国、各时代、各流派代表性诗人的选集、合集，包括早年出版重印、未结集的译诗及并没有译本的重要诗人的重要作品。译文编辑室在“出版前言”中明确指出——“特别要感谢湘潭大学彭燕郊教授，他在这套书的规划、组稿、审校等工作上，都曾付出过辛勤的劳动”。如此看来，这套新时期以来最早介绍、出版的高质量的域外译诗，给中国新诗变革、发展输送营养的丛书，实际上称之为“彭燕郊主编”也并不为过。从版权页上看，此套书的印数大都较多，《戴望舒译诗集》第一版便印了42200册，《梁宗岱译诗集》印了27500册，冰心译的《先知·沙与沫》至第二版第二次印刷亦达27700册。其余各部，亦印数多在两万册左右。这套书，曾是我常去书店光顾的重要理由，是见到就买的。有的书一直搜寻不到，如《先知·沙与沫》，竟请我的领导周明直接向冰心老人讨要了一册，自己手头也没有几本的冰心先生慨然应允，签名并写上我的名字送我，成为永久的纪念，使我后来捧读时，常生感念。这些译诗，都是我国著名的翻译家及重要诗人所译，他们对原诗理解之深邃，对两种不同语言把握之精到、恰到好处，令人慨叹。作者与译者心灵的融洽，那种以无上的热忱、挚爱和虔诚去竭力追求和活现原作的神采，体会个中奥义、领略个中韵味的神来之笔，是变其形而得其神的，或者说，是用汉字的形体复活了一个又一个伟大的灵魂，是作者与译者共同参与的再创造。这些译诗集，不仅诗本身吸引我如饥似渴地阅读，其序言及后记，亦给我以颇多的教益。卞之琳先生为《徐志摩译诗集》所写的序言，对译诗及中国新诗的体察和洞见，对中外诗歌不同流派的解析，以及徐诗写作的源起，可谓见微知著，体现了大家的识见与气度。而施蛰存所作的《戴望舒译诗集》的序文，亦指出戴望舒一边创作诗，一边译诗，其译道生、魏尔伦的时候，正是写《雨巷》的时候；译果尔蒙、耶麦的时候，正是他放弃韵律、转向自由诗体的时候。后来，在二十世纪四十年代译《恶之花》的时候，他的创作诗也用起韵脚来了……这样从独有的角度体味诗人的写作，对诗人的研究者也是一种启示。

对中国新诗而言，拉近与现当代整个世界诗歌的距离，打破多年的锁闭窘境，为新诗的发展准备成熟的条件，“诗苑译林”中的译诗虽起到了作用，但多为古典、近代浪漫主义时期的作品。面对与世界现当代，尤其是当代诗的脱节，漓江出版社于1987年1月出版的《国际诗坛》，湖南人民出版社于1988年10月出版的《现代世界诗坛》，以其独到的眼光、宽阔的视野，对现代、同代世界上诸多大师、优秀诗人富于开创性的名篇佳作的精良译介，无疑填补了空白，展示出整个世界诗之创造的最新成果，成为中国新诗变革、日近成熟的催化剂，在短短的时间内，让勇于探索、敏于吸收新观念的一些中国诗人对诗的理解和鉴赏力迅速提升，打破陈腐观念，大胆地试验、突破和创新，种种具有艺术新质的写作和探究，让中国新诗一下子向前推进了至少一个世纪，可谓功莫大焉。而这两套丛书，恰恰都由彭燕郊先生主编，由罗洛或由罗洛、北岛为副主编，并分别由三十位左右的著名翻译家、诗人为编委编辑而成。我书橱中珍存的八本书，大都精读、细读过，在艺术观念上曾给过我脱胎换骨般的改变，开阔了我的眼界。诸多的诺贝尔文学奖获奖诗人作品的及时译介，世界诗歌史中的名篇如瓦雷里的《年轻的命运女神》等曾读得我如醉如痴，而博尔赫斯、金斯伯格、帕斯捷尔纳克、休斯、素德朗格、茨维塔耶娃、博纳富瓦、狄兰·托马斯、里尔克、布勒东、兰波、艾吕雅等声名卓著、动人心魄的作品，都曾给我留下深刻的印象。去年获诺贝尔文学奖的瑞典诗人特朗斯特罗姆，早在1988年7月出版的《国际诗坛》第2期上，就刊有他的九首诗作。德国表现主义，美国自白派、纽约派，北欧现代诗歌，后现代派等不同诗歌流派的诗观、诗选，都有权威的介绍与颇具功力的翻译。应当说，彭燕郊先生主编的这两套书，对中国新诗吸收新的营养、开拓新的精神疆域，有着不可低估的作用。先生是对中国新诗的发展有着重大贡献的人，那些真正的爱诗、写诗者，不会忘记他。

或许，正是因为他几乎与整个世界诗坛同步，与诸多的大师、巨匠倾心笔谈，对诗之理解的逐步深入，对艺术创造无所顾忌的冒险，才厚积薄发，不断地否定自己，将诗笔总是探入新的向度，才有了他六十四岁又开始的“衰年变法”，近八十岁又重写了十年前的旧作《生生：五位一体》，这四百余行的重要作品，无一丝老迈之气，仍蕴含着勃勃生机，凸现了不可遏止的生命丰富而强大的力量，亦让人领略了诗人生生不息的创造力。

说起来，我深入了解、结识彭燕郊这位诗人，还是在长沙会面之后的事。收到他2007年3月24日赠寄的四卷本《彭燕郊诗文集》，阅读之下，更坚定了我早年的认知。虽然他在短笺中自称这为“一堆杂七杂八的东西，惭愧！惭愧！希望以原谅的心情，耐心给以指点”，但那实在是一种自谦。这套诗文集，该是我书橱中所藏可时常翻阅、认真揣摩、学习的珍品。

翻看诗文集中的一些黑白照片，我发现少年时的他浓密的乌发下有清纯的眼睛、紧闭的嘴唇和尖尖的下颏，没有丝毫笑意的严肃，和老年的彭燕郊相比较，似乎是另一个人。而在1950年与妻子张兰欣的合影中，他似乎更为瘦弱，与后来方阔的面颊相异。看来时间对人的塑造，即使在形体上也会留下较大的变化和深深的印痕。

彭燕郊出生于1920年。他的一生是颠沛流离、屡遭磨难的一生。1938—1940年诗人曾是新四军中的一员，在政治部机关工作时开始写诗，并于十八岁在胡风主编的《七月》上发表作品。当时新四军司令部有个图书室，他狼吞虎咽地读一些世界名著，对文学、对诗，发狂似的入迷，在行军宿营时，在战地不停地写诗。用他自己的话说，他最初的写作便“开始追求文学素质，追求诗美。发现入迷得有些过分，但遏制不住，一味地入迷”。我读着这位不到二十岁的诗人所写的作品，深感少年诗人早慧的诗才、诗笔的老成和诗风的纯正，为之惊异。《秋天是我的季节》是这期间诗人的佳作，与那些曾大名鼎鼎的诗人“见不得人的东西”之少作相较，不可同日而语。诗是抗战期间的作品，没有正面描写战争，表达的却是对季节、对乡民、对“血和奶水都没有枯竭，也不会枯竭”的“土地母亲”真挚的爱。诗之色彩明丽、情绪饱满，于松弛、开阔的诉说中充溢着动感和有意趣的细节，而农人“抓起一把谷粒／赞赏着，痛苦地盘算着／能有多少留给自己”，以及不足百里之外隆隆的炮声，成为秋天的伴奏，诗以极少的笔墨，点明了战争的背景，由意象综合出主题。这样的诗，是那个年代鲜见的作品。而《村庄被朔风虐待着》这距今六十余年的诗作，已有了明显的象征意味，朔风凛冽中村庄的肃杀、苦难、凄凉和萧条，在诗人营造的悲壮情境里惊心动魄，而诗尾对朔风的驯服，让其成为号角，加入子弹悠长的啸声，仍让我们感知时代的脉跳。难怪此诗发表之时就得到诗人阿垅的激赏。彭燕郊最初的写作便起点颇高，卓尔不群，让人领略了一位真正的诗人的素质以及蓬勃的创造力。

诗人1940年6月从战地转移至金华。在那里，他结识了聂绀弩、辛劳、邵荃麟、葛琴，以及心仪已久的雪峰，得到这些前辈的帮助与教诲，并由此下决心将“一生献给文学——人类争取美好生存条件的崇高事业的一部分”。这期间，他写出了《路毙》这伤兵惨死，散文诗《萎绝》这难民惨死，以及《雨后》《殡仪》《半裸的村庄》《陌生的女客》等一批与诸多诗人相异、特立独行的诗篇。这是民族战争的深刻背景下，人的生存状态、灵魂和心理状态的发掘，正如聂绀弩所言，是“潜伏在人民的生活底层，心的底层，为一般人所不能看见的东西”“倾心吐胆地说出他们的朴质的希望”。诗对民众淳朴笃实，以及沉于底层的精神上的麻木、消沉，都有着独有方式的揭示，体现了胡风所说的“从精神奴役的创伤下突围出来，解放出来，挣扎出来，夺取生路的求生愿望”。用彭燕郊自己的话说，则是“从战地回来大后方见到的自私、腐败和麻木，叫人痛心、愤恨，于是愤懑而又愉快地把自己摆到反抗社会黑暗的前哨。厌恶夸大、空洞的‘口号标语’”“开始对错综纷纭的现实提出‘为什么这样’和‘应该怎样’的不断思考，写了一些似是田园牧歌然而沉痛的篇什”。彭燕郊早期的诗作，没有被当时空泛的激情与直陋的呼喊所同化，他的精神内省、纯正的诗风、独有的艺术个性，有着不可多得的审美价值，因而与大多数诗人相较，因其诗的纯粹而从主流时尚中走到了边缘位置，然而，这却是难得的边缘。1947—1948 年诗人被捕入狱，沉重的镣铐、生死磨砺，锤炼了他坚韧不屈的人格和意志力。他的狱中诗，被他自己概括为“已经不愿意让传统的形式上的装饰玷污诗美，而一头栽进泼辣傲兀、不怕粗暴凶猛的风格里。如果说这也是一种罗曼蒂克，想达到的就是喷火和洒血的罗曼蒂克”。在狭小的牢门、难友的呻吟里，他写《早霞》，那是信念和对光明的渴望；他写《人》，铁砧一样经受锤打，用意志的帆驾驭风暴，时刻都不忘捍卫人性尊严，堂堂正正地活着、坦荡地笑着的人；他写《尤加利树》铁铸的躯干，越过狱墙的挺拔，抵御北风的愤怒悲壮的叫啸；他写以铁的熔液为乳汁的《时代》，万点火星迸射，万道火流喷涌，人被迫从兄弟的尸体上踏过去，巨灵之手拨动雷霆万钧之弦的黎明前的战斗；他写嚼舌碎齿的对敌人的《仇恨》，甚至欲作生命的孤注一掷，“以敌人的血／来解我灵魂的焦渴”……这些用生命写就的诗，是诗人在狱中用芝麻般的小字写在二指宽的字条上，悄悄传出牢房的，其精神的精髓已越出高墙与铁窗。故有论者称，他的狱中诗，“以充满圣徒般的人格光辉和震撼人心的艺术力量，成为中国现代新诗的异彩”。

或许，多年的颠沛流离、饱尝艰辛和苦难锻冶了他的精神意志，1955 年彭燕郊因胡风案被捕羁囚，“文革”时重入囚室。他精神上没有崩溃，仍然是诗歌拯救了他。二十余年对他而言是“生活的炼狱”，然而，被剥夺了写作与发表作品的权利，他却因此“有了个精神收获期，那是用生命之血酿造的无比辛酸苦涩的流向干涸的心的热泪灌溉出来的”。那些在狱中心里反复默想、背忆的没有文字的“潜在写作”，获释后凭记忆录出。这是中国一代知识分子苦难历程复杂且抵达极致的精神写照，是其悲惨遭遇以及长期蛰留于街道小厂的灵与肉的困顿中以诗进行的“精神突围”。正如龚旭东所言：“在人格被践踏、人性被摧残、诗歌沦为精神神学奴婢的苦难时刻，诗歌是如何显示出神奇而神圣的力量，让受难者在艰苦卓绝的坚贞、信仰和持守中，实行精神的突围与不断跋涉的。”

1978 年，彭燕郊再次获得了发表作品的权利，他已五十八岁。一般说来，近六十岁的写作者大都已走下坡路了，已失去诗的敏感和创造力，或囿于旧有的写作方式僵硬地重复自己。然而，像彭燕郊这样的真正的诗人则是超越年龄的、写得越来越好的诗人，虽然人数不多，但已是大家气象。在大批的“归来者”中，彭燕郊似乎又是一个异数。这是数十年来葆有纯正的诗风、积四十年对诗深入探寻的炉火纯青的艺术功力，达到了一种真正自如自足的境界。1978—1984 年，诗人井喷般的写作，大都美妙、纯粹、丰富、深挚且明确。《家》《盐的甜味》《一朵火焰》《完美》《雨》《瀑布》等诗作，皆多姿多彩，于单纯中蕴含着丰富，凝重里透出深沉，该是新时期不可多得的上乘之作。难怪年轻人以为诗坛又升起一颗文学新星，知之者面对这些脍炙人口、独辟新境的篇什而称其焕发青春、赞叹不已了。

在这几年彭燕郊井喷般的写作中，他的一组写音乐及艺术欣赏的诗，如《钢琴演奏》《小泽征尔》《金山农民画》《东山魁夷》《陈爱莲》等，澄澈纯净、奇思遐想。感觉的细腻，境界之美、感染力之强，堪称最好文字的最佳表达，我甚至认为，同类的作品，和世界上任何大诗人的诗相较也不逊色，亦有自己的独到之处。诗浸透着散文美的写作方式，美妙且有节制，看似随意却又精准的语言，将音乐及艺术的微妙处表现得淋漓尽致，如同陷入诗的演奏家的情境之中，令人如醉如痴。

然而，不断放逐自己、否定自己的诗人，对自己的这些作品并不满意。在他看来，这些明快、纯净、优美、爽朗的诗作已是太“轻”了，它们甚至因为耽于追求形式和语言的美而有一点儿“玩物丧志”的意味，偏离了精神浪子应有的人文精神追求，因此，它们并非是在思想和美学上具有真正现代性和开创性的“新的诗”，并非他理想中的诗之正途。可在我看来，云絮之轻和石头之重该各有其存在的理由，诗人勇于试验并进行创造意义上的冒险是必然的，但我不认为新的探寻就一定会比旧作好，且两种不同质的诗中都会有重要的作品。诚然，那些锥心蚀骨、充满精神痛感的诗是血淋淋地割开自己伤痕累累的心灵，“它证实了：血是稠的，而且冒着泡沫，而且热得烫人、腥得呛人。血是无可掺假的”。可人们同样需要心灵的抚慰，需要温暖和明丽，两者并不矛盾。诗人的选择，既是勇于创造的选择，也是心境的选择。

彭燕郊这种一以贯之、不被时尚所动的纯正诗风的形成，与早年前辈诗人的教导与指点亦有关系。有时，关键的一两句话会影响人的一生，成为捅破窗纸的天光漏泄般的启示。雪峰在他写诗之初便告诉他“诗要有诗的素质”。邵荃麟亦指出：“现实主义是对现实的态度，这是第一义的。其次，现实是非常丰富的，表现手法也应该丰富。”而胡风常常引用别林斯基的话“诗之为诗，首先的要求是诗”这一美学原则，将所写作品是不是“诗”放在第一位。这样的几句话，都曾给彭燕郊以深刻的影响。这在今天看来似乎是常识的说法，多年来，又常常被诸多写诗的人忘记。

彭燕郊以及后来的一些诗人、论者，都将鲁迅的《野草》视为中国现代诗的里程碑，认为这是新诗的最高成就，是新诗的精神旗帜。彭燕郊甚至认为，《野草》和波德莱尔的《恶之花》一样是开一代诗风的重要作品，公平地说，和《野草》相比，《巴黎的忧郁》就显得不够分量了。或许，正是文学前辈的引导，鲁迅《野草》给予他血缘般的滋养，诗人对整个世界现代诗经典的烂熟于心，加之他对诗痴迷，持之以恒地创新求变，以及他对诗之深入理解与永不枯竭的诗之敏感和天分融于一体，才有了中国新诗中鲜见的“彭燕郊现象”。总的看来，彭燕郊的写作并非典型的西方现代诗式的写作，他是吸收了现代诗的营养，将现实主义作为诗的精神实体，是一种既有真正的现代意识，又蕴含着深沉厚重的历史内涵的“现代现实主义”的写作。在写作方式上，则是以诗性意义为核心，于诗之总体体现其诗学结构的无羁束、具有散文美的自由体新诗。

诚然，我颇为欣赏彭燕郊在各个时期不同探寻中的一批佳作，我也认同他注重诗的分量，那种追寻“大诗”的形质兼备的诗之观念。正如他所言：“真正的创新应该是开拓，是向前跃进，而不是炫奇斗巧”，“诗坛不能少的是碧海掣鲸手，而不是耽玩花花草草的等闲之辈”。亦如胡寅于《题酒边词》之论：“及眉山苏氏，一洗绮罗香泽之态，摆脱绸缪宛转之度，使人登高望远，举手高歌，而逸怀浩气，超乎尘垢之外。”

然而，真正能“超乎尘垢之外”的写作，不是宋代的“三苏”，而是当代的彭燕郊。他写于1986年夏、1988年春，定稿于1989年冬的《混沌初开》，是一部令人惊诧的、从未有过的、开创新诗疆域的重要作品，是古今中外第一次以诗探寻太空之空。诗人以异乎寻常的超拔的想象力，摆脱地球引力，于无际无涯之中让地平线、山峰、大海消失，让一切有形之物消失，让时空、社会、文明以及人的悲欢离合、喜怒哀乐、理性、欲望、杀伐、争斗都失去意义，让个体生命转换为一股气流，成为“全光”状态下的一束光芒，进入一种对生命与人性的超越。那是五彩斑斓的混沌之色，以无色为色的寂静，以无涯为背景的气流的波浪形体，敞开的空旷，而世间的一切都不存在了，于混沌中趋向单一的本真。那是幻象、梦境，又是有文字可感的九天之上的快乐，在开创前所未有的宇宙景观中，人已成为结晶体，成为光，再次超越了自己……这是真正的“超以象外”“横绝太空”，是理想中人的纯粹化，人已与宇宙融于一体。据称，人本来自宇宙的星尘，或许，《混沌初开》便是对人之本原不可知的探寻吧。太空不是虚无，其奥秘却蕴含着种种可能……

如今，彭燕郊先生正如其诗所描绘的那样，其形体真的化作烟尘、气体，融入大气之中。可他的诗却留了下来。那些给人以惊异，纯粹、美好能入脑入心的佳作、大诗，如同他生前写就的最后一部长诗的题目一样——《生生：多位一体》，成为中国新诗无法忽视的经典。

（原载《扬子江诗刊》2012年第4期，
后收入作者所著《雕像背后》，北京：中国青年出版社，2012年）

风前大树：彭燕郊诗歌论

吴思敬

抗战期间，彭燕郊听说冯雪峰被捕的消息，愤慨难平，写下了一首《风前大树——闻雪峰被囚于上饶集中营》。诗人没有直写冯雪峰的被囚，而是用象征的手法，写了一棵在风暴猛烈摇撼下的大树——

它那高大的躯干倾斜了／成队的乌云在电闪里疾驰而过／一阵阴凉的风预告着又一场风暴／在不停的狠毒的摇撼里，它是摇摇欲倒了

仁慈的大地为它张开了一个裂口／让它那半数以上的根须／那生命所系的血脉／得以舒畅地呼吸／而它那被拔起来的树干／则像一只野兽的巨蹄／以它的利爪／紧紧地抓住大地／看，整个大地／正在用它的全部力量／牢牢地、牢牢地抓住了它呵

好诗总带有一定的普遍性和预言色彩。冯雪峰这棵“风前大树”，在战争年代的风暴中，几乎被拔出地面；等到和平年代，依然难于逃脱被劈成“半棵树”的命运。[①]然而他并没有被摧毁，依然傲然挺立着。今天看来，彭燕郊笔下的“风

① 牛汉1972年在咸宁五七干校曾写过《半棵树》一诗，写的是“文革”中在干校的冯雪峰：“真的，

前大树”不只是冯雪峰的写照，也昭示了彭燕郊坎坷的、充满不屈不挠的奋斗精神的一生。彭燕郊1920年出生于福建莆田，1939年开始发表诗作，迄今已有七十年。在这漫长的时光里，彭燕郊与诗歌不离不弃，始终保持着旺盛的诗情和创造力，即使是在经受牢狱之灾的时候，也仍然采取“默记”的方法坚持着诗歌创作。在中国现代诗歌史上，无论是就创作时间跨度之长，还是就创作的不断求新求变而言，彭燕郊都是一个奇迹，他也是一棵风前大树，在二十世纪的中国诗坛上投射出伟岸的身影。

在中国现代诗歌史上，彭燕郊是作为“七月派”诗人被定位的。“七月派”选集《白色花》（绿原、牛汉编）收有他的诗，《七月派诗人论》（钱志富著）收有研究他的专论，文学史和诗歌史对他的描述也多放在“七月派”的名义下。然而“七月派”活跃的时代，仅是彭燕郊诗歌创作的起步阶段，而且就是在“七月派”诗人中，他也是个边缘人物，至于他后来的创作历程和丰硕成果，就更是“七月派”难以涵盖的了。有鉴于此，本文对彭燕郊诗歌的叙述将不受“七月派”的拘囿，而是把他放到二十世纪诗歌发展的大背景中，看看他给中国诗坛带来些什么。

诗人和战士：一个神的两个化身

彭燕郊是在1938年抗日战争的烽火燃遍中国大地时参加新四军并开始诗歌创作的。他说：“我本是一个初级师范的学生，从小慢慢接受一种观念——民族的希望、国家的新生应从农村开始。因此，我的理想就是当一名农村教师。‘七七’事变打破了这种想法，作为热血青年，在进步老师引导下，我和几个同学很快成为新四军里的小兵，行军、宣传、民运工作等等是我们的日课，写诗成了我的日记。”[①]从这段简短的自述中，可以看出彭燕郊是以战士的身份迈出诗歌创作第

（接上页）我看见过半棵树／在一个荒凉的山丘上／／像一个人／为了避开迎面的风暴／侧着身子挺立着／／它是被二月的一次雷电／从树尖到树根／齐楂楂劈掉了半边／／春天来到的时候／半棵树仍然直直地挺立着／长满了青青的枝叶／／半棵树／还是一整棵树那样高／还是一整棵树那样伟岸／／人们说／雷电还要来劈它／因为它还是那么直那么高／／雷电从远远的天边就盯住了它　”。可以参看。

① 颜雄：《诗之苦旅——与彭燕郊先生对谈》，《湘潭大学学报（哲学社会科学版）》，2004年第5期。

一步的。幸运的是，彭燕郊在战争的环境下，仍有机会接触那一时代的优秀诗作。经过长途跋涉，他调到了新四军军部战地服务团，在这里接触了新版的《鲁迅全集》和中外名著，读到了《七月》上艾青、田间的诗。而这期间，对他的诗歌创作影响最大的则是胡风。他曾把一首诗作《不眠的夜里》寄给《七月》，胡风亲自回信，决定采用。后来胡风多次发表他的诗作，并帮他修改长诗《春天——大地的诱惑》。胡风是彭燕郊诗歌才华的发现者，也是他诗歌创作的引路人，当然这也就注定了彭燕郊难以摆脱的与胡风相伴的悲剧命运。

彭燕郊曾引用胡风的名言“诗人和战士是一个神的两个化身”，并做了这样的解说：“我想，这两个对半该是平等的，平衡的。我们的时代，战士，是为一种政治理想献身的人，诗人，是用诗来为实现人生理想（广义地说也是政治理想）献身的人。为实现理想的斗争，对这两个对半的要求是不同的。政治斗争，群体的，有最严格的约束，要忘记自我融入群体，等等。写诗，完全是个人的，完全不可以有任何约束，尤其不能没有自我，不同于别人的个性、爱好、追求，等等。诗人需要的只是做个诗人，做一个艺术创造者、一个精神劳动者的诗人，因为他毕竟是社会的人，他和战士都是一个神的化身，他也是战士，不同于一般的战士。”①在革命战争年代里，对诗人的要求首先是做一个战士，他的诗歌应该充满着燃烧的激情，回荡着时代的风雷，但在这种洪钟大吕的声音中，却也容易泯灭诗人的自我。彭燕郊对胡风的“诗人和战士是一个神的两个化身”的理解，强调了诗人不同于一般战士的一面，那就是诗人不能没有自我。这使他有可能摆脱当时流行的那种情绪化、口号化的“抗战诗歌”的窠臼，在诗歌中展示自己的独特发现和独特的个性。

最早的诗是在新四军中行军的路上和战地上写的。在这种情况下写出的诗自然带着怒火，带着苦难，带着高昂的斗志，但就是这些属于时代强音的作品，他也力避写成直白浅露的口号诗，而是善于把情绪凝结为意象，把思想转化为象征。

1938年写于从闽西到皖南的行军途中的《山国》，是彭燕郊形成自己创作个性的重要标志。前人论山，有所谓“山川气象，以浑为宗”②之说。彭燕郊深悟

① 彭燕郊：《学诗心悟》，《彭燕郊诗文集·评论卷》，长沙：湖南文艺出版社，2006年，第291页。
② 清·汤贻汾：《画筌析览》。

此中堂奥，他笔下的群山，可谓高远雄浑，惊心动魄，浩浩荡荡，连绵不绝——

像一队慌乱的避难者之群/在死亡的威胁下挤聚在一块/像一叠叠被飓风吹刮在一起的波浪/匆忙地、急遽地、合拢成汹涌的一堆/这些高矗入云的大山呵

陡直而又尖削的/层层叠叠络绎于云雾里的群山呵/其中所包孕的自然之深邃的/晦暗的神秘/是无穷的，不可测的——/ 那用荆棘的锋利的针刺护卫的/那用绒软的苔藓覆盖的/潜在的永恒的力/是人们所来不及设想的……

这突兀而起的诗句，雄奇浑厚，震撼人心。它是基于现实，而又超越现实的。说它基于现实，是因为诗人写的是他行军中穿越一重又一重大山的亲身体验；说它是超越现实的，是因为他写的是山，又不只是山，而是融入了自己心灵世界印痕的大山。在诗人看来，那连绵不绝、深邃幽暗的大山，内蕴着永恒的力，不正是伟大的中华民族的象征吗？尽管这山国是贫瘠的、荒凉的，但诗人却能感觉到“这中间/一种从矿脉里冒出来的/纯金的毫光/闪耀起来”。纯金的毫光，不正是我们民族精神的写照吗？

这阶段的彭燕郊的诗，是雄浑的、大气的、悲壮的。其中《村庄被朔风虐待着》以意象暗示的笔法，写出在遭受日寇践踏的祖国大地上人民的苦难。《路毙》则以白描手法写一位倒毙在原野里的烈士的遗容，其惨烈悲壮，令人想起蔡其矫的《肉搏》。在抗战期间，彭燕郊用自己的独特的视角去观察，以雄浑、壮阔、厚重的基调，构成了民族危亡时代的多种音部的诗的交响。实际上，我们从彭燕郊的早期诗作中，也完全可以看出那种闪烁的纯金的诗的毫光。

这时候的彭燕郊尽管年轻，但他用诗歌把握世界的能力已相当强。像这阶段写的《小市民》：

依然是那些小市民/离不开锃亮的水烟筒/和绿玉烟嘴长旱烟管的小市民/用长指甲剔焦黄牙齿/朝街心吐浓痰的小市民/春三月了，还戴着瓜皮

帽／颈脖缩进高高的衣领／两手交插在油污的袖筒里／当群众的歌声巨浪般滚过／欢呼的河床，惊讶和惶惑／竟使他们吃力地挤到人墙前面／怎样？难道他们不怕／被灼热的歌声烫伤吗？

几句简洁的白描，为现代诗歌完成了一座小市民的雕像，在语言和表情方式上可以体味到艾青《北方》《乞丐》等诗的韵味，但就冷峻的观察、透辟的解剖、反讽的语调而言，我们更能看到鲁迅的影子。

彭燕郊的青年时代，除去受到胡风的关切，还先后结识了诗人辛劳、邵荃麟、聂绀弩、冯雪峰等，与他们结成了深厚的友谊。1940 年在金华期间，由于国民党政府加强反共，金华形势严峻，辛劳要离开金华，彭燕郊写了这样的诗句送别辛劳：

用梦喂养的日子，／就这样匆匆离去，／难道伴随我们的／永远是吹来阴云的冷风？

梦花落了……／梦再开花的时候／再不会是这样的模样，／再不会是这样的颜色。

——《金华送辛劳去上海》

这是在战乱年代里的一首饱含真情的送别诗，充满了年轻人对黑暗社会的控诉，对光明未来的祈请，对理想必将实现的坚信。然而现实是残酷的，年轻的诗人绝想不到，在后来的日子里，梦没有再开花，而凶险却一个一个接踵而来。

把苦难转化为光彩夺目的诗章

在彭燕郊的一生中，牢狱生活给了他刻骨铭心的体验，并对他的诗歌创作产生了深刻的影响。牢狱的铁窗可以禁锢他的肉体，却不能禁锢他的激情与思想，他在极端困难的情况下还坚持写诗，写出他在狱中的情绪、想象与思考。不过由于入狱的背景不一样，写出的诗歌风貌也有明显的不同。

彭燕郊第一次入狱是在 1947 年，他为《广西日报》编辑副刊《现代文艺》

《山水》，因刊登反蒋言论被国民党以“共产党嫌疑分子”的罪名逮捕，在桂林关押了十一个多月之久。在狱中，他的诗思奔涌而出，他用极小的字记录在纸条上，买通监狱的看守，转送到妻子张兰欣的手里保存下来。当时，正是国共大决战的前夜，彭燕郊坚信腐朽的国民党统治必将崩溃，人民的胜利就在眼前，此时他虽身陷囹圄，心却与人民的革命事业联在一起，因而他写出的诗歌基调是向上的、乐观的。正如《给早霞》所写：

从黑暗里，从狭小的牢房的门洞／从沉重的呻吟、从尖厉的呼号里／我看见你了：多么亲切的明亮和光泽／……从你，被囚禁的我知道了：此刻／大地和我一样充满感激的泪水：清洁的露珠／从你，我知道生命正在太阳下行进、生长／从你，我知道太阳正在上升，它上升着／从高高的牢狱的围墙……

这是光明的礼赞，是胜利的预言，也是被迫害而顽强不屈的生命在大墙中绽放的花朵。难得的是，诗人在狱中还对现代诗的艺术手法做了多方面的尝试，像这首《耕过胸部的犁》：

泥土　泥土／我的胸部是泥土做成的　堆积满泥土／……泥土　我用整整两排肋骨托起你／像托起承受奔驰中的重压的铁轨的枕木／……我期望着　就要来到的那一天／那一天　犁的／雪亮的　冰凉的嘴唇／温存地接触我的皮肤　然后／那么快　那么有力　尖艇一样在我的胸部疾驶／耕过我敏感的肋骨　切开一道泥浆的河床／……犁　我渴望　渴望你／耕过我这涌动着爱和献身的激情的胸部／我这支撑着全部生命信念的肋骨

这是一首借鉴了超现实主义手法的诗，泥土做成的胸膛，渴望被犁切开，这是多么全新的意象，多么大胆的想象！如果对比一下西班牙诗人、诺贝尔文学奖获得者阿莱桑德雷所写的《树》：

我长眠在地下／犹如这棵只以我为养料的树的另一条根／别怨恨吧，

> 无比粗壮的参天大树／你从我的胸膛蓬勃地成长／伸展出嬉笑的枝丫／鸟儿此时正在我胸膛上欢唱//昔日的人已化为泥土／哺育着一株生意盎然的大树／整个的我还活着，没有睡，绝没睡着／在洒满阳光的树中长年清醒……

不难看出，诗人的表情方式已超出了传统的现实主义和浪漫主义，而在一定程度上把现代主义的手法与现实主义的精神融合起来，形成他所说的“现代现实主义”。以上几首在狱中的诗，用诗人自己的说法：“已经不愿意让传统的形式上的装饰玷污诗美，而一头栽进泼辣傲兀、不怕粗暴凶猛的风格里。如果说这也是一种罗曼蒂克，想达到的就是喷火和洒血的罗曼蒂克。”①

彭燕郊的第二次入狱是受胡风冤案的牵连。本来，中华人民共和国成立的时候，彭燕郊曾发出真诚的欢呼：

> 最初的新中国的旗／出现在我们面前了／我像孩子一样／找来纸，找来颜料／描了又描，画了又画／画在墙上／画在每一册笔记本上／吻了又吻／行了好多好多的敬礼……
>
> ——《最初的新中国的旗》

然而就在发出这真诚的欢呼不久，彭燕郊却陷入了一场灭顶之灾。1955年，彭燕郊被打成“胡风分子”，度过了二十一个月的铁窗生涯，此后便是长达三十年的生活的炼狱。诗人回忆道：“逮捕我的时候，我的第一个反应是‘你们错了’，不是抓我错了，虽然我也不反对批判胡风（应是论争），也写了批判胡风的文章，但我始终认为他不是反革命，我也不是，为什么非要把我们当成反革命不可？这样重大的事怎么可以这样轻率！我倒很坦然，从此，开始了我的二十一个月的‘隔离反省’。第二天，公安人员问我，‘怎样？昨天晚上睡不着了吧，翻来覆去想了一夜了吧？’我可能过于老实了，‘我睡到早上九点多钟才醒来’，让他们失

---

① 彭燕郊：《彭燕郊文集·诗卷·后记》，《彭燕郊诗文集·诗卷（下）》，长沙：湖南文艺出版社，2006年，第356页。

望了。”[①]这段话让我回忆起老诗人张志民在世时对我说的一件事：“文化大革命”当中，张志民受“四人帮”迫害被逮捕，押在囚车上开往秦城监狱，等到了监狱，公安人员吆喝他下车时，他居然睡着了。这才是“心底无私天地宽”啊！彭燕郊与张志民这样的优秀诗人一样，有一种硬骨头的气概、一种宽阔的胸怀、一种强烈的使命感。他说：“对美的执着，使诗人在迫害之前不停地思考着艺术创作，就像那临刑前还在镇定地思考着他的崇高的使命的英雄一样。”[②]是的，专政可以剥夺一个诗人的参与权与发言权，却无法剥夺他的思想权与心灵自由权。“在进入生活的炼狱的那三十年中，我有了个精神丰收期，那是用生命之血酿造的无比辛酸苦涩的、流向干渴的心的热泪灌溉出来的，我想写的就是这个。我知道它们还不能算是思想，而只是原生态的思想素材，精神经历的原始记录。”[③]正是出于对人的思想自由和精神自由的追求，他才能顶着莫须有的罪名，在铁窗里，在惨烈的孤独之中，用特殊的方式坚持写作，“无法笔之于书，只能‘心写’，获释后默写下来”[④]。

1947年诗人入国民党的监狱，他的理想并没有被摧毁，所以在狱中仍有愤怒的抗议与呐喊。1955年的入狱则不同，入的是“自己人”的监狱，诗人被代表组织、代表祖国、代表人民的公安机关所审判，诗人的理想主义轰塌了，他感到一种被抛弃的强烈的孤独。《夜闻雁过》写的是在静静的深夜听到的一声孤雁的鸣叫而触发的联想：

因为它的孤单想到自己的孤单／因为孤单更加痛切地感到／生存的无奈，厚着脸皮，像个／／真正的无赖，正是报纸上反复宣传的／被剥掉外衣，赤身露体／什么也没有了，除了尴尬和羞耻

---

① 彭燕郊：《我应该怎样想——一些原生态思想素材》，《野史无文》，武汉出版社，2006年，第116页。

② 彭燕郊：《论感动——关于诗·诗人的随想录》，《和亮亮谈诗》，北京：生活·读书·新知三联书店，1991年，第24页。

③ 彭燕郊：《我应该怎样想——一些原生态思想素材》，《野史无文》，武汉出版社，2006年，第109页。

④ 彭燕郊：《彭燕郊诗文集·诗卷·后记》，《彭燕郊诗文集·诗卷（下）》，长沙：湖南文艺出版社，2006年，第357页。

《惨白》写出了在监狱中，人被异化为低级生物的特殊感受，与卡夫卡笔下的人变形为甲虫有异曲同工之处。监狱的六堵墙不仅是对身体的禁锢，更是对人灵魂的绞杀：

严实厚重的六堵墙的神奇功能是/不用好久就能使灵长类动物的人还原为/原生性的最低级的浮游生物/浑浑噩噩，凭本能蠕动着……

这都是为什么呀，这厚重严实的/六堵墙之内也算是唯一的生物的我/已经沦落到这个地步，枯萎了，干瘪了/还算生物吗？有以枯萎的方式存在的生物吗？

值得欣慰的是，陷入这种百口莫辩的冤案，处于六堵墙的封闭当中，还是不能改变诗人的本色，在极度的孤独中，他“还这样多愁善感”，还能“引发许多许多无用的联想”（《夜闻雁过》），这是一颗多么顽强的诗心啊！

1957年4月，诗人被释放出狱，但仍在生活的炼狱中煎熬。他自述道：“戴上‘帽子’以后，我成了‘历史’‘现行’双料反革命，开除公职，‘自谋生活’，已经到了外圈之外，还能自己谋到生活吗？我成了人皆得而诛之的‘不齿于人类的狗屎堆’，幸好忍受屈辱已是我的最大本领。早在五十年代前期我就学会撒谎、懂装不懂，习惯了被另眼看待。如今，更是善于‘夹起尾巴做人’了。后来的那些轰轰烈烈，乃至史无前例的大运动，反右，‘大跃进’，过苦日子，‘文化大革命’，我当然无资格参加而只有当靶子的资格，反而可以冷眼旁观偷偷地‘看热闹’，是有许多疑问，有许多想法，有许多话只悄悄地在肚子里自己对自己说。”①这些自己对自己说的话，就构成了他这阶段创作的主要内容。在“文革”武斗的血雨腥风中，诗人写了《飞》：

苍鹰，在我们想象不到的/气流的危险漩涡里/搏击着，以它那闪着金属光芒的/翅膀，衡量着大地和天空/以及天空上无穷无尽的天体/它急转，

① 彭燕郊：《我应该怎样想——一些原生态思想素材》，《野史无文》，武汉出版社，2006年，第117页。

似乎在抖落／某种缠绕在它身上的羁绊……

苍鹰，在最后一圈的盘旋之后／急箭似的／飞向巉岩的丛林／好像那里是一座供人休闲的花园／等待它的／是欢呼，拥抱和微笑，而不是／致命的伤害，流血和残酷的死亡

这首诗在诗前小序中点明是怀念胡风先生的，以苍鹰的翱翔喻胡风对真理的追求，但诗中暗示的悲剧命运和虽九死犹不悔的奋斗精神又何尝没有诗人自己的影子！

此外，这期间他写的《白光》《对镜》《错位》等诗，展示了在史无前例的荒诞岁月，面对亿万生灵理想、信念、人性的毁灭，诗人灵魂的迷惘、错乱、反思与抗争。这是诗人在生活的炼狱中内心的真实悸动，是历史的折光，也是诗人的一种精神突围。

“重获自由”之后“再出发”

新时期的到来，诗人和多位“归来的诗人”一起，获得了政治上和文学上的新生。在被放逐二十多年后，他终于获得了重新歌唱的权利。与归来后倾泻了多年来积郁胸中的忧愤，但由于身体或多方面原因又复归沉寂的诗人不同，彭燕郊在归来后，又攀上了自己人生和诗歌创作的新的高度，进行着更具活力、更有力度和深度的个人化探索。

进入新时期，诗人经历了人生的大转折，随着政治上的平反，思想也冲出了被禁锢的牢笼，他被压抑的写作热情极大地迸发出来——一封老友的来信，一次劫后的重逢，一场美妙的音乐会，一个令人陶醉的画展，一次忘情的旅游……无不激起他喷薄的诗情。这阶段的诗作，有对新生活的憧憬和希望，但也免不了百感交集中的辛酸与无奈：

千朵万朵的灯／一下子全亮起来了／千朵万朵的花／一下子全开起来了／……一串串的雨／一把把的雪呵……／针利针利的雨／给你什么呢／沙子般

的寒冷／给人什么呢／在风雪里，在冻土地下面／你就是这样开的……

——《花是这样开的——读钟老惠寄近作》

滂沱的热泪流过呜咽的唇边时／你，尝过了吗？那是咸的，饱含着生命的盐味的／从泪腺里流出的泪水，是无色的血液／和从血管里流出的鲜红的血液一样……

——《盐的甜味——怀一位前辈》

劫后余生，痛定思痛，想到自己和友人的遭遇，想到国家、民族的苦难，对于现实、社会、历史，自然是感慨万千。诗人保留了真诚、热烈的抒情风格，又加深了向心灵世界的掘进，他的情感是丰富的，思绪是复杂的，这些诗句尽管有获得解放后的一丝快意，但更多的则是充溢着音讯不通，乃至生死隔绝带来的深深的遗憾。《读信》写的是收到一位多年音讯不通的友人来信的感受，诗人把主观的情绪投射到月亮上：

月亮在凝望里模糊了／止不住的泪水一滴滴地落到月亮上／／飘过来一朵白云的手帕／把沾满泪水的月亮轻轻揩拭

尤为引人注目的是诗的结尾，在表达对友人思念的同时，暗示了让悲剧不再重演的愿望：

当心啊，再不要让泪水模糊了月亮……

诗人说："人们常说的'失落感''三信危机'，我不能没有，而且来得还更早些，早到半个世纪前就有了，遗憾的是由于懦弱，一场又一场噩梦醒来之后，总是安慰自己：以后该不会有噩梦了，就是有，也不会这样可怕了，结果是忽然发现更加可怕，可见这'发现'多么浅薄！"[①] 诗人是在以过来人的身份，要人

---

① 彭燕郊：《彭燕郊诗文集·散文诗卷·后记》，《彭燕郊诗文集·散文诗卷》，长沙：湖南文艺出版社，2006 年，第 370 页。

们牢记历史教训。

八十年代中期以后，诗人更多地在进行一种新的探索。如他所言："八十年代中期，调子忽然沉重起来，是有什么预感吗？不知道。只知道已经在努力找寻或者说开辟一条新的道路了。开始厌倦'纯粹'，纯粹的美、纯粹的诗，等等，自己说是'变法'，想要的是不被认为美的美，想写不是诗的诗。事实上几年前就有这种冲动，这时候已经接近决堤之势。"① 诗人在六十五岁前后开始的这种"变法"，正是诗人富有进取精神的创造力的体现。

这阶段，彭燕郊的探讨特别重视"诗与思"的关系，强调从"抒情"到"思考"的转换。他说："我们生活在一个需要思考命运的时代，特别是上个世纪末，两个世纪之交。写诗写到这时，我才明白诗不单单是抒情。诗当然不能不抒情，但现代人的抒情，生活在需要思考命运的年代里的人们的抒情，应该是一种思考的抒情。诗当然应该美，以美去感染人，思想在美里，思考在诗里。思考要达到的是对世界的诗意的理解。"② 当然，彭燕郊强调思考，还是注意到诗人的思考与哲学家的思考的区别的。他认为，"诗人都必须同时是思想家，说的是他们应该是思考着的人，他们应该是引导人去思考的人而不一定给人结论，甚至不适宜于教给人应该怎样地思考"③。在彭燕郊看来，思考本身也是抒情的另一种形态，并不是抒情的变形或者反抒情，现代诗人是必须以思考为第一选择的，思考成为第一冲动，正如抒情成为浪漫主义诗人的第一冲动。

影子，是孤独中的诗人喜欢吟咏的事物之一，从李白的《月下独酌》中的"对影成三人"，到鲁迅的《影的告别》，围绕影子古今诗人留下了多少名篇！且看彭燕郊笔下的《影子》：

看不见你，只看见你的影子 / 满天的你的影子 // 因为深思而透明的影子 / 忙乱中互相遮蔽 / 而又层层隐没的，分辨不清的影子 // 影子，满天的

① 彭燕郊：《彭燕郊诗文集·诗卷·后记》，《彭燕郊诗文集·诗卷（下）》，长沙：湖南文艺出版社，2006 年，第 358 页。

② 颜雄：《诗之苦旅——与彭燕郊先生对谈》，《湘潭大学学报（哲学社会科学版）》，2004 年第 5 期。

③ 彭燕郊：《再会吧，浪漫主义》，《彭燕郊诗文集·评论卷》，长沙：湖南文艺出版社，2006 年 12 月，第 16 页。

云彩 / 是你的影子，只是 / 看不见你自己……

这是一首很独特的诗，它与同类题材作品最大的区别，就是影子不再是与主体相对应的影像，而是有很大的不确定性，是“无法定形的，无穷变化的”，诗中的“你”——影子——云彩——“我”，交替出现，构成主体的错位与转换。诗歌充满现代意趣，但又仍然能觉察出彭燕郊的独特心理，从结尾的当“满天波动着的云彩”忽然散去了之后，留下的是“一片豁然开朗的万里晴空 / 这蓝悠悠的一片汪洋 / 蓝得那样深啊 / 蓝得那样苦啊”，便可寻觅出此中的端倪。

瀑布，古今诗人笔下，多是对大自然鬼斧神工的赞叹。但彭燕郊的《瀑布》，唤起读者的却是思考：

水是 / 要有自己的路的 / 高的路，低的路 / 不管高和低，一直向前流去 / 高和低之间，有悬崖峭壁，怎么办？ / 避开它，免得——/ 跌坏了，跌得粉身碎骨 / 转个弯就好了，干吗不转弯？ / 曲曲折折地流，慢慢地往回流，照样是流 / 但是这里不行 / 这里不存在转弯，不存在回头 / 于是，奔腾而下了，呼啸而下了 / 因为收不住这个势头 / 因为只能一股劲地 / 向前跨出这一步，闯出这一步 / 那确实是 / 非常之自然，非常之自如，非常之合乎情理 / 非常之称心如意的倾泻，飞溅，散落 / 成为粉末了吗？ / 成为碎片了吗？ / 不，是展示。展示 / 这灿烂的洁白，洁白的灿烂 / 高高地飞扬起来，张挂起来，展示 / 生命的神奇的张力……

这是彭燕郊式的带有浓烈的思的色彩的抒情——在瀑布的意象中，无疑有诗人的影子，有诗人对人生的反思，那宁愿被打成粉末、碎片的瀑布，不正是他宁折不弯，为了追求自由、追求理想，不惜粉身碎骨的精神的写照吗?

此外，在他这阶段所写的《三叶》《钢卷尺》《湖滨之夜》中我们均看到了诗人所倡导并实践的现代人的抒情，即所谓的思考的抒情。诗人在诗情袭来的时候，不再是听任其自由的倾泻，而是伴之以思考，思考时代，思考人类命运，思考自我与世界的关系。正是在这个基础上，诗人才在古稀之年写出了对自我进行反思，具有精神突围意义的长篇散文诗《混沌初开》，将炽烈的情感、空灵的意象与理性的思考熔为一炉，创造了一种险中求胜的艺术范式，成为晚年的彭燕郊宝刀不老，依然保持着旺盛诗情和创造力的明证。

新诗自由精神的捍卫者

新诗新在哪里，最根本的，是新在自由的精神。新诗的创始者们是把“诗体的解放”与“精神的自由”联系在一起的，诗体的解放，正是人的觉醒的思想在文学变革中的一种反映。胡适要“把从前一切束缚诗神的自由的枷锁镣铐，笼统推翻”[①]。康白情说：“新诗破除一切桎梏人性底陈套，只求其无悖诗底精神罢了。”[②]他们谈的是诗，但出发点却是人。他们鼓吹诗体的解放，正是为了让精神能自由发展，他们要打破旧的诗体的束缚，正是为了打破精神枷锁的束缚。正由于“诗体大解放”的主张与“五四”时代人的解放的要求相合拍，才会迅速引起新诗人的共鸣，并掀起了声势浩大的新诗运动。在胡适之后，有更多的新诗人用不同的语言表达了对诗的创造与精神自由的关切。艾青这样礼赞诗歌的自由的精神：“诗是自由的使者，永远忠实地给人类以慰勉，在人类的心里，播散对于自由的渴望与坚信的种子。诗的声音，就是自由的声音；诗的笑，就是自由的笑。”[③]新诗创始者和前辈诗人对诗的自由本质的理解和追求，对彭燕郊有深刻的影响。他不仅通过自己的创作，还先后写出《和亮亮谈诗》《虔诚地走近诗》《学诗心悟》等理论著述，建构了自己的诗学理论。

彭燕郊的诗学主张涉及诗歌的本质论、诗人论、创作论、发展论等多方面的内涵，但贯穿其间的则是对新诗的自由精神的强调。他说：“诗主要表现人的精神状态，作为现代人，如果精神状态被旧的观念笼罩，怎能写诗？诗意味着自由，所以，想怎么写就怎么写，我以为这是由新诗的本质决定的。”[④]

彭燕郊不同于“五四”以来某些当年是新诗写作的健将到晚年又复归旧体诗

---

① 胡适：《答朱经农》，《胡适文存》卷一，合肥：黄山书社，1996 年，第 67 页。

② 康白情：《新诗底我见》，《中国新文学大系·建设理论集》，上海良友图书公司，1935 年，第 324 页。

③ 艾青：《诗论·诗的精神》，《诗论》，北京：人民文学出版社，1956 年，第 134 页。

④ 颜雄：《诗之苦旅——与彭燕郊先生对谈》，《湘潭大学学报（哲学社会科学版）》，2004 年第 5 期。

创作的诗人，他是新诗自由精神的捍卫者。他从来不写旧体诗，也很少写有固定格局的现代格律诗，而是终生写作新诗，尤其是写最能体现新诗革命精神的自由诗与散文诗。这是非常难得的。在新诗的多种形式中，彭燕郊独钟情于自由诗，他的这种选择并非只是出于个人偏好，而是基于对新诗本质的深刻理解。他认为“新诗是自由诗。新诗没有格律，不沿袭旧格律，也不可能‘逐步形成’什么‘新格律’。摒弃形式主义是二十世纪世界文学发展的总趋势。……从艺术风格上，从诗美追求上看，新诗一开始就没有什么统一的‘诗法’，没有什么‘尊于一’的规范，多元的、各显神通的各个流派的自由竞争成为八十多年来中国诗坛的绚丽景观”。①

正是出于对新诗自由精神的理解，他提出“要有胆量写不像诗的诗”②，也就是说，要有勇气写不像人们观念中久已习惯了的那种诗，表面看来，这似乎是对诗的亵渎，其实是对诗的内在精神的肯定与尊重。他的此提法，让我想起汪曾祺的话：“我们宁可一个短篇小说像诗，像散文，像戏，什么也不像也行，可是不愿它太像个小说，那只有注定它的死灭。”③诗人彭燕郊主张写不像诗的诗，小说家汪曾祺主张写不像小说的小说，两位大师的见解何其相似！

提倡写不像诗的诗，体现了彭燕郊在诗歌创作的道路上不断探索、求新求变的精神，也是他提倡写现代诗的又一种表述。彭燕郊认为：“现代人应该写现代诗。现代诗应该不同于古典主义的、浪漫主义的诗，是现代主义的。”④而他的这种现代主义，又不是西方现代主义的照搬。在《再会吧，浪漫主义》《两世纪之交，变风变雅：浪漫主义的困惑》等长篇论文中，他考察了从波特莱尔一直到艾略特的世界现代诗坛，探询了从龚定庵、鲁迅、艾青一直到新时期的中国诗歌的现代流变，在对浪漫主义的诘难与反思中，提出了“现代的现实主义”的主张。这是包含了现代精神、现代思想与现代艺术方法的现实主义：“出现在诗里面的现实，

① 彭燕郊：《虔诚地走近诗》，《彭燕郊诗文集·评论卷》，长沙：湖南文艺出版社，2006年，第194—145页。

② 彭燕郊：《学诗心悟》，《彭燕郊诗文集·评论卷》，长沙：湖南文艺出版社，2006年，第288页。

③ 汪曾祺：《短篇小说的本质——在解鞋带和刷牙的时候之四》，天津《益世报·文学周刊》第43期，1947年5月31日。

④ 彭燕郊：《学诗心悟》，《彭燕郊诗文集·评论卷》，长沙：湖南文艺出版社，2006年，第298页。

是经过诗人改造过的、并不保有现实世界固有秩序和形态的‘第二自然’，诗人的艺术创造使它具有自己的艺术逻辑和艺术生命，艺术现实的意义在于它是诗人内心的映像，是诗人在客观世界中发现的主观世界，正像内心世界这个更重要的现实为超现实主义所强调并进行实验，‘第二现实’被意象主义所强调并进行实验，它们都已成为现代诗内容的主要特征。”①如果我们把彭燕郊的早期的《山国》到后期的《混沌初开》等一系列的作品联系起来，放到二十世纪中国诗歌不断现代化的大背景下，我们完全可以得出这样的结论：彭燕郊确实是“五四”以来的新诗现代化的着力实践者，他的诗歌体现了他的现代现实主义的艺术宗旨，充满了一种自由的精神，充满了对现代性的追求。

2008 年 3 月 31 日传来了诗人彭燕郊逝世的消息，在无比惋惜与哀伤中，我重读他的诗集，回溯他的一生，有两个形象在眼前闪动。一个是“迎战的盾牌”，如他所说：“来到这个世界上，诗人所需要的，除了摇篮和坟墓，不过是一个迎战的盾牌而已。”②这面迎战的盾牌代表着彭燕郊战士与诗人的身份。另一个则是搏击风浪的小船，象征着诗人的命运。他在题为《小船》的诗中写道：

> 急箭般的台风里它跌撞过 / 狂热的九级浪里被抛掷过 / 可怜的小船，如今，唯一可以告慰的是 / 没有摔碎，裂缝不深，破处还未洞穿

在诗的结尾，诗人发出了真诚的呼唤：

> 请记着：这不是我们的过错 / 只有绝望才是我们唯一的过错

① 彭燕郊：《再会吧，浪漫主义》，《彭燕郊诗文集·评论卷》，长沙：湖南文艺出版社，2006 年，第 65 页。

② 彭燕郊：《论感动——关于诗·诗人的随想录》，《和亮亮谈诗》，北京：生活·读书·新知三联书店，1991 年，第 6 页。

这样的诗句，让我想到了法国当代诗人让·贝罗尔在我国讲学时说的："诗歌中贯穿着一根火线——中止绝望，维系生命。"从这个意义上说，彭燕郊选择了诗，诗也拯救了彭燕郊。

2008 年 4 月 17 日

（原载《文学评论》2008 年第 5 期）

谁愿意向美告别？

李振声

舞台上留下多么丰富的空虚
我凝望着这空虚，还想长久地凝望下去。
而，垂下来的幕布，遮住了这金色的洞窟，
这美好想象的神圣宫殿的入口。
不，这个入口是遮不住的。
这不是结束——谁愿意向美告别呢？

——彭燕郊《陈爱莲》

3月31日中午，我从长沙的年轻朋友那里，惊悉彭燕郊先生去世的消息，一时间恍若坠入梦境，根本无从辨别消息的真幻，久久回不过神来。去年4月的下旬，我与真心敬重和喜爱诗人彭燕郊的朋友们一起，汇聚到湘潭大学，那里正在为燕郊先生四巨册诗文集的出版举办一个隆重的庆典。典仪过后，有个规模不大、时间不长、相当朴素的研讨会。燕郊先生全神贯注地倾听着所有研讨者的发言，兴致盎然，不时插上几句思维敏捷的笑谈，即使有几位朋友，因为地缘上的亲近以及湖南人那份“惟楚有材，于斯为盛”[①]式的文化自信，身不由己地说了些从

① 岳麓书院门联。

训练有素的学术角度看去也许不尽严谨的话，燕郊先生也只是大度地微笑，一点也看不出年届八秩，不，年近九秩的迹象。会后，我随几个朋友去湘潭韶山和南岳衡山转了一圈，这些都是我平日不易走到的地方。离开长沙前，我又随朋友去了湖南省博物馆边上的燕郊先生的家，向他老人家问安和道别，一起在他显得低洼、潮湿的家门口合影留念。我们相期一两年之后，再聚上一次、多次。我与燕郊先生神交十数年，这之前，我们一直在书信中交谈着，这次是我们第一次当面交谈，想不到竟会是最后的一次。

我没有能够赶去参加燕郊先生的丧仪，4 月 1 日我给远在长沙的张兰欣师母和朋友孟泽分别发了信和电子邮件，给孟泽的邮件中我写道：

孟泽 我兄：

3 月 31 日中午突然分别从易彬、涵之那里得知彭先生清晨遽然离世的消息，犹如遭到雷击一般，整个人就像坠入了虚幻梦境，无法辨别噩耗是真是假。彭先生的音容笑貌就在眼前，去年比现在稍稍晚些的时候，我们不是还刚刚在湘潭大学口头约好，过两年，再一起聚上一次，聚上多次的吗？这怎么可能呢？实在无法接受。

这几天惊魂一直难以安定得下来。把彭先生去年惠送我的四大卷诗文集，还有这些年陆续送我的文集诗集，一大摞信函，都摞在书桌上，翻开来，又阖上，再翻开，再阖上，什么事也做不成……

我虽无缘忝列彭先生门墙，但自结识他的十数年来，他一直是我心里最感念的少数几个老师之一。突然痛失你我思想精神上难得一遇的良师，我想，你们定会和我一样，心里生出无边的寂寞之感。先生早些时候曾对朋友说起，还有两三首长诗要写，近时给我的信中也不时说到，还有一些彼此知根知底的患难师友的怀念文准备写出，如今这些腹稿，已成为“广陵散”，这是最感痛惜和无可挽回的损失。他写胡风，写聂绀弩的诗文，我觉得是同类诗文中写得最动人的。他虽然没能来得及用尽他的全部心血、不世出的才情和跟真正的心灵肉体上的大悲欢缠绕在一起的思想，但还是给我们留下了一笔很厚实的精神遗产。这份遗产将随时间的流逝越加显得珍贵。

我想重复着说，彭先生的诗心是永远也不会老去的。

我对燕郊先生的怀念，绝不是上面这样仓促间写出的短短一通邮件所能表达得出来的。我想起陈思和先生在巴金刚去世时说过的话："怀念巴金的最好方式，是坐下来，重新认真阅读他的作品。"我很赞成这样的意见。此时此刻，该让心沉静下来，再次翻读和整理燕郊先生所留下的厚实的诗文遗产，然后把这份遗产放在中国现代诗史和思想文化史的系统中加以论衡，初步勾勒出燕郊先生在现代诗史、思想文化史上的贡献和意义，这才是对逝者最好的一份怀念。但全面论衡和勾勒彭燕郊的意义，他的重要性与不可替代性，不是我一己的微力所能胜任的，此文只能将我近日重读燕郊先生诗文时所引发出的一些的想法，或由以联想到的一点思路，星星散散地写下，供彭燕郊诗文爱读者推敲，并借以表达我对燕郊先生的敬悼和怀念之情。

钱锺书先生的《谈艺录》一上来就谈到，诗分唐宋，但非曰唐诗必出唐人，宋诗必出宋人。[①] 前者指诗思、诗的情致表达上的两大类型差异，譬如说，唐诗重气韵圆融，感性丰沛，宋诗则讲究说理精微，思理深入，此类差异可以绵延和贯通在众多的时代，而不必为这两个特定的时代所限。一个是共时性的，一个是历时性的，历时性的唐宋，不足以对应、穷尽、涵盖共时性、类型学意义上的唐诗宋诗，正像宋人也可能写出可归入唐诗一类的诗，唐人也可能写出可归之为宋诗那种类型的诗。对诗说来，时间、时期和时代，还不是可以用来判断诗思、诗艺价值的最后或最可靠的依据。不过，诗虽有超越时间限制的一面，但又不得不与之发生彼此缠绕、印证的互文关系。诗发生在时间中，与时间、时代交接摩擦，诗人置身在时间、时代的巨大涡流和日常纠缠中，有所承担，也有所拒绝。因而因循或借助时间的线索，不失为梳理诗人和他的诗作遗产的有效途径之一，虽然不必也不便说，就是最有效的理解和诠释途径。

对于怎样界分一个"大诗人"和一个"优秀诗人"之间的区别，《诗章》的作者埃兹拉·庞德曾经给出过一个简捷明了的说法：前者需要通读其全集，而后者只要读他 / 她的选集就可以了。彭燕郊便是属于当代中国为数不会太多的、需要我们通读他的全集的诗人之一。

那么，且容我因循时间之轴，从早年彭燕郊的诗作开始我的重新研读吧。

---

① 钱锺书：《谈艺录》（修订本），北京：中华书局，1984 年，第 1—5 页。

弱冠之年的彭燕郊，毅然告别美丽的家乡莆田、厦门，辗转北行，去金华、皖南，后来又到桂林，投身伟大的民族抗战。他在新四军政治部宣传队从事战地宣传之余，便开始入迷于写诗。他那些急就于战争硝烟中的作品，如长诗《船夫与船》《春天——大地的诱惑》、组诗《战斗的江南季节》等，甫一出手，便得到了包括聂绀弩、辛劳、黄源、东平、柏山、邵荃麟、葛琴，尤其是胡风[①]在内的诗人、作家、批评家、编辑家的格外青睐。对一个刚刚出道的少年诗人来说，没有比来自自己所敬重的前辈或同道的一个赞许的眼神更让他渴望和备受鼓励的了。现在回过头去看，这些曾经替他邀得了诗的最初声誉的作品，基本上属于"青春写作"。正如作者在《彭燕郊诗文集·诗卷（下）》校读后记里所记述的那样：

> 民族的青春，自己的青春，抗日战争终于打起来了，中国大地充满激情，是那样富于诗意——生命魅力。[②]

一方面是少年诗人耀眼的青春，另一方面则是民族生存抗争的庄严事业，是久已沉埋在历史尘埃深处的古老民族，经由伟大抗战的激发，生命活力被枯木逢春般地重新唤起，是这两者合二为一、浑然一体的产物。这样的一种写作，对身处民族青春重新被激活这一特定历史语境的读者来说，自然格外容易被亲近和引发共鸣，激发他们重获青春般的兴奋，并且也格外为诗人自己所爱重[③]（在这个世界上，又有谁会不爱重自己的青春呢？），但同时也可能因此而遮掩了诗的真正尺度。青春，对每一个人说来，只有一次，是不可逆的。青春性写作，同样也是一次单向性的旅行，往往一闪而过，无法重复，也难以持久。但是，真正开阔的、有生命力的并且达到大诗之境的诗作的形成，与其说更倚重于转瞬即逝的青春狂

① 忆及《春天——大地的诱惑》的写作、发表背景，诗人这样写道："作于1939年春，发表于1940年夏'皖南事变'后半年多，抗议蒋政权同室操戈罪行。原稿一千二百行，胡风先生用一天的时间删改，这首诗里有他的心血。"见《彭燕郊诗文集·诗卷（下）》，长沙：湖南文艺出版社，2006年，第360页。

② 彭燕郊：《彭燕郊诗文集·诗卷（下）》，长沙：湖南文艺出版社，2006年，第354—355页。

③ "回想起来，大概因为年轻，写起来不知节制，如果说它还有些特点，那就是梦和现实不知道怎地结合得那么自然。不可重复的年轻岁月啊！"见《彭燕郊诗文集·诗卷（下）》，长沙：湖南文艺出版社，2006年，第360页。

飙，不如说更需要倚重于持久、沉潜、毫无倦意的掘进，更属于一种需要诗人持续不断地倾注甚至耗费其一生精神、心智的劳作。正是在这个意义上，我想说，也许像《山国》，像《风前大树》《杂木林》，像《倾斜的原野》，像《叫嚣的石头》，甚至像《恶魔主义者的自白》，才是更足以标示彭燕郊早年的诗的高度的一些作品，因为与其说它们更多地依恃于无遮无拦、一泻千里的青春激情性的力量，毋宁说由于内敛和深潜，蓄势而发的诗的精神能量的聚合与发散，对读者更具持久的冲击力。正是通过这样一些诗作，彭燕郊真正确立了自己在"七月"诗派中那无人可以替代和置换的位置。诗人嗣后持续、沉潜地倾注、耗费其一生心智和劳作的诗艺、诗学，它们那些基本的精神标尺和心智特征，基本上都已经在这些早年诗作中现身，因而这些诗作也就更经得住后来的读者的一读再读。

《山国》《风前大树》里，树、山一类物象，不仅拥有诸如丰茂、坚实、健朗、坦然、磊落一类的风骨，而且整个形体上拔地而起的姿态，使其成为垂直轴上某种始终向上的方向指示器，加上其底部的沉厚，根基的深在，与思想、精神的超拔、深入，与人类文明所宝重的价值、意义的内核特征，均具有形式感上的同一性，彼此之间构成了恰如其分的互证、应合和对称。如此大气磅礴、挺然傲然、超拔于天地之间的物象，得以为一个终其一生格外爱重思想风骨和精神内质的诗人所倾心，那是一点都不奇怪的。

《倾斜的原野》是彭燕郊早年诗作中，将城市意象纳入他正面抒写范围的为数不多的作品之一，同样写得气度不凡。城市贪婪的进逼，导致了原野无可挽回的急速沦陷和崩塌，以及被泯灭在可悲的倾斜之中的命运；城市扬起的黄色尘埃黏附住倾斜的原野，则有如羁轭套住驮马的颈项；撕裂神经的噪音；垃圾堆，贫民窟，制革厂、屠宰场和染坊的污水；这些都还不是最致命的，真正致命的，是由这样的城市所生成的小市民、市侩的狭窄视野、低劣趣味，他们拥挤在狭小阴暗的天地里，凭借机灵追逐财富、繁华和舒适，却对人类生命的真正的供养的源泉浑然无知。此诗对原野和城市所作的情感和价值的褒贬，似可辨认出少年彭燕郊所崇拜的诗人艾青的身影，而为他们所共同分享的诗学资源，则显然来自比利时诗人凡尔哈仑的《原野》和《城市》。当代的绿色和平组织或环境保护人士，或许不难从这首诗里找到同道和知己之感，甚至还可能会对诗人在有关生态意识上的着人先鞭而惊赞不已，追崇它为自己的先导。不过，显而易见，此诗绝不会是站在后来者吁求生态平衡立场上的一次抒写。此诗的诗旨应该别有所寓。我想说的是，此诗对市侩庸俗一面的拒斥，乃是对羁縻人内心的自由，肢解人类博大、开阔的精神视野的种种琐碎趣味的拒斥。而对开阔、丰富的精神视野的宝重，以及坚持内心自由的不可让渡，则将成为彭燕郊日后整个诗的写作历程中，或隐或现、周而复始地呈现和循守的写作原则和诗思主题。

《叫嚣的石头》写于四十年代的后半期，年轻的彭燕郊在诗中向我们出示了一种更为根本的冲动，一种从历史审视到自我审判中所生成的更高认可的冲动：

……
这里，是话语的炼狱
在这里，我以诚挚期待灵魂的净化
我沉默，并非有丝毫懈怠
我沉默，因为我潜心于在话语的林莽里
寻觅最犀利最准确的语言，用来
加速对灵魂深处的持续掘进
我沉默，因为我专心致志于
拷问我自己

诗的高度取决于人的高度，诗的心智限定于人的心智，诗的定力来自人性的坚定，而诗的神采则源自人性的光耀。正如诗人在1947年8月作于桂林虞山庙狱中的《人》一诗中所写的那样：

桥梁一样荷负着重压的
铁砧一样经受着捶打的

人
用意志的帆驾驭风暴
以信念为形象制造发射利箭的弓

凭神圣的爱憎

人使自己发出光芒

凭勇敢和智慧
人使自己具有尊严

同样写于四十年代后期的《恶魔主义者的独白》，则从一个完全相反的方向，让我们领略到了诗人内心非同寻常的道德力量，那种不怵于与黑暗对峙、进入黑暗、洞悉黑暗的道德勇气。诗中，那个在追逐一己私利和个人欲望的道路上，不择手段，为所欲为，不惜摒弃一切道德和良知的“魔鬼主义者”，竟是那样的大言不惭，巧舌如簧，那样的擅于察言观色和自我开脱，野心勃勃，挑拨离间，恬不知耻，蔑视和侮弄起一切属于人的正面价值来，竟是如此恣肆，无所顾忌……然而诗人心知肚明，洞若观火：此类貌似桀骜不驯，其实不过是自甘沦为可憎可厌、支离破碎的卑微欲望的奴隶。读着这些极度紧张（膨胀、恣肆）的心理和情绪的转换、变化，这些可怕又可恨的内心独白、错觉、幻觉和变态，思绪不由会被引向歌德《浮士德》中的靡菲斯特或陀思妥耶夫斯基《死屋手记》中的主人公那里，它们之间实在有着太多精神上的“家族相似”特征了。此诗对人性中的黑暗、卑微和荒谬，冷静、严峻到毫不手软的逼视，令人为之惊叹，从而也成功地使得此诗与那个时代曾经相当流行的、那种过于容易地表白自己的“政治正确”和道德优越的《马凡陀山歌》式的所谓“政治讽刺诗”，清楚地区分了开来。倘若没有一颗足够强壮硬朗的心，你将决计无法处理好这样的场面：人性中诡异的分裂面，人性中的邪恶，并不在我们的视线之外，不是可有可无的，你必须正面迎上去，与它打交道。我想，在紧随其后、接踵而来的五十至七十年代，对诗人彭燕郊来说，属于他备受熬煎因而显得格外漫长的“生活的炼狱”里，诗人最终得以保持住心智的完整，应该说，拥有这样一份强健的内心依恃，是在里边起到了怎么估量都不为过的自我支撑作用的。

五十年代初始，当胡风用诗句宣告“时间，开始了！”此时此际，他的内心一定是被作为此一新时代的缔造者之一员的自信和自豪所充盈着的。年轻的彭燕郊同样也是以自信而又自豪的革命者身份，确信自己已经迎来并且已经踏进了自己梦寐以求的好时代。但由于钦定“胡风案”的牵连，燕郊先生与当年以思想才情的彼此吸引而相继聚集到胡风所主持的《七月》诗刊和《希望》杂志周边的众多师友一起，遭到严厉摒斥，嗣后有将近四分之一的世纪，名字进入“另册”。但即使是在一度锒铛入狱，无法笔之于书的时段，诗人依然通过他自己称之为“心写”[①]的方式，继续书写着自己内心的声音。这些“心写”的文本，“获释后默写下来，意外地保存至今”[②]。由于机缘的辐辏，我是比较早地读到这批经由燕郊先生之手一遍遍默写下来的较为原始的稿本的读者之一。它们被用复写纸誊抄在日久年长已经泛了黄的、参差不齐的纸页上。在这之前，尽管已有一小部分，燕郊先生是夹在信函里陆续给我看过的，后来趁思和与李辉决定将他们合作主编的“火凤凰丛书”改由上海远东移师山东某出版社的机会，我便征得思和的同意，将燕郊先生的这批文本作为丛书之一编入。1998年的春夏之交，当我收到燕郊先生打包寄来的《夜行》底稿，急急翻读一过时，心头依然一阵阵发紧。当时的感受，那份阅读时内心受到的冲撞和击打，我随后已写进《存在的勇气，或拒绝遗忘》[③]一文，有兴趣的读者不妨参读，此处不再重复。《夜行》编印得相当马虎。山东某出版社是家刚揭牌不久的出版社，也不知是编辑少经验还是怕麻烦，校样既未请作者斟定，当然更不会让我过目，结果付印后错字讹文历历在目。燕郊先生特地为我复写来整整四页的“勘误表”，计二百零九处之多。他在信中说，揆之国家新闻出版署有关书籍出错率标准，此书可以判为“废书”。好在时隔数年之后，作为思和先生当代文学史观中广具影响的“潜在写作”构架的资料印证，由思和先生主持编集的一套“潜在写作文丛”，再度收录了燕郊先生的这批文本，取书名为《野史无文》[④]，一扫原先错讹，这才让我一直歉疚着的心稍稍得以宽释。

这批用“心写”的方式草成于五十至七十年代（特别是五十年代）的诗文本，向世人披沥了诗人是怎样依凭人的理智和良知，忍受肉体和人格尊严的伤痛和熬

① 参见彭燕郊诗作《音乐癖》副题自注：“《往事如烟》是我在‘文革’期间写的一册诗稿，曾几次毁稿又重新默写出来。当时，写这样的诗是犯法的。这首诗是被‘群众专政’时写的，当然是‘在肚子里’写起来的。英雄们富于浓郁浪漫主义色彩的政治游戏是以我们这些‘分子’的身家性命作道具的。诗，只能写于不见天日之中。”（《彭燕郊诗文集·诗卷（下）》，第48页）此处所讲的“几次毁稿又重新写出来”“在肚子里”从事的写作，即为五十年代的“心写”。

② 《彭燕郊诗文集·诗卷（下）·后记》，长沙：湖南文艺出版社，2006年，第356—357页。

③ 此文原为燕郊先生要我写的《夜行》的“序”，后以该题名先行刊于《读书》1998年第12期。

④ 彭燕郊：《野史无文》，陈思和主编“潜在写作文丛”之一，武汉出版社，2006年。

煎，守住一线文化命脉，拒绝放弃自己的精神存在，依然忠实于自己的内心的。

彭燕郊的这批诗文，与胡风先生写于狱中的《怀春室诗文》，绿原、曾卓、牛汉等后来被人辑录在《春泥里的白色花》中的诗文，阿垅的《垂柳巷文辑》，张中晓的《无梦楼全集》[①]，还有诸如聂绀弩的《马山集》[②]、荒芜的《纸壁斋说诗》等文本一起，披示了那个时代精神和人格所应有的正直、高贵的水准。正是由于它们的存在，就思想文化而言，在那个正在完成它们驯顺于时代政治的脱胎换骨过程的年代，思想者的精神风骨才不至于全面沦丧殆尽。这些诗文的价值，首先还不在它们所特有的诗性，而更在于其作为时代良知和风骨的标尺的意义。[③]至于擅长见风转舵的舒芜，即使此前此后诗文才思如何出众，时过境迁之后又如何得到聂绀弩“错从耶弟方犹大，何不纣廷咒恶来？”[④]诗句的怜悯，并且本人也多有颇费心计的自我辩白，但与历史耻辱柱紧紧维系在一起的命运，则是在他当初向“胡案冤狱”制造者主动辑、交经由其有意割裂和重新编排的师友间私人通信的那一刻起，就已被注定，并且永难改变得了的。

对燕郊先生此期的“心写”文本，我还想说的是，写诗不仅仅是一种关于“家园”的无尽追怀，它同时也是必须深入到黑暗内部去做的一种工作。你能不能承受住内心的羞辱、厌恶以及噬心的伤痛，承当起命运对于良知的拨弄和打击，以

---

① 上述文本均收入陈思和主编“潜在写作文丛”，武汉出版社，2006年。

② 1962年聂绀弩自北大荒返京时自编手抄的旧体诗集，收诗四十首。翌年，聂把其中与北大荒有关的诗作抽出，加上补做的七律，共四十三首，编成手抄本《北大荒吟草》。而将“三草”（《北荒草》《赠答草》《南山草》的统称）分别誊写成册则是1979年的事，八十年代初在香港铅字印出（见罗孚《聂绀弩诗全编·后记》，上海：学林出版社，1992年）。有关聂绀弩旧体诗集的版本沿革，刘志荣的《潜在写作：1949—1976》（上海：复旦大学出版社，2007年）第三编第一章“散宜生体”“附注”也有很好的说明，可参阅。

③ 2000年，彭燕郊曾在鲁贞银博士论文读后感中，再次郑重表达了对胡风“义无反顾地以生命为代价沿着‘五四’——鲁迅开辟的道路披荆斩棘往前走”的敬重，对其“通过对鲁迅的理解升华为现实战斗精神和现实主义相结合的理论体系”的敬重，并不以胡风未能成为“纯粹的学者”或“自由主义知识分子”为遗憾，但也心有未甘地承认胡风也有“缩小了鲁迅精神而不是发展了鲁迅传统”的一面。见《世纪之痛的沉重课题——读鲁贞银〈胡风文学思想及理论研究〉》，转引自《彭燕郊诗文集·评论卷》孟泽“序”第四节。

④ 聂绀弩1982年4月写的《重禹六十》（舒芜原名方重禹）“之二”中的句子。同年9月3日聂致舒芜信中云：“……然而人们恨犹大，不恨送人上十字架的总督之类，真是怪事。我以为犹大故事是某种人捏造的，使人转移目标，恨犹大而轻恕某种人。”见《聂绀弩诗全编》笺注，上海：学林出版社，1992年，第218—219页。

便最后洞穿它的荒谬？这将对诗人的现实感构成严峻的挑战和考验。倘若你只会在这样的现实（不管是外在的还是内在的）面前背过身或蒙上脸，或者只会在这样的现实面前流露出踟蹰、不安、尴尬，感到惊惧和畏缩，乃至陷入对自己的彻底怀疑和否定，完全放弃自己，屈己从人……都将表明你尚未拥有真正的现实感。精神和心灵在“炼狱”中的艰难穿行，有可能比其在“家园”中的徜徉徘徊，更容易获知人性沧桑和人世变幻方面的真实消息。比起“家园”来，有时候“炼狱”更能给诗人带来诗境的沉郁、错综、深入、复杂和有力。事情正像杜甫在《天末怀李白》中所说：“文章憎命达，魑魅喜人过。应共冤魂语，投诗赠汨罗。”可惜许多人读了也就读了，并没有打算认真去对待它。“国家不幸诗家幸，赋到沧桑句便工。”令人悯生悲死的人生遭际与历史赋予的独特机遇之间，有时竟然是一胎双生的吊诡关系，后来的读书人大概已经很难理解得了了，或者即便可以依据学理做出推测，但终究缺乏真正意义上的同情之了解，不免过于抽象，终隔一层，因而难逃肤浅之讥。不是所有的诗人都能获得现实感的，除非你能拥有足够完整的心智，拥有足以洞悉虚妄、抗衡荒谬的强健内心和道德自信。

我们目前所能读到的、诗人“心写”于该时期的诗作，还不是这些诗作的全部。据诗人自述，还有一部分草成于此期的文本，迄今尚未来得及整理[①]。也许燕郊先生近年正在赶着写出他心目中急欲写出的诗文，一时还顾及不到把它们全部整理出来吧？亟待这些年来一直与燕郊先生过从甚密的长沙龚旭东、孟泽诸君，能协助燕郊先生的家人尽快把它们整理出来，以便世人早日得享全貌。

彭燕郊有一组写于八十年代初或稍后的诗章，显得非常别致。它们计有：《钢琴演奏》《小泽征尔》《金山农民画》《东山魁夷》《听杨靖弹〈霸王卸甲〉》《陈爱莲》《德彪西〈月光〉语译》等篇。

这是一批充满了鲜活生命感性的诗章。它们是那样的澄明、洁净，不见一丝阴影，是那样的姿色华丽、惊采绝艳。意象、动作、修辞的奇妙效果，是那样的珠圆玉润。气魄回转，态度潇洒，口吻豁达，对美好的价值，有非凡的敏感和省察，比周遭寻常的同行更企求不限于当下境遇的境遇，希望接触到更广泛、在时空上

① 据诗人自述，“还有一些，暂时不想去整理了”。见《彭燕郊诗文集·诗卷（下）》，长沙：湖南文艺出版社，2006年，第357页。

更具久远性的事物。这批诗章显然并非零碎的、即景式的、临时性的或者过渡性的写作，而是有关美感的一次真正集束性的绽放。面对这些文本，即使再沉重、拙朴的心灵，也会不由自主地舒展开来，变得轻松轻盈、春心荡漾的。在一个曾经让“禁欲主义”时代的种种清规戒律长久地束缚惯了的读者看来，这样的一些诗文本甚至还毋庸置疑地带有“纵欲主义”倾向的。

怎么去读解它们？这些与刚刚过去的那段沉重的历史显得如此凿枘不合、不相对称，与时代流行的伤时忧世的氛围显得那么不协调的诗文本，意义究竟何在？说实话，当初读这些文本时我是心存疑窦的，或者说是“不得其门而入”的，直觉明明告诉我这是些不可多得的好诗，但到底好在哪里，却一时难以说清楚它的所以然。似乎随你选择怎样的读解方法，都难以在这些诗文本面前奏效，对于被人读解，它们俨然具有一股拒斥力。只可直觉，拒绝分析，只能分享，无法诠释。以致很长一段时间里，我只好谨守维特根斯坦所言，“凡是可说的，都是可以说清楚的；对于不可说之物，我们只有保持沉默”，而对之三缄其口，或者是语焉不详地略过了事。但它们终究又是绕不过去的实实在在的存在。这样的疑惑始终积压在我的心底。此次重读，在这批诗文本面前再作盘桓，好像豁然有所开悟，纳闷了多时的疑窦似乎浮现出了它们的答案。我觉得现在终于可以对这些诗作不同凡俗的意义之所在，做一点正面的回应了。

诗的读解从来就不是一个单纯的技术问题，而是与你对于真实的历史情境，对于一个只有借助较长时段的背景才能有所领悟的、具有特定转捩点意义的特定历史场景的领悟，密切相关。你当初领会不了这些诗章的意义，那是因为你还不能完全洞悉那个特定历史处境的意义。

这些华美的诗章当然无关乎对历史的有意回避和遗忘（前面已经谈到过的，后来分别收录在《夜行》和《野史无文》中的文本，均足以表明诗人从不怵于承担和处理即使是让他饱受屈辱的历史和现实遭际的），也无关乎“暂时”和“永恒”之类的顾虑。有人说，政治事件也好，政治时代也罢，都是暂时的，时过境迁和过眼烟云式的，而诗却不能受制于特定时间和场景，须经得起甚至世代不同的读者的反复阅读，因而诗所处理的对象应该是那些更具永恒的东西。但这显然也不会是燕郊先生的本意，他似乎从来不作如是想。在我看来，燕郊先生此时与时代氛围显得不那么趋同的诗的致思方向，是与这样一些重要的问题隐然相关的，那就是，诗人该以什么方式参与到诗的写作、精神视野、对内心自由度的认同等一系列的重大历史转变中去？诗人个体怎样才能在这一参与的过程中，体现出与众不同的禀赋、气度、感受力、想象力，以及修辞方式、风格类型的历史性进境？这里边，对自身内心自由的认同程度，尤其显得要紧。我揣想，这样的一些问题，才是燕郊先生写出这些诗章的压力、动力和创造力的主要源头。他想用诗来解决这些问题。

燕郊先生的这批诗章，便带有从源头上制止缠绕、耗散、削弱乃至消解诗应有的精神视野和诗人应有的内心自由的那种结构魔性发生的意味。

2006 年 10 月，燕郊先生在编定诗文集诗卷部分时，曾特意匀出笔来，对他自己情有独钟的几首长诗的写作背景，特意一一作了交代。谈到《陈爱莲》时，他主要还是冲着时代反差强烈的背景下对具体的艺术魅力的倾倒、沉醉而去的，并以此解释当时的写作冲动：

> 写于八十年代初。熬过将近二十年文化大饥荒，突然置身于真、善、美文化氛围，特别地馋，特别地贪。人，终究是不能靠文化代用品、文化观音土、文化草根树皮过日子的。那时候，确确实实有精神上松了绑的感觉，确确实实又有了人的基本权利里重要的一种——享受艺术的权利了。看了陈爱莲的演出，兴奋、激动、沉醉之下，写下这首诗，没想到会写得这样长。写诗太痛快不行，这回却只有随他去痛快了。有趣的是语言上还在刻意追求散文美，恕我笨拙，只觉得不这样不能表达陈爱莲奇迹般的舞蹈之美。要知道，陈在荒废了十几年之后仍然那样娴熟，正说明任何强势都不可能从人心里把艺术夺走。①

我觉得这样的解释还不足以说清楚包括《陈爱莲》在内的这批华美诗章的意义，我想着眼点应该可以挪移到上述稍稍开阔些的视野上去。

将政治化了的历史纳入或压进背景，作为自己写作资源和背景的一部分，而不是全部。使诗意的生成和领受，由直接、因而不免褊狭的对抗性政治领域，转

① 彭燕郊：《彭燕郊诗文集·诗卷（下）》，长沙：湖南文艺出版社，2006 年，第 361—362 页。

向更为广泛，也更为隐秘，更属于个人精神自传，同时又与整个人类文明成就息息相关的精神资源，转向对人性和人文的精微省思、领会和体认。将欲取之，必先予之。面对那个褊狭的时代，你只有暂时抽身离开，引进一个大的价值、意义的参照，你才有可能明了、洞悉这个时代的实质，它的幸与不幸，它的意义与荒谬。不然，这段历史就有可能如同巨蟒，将你死死缠绕，真的会将你消耗、磨蚀殆尽的。我们看彭燕郊曾经十分推崇的艾青，看不乏才情的诗人公刘，看彭燕郊的“七月”诗友中的一些同仁，看当代诗的众多同道者，不是在一度夺得了政治道德的制高点之后，很快便陷入了难以为继、渐渐湮没的境况，变得可有可无？写作的有效性和阅读期待的支撑，两方面都发生了明显的塌陷，会不会即是遭了这种魔性结构的诅咒使然？影响、制约、决定一个诗人精神的成长和维持的，影响、制约、决定一个诗人的想象力、判断力和创造力的，固然可以有很多方面的因素，而且它们之间的关系也相当错综和复杂，不过，以上所述，应该也是需要认真加以考虑的因素之一。

还是让我们再一次专注、凝神于诗章的阅读吧！

……

于是，那些由于惯性和连锁反应
本能地联翩而至的琴音
一瞬间都找到了自己的位置
成行成行地走到我们面前
好像枝繁叶茂的
美丽的树上的叶子，厚的和薄的
透明的和半透明的
变成金片，互相拍打着
……
突然，寂静。他的手突然缩回
他安静地坐着，像小学生坐在课堂里
他的眼睛慢慢睁开，他几乎笑了出来了
而我们却在徒然地寻找他的那些手指

那刚才还在紧张地
驾驭那巨大的乐器的
每一道指纹都蕴藏着无穷的触角
能够带动无穷的回响的手指
而当他站起来时，他好像是另一个人了
澎湃的掌声，把他包围在现实世界里
正如我们在鼓掌的时候
突然回到现实世界一样
我们大家都像才醒来的孩子

——《钢琴演奏》

……
他开始下潜，再下潜
音乐已经得到一条轨道，一个新的合适的起点
他向深水摆动那鱼的鳍（那只手）
在那以水为气体的空间里
回声像无情的折光一样，响得更悠远了
那里，光有自己的三棱镜，声音也有自己的三棱镜
叠叠绿波般的节奏
在鱼鳍的加快划动里反映出来
而当他在水面上浮现时
那魔法的小棍棒（那手指的延长）
竟然刺向我们每一个人的背脊
一道喷泉遂净化成纯白色的血
着火的树那样，在忧郁的平坦的
荒原上面（观众席上所有的指示沉默和战栗）
溅射，溅射他那竖直的银发

——《小泽征尔》

……
俨然地瞪着睁得大大的眼睛
紧紧地追踪你的每一个舞姿，
在天旋地转中忘乎所以。
不止一次，掉了魂似的，手掌
下死劲抓住座椅的扶手，
奇怪着自己竟然没有跌倒；
不止一次，湿润的眼睛
大梦初醒般闪过一阵寒战，茫然于
自己竟然没有跳起来高声叫喊——
是的，我只不过轻轻地点了下头，
同时如释重负地嘟哝着：
“也只有这样了，不能比这更美了……”
……
舞蹈，它给人的竟然是这样大的恩惠，
竟然让我们记起那不应该忘记而曾经忘记了的，
竟然让我们此刻经历的
正是我们曾经经历过的最好时刻。
这一切究竟是怎样来的？
是你的精湛的舞艺吗？
或者，是美本身？

——《陈爱莲》

不过，指望用这样“寻章摘句老雕虫”式的读法去读出它们的好处来，那是很危险的。这些诗章都是一气呵成、通体圆润的，它们根本就是拒绝这样的读法的。它们需要的是整篇通读，依恃的是诗整体的魅力。诗的潜能，艺术的潜能，人性的潜能，精神和心灵的潜能，都是施施然游弋于诗的整体之中的。诗人那对于文明的出类拔萃的感受力，善于借助词语的抑扬和弦外之音的微妙变化进行交流和沟通的丰盈人性，都必须从诗章整体中去捉握。

前面已经说过，这些诗章概与遗忘无关，既与那种对现实世界的灾祸、苦难以及诗人自身亲历的屈辱、不幸的遗忘无关，也与选择虚幻的世界而放弃身边的世界无关，而是通过选择坚持内心自由的这份权利，以与现实中的厄运抗衡。也正因为是这样，一个放开了襟怀和手脚，一个一心要与以整个人类文明史为参照的异常丰厚广博的人文资源相往来的（庄子作有“独与天地精神相往来”之壮语），已经不再是以昔日“七月诗派”的意义框架所能限定的彭燕郊，开始现身了！一种可喜的诗的进境，在彭燕郊这里出现了！诗人不再受拘于那种魔性结构的羁束，他完成了内心对世界、对存在的诗意的全面敞开，酣畅淋漓地表达了对于意义、价值的惊异之感。这批诗章乃是诗人向人文、向人的生命内质和人的精神高贵，一次次的虔敬致意。诗境离开了禁锢心灵的封闭语境，接纳更为丰富开阔的人类文明经验，使精神和内心的自由获得更为坚固的根基和更为博大的驰骋空间。它们绝非单纯的唯美，绝非艺术灵性、纯粹诗艺意义上的炫技，更非有如对于声色犬马之类的耽迷，而是倾心倾力、急不可待地要让诗人的身心，真正、重新、彻底地回到他本该拥有的自由畅达、无拘无束的那种高度自由自主的状态。这批诗章，我以为只有这样去读，才能多少看清它们之于彭燕郊个人诗学进程，乃至之于整个中国现当代诗史、整个中国现当代思想文化史，所具有的特别的意义和价值。

在彭燕郊的晚近诗作中，《车站》一诗也许并不怎么起眼，但却不是可以轻易滑眼放过的作品。在我看来，此诗实是理解彭燕郊诗学、诗思前后期转换的一个交界点，如果在燕郊先生身上确实可以划分出前后期转换的话。此诗联结前后而又界分着前后，继往而开来，很可能是我们通向燕郊先生晚年诗境中最重要的作品内部的一把锁钥或一个枢纽。

> ……站台，就是这么个地方。为什么要有这么个地方？孤单的山脊、剥蚀的墙头，成为可以用手触摸的幻象，灰白色空荡荡的铺展，灰白色的空荡荡中的排列，动身与抵达的错位中冻结的这一建筑是谁的圣殿？
>
> ……说不清什么留下来、什么没有留下来……注视它们，这些断成几截的蜕皮，无意中弄破的精致编织物。各自抱着分摊到的这点碎片吧。当完整发现失去一半，另外一半也就没有理由存在了。影子留下的是假面，带走的

是当年真实的面容。

瞧，记忆又兜上来了。记忆，超然于所有移位，越位，错位，从不追究什么是什么不是幻影，不追究谁是送行者谁是迎接者，谁动身离去谁归来。怦然心动的那一瞬间，被丰满的湿热幽香包围，牵引，驱使，谁更敏感？谁更主动？……铁的波纹，铁的喘息，铁的躁动，铁的蛮性，铁控制不住自己与自己拉开距离又接近距离，取消距离，拉开、放纵与缩短同步……铁就这样介入生活，鲁莽地，不论你是抛妻别子的亡命者，是浪迹四海的行吟诗人，是蜜月归来的爱侣或是情场失意的孤佬，铁在你的生活里扮演的总是不知趣的、乏味的角色，横亘在生活和非生活之间。

——《车站》

“站台”本身即是一个极富象征性的语象。它是一座几乎汇集了人类全部存在经验和可能性的意义丛林——“抵达”与“出发”的交汇，人们送往迎来的所在，有关旅行者行程的最直接真切的见证场景。

我们都是天涯过客，都是命中注定的自己的时代的异乡人，生活永远存在、呈现在别处或他乡。出现在旅程中的一个个终点，最终总会发现它们不过又是一个个新的起点。一生都在迁徙的行旅中，不是置身在物理意义上的，就是在心理意义上的旅途之中。人生始终是一次次的中转和过境，总是在本土与异乡之间，个人与时代之间，生与死之间穿行，永无归宿。迁徙与自由不羁的天性相关，又给人带来阅历丰富、见多识广的结果。迁徙使生活方式不为任何界限所限制和束缚，使个人无限的变异潜能得以实现。穿插出入于各种文化境遇，拒绝与任何一种境遇签订建立永久固定关系的契约。四处游走，四海为家，不泊定于任何一处，有可能的话，就是上天入地、周流六虚也在所不辞，使心灵永远处在流转不息的流变之中，始终保持开放的状态。而《车站》更为要紧的一层意义，则是暗喻了思想和精神所特有的那种错综、复杂、近于无序、难以确认边界，以及层层关涉、彼此缠绕的网络式境况：

……动身和到达的错位，开始和终结的错位，需要一条不定型的流行线来划分，然而没有。要保留的是开始还是终结？往后，还会有足够多的开始的越位终结的越位，更多的错位的叠加证实情绪的沉溺有多么美，旅人和送行的人就这样进入角色。

……要的是这个，又不是这个，缺少的是这个还是多余的是这个，开始，终结，中断或者持续？

站台，都是两头开闸的水库，顷刻间把盈盈储水泻空。被淹没的动身和抵达，开始和终结，顷刻间全部裸露出来。

——《车站》

一切均处于流变、迁徙的过程之中。任何事物、意义、价值，都既在作为差异面的自身，同时又在作为差异面的对方身上显示着自己。包含着驳杂的成分。对应，互证，互动。缠绕于敞开与遮蔽、碰撞与回避之间，相互激发又彼此抵牾，互为依存又彼此责难，互相增殖又彼此消耗……由此造成一种错综、混沌、波澜叠起的局面。

既然意义是在连续不断的互相关涉、激发、限制、诘难、消磨、损耗、流溢和扩散中生成、更新和丰富的，那么，这个世界的意义结构就远不像人们原来所设想的那样稳定。世上万事万物绝非一个个外部边界明确、内核清晰固定的结构，它们更像是一个个无边无际、无限蔓延的网状体系。各种要素之间互相指涉并使这种永无休止的循环本身成为本质，而任何要素本身又都不是绝对规定好了的。每件事、每个人都在与其他事物、别的人发生交涉，彼此包容和渗透，彼此总是努力通过或借助对方在确证、理解自己。没有任何人和事物，可以把意义、价值充分收归、限定在自身之内。倘若只是限定在自身单独的范围，恐怕终将连一己的意义、价值都无从辨识得清楚。满心以为单凭一己之力，即能将意义、价值充分收纳于自身之内，实际上不过是一种错觉或幻觉。

历史上一直绵延不绝，至今仍然实繁有徒的独断论，虽然每一次重现都会经过改头换面，但万变不离其宗，骨子里总是傲慢地把自己视作意义、价值的原点，当作它们最周备、最完整的渊薮之所在，并据此制订出一系列尊卑贵贱的秩序，用以排挤、拒斥、压抑、遮蔽、打击所有持以异见的“他者”，将其贬斥到一个可以视之为非物的异域，划出严厉的界线，逼使其就范或屈从。哲学上的独断论与政治上的专制主义是同一片镜面的正反两面。任何思想，最终都是一种政治实践。独断因而虚假的意识形态，试图在其认为可接受和不可接受的事物之间划定一条严格的界线：自我与非我，意义与荒谬，理智与疯狂，中心与边缘，表面与深层……殊不知，所有这些都是互为依存、相互生成、彼此关涉的。

正是在这一意义上，《车站》的诗思中，隐然包含有这样一层意思在里边，那就是点穿了某种特定思想体系和它背后的整个政治结构、社会体制借以维持自己势力的逻辑的虚妄，以及对充满了深广的动荡和灾难的一段当代历史实践的精神症候的察识，不，洞悉！是通过诗思所进行的一份严肃的历史症候的诊断，一种精神、心理的治疗。

这样读解，会不会跟晚近十年间在中国大陆悄然蔓延开来的后现代思想缠夹不清呢？

后现代理论中的一支，认定我们只能是自己话语牢笼中的囚徒，不得不依违出没于其间，终不能净尽摆脱。对此它曾有过繁复的说辞，这里只能简略摭拾一二：我们无法最终拥有纯粹无瑕的意义、目的和经验，因为它们始终会受到有缺陷的语言媒介的扭曲和折射；既然意义只有通过差异得以产生和确立，判断一个词的意义必须依赖、借助另一个词的说明，而根据同理，另一个词同样也不是自足的，它还须依赖到其他的词，以至于对任何一个词的意义的判断，都将涉及一个永无止境的、永远无法周全的过程，只能是一场永无尽头的延宕；更有甚者，对一种词义的选择，必然同时意味着对另一种词义的压抑、遮蔽、排斥和消抹，权力的侵蚀无所不在，因而谈论完整意义上的真实再现实在是谈何容易！明智的做法只好是回避、拒绝对意义、价值作明确判断。谈论真理、真实、意义、价值都是成问题的，它们不过是虚假意识形态编织的产物，是它的猎取物、收编和占有物。

后现代理论有它犀利的地方，它有助于我们洞悉那些理所当然、被自然化了的东西背后的“非自然性”，看清其建构的痕迹，以及隐蔽在历史话语和工具理性建构过程深处的权力压迫关系，等等。你可以不必接受别人强加给你的任何信念，无论是以怎样正当、严肃甚至堂皇的名义。你完全有理由去守住那些与你更切身的精神立场。这些都是后现代的优点和有思想洞见的地方。但极端的保守性在它那里同样也暴露无遗。后现代对真理、意义、价值的判断采取无限延宕的策略，回避甚至拒绝任何明确的意义、价值判断，最终摆脱不了将“相对”“绝对”化，以及与虚无主义难解难分的尴尬。既然它不要求你确证任何东西，既然它能够把最严肃的思想讨论和探索揭发为仅仅是一场又一场不可靠的、不知所云的能知符号之间的游戏，结果，自然会把意义、价值、真实抛入一个始终悬而未决的无底深渊。①

彭燕郊当然不会是后现代，他永远不可能成为后现代，那完全属于两个不相切的圆弧。在彭身上，真实、意义、价值本身是不容怀疑的，更不容被抛弃：

> ……各奔前程。前程吗？前程在幻影里，幻影的最后一个层次是一座悬崖，各自在悬崖的某一个裂隙里找到栖身之所，自我安慰：暂时这里倒还安静，尽管干燥的盐味的风扑面而来，动身和抵达，开始和终结，都融入不可解的迷乱里，考验你能不能以恒心抗拒消耗的期待，有一天，你会发现我还是我，我会发现你还是你。该轻松些了，不用再沉默了，孤身独处时尽可以自言自语，词语没有磨损，依然精确。
>
> ——《车站》

你还是你，我还是我，词语没有磨损，依然精确！

但须得重新思考和重新书写。那些我们原先拥有的，为我们所习以为常的，并且认定为理所当然的，对于真实、意义、价值的认知和书写，在彭燕郊这里被重新问题化了，也就是说，它们已不能也不该继续作为毋庸置疑的结论为我们所现成地接受，而是成了需要重新加以考量和质疑的问题，从而成为我们展开新的思索的前提。在《车站》大部分篇幅中，诗思所表达出的迟疑、踌躇，乃是对“说诗人”②，也是对我们读诗人的一个“考验”，更是对世界、人生、意义、价值的网状复杂性的一次次费心、仔细地打量、琢磨、捉握和了然，是为了更深在地、

---

① 以上参见伊格尔顿《二十世纪西方文学理论》第四章“后结构主义”部分，伍晓明译，西安：陕西师范大学出版社，1986年，第159—188页。

② 诗的抒写主体即“说诗人”，并不直接等同于诗作者或诗人；正如小说中的“叙事人”须与小说家作仔细界分一样。

真切地逼近真实、意义、价值、真理。真实的世界是意义充盈丰满的，错综复杂的，因而我们必得具备同样或至少是接近这种错综复杂、充盈丰富的感知能力，与之相应的心智结构，才能匹配地去与之应合，做出交接。至于真实、意义、价值的存在在世，当然是确凿不移、毋庸置疑的事实。需要检点、讨论、质疑和反省的，只是我们用来应对、感知、领受真实、意义、价值的自身的身心，是否足够开阔、包容、沉潜和深邃，是否真正拥有足够的承当、应接它们的能力和含量。

既然任何自以为自己即是一自足、稳定、统一的意义价值实体的说法，必然只能属于幻想和虚构，那么人类精神活动中，那种不为任何人为设定界限所限，力图将内心向尽可能众多的意义和价值作最大限度的敞开，便是最值得称道和珍重的气度和魄力了。好了，我们可以正面去讨论燕郊先生晚年所获得的一次新的出发了。我们距离《混沌初开》只有一步之遥了。我们实际上已经踏上通向《混沌初开》的甬道。

你已来到无涯际的空旷，界限已被超越，界限不再存在，悠长的叹息消失在悠长忍受的终了。

《混沌初开》最初写成于1986年夏，1988年春修改，1989年改定。以“混沌”命题，既表明该诗是言词对不可言说的事物的一次次艰难把捉，又暗示了它是对浩繁得漫无际涯的价值、意义、生命元气的应和、对接、冲撞、驳难、交汇、服膺，以及最后的反躬自省，恍然了悟。整个诗境俨然是一座参与精神与思想大循环的洪炉。混沌，不是摩尼教教义式的黑白分明，不是光亮与黑暗，善与恶，真理与谬误，有人生来即善，有人则生来相反的判然两分。天国与地狱，善意与恶果，并非总是整饬对位，反而常常可以倒置、错乱和循环，非此即彼往往可以是或此或彼、即此即彼的。大千世界深深根基于事事物物相互缠绕、难分彼此的不明朗，即混沌之上。非此即彼的二元论世界观，将会妨碍我们对世界的真实认知。

借用叙事学的说法，故事的主角是一种精神性存在主体“你”。依托的背景则是“混沌”。“你”是诗人或人类总体性的精神性存在，取超越性的全知视角，俯瞰大千万象，洞悉人间非人间的一切奥义。“你”既是主体，又是主体之分身或镜像。“你”在混沌中与之一一相遇的“无涯际的空旷”、“第二我”、银河般浩渺的“巨人”的身影，以及“非人”等，其实均为此作为精神性存在主体的“你”的一体之多面，属于主体的分身，是作为主体的见证而出没于诗境的，是主体丰富复杂的内质的外部具体变貌。它们既是主体有局限的存在状态，又是作为整体的主体的不可或缺的有机构成，是分叉出去的“你”，是从“你”的模子中翻造出来和延伸开去的东西，是一重又一重被打开的“你”自己的天地。也就是说，主体内部的复杂、错综、缠绕，其全部的丰富性，都是经由“你”与“你”的分叉之间的对峙、抗衡、相互印证与彼此依存，得以呈现、表征和具象化的。

显然，《混沌初开》是涉及诗人乃至人类作为精神性存在，其自我历练、自我认知、自我确证、自我抟造、自我突破和超越的全部过程的一个寓言，是一种天路历程、一次哲学探险和一场救赎行动。其中有从蹇迫、竭蹶、困顿，即《易经》所讲的“屯否晦塞”，嬗变为体魄健壮、英姿勃发、自由、浩大而开朗的情节，有为了寻求完整、真实的本我而不断地弃、不断地否，散失了的自我最终失而复得并获得更新的一系列的时间性线索，是一“富有活力的复杂的生命过程”。诗境呈示和推进的经纬，大致如下：

最初“你”是作为寄生而变态的、随时可以沦为凡俗历史的牺牲品而出场的；作别这种总是顺从他人意志、一味代人受过、身陷“骏马已经失蹄，船只搁浅，生活之链哗哗断散”般七零八落的碎片处境，重获精神、生命和生活的某种整体性，此时“你”便来到了“第二我”之境；但“第二我”也有其拘泥和面目不清的一面，于是转而去与心胸银河般浩渺无涯、性不耐任何拘束的“巨人”的身影相遇，但见“生命总体结构在这思维里被展现了，上一代和下一代之间，强盛文明和道德荒芜之间，被非历史观念压得透不过气的你，看见巨人的影子漫不经心地踢翻一道道栅栏，跨过一条条壕沟，一辈子说不清的是是非非散了箍，教条规范破碎得不可收拾”；但精神的延续性既是通向无限的，“巨人”的身影毕竟餍足不了你，于是“非我”便不得不现身了——“非我”不是“第二我”的简单延长，毋宁说它是以“第二我”的消失作为现身的前提的，“有点像从灰烬中复活的火苗”，并且有着多向度的单纯和多向度的丰满，而它的单纯里又有着他者所难以抵达的丰满；最后，当“你”终于与“全光”相遇，当“你”蓦然意识到“其实这朵光就是你自己”时，则无异于宣布，一次艰难的精神蝉蜕在“你”身上已告完成，喻示了一个全新的“你”（也即“我”）的诞生！在混沌中寻觅和汲取最能激发生命特质得以形成的日月精华，“你”得以在混沌中舒展、轻松起来，肌体生发出不竭的潜能：“你把自己树立起来了，有你自己来不及想象的高大、挺拔。”

你相信光，你得到光，你发光了。

“光”不是超验之物，不是来源于外在神秘世界的什么神秘力量，不是所谓的天启，它即来自我们自身。“我”即是“光”之源头的一部分。《中庸》之言尽性，《易传》之谓崇德，赞天地化育以与天地参，其机栝唯在一己之自尽而自成，盈天地万物皆此一性之弥纶周浃也。[①] 世界、总体性、意义、价值，都不是与我们无关的超验性存在，它们存在的根因，其全部的正当性和合法性，即根植于我们每一个生动活泼的个体的内部，均由你我这样的个体所提供和维系。这样看来，整日寻思着去外在于我们的超验之境那里寻索意义、价值、总体性，实无异于缘木求鱼、舍本逐末。世界的总体性也好，意义价值也罢，其源头直接就在我们自身生命内部，在我们整个生命和精神忍辱负重而又自由畅达的运作，它们的碰撞、纠缠、折冲、汇流和繁衍中。但进展至此绝非意味着就此已获得一个完美的归宿，不，这一切仅仅只是一个开始，精神性存在的生生灭灭，它的自我超越，注定将是“永远和无限”：

混沌初开，你将再次超越你自己。

正是凭借这一对世界、对总体性、对意义和价值的豁然了悟，燕郊先生在自己诗的生命历程中完成了令人惊叹的向上一跃，并由此向我们贡献了一个博大到几乎难以用际涯来限定的，一个洞察深远的、睿智成熟的诗的晚年，一个诗思、诗性在永无止境的自我否弃中自我确证的诗的晚年。

这是一部丰富、开阔、通达得为通常意义上的文体形式所难以承载和范型的大诗。文本体制上，它实在太迥异于我们所熟知的那种分行长诗了，精神气

---

① 见钱穆《〈易传〉与〈小戴礼记〉中之宇宙论》，《中国学术思想史论丛（二）》，合肥：安徽教育出版社，2004 年，第 15—38 页。

度上也明显不同于我们已经读惯了的那种散文诗。真正是非此非彼，非驴非马。但诗性和诗思又是那样的触目惊心，甚至远比一般的分行诗和散文诗要来得稠密和深入。莫非，此诗属于那类为了凸现诗性、诗思的内质，而有意识地要去怠慢诗的外形，在体貌上有所偏离，即刻意写得不像诗的诗？情况就像阿伦特在论及本雅明时所谈到的深海采珠者，他们一心只想有朝一日发现“丰富和奇特”的珊瑚和珍珠，并将它们带到有生命的世界中来，诗人的任务不是去关注表象，而应该让目光从表象那里一掠而过，甚至还得损毁表象，以便获得内里的坚核？抑或是，任何现成的有关诗的形式感的设置，无论是传统的，还是实验性的形式，都无法满足他的智力需求和他对历史、思想、心理经验的表达的需要，不仅不敷其表达，反而还会对它们造成拖累，以致诗人不得不另觅出路？抑或是，诗性、诗思本身即已具备了足够大的直击人心的力量，因而无须再去征用、攒簇文本体式方面的辅助之功？

唯唯，否否。他需要的只是一种如同诗题所提示的“混沌”的体式，能同时容纳思辨、学识、沉思、问题意识、体验、诘难、叙事、戏剧冲突、抒情……

作为诗境中精神性存在主体的隐身主宰，诗人的自信与敏锐充斥于字里行间。这部大气磅礴、雄辩、异常博学、奥义与诗意高度圆融的诗章，差不多可以读作是集燕郊先生持续不断地呈现在其晚近诗境中的诸多反思于一身的一部集大成之作。或者说，它将此前诗作中各树一义或数义者，聚而汇之，熔于一炉。前此是分别治之，至此刻则会通而观。

> 认知自我的历程是穿透隧道，紧密，厚实，严加遮盖只留一个孔道，你能不能不停地剥落，蜕脱，挖掘，直到舍身？你将开始知道你之所失就是你之所得，你将在失去中获得。但你却不禁显出了一点狼狈相，混沌之中找不到藏身之处，不必白费力气去发现什么隐蔽的角落了，那是没有的。

进入混沌，认知自我，便意味着无所凭持地逼视、质疑和拷问自我，就如同但丁《神曲》的地狱入口处所出示的“可畏的铭文”那样，须得断然弃绝一切人间所有的犹豫、恐惧、怯懦、幻想和希望，须得承受得住鲁迅《野草·墓碣文》中“抉心自食”式的剧烈创痛，需要你拥有非常人所能拥有的毅然决然的强健心魄和道德勇气。

> 在这个失去坡度，失去地平线的空旷里，要是你还留恋这种厌恶，这种你已经尖锐地意识到的颠倒的知性被颠倒过来后再颠倒的愚蠢循环，只能说你依然热衷于想要一个归属，一个根基，一个依靠。幸而你已经知道，在混沌中这些都不需要，也不存在。

“你”是赤身裸体被抛进这个世界的，无所遮拦，无所依傍，没有归属，也没有根基，什么都由不得你，唯一属于你的选择，是向世界交出你最后的自我辩解、自我防卫的底线。于混沌中锻炼心智，砥砺思想，反躬自省，自我认知，绝非一场愉悦、轻松的旅行所可比况，伴随你的将是内心的屈辱、熬煎和搅痛，因为“你”必须去与种种被动、尴尬处境中的过去的自己一一重新打过照面，而“你”身上曾经有过一切人间终所难免的所有孱弱，[①]你本身就是这个充满了悖谬的世界的产物和复制品；即便你与这个世界多有最终无法和解与掩抑的对峙和冲突，但一种潜埋在二元对峙性结构中的魔性，依然会移写、翻刻到你的身心深处，而整个移写和翻刻过程又可以诡异和神秘到甚至连你自己也无法察觉的地步：

> 你不也是曾经在热诚的熔点中，被浇铸进了一个模子的吗？天上呢，还是人间？你离不开那些如影随形的幽灵，你必须承担永远也说不清楚的隐私，关系到某个人的清白无辜的秘密，闲言碎语有意无意的伤害，种种对人类异化力量传统的默默承担。

真正是“无所逃于天地之间”，命中注定你不得不承担起连你自己都说不清、道不明的种种负面力量。

---

① 燕郊先生在回首平生时，曾言及自己当年“也不反对批判胡风（应是论争），也写了批判胡风的文章”（《我应该怎样想——一些原生态思想素材》），以及日后为了“求生”“一点小聪明全用在学乖上了”“学说谎”“岂止怕死，简直就是怕‘事’”（《野史无文・后记》）。

毅然决然地投身于混沌洪炉的大循环中，意味着对那些曾经纠缠你、妨碍你“袒露心灵的悲壮的本身”的种种“古老幻象”做出告别，也意味着与身处坎陷和猥琐之境的自我作别。那曾是一种怎样令人备受羞辱的自我的境遇啊：为谋求眼前的一丝半缕的生存机会，不得不对随意作践人的尊严的作祟邪神做出千般奉迎，为了与不可能接纳你的悖论缔结短暂的和解，你不惜从事绝不是你心之所愿的事务，结果则是可想而知的适得其反——“自我的消失绝不是超越的起点”。

因此，投身混沌的勇气中既凸现了精神生命特质的坚韧，也是对“古老幻象”及曾经的猥琐自我这双重缠绕的重负的双重摆脱。

如果说《混沌初开》中有关对峙格局中的魔性的诡异复制的思辨，可以读作乃是对我前面已作了小心辨察的，隐含在燕郊先生二十世纪八十年代初的诸如《钢琴演奏》《小泽征尔》《陈爱莲》等一组华美诗章背后的有关心路历程的一种延续，那么《混沌》中流露出的对语言限度的清醒认知，则是此前的《车站》等诗中相关诗思的又一次伸展。不妨稍事罗列比照，便可一目了然：

> 你太习惯于依赖规范化的符码了，它们早已把内涵和外延牢牢地黏附在语音的上下限，只剩下一个音素空壳，它们像冲积层似的堆积起来，简直可以一层一层地揭开，显出那一道道递加的晦涩和一道道递减的明晰，语义就这样被逐步吞噬，因此语义也就尽可能伶俐地逃遁了。
>
> ——《混沌初开》

> 航海者很少开口，有大海的咆哮就够了。……于幽命作殊死斗争的傻子们的决心，不必用声音表达。傻子做出的决定，谁也没法改变。
>
> 两座礁石在浪涛中痴痴对望。最富有的词语成为词语的赤贫。
>
> 只有沉默，比词语更深沉、更细腻的沉默，吞没冷战着的口吃的沉默。……不存在嗓子是晴朗还是沙哑，只管领会，只凭领会掂沉默的力量。
>
> ——《车站》

至于《混沌》中作为精神性存在的主体分别前去与“你”、与“巨人”之影、与“非我”、与“全光”一一照面，波澜层出的恢宏气势后面但见一片诚挚热切之心，是以坦诚虔敬之心面对人生和整个世界，则显然是此前的一系列诗作中，燕郊先生都在朗声谈论着的，诗人诗境须得敞开自己，以巨大的吐纳经验的能力和显著的精神力度，去与所有的广博高深的人类文明资源、世界的价值和意义构成相结纳和会通，是诸如此类的诗思、诗境的一次又一次逻辑性推衍，只是在这里表达得格外的集中，也格外的有力罢了。

因此，《混沌》不是一个孤立的诗章，对它的读解，只有在彭燕郊晚近整个精神背景和诗境下展开，才有可能达成有效的阅读。

似可将长诗《生生：多位一体》读作诗人彭燕郊的一曲“天鹅之歌”。

但一个正在逼近大师之境的诗人，不是晚近所有作品都已达到同样水准的，他也会有他的参差。

此诗写成于二十世纪九十年代中期，最初发表时诗题为《生生：五位一体》①，发表的当初诗人即有悔其“写得比较匆忙”之意，一直想重新写过。直到差不多距初写成十年后的校订编定《彭燕郊诗文集》之际，才终于大动干戈，了遂心愿。原诗约 660 行，分“氤氲”“孵化”“蠢动”“喷薄”“葳蕤”“孳乳”“嬗递”七章。今收入《诗文集》的《生生：多位一体》者，原“葳蕤”删改后并入“喷薄”，为六章，长度也略有节缩，为 630 行上下，改写部分几达半数以上，所花时间和心力均与重写无异，以致诗文集的出版发行也一再延迟。此诗改定本的完成，使燕郊先生颇有如释重负之感。

对此诗的特殊偏爱，在《生生》初发表时的“答编者问”中，燕郊先生已说得很明白②。去年初，他在惠贻我四大卷诗文集的同时，即在信中特意嘱咐，希望尽快听到我有关此诗改定本的意见。去年四月底我在湘潭、长沙见他后，刚返回沪上，他要我为改定本《生生》单行本（考虑到四卷本诗文集部头过大，定价不菲，读者购买不易，他想抽出单独印行）写序文的信函便已接踵而至。燕郊先生殷殷心切，我自然义不容辞。但因为好几年没在国内课堂开课了，备课不免要

① 见《湖南文学》1999 年第 6 期。

② 编者：“您似乎总是在追求一种新的东西。”彭燕郊：“是这样的，比如这首《生生：五位一体》深度上要超过《混沌初开》。我写的是人的历史，我们民族的历史，它有一种强有力的歌颂。”见《诗人访谈：美是有‘毒’的》，《湖南文学》1999 年第 9 期。

多费些心思，到了暑假，有了研读的时间，却又写不出。事情拖在那里心里很不踏实，无奈之下想到了去搬动朋友救援的权宜之计。这从我给长沙朋友的邮件中似可窥知一二：

孟泽我兄，有件事想烦请你帮忙。去湘潭拜见彭先生的前后，曾蒙彭先生告知，长诗《生生：多位一体》准备印出单行本，并指名让我写序。我当时觉得义不容辞，答应了。但序至今一直未能写出。这学期在给系里研究生开现当代文学史论，多年没在国内开课了，不敢怠慢，有八面受敌之概，准备起来也是煞费苦心，一时无暇旁骛。先生长诗单行本一直拖着，心里觉得十分愧疚。我在想，若能说动先生同意，我意是否能将我在湘潭前后草写的那篇小文，改名为“彭燕郊先生晚近诗心诗境（代序）”（小文将在《读书》上刊出[①]），作为权宜之计。只是很对不住先生。好在中国传统，序文也有可以不必针对该书该作说话的自由，这样权宜，也不算没有先例。只是一定要征得先生允可。望我兄能拨冗替我说项。我自己实在无颜面去跟先生说这样的事。又，我不知我兄对修订后的《多位》怎么看。比起《五位》来，《多位》要纯净，从容，但《五位》却有《五位》的粗野和生猛，“杀生天王”在《五位》中能量相当巨大，《多位》中似乎弱去了不少。只是我私下里的感受，未必真是这样。此话千万不可与外人道，因为怕搅扰先生心境。彭先生还在写他的大作品，少去干扰他才是。

振声 拜托

以下是朋友的回信：

大示拜悉，我向彭先生转达你的请求，彭先生说很好，他还说，会给你去信。他总是很能体谅我们这些在学校里的人如今的“辛苦”。你为开课事，

---

① 小文发表在《读书》2007年第12期时，吴彬帮我改题为《诗心不会老去》，这的确是个好主意，我要谢谢她。

如临如履，虔敬庄严，让我感佩感慨。

彭先生的《多位一体》我看过一遍，曾经的《五位一体》我当时也看过一遍。总的感觉与你相同。但我更多持负面看法，因为少了你说的“粗野和生猛”，理性化成观念，宏大的主题愿望无法获得感性支持。这样说实在大不敬，彭先生以如此高龄，能有如此壮心并且付诸笔头，已足够让我们钦敬了，夫复何求？

霜重色浓，想象海上花开、艳冶倾城，不胜企慕向往之至。

即颂

教安！

孟泽

从邮件中已可看出，改定本《多位》序文之所以没能写出，是跟我觉得改写本多了些纯净和从容，却少了原写本的粗野和生猛，“杀生天王”在初写本中能量相当巨大，但在改写本中却弱去了不少，或多或少有所关联（并且我的这份感觉还从朋友那里获得了呼应）。其时我的“同情之理解”显然偏倾于初写本。但又怕这样告知会搅扰燕郊先生手头正在或正欲实施的写作，所以不免有些踌躇。今次重读燕郊先生的诗文，不由得对自己原先之于《生生》初写本的好感，也生出了几分疑虑。

其实诗思的问题，在初写本中就已经存在着了。燕郊先生在写定本的跋语中这样说：“十年了……几经思考，发现旧作的框架和主题是适合的，各个部分的配置由于各自对中心的把握力度不够有力，应该用心重写。”[①]这是说，改写只是着重对各部分之间的配置均衡以及各自之于中心的关联力度做出调整，至于两个本子的框架和主题，并未曾有实质性的改动。那么框架是什么？主体又是什么？简略点说，框架就是“生生精气”与“杀生天魔”的对峙、角力；主题则是“生生”的锐不可当和“杀生天魔”的落败。

①　彭燕郊：《彭燕郊诗文集·诗卷（下）》，长沙：湖南文艺出版社，2006年，第353页。

杀生者在时间的性征上表现为瞬息、急促和短暂：如“企图一劳永逸地扼杀所有的生灵”，再如“轰隆而过的叫啸”，即包含了傲慢、霸道以及急不可待、毫无耐心之义；而生生者则在时间上表现出顽强的持续性：“有的是灾后再生的顽强意志”“是一次次从头开始的闯荡”“困顿，逼促，颠踬后，转眼又是一次瘫痪，/然而恢复也相应地来得迅速”，以其擅于或不怵于与对手死缠烂打，表明它与时间的紧密纠葛，它的坚持、执拗和持续力。在空间的位置感上，生生者居位崇高：“生生的精气正在巡行”“充盈于无涯际广袤的碧海青天之间”，并且还动用了诗人一向格外倾心的有关树的语象，以枝繁叶茂、挺拔参天的树的形体，为生生者塑型造像；而杀生者反是，空间上居身低鄙：“地面，空无天魔压碎生灵后残留的/一片被他用作神坛的光秃上，/依然竖立着他那赖以自欺自慰的古老灵牌……”至于在空间的延展性上，生生者舒展、充盈、弥漫、浩渺、无穷丰富，而杀生者则“滞留于妄想的怪圈”“被约束于没有出口的连环套”，是内缩、封闭和荒芜。两造之间的对峙是那样的壁垒分明。

“生生精气”的胜算概率是从一开始就已经安排好了的，而“杀生天魔”的种种伎俩都不过是虚张声势，相比之下，与生生根本构不成势均力敌，两造之间的力量和势能对比，反差大得不成比例。因而胜负的局面差不多从一开始就是派定了的，不会出现多少差池，基本上无悬念可言。“说诗人”的心思和口风也均呈一边倒之势。有的是必然，缺少的是随机和偶然。底牌在冲突、角力之前即已亮出。《混沌初开》式的混沌，那种诗境的多种向度和众多可能性，在这里实际上是阙如的，有的只是单一向度，即“生生精气”胜出，“杀生天魔”溃败。事实上，诗的各个动机只是围绕同一个圆心在旋转。圆心只是一个，稍稍不同的仅仅是围绕圆心旋转的轨道，各自在距离圆心的远近上略存差异。就这样，诗意似乎是在诗的一开头就已经被结束了，因为这里不再出现有如博尔赫斯小说《交叉小径的花园》所说的那种具有多种可能性的分叉，也不再像《混沌初开》那样有一重重的天地需要你去打开，而其实，每一种分叉和每一次打开，都会有意想不到的多元的细节在吸引你，但现在，这些你所期待着的分岔和打开，都没有能够如期而至。故而就《生生》的诗思框架而言，燕郊先生所期许的，也是诗作本该具有的博大与丰富，是从一开始就已经被诗人自己的设定所削弱或消解了的。再有就是改定本的跋语。燕郊先生在里边随手援引了国际政局中刚发生不久的一个事件，用以诠释诗的题旨和写作动机。这不止牵强，实际上也大大缩小了诗义的涵盖度。读这段跋语时，我的感受就与前文曾经征引过的洪子诚老师当年读到艾青《鱼化石》一诗的结句时的情形大致仿佛。这些直率的话，要是赶在燕郊先生在世之日说出就好了，但现在懊悔也已经来不及了。一念及此，不胜怃然。

2008 年 4 月 15 日—5 月 6 日，断断续续写就

（曾节选刊载于《扬子江评论》2009 年第 4 期，
后完整刊载于陈思和、王德威主编：
《史料与阐释・贰零壹壹卷合刊本》，上海：复旦大学出版社，2013 年）

彭燕郊的诗与诗学[①]

孟 泽
陈太胜

一、开场白

陈太胜：欢迎大家参加今天的研讨班。这种研讨班是学术研讨的一种方式，先有孟泽教授的一个演讲，然后有我选择的彭燕郊先生的几首诗的朗诵，之后我再从一个特定的角度，阐释彭先生的诗歌。最后，我希望能有大家参与的现场讨论。所以我说这是一个新的形式，希望在座各位也有一个新的不一样的参与的态度。希望大家能够参与讨论，享受彭先生的诗歌。今天来听讲座的大部分人是我课上的学生，这门课叫作“中国现代诗学”。还来了一些陌生的面孔，我想，是看了海报，对彭先生的诗感兴趣的同学。欢迎大家。

今天我邀请到了中南大学孟泽教授来做演讲，让我们欢迎他。孟泽教授在中南大学外语学院比较文学系工作，对王国维和鲁迅的诗歌有很深的研究，在这方面已经出版过两本著作。其实我在前两天的课上也说过，我和孟泽教授是朋友，是在一个与新诗有关的国际讨论会上认识的，后来由于彭燕郊先生，我们的来往

---

① 本文是根据2009年1月8日晚在北京师范大学陈太胜教授举办的一次研讨班讲演现场录音整理的，录音整理者为邹婧婷同学，演讲中安排的诗歌朗诵由刘思宇同学担任，此处文字有更动，特此说明并致谢。

就更加的多。今天我也很高兴邀请他到这里来给大家做一个演讲。下面我想先请他做演讲。

二、孟泽的演讲

孟　泽： 谢谢陈太胜老师溢美的介绍。今天确实高兴，高兴有很多理由。第一个理由是因为我已经一年多没有见到太胜老师了。我的老同学于磊焰曾经说，一个人活着也许仅仅因为几个朋友。我记得维特根斯坦也表达过类似的意思，他在《哲学研究》的前言中说，写这本书仅仅是为了给几个朋友带来一点光明。这些年来，我越来越觉得，有几个心气相投的朋友，对于我们斗胆在这个"不合时宜"的专业和行当中活下去，真是至关重要。所以，大家可以想见，我时隔一年多见一次太胜老师会是多么激动。

第二个理由，我们现在号称是财富社会，但像我这种人，当然不会有太多的物质财富，唯一觉得骄傲的是有一点所谓精神财富，拥有精神财富的具体指标是什么呢，我想，我们现在所做的事情就可以算作有精神财富的表现吧，只有我们能做呵。之所以说只有我们能做，又因为我们有一个叫作彭燕郊的老师，他的创作，和他的交往，都值得我们珍重。因为彭燕郊先生，我今天站在这个地方。这是多么令人欣喜的事。高兴的理由当然还有，闲话少叙，我们进入正题。

彭燕郊先生二十多年前给我们上"诗歌研究"课，讲波德莱尔。在座诸位大多数人都比我小，可能不清楚，二十多年前听到波德莱尔的感受有多么震撼。因为在那个年代，1980年前后，波德莱尔几乎还是"反动"的代称，在教科书偶尔出现的篇章里，还是一个恶魔似的形象。彭先生能够以波德莱尔为主题来开一门课，给我们的启蒙是可以想见的。这是他曾经给予我的恩惠，让我知道世界上的文学，还有如此不一样的境界，也就因此懂得，世界原来如此辽阔，人性原来如此广大。很可惜，听完课，我跟彭先生的往来却很有限，因为本科之后硕士研究生我读的是古典文学专业，而彭先生是研究民俗学和新诗的。大学里面常常各有各的门派，各有各的专业，学科之间有时老死不相往来，有些师门之间甚至还会有一些忌讳，这种现象今天尤其显著，但在我读书的时候也未尝没有。我当然不是因为遭遇到师门之间的"忌讳"，而是因为太过年少无知，不懂得亲近硕师大德对于自我成长的重要。还有一个很重要的原因，大家知道，在八十年代初，当代文学，特别是新诗领域，很热闹，一个夸张的说法是一片树叶落下来可以砸到三个诗人。这么热闹的时候，彭先生自然是一度被拱卫着的。我这个人向来羞怯，不喜欢凑热闹，这种性格决定我不会围绕着彭老师"嘘寒问暖"或者主动请益。直到九十年代，中国高等教育出现了惊人的转变，大学里面的基础学科，特别是我所属的人文类学科，越来越有点荒芜，所谓课题倒是越来越多，学科组织越来越细致，体系也越来越严密，但人文学科和人文本身之间，却似乎越来越没有关系，特别是领导和管理人文学科的种种环节和种种人，不能说是人文的敌人，至少多半是"隔山打牛"、莫名其妙的。就在这种情况愈演愈烈之前，彭先生已经悄然退休，离开了湘潭大学，住到他老伴所在的湖南省博物馆宿舍，他的通信地址就是"湖南省长沙市湖南省博物馆宿舍"。在那个地方，他写诗，和一些写诗爱诗的朋友往还。此时此刻，当你觉得身边的学术环境越来越恶劣，觉得不知如何是好时，你突然发现，有这么一个人就在你身边，他对于时代，特别是对于教育，有着与你差不多相同的观感，他对于艺术却有比你更深的痴迷，他还是富有创造性的，于是你就想起了当年和他有过的交集，你就想到要读读他的作品。大概是90年代中期，不知不觉，我跟彭先生的往来开始多起来了。此时，热闹早已过去，他的身边其实已经冷清了，他的诗基本上没有出版，他经常自己油印一点小册子，在似乎有暗号接头的那样一些人中间流传，我也就成了其中的一个，而彭先生本人和他的名字则差不多就是"接头暗号"。

关于彭燕郊先生的生平，我先做一个简单的介绍，然后谈问题时再作补缀。

2008年3月末，彭先生去世，当时我正在外地出差，接到龚旭东的信息，心里很不是滋味。我跟太胜老师2007年年初在湘潭大学开会的时候，跟老先生说，希望他写一点回忆录。我甚至跟他说过，你可以毫无讳饰地把七十年间跟人的往还，特别是跟文坛上的人的往还直接写出来，人就是人，鬼就是鬼，只要不加修饰，就会是文坛非常珍贵的历史。他说，这个事情还得往后面排，还有好几首构思了十年以上的长诗待完成。那时他已经八十七岁，但是思维敏捷、身体健康。跟他聊天三两个小时，完全不会觉得他是一个老人，他不会有重复的话的。我们都觉得，像他那种状态，至少应该还能清明地生活、写作十年以上。但是没想到，他就这样突然去世了。我的朋友袁复生在《潇湘晨报》上写了一篇通讯，题目叫《他这一生都在书写自由》，在彭燕郊先生的追悼会之后，《潇湘晨报》还刊发过他的一篇文章《那棵风前大树，此刻寂静平息》（彭先生有首诗就叫《风前大树》）。这两篇文章中的描述，大体可以勾勒彭先生的生平：

他，曾是“七月派”诗人里最年轻的成员。他，也是当代诗坛写作时间最长，创造力最旺盛的诗人之一。他更是永远年轻可亲的“彭老师”，有无数的湖湘青年，因为他，离文学、诗歌与真诚走得更近。他就是彭燕郊。

1939年12月下旬，十多岁的彭燕郊和三个同伴，偷偷地跑出门去，参加了由南方红军游击队改编成的新四军。

开始他在宣传队，那时候部队从闽西到皖南，每天行军80华里，在写标语、刷标语之外，然后就看书，写诗，写了好多，艾青和田间，是对他影响最大的两位。但是，他的诗行里，却有着比泾渭分明的敌与我更深远的关怀。

1940年5、6月份，他在到金华的路上，看到一个国民党兵士倒在路边，没人去埋。于是写了一首诗，叫《路毙》。

50多年前，他痛快地签字入狱。时为湖南大学副教授的彭燕郊，被打为“胡风分子”，关了一年多。

50多年过去了，他回忆说：“公安厅给了我一个结论，说我是‘胡风分子’，要我签字。本来他们以为我要申辩的，但是我很快就签了字，办案的人也觉得奇怪。其实一点都不奇怪，因为那时，我很多的朋友大都被打成了‘胡风分子’，如果我一个人不是，也不是一件很愉快的事。”

坐牢的时候，只能把句子记在脑子里。那些凭着记忆写就的篇章，后来成了一本《野史无文》，被陈思和教授收录到他主编的“潜在写作”丛书。

其实，这并不是他第一次在牢里写诗。1947年，他在《广西日报》做副刊，每期都编发骂国民党的诗，结果作为政治犯被抓了进去。但他收买了狱卒，为的就是把字写成芝麻大一点的一张张小纸条递出去，那些诗歌，有一些在当时的报纸上发表了。他说，不让我写诗，我会疯的。

一年前，在他86岁生日的时候，是他写诗生涯的“最后一搏”，他将十年前写作的长诗《生生：五位一体》改写为《生生：多位一体》，在两个星期内，他重新写作了700多行，随后大病一场。

很多人说，晚年的彭燕郊进行了“衰年变法”，使他超越了“七月派”诗人，成为当代诗坛的一个传奇。“衰年变法”的一个重要证据，就是他70岁发表的长诗《混沌初开》。发表了《混沌初开》后，他才获得了生命中唯一的一次官方文学奖——“芙蓉文学奖”（孟泽按：其实这也谈不上是官方文学奖，《芙蓉》是湖南文艺出版社的一个文学杂志。我的印象，当时获奖的还不是《混沌初开》，而是另外一首长诗，叫《漂瓶》。在某种意义上，《漂瓶》就是《混沌初开》的雏形。我感觉，如果阅读的话，《漂瓶》更感性，更容易被接受一些。《混沌初开》则更理性、更晦涩一些）。

他，不是那种属于奖项的诗人，而是真正属于生命的诗人。

2008年3月23日，已经住进了病房的彭先生，把另一首长诗《眼睛》的提纲和构思告诉了来探望他的崔灿（孟泽按：崔灿是《彭燕郊诗文集》的责任编辑，也是彭老师看重的青年诗人。其实，我在十多年前就听彭先生说到关于《眼睛》的构思。那个构思和我前几天发给陈太胜老师的那个《眼睛》初稿，是他80岁左右的手笔，大约有两万字的一个初稿，有所不同。可见，《眼睛》的构思有不止一种。我和陈老师看了现在这篇《眼睛》的初稿，都觉得很惊艳）。8天后，他离去了，带着未完成的诗篇，和那颗永远在搏动的诗心。

他是拜伦和格瓦拉的粉丝。

2007年10月7日，在《潇湘晨报》的“切·格瓦拉纪念辑”特刊上，彭燕郊的一篇《我心中真正的男子汉大丈夫》，让很多人感到惊讶。这位87岁的老人，毫不掩饰他对格瓦拉的崇拜，他说：“我一次又一次读到有关他的文字，知道得多一些，更深地被吸引，更强烈地迷上了他，我完全被征服了。”

2008年1月，他又给在《潇湘晨报》工作的学生李杰波写信，说1月22日是拜伦220周年诞辰纪念日，建议进行纪念。拜伦说：“我始终只具有两种情感——酷爱自由，厌恶伪善。”这，也正是我们心中的彭燕郊。

以上是《潇湘晨报》上的介绍文字。

为了使大家有更直观的感受，我给大家放一点彭先生的照片，也就是他的《诗文集》每一卷前面的那些照片，是他自己一张一张挑选出来的。我想，这不仅是诗人从少年到暮年的生涯写照，也反映了诗人沧桑度尽后，他心目中依然看重的人与事。

好了，关于他的生平我们先了解这一点。我想，今天来听讲演的，肯定有不少人心存疑惑，我和太胜老师推崇彭先生，会不会出于某种私心或者偏心？彭先生真像我们说的，如此让人心仪吗？

我的回答当然是并无私心或偏心，彭先生确实是有魅力的重要诗人。

很多年来，我基本没有和当代文坛，尤其是当代诗坛发生联系。一方面，是不觉得当代文学研究算得上一门所谓学问，因为自己学古典文学的嘛；另一方面，就是不想让自己陷入当代诗坛那些莫名其妙的是非恩怨里。投身当代诗歌批评，很容易跟一些具体人事发生联系，很容易进入一些无法置身事外的纠葛，也很容易陷入某种可能让自己身不由己的“圈子”和利益立场。你会放大某一些东西，或者轻视、藐视、无视某一些东西。对我来说，这种“偏见”似乎不必存在，我另有“谋稻粱”之处。因此，我认为我可以是“客观”的，包括对彭先生的“客观”。我相信，随着时间的推移，随着你们对彭先生及其作品的熟悉，也许会慢慢相信，我和陈太胜老师对彭先生的推崇，并非空穴来风。

因为学古典文学出身，我得承认，我对于新诗的观察，也未必专业。大家知道，学古典文学出身的人，大多有一点士大夫情结。什么叫士大夫情结？就是不自觉地以“修身、齐家、治国、平天下”作为价值标杆，作为精神标杆，讲究所谓“行有余力而学文”，往往不觉得“文学”可以构成一种专业的工作和一以贯之的使命。这不利于理解文学，但同时也可能拥有另一种理解文学的方便，这正是中国古代诗学之所以高明之处，所谓功夫在诗外。艾略特也说过，文学不止于文学。

如此，作为当代诗坛旁观者的姿态，有时不免让自己多了一种自负，觉得由此观察某些不能通过专业来限定的精神现象，譬如诗歌，可能更加有方位感，也更准确一些。而专业主义之外的“业余”身份，同时使得我更关心一个诗人或一代诗人的创作，究竟表征了怎样一种时代的精神状况和人的精神状态。这对于理解毕竟生活在中国文化传统中的诗人与诗歌，也许不无裨益。

彭先生当然不能说是一个士大夫，但是“五四”以来的中国知识分子，虽然以反叛传统自命，但大体上并不能完全解除士大夫情怀，如果获得了足够的觉悟，他们也会因此更加懂得，传统观念及其价值理想如何千丝万缕地联系着、支配着当代现实。在我看来，彭先生就是少数获得了觉悟的人。他的诗学，尤其联系着传统思维方式向现代转型过程里面的一些非常核心的问题。而这些核心问题，我觉得仅仅在文学专业领域内是难以获得全部诠释和解答的。而且，彭先生的诗学跟他本人的创作紧密相关，他不是一个专业文学理论家，他是以诗名家的人，他的理论跟他的创作过程有一种互动的关系。而他的创作，又建立在他七十年泥里水里、风里雨里、泪里血里的生涯之上，这种生涯不是我们坐在这里高谈阔论，就能够准确理解的。

我跟彭先生计算过他一生的时光，真是没有几天“阳光灿烂的日子”。那样漫长的“灰暗”的经历，让他对一些与历史有关的人物和事件，有自己独到的考量和判断。

近些年来，人们开始推崇胡兰成的文章，彭先生就一点也不能理解，一点也不能原谅。他说，日本人打过来了，抵抗者在不停地撤退，他带着小女儿在桂林逃难，他的孩子就死在逃难的路上。他说，那个时候，胡兰成在干什么？全民抗战的时候，胡兰成在干什么？想到这一点，想到他眼睁睁看着夭折的女儿，他永远也不能接受胡兰成。所以，我们可以设想乃至“歌唱”战争时代的浪漫，但是即使真的有这种浪漫，也存在于命若累卵的危机苦难之中；我们可以设想唯美的诗学，但是即使真有这样的诗学，也一定内含了当事者痛彻骨髓的残酷和残忍。

1949 年，彭先生在桂林蹲了国民党的大牢后，很兴奋地辗转香港到达北京，参加了第一次文代会。彭先生算是来自国统区的文人，这种身份在 1949 年以后的处境，大家可想而知。很快，他似乎未卜先知地跑到了湖南教书，远离政治中心，但即使如此，没有几年，他还是成了“胡风分子”。羁押一段时间后，就到长沙的街道工厂里面刷油漆，做玩具。什么也没有了，要重新谋生，他得养活自己。他说他办的那个工厂后来还养活了好几十号人。1979 年，当时的湘潭大学，把还没有平反，还在工厂劳动的彭先生弄去教书，因此，彭先生对湘潭大学的一位已故领导一直心存感激。他说，我还没有平反，他就敢把我请去，而且很快给评了教授，这是怎样的胸怀和胆识？教书就已经很好啦，他曾经跟我说，孟泽啊，我也有很轻飘的时候，就是在八十年代初。因为八十年代初，他接连在《诗刊》上发表了几组诗，很有些洛阳纸贵的意思。他的诗跟当时大多数人的路数不太一样，包括《陈爱莲》《钢琴演奏》《小征泽尔》《东山魁夷》等，现在读来都觉得如梦如幻，你不敢相信，那会是八十年代初的写作。但是不久就出了点事，他很快也就退休，等于重新回到了“地下”状态，回到了“灰暗”中。彭先生的《诗文集》直到 2007 年才出版。之前五十年，他的创作基本上没有什么出版。我只记得湖南人民出版社大约在八十年代初出版过一本小小的《彭燕郊诗选》，在 1990 年左右，三联书店出版过他的一本小册子《和亮亮谈诗》。《诗文集》出版之前，湖南作协组织的一套丛书中有一本《彭燕郊卷》，但几乎没有什么发行，其他就基本没有了。

既作为时代的参与者，又始料不及地沦为旁观者，或者说被迫作为旁观者，对于彭先生来说，此中的纠缠，会是难以言喻的吧，他的创作因此不能不联系着艰难的身世，甚至联系着生理的感受，用复旦大学李振声教授的一句话说，“他的思想是和心灵和肉体的大悲欢交织在一起的”。所以，我们也许可以在概念上认识他的感想，但终究无法在心灵上去体认他的感想。因此，一讲到他的诗学，我就觉得惶恐。

我写过一篇文章，是应他的邀约为《彭燕郊诗文集》第三卷《评论卷》作的序言，书出版以后才发现有一个很大的错误，我没有跟彭先生说过，至今也没有跟责任编辑说过。这个序言本来是有一个题目的，叫《工夫即本体》，大家如果学过一点儒家哲学的话，就知道什么叫作“工夫即本体”。副标题是“彭燕郊的诗学”。然而，书在出版的时候，这个标题弄丢了，所以现在作为序言，一开始就有点读不通，有点不明所以。我所谓的“工夫即本体”，表达的就是我刚才讲到的意思，彭先生的诗学思想，不是纯粹概念的逻辑的演绎，而是跟他的创作经历，跟他的生命历程交织在一起的。他不是一个系统的理论家，但是他所触及的一些命题都是中国二十世纪不仅关于诗学，还关于整个传统文化转型的重大命题。任何一个命题都足够我们深入下去做一个很大的铺陈和申述。我在这里就跟大家作一点想当然的解读，讲三个问题。

第一个问题，关于“浪漫主义”。

在八十年代初，我记得我是刚刚读研，彭先生就在香港的《大公报》上发表了系列文章，题目叫《别了，浪漫主义》。这样的提法，在八十年代初期是有点吓人的，因为从“五四”甚至更早，浪漫主义几乎就是支配我们整个诗坛的最显著的要素，而在“文革”刚刚结束时，不要说背叛浪漫主义，浪漫主义甚至还没有重新“正名”呢，尽管在某种意义上，“文革”其实恰好从反面诠释了“五四”

以来中国式的“浪漫主义”。

彭先生在复出给我们讲波德莱尔时，便认为浪漫主义是可以而且必须质疑的了，浪漫的情绪已经不再能够主宰诗，思考应该代替抒情的地位。他对“五四”以来那种“一往情深”的抒情，有了一种警觉。在他看来，浪漫主义的情感，如果缺少了理性的支撑，就会和情绪相去不远。如果仅仅是情绪，那这种情绪就很容易走火入魔。如果缺少一种反思性，与此相关的抒情，就很容易走向你不愿意看到的深渊。他认为，二十世纪以来，西方世界的文学已经发生这种转变了，中国文学也需要这样一种转变。也就是说，诗人所要面临的现实是一种反思性的分裂的现实，而不再是那种具有高度自我同一性的现实。这种反思性的现实，大家可以去读一下黑格尔的《美学》导言，里面有一个关于“诗的时代”和“散文的时代”的划分。彭先生的概括与此有点类似。当然，彭先生的讲法有着具体的针对性，他所针对的是现代中国的文化现实。

按照我的理解，联系着彭先生所谓思考代替抒情的“反思性的现实”，至少意味着两个方面的含义：第一是主体本身的自我反思性。古典式的抒情主体，原本是以豪放不羁、一往情深作为期许的。但是，现代社会的抒情自我，必须拥有一种反思性。说得简单一点，我觉得二十世纪中国文学到目前为止，缺少的正是叙事和抒情主体的自我反思性。当然，在鲁迅的《野草》里，我们能看到这样的具有反思性的自我。这也是彭燕郊非常推崇的，他认为中国现代主义文学的范本，就是《野草》，而不是别的什么标榜“现代主义”的东西，不是穆旦的诗，也不是冯至的诗。他认为中国现代主义文学的祖宗就是鲁迅。必须具有了这种自我反思性，才可能拥有现代诗歌写作的精神起点。第二，是关于社会和历史的反思性。这一点理解起来相对容易一些，但对于生活在中国文化与现实中的诗人来说，建立关于社会和历史的反思性，更加不易，因为我们的文化传统中原本就没有太多反思性、批判性的思想资源，没有世俗权力及其价值系统、观念系统之外的参照物，甚至没有发育成长对于现实和历史进行反思性批判（而不是简单的否定或蒙昧的认同）的思维习惯。

“反思性”的确立，意味着现代诗歌以思考作为基本性格特征，同时，诗人使用的语言必须是具有启示性的语言。只有这种启示性的语言，可以代替浪漫主义的情绪化的语言。这是彭燕郊对于现代诗的一个基本界定。当然，所谓启示性的，不再是那种情绪化的表达，并非是指那种完全散文化的理智的、道德的表达。也不是要反抒情。他当然承认，诗肯定是“浪漫”的，诗人是无法不浪漫主义的。在这一种基本前提之下，才能演绎出“思考”的结论，否则诗歌就成为哲学的奴婢了。

这一种立场，其实也是他的一种自我诉求，一种祈愿。彭先生认为，中国唯一的、真正的浪漫主义诗人就是郭沫若。但是也就到此为止。中国新诗史上唯一一个浪漫主义诗人郭沫若影响了中国新诗的方向，是祸是福，一言难尽。因为这种创作的弱点是非常清楚的，也就是说，情感上的那种浮夸和多愁善感，总是形影相随，然后是自我陶醉，由积极的强调自我，滑下来变成一种可悲的自我退化。真实的感受没有深化，而总是停留在表面上。从郭沫若的诗歌里面，特别是《女神》之后的诗歌里面，可以看到他认为的对于封建文化的一种眷恋。彭先生说：“看得出他，对于古代神话传说的爱好，和西欧早期浪漫主义诗人有共同点，也有不同处。他对古代历史神话传说几乎没有做任何新的解释和改造，往往强调了旧观念中最落后的部分。比如，他对屈原的歌颂。至于他在《瓶》中所流露的封建文人的本事诗式的情调，则更其是和‘五四精神’极不和谐的一种旧思想意识的重复。”

关于这一点，我可以多说一句，因为我对古典文学有点了解，我也有与彭先生类似的判断，尽管这种判断有些笼统，也难免武断。在“五四”以来对中国传统文学的认识里面，包括对屈原的歌颂里面，我们可以考问出种种一点也不现代的思想和情感。除了少数杰出者如鲁迅、王国维的著述之外，对于屈原的行为模式，包括对于屈原时代的很多古代神话历史传说，我们并没有提供足够现代的诠释和观照。往往不是我们对历史传统进行了批判性的解释，反而是历史传统囫囵着把我们带走了。不信的话，大家可以看看现在中国媒体里面，大量传播的所谓的历史剧、历史小说、讲堂，包括汗牛充栋的研究著作，我感觉，其中充满了种种传统观念及其价值理想的因袭，明修栈道，暗度陈仓，多的是以权力为中心，而不是以人性和人道为中心的帝王将相家谱和英雄传奇，多的是与“文苑传”“儒林传”相仿佛的一元化的描述与判断。那些表面上看来很时新、很大气的作品，包括壮怀激烈的民族大义、家国情感之类的东西，骨子里面其实非常反现代，非常阴暗，没有把人还原到人的状态，不是维护了人道，而是反人道；那些表面上显得非常现代学术的论文与专著，其实非常不现代。

确实，现在回头看，整个二十世纪的中国文学，其精神深处，充满了彭先生所说的郭沫若式的、类似封建文人的情调、趣味和价值观。由此，彭先生认为，二十世纪中国，真正老谋深算的现代主义，只有《野草》。然而《野草》在研究者手眼里，至少在八十年代，还常常被视为鲁迅作品中的异端，代表了不成熟阶段的鲁迅创作，正像把《故事新编》看成鲁迅的剩墨闲笔一样。我觉得，真正懂得鲁迅的人，应该把《野草》和《故事新编》看成鲁迅非常经典的创作，它一点也不比《彷徨》和《呐喊》的精神含量低。在鲁迅的《野草》里，我们可以看到现代艺术所需要的自我反思性，以及对于历史的和现实的反思性，其中甚至有着某种接近宗教高度的自我呈现。

前不久，我在课堂上给自己的学生推荐新出版的两部作品，一部是残雪的《趋光运动》，一本以童年为入口的自我精神分析书，我认为，在这本书里面可以发现，怎样的自我反思性，才会有利于成长出现代艺术家所应该具备的基本“灵觉”。还有一部作品，就是王朔的《致女儿书》。作为小说，《致女儿书》未必是成功的，很凌乱，很破碎。在某种意义上，我甚至觉得王朔这个人的整个精神似乎都已经有点破碎了，或许已经无法获得必要的完整性。但我必须说，在这本书的某些文字里，多少体现了现代艺术所要求的那种自我反思性，尽管也许是因为精神破碎了才不幸泄漏的反思性，但毕竟可以看到，所谓自我，在这里已经不再“完整无缺”，不再岸然挺立在道德饱满、伦理神圣的无灵无觉状态。我觉得，这两部作品，再次告示了现代中国文学所应该具备的基本精神起点，一种没有道德、政治、伦理限定和遮蔽的自我反思性，以及同样没有被限定和遮蔽的历史和现实反思性。我觉得，缺少这种与自我反思性有关的“灵觉”，一直是中国文学不能达到一个新的美学高度的很重要的原因。当然，我们在《红楼梦》里面多少可以找到这种东西。我经常和我的学生说，《红楼梦》对于中国文学，至少对于中国小说来说，是没有青藏高原的喜马拉雅山。它是中国文学史上很奇怪的一个东西，没有高原，但一下子出现一个高峰。

言归正传，彭先生曾经引用鲁迅的说法：我们这里有馆阁诗人、有山林诗人、有花月诗人，这些似乎更能让我们产生一种心领神会、如醉如痴的状态。而对于真正现代的东西反而有一种隔膜和抵触。类似馆阁诗人、山林诗人、花月诗人笔下的所谓浪漫主义，表面看来好像是加入了西方现代文化的元素，其实是很传统、很坚定的政治现实主义。这种政治现实主义运用到诗学里面就是政治现实主义诗学。如果对于“文革”和“文革”以前的文学有所了解和体会的话，应该不难懂得彭先生所说的“政治现实主义诗学”的含义。以郭沫若为代表的浪漫主义，表面上看似乎出离了传统，走得很远，实质上却和政治现实主义诗学相去不远。彭先生认为，由于缺乏一种自我反思性，缺乏一种所谓拿起解剖刀比解剖别人更加无情地解剖自己的能力，我们的“自我”甚至支撑不起真正的浪漫主义，自然，也支撑不了真正的现实主义和现代主义。

这正是彭燕郊声称“告别浪漫主义”的本意。

他说，现代诗意味着对于整个人类精神的完整的观照。简单化的个人抒情，远远不能回应诗歌艺术发展的新任务，甚至已经成为障碍，成为导致腐蚀的霉菌。可它又是那么顽强，顽强地附着在你身上，冷不防就冒出来，让你不知不觉又“浪漫主义”起来了。又为情，又为我，又写作好像一百年前古人写的那种诗。这其实也是彭先生对创作的一种自我反省。他体会到，这样的抒情肯定是会出问题的。他认为，依靠激情来认识世界、来反映世界，是所谓抒情至上主义。以夸张的语言方式作为表达，功利主义的爱慕，个人的叫喊式的呻吟，自怜自爱装扮成的愤慨，为赋新词的惆怅，不着边际的自我膨胀或者自我否定，甚至是半拉子的浪漫主义。

那种绵延不绝的眼泪汪汪的浪漫主义，从根本上来讲，正是我们的精神世界，我们的文化缺少真正的自我反思性所导致的必然结果。仍然是由社会政治，或者传统诗材所激发的“青春写作”和“即兴写作”，不是为所谓“真理”、所谓“正义”、所谓“生民”慷慨激昂放声歌唱，就是为“醇酒妇人”一往情深去而不返，或为时而著，或为事而作，而且仅仅停留于此时此事的社会学层面而已。表面上似乎要抵达一种公共的书写，其实却是一种幼稚的畸形的自我释放，完全不可能有对于隐藏在现实背后的真实的探究，不可能有对于隐藏在“大我”背后的“小我”的发现。

我们习惯说，要从“小我”背后找到“大我”，彭燕郊先生却说要在那个“大我”背后去发现“小我”。这是一个很重要的说法，意味着很重要的转折，不仅是中国的诗歌文化，中国的政治文化也一定要走到这一步才会拥有真正的现代逻辑。我曾经撰文，讨论中国诗歌的“地方性”和“方言性”，认为这是中国诗歌发生与嬗变的一个重要秘密，而所谓现代国家的建构，其实同样是从“地方性”和“方言性”出发的，但因为“现代化即全球化”的思维定式，让我们对此少有觉悟。然而，必须对个人和地方有足够的尊重，才可能建构真正的现代国家，以同质化的整体为目标，只能赢得一个空虚而且无力的整体概念。这与文学的发生在精神上是相通的。因此，从“大我”背后去发现“小我”，通过“地方性”和“方言性”去达成审美的普遍性，正是现代诗歌的基本预设。在某种意义上，所谓“大我”，所谓“普遍性”，不仅是空虚的，有时甚至是邪恶的，是由“浪漫主义”过渡为“政治现实主义”的便宜说辞。

第二个问题，关于“纯粹”与“混杂”。

前面我已经讲到，彭燕郊的诗学思想是和他复杂的生活历程、精神历程联系在一起的，这种复杂性增加了他理解审美，理解诗歌艺术的深度和宽度，也增加了他不平常的常识感。作为痴迷于“光”和“美”的诗人，他意识到，建立一个我们梦寐以求的、纯粹的诗歌的世界，可能是每一个真正的诗人、真正的艺术家的永恒相思。但是，他认为，其实没有这样一个世界，就像没有一种所谓纯粹的诗的语言的世界一样。也就是说，诗的世界和诗的语言的世界，都是在复杂的、并不纯粹的材料上建立起来的。你想要找到那个完全纯粹的东西，包括纯粹的诗的语言，其实是不可能的。或者说，你屏蔽了现实的多元、混杂、矛盾、龌龊，也并不意味着可以获得理想中的诗的那种纯粹性。

彭燕郊一生，大半光阴置身于“灰暗”之中，当然不是说这种生活就暗无天日，人不可能只剩下暗无天日的生活，他总会有一些方式去对付，去平衡自己的精神。老先生跟我们往来的时候，也不回避说些“恶毒”的话，以宣泄胸中的浊气，也可以“乱弹”一些野史外传的现代掌故，享受口齿之快，人人有的那些“低俗”“毛病”，他都有的，这也是他支撑着活下来的重要依据吧。但是，有一点也许不是一般人容易做到的，他在那样压抑委屈的生涯中，仍然淘书买书，他买了很多书，到晚年，家里满墙满墙全是书，一套房子不够装的，就又专门买一个旧房子装书。还有就是买唱片，听音乐，他搜集了大量的唱片，包括老唱片。还收集有无数的画片，八十年代以后，他又搜集了大量盒式的影像带。老先生真是很“贪玩”的人，到了晚年，一个星期差不多还要看几部电影。我想，这不啻是他在寒冷中自我温暖，在暗淡惨淡中自我救赎的重要方式。彭燕郊为什么能够在“文革”后很快走出那个时代的集体节奏，找到属于自己的节奏？他为什么一下子会写出《东山魁夷》《陈爱莲》那样一些诗，获得我刚才讲的那种如梦如幻的美的经验，好像和一元化的政治以及歪曲复杂的现实不怎么发生关联？我觉得，这一定得力于他长期的“贪玩”——对于艺术的痴迷。就是说，即使是在“文革”的时候，在工厂劳动的时候，他都没有让自己审美的眼睛和耳朵，变得粗粝不堪，没有放弃对于世界上最美好的东西的私心拥抱。对于诗人来说，这才是永恒的活性的东西，是至关重要的滋养。其实，一个精神劳动者，如果把他放逐到什么地方去，你只要让他带几本经典的书，带一些经典的电影或者唱片，一般来说，他的心灵就不至于太麻木，不至于太缺氧，除非连这样的滋养也彻底被剥夺。我觉得彭先生那些年在街道小厂刷油漆做木工的时候，可能就是对这些永恒之物的反复摩挲，使得他保有鲜活的内心和相对醇正的审美感受力。于是，1979年复出之后，他的诗很快可以达到一个全新的境界。

按照八十年代初的表现，彭先生在诗歌写作上似乎可以沿着“唯美”的方向渐行渐远，去建构一个个梦幻似的境界，对他来说，也更容易赢得喝彩。但是，一方面因为生活的变故，一方面因为他在理论上的觉悟，他并不觉得可以因此满足，他并不觉得这可以对应他内心情感和思想的全部。彭先生非常清楚，他面对的，他反复遭遇的，是一个“散文的世界”，是一种散文式的精神现实，他不可能超越这个现实，他也从来没有想过要超越这个总是如噩梦般的现实，去收获一个纯粹审美的世界，他的生活和精神世界，甚至完全“沦陷”于这种现实中了。所以，在他的《诗文集》里面，他说，他根本无法原谅舒芜，他说，一想到这个人，就觉得心寒齿冷。彭燕郊在这方面的坚持，是非常不近“人情”的。他说，一个时代的人，你必须对你自己的那个时代负责，你不能时过境迁就把个人应该承担的责任推诿得干干净净。身不由己的所谓“大历史”是谁造成的？还不是由我们每一个人的具体作为造成的。

经历过“文革”，作为“胡风分子”，按照一般的设想，彭先生这样一个人，长期冤屈加身，一朝获得反正之后，必定是非常“反动”的吧，一定对那个让他受苦的历史时代有刻骨的仇恨吧。但这倒未必。他有一种自己的方式对待身边的历史，他觉得这个时代也是与“我”有关的，“我”本人就是这个时代的编织者和造就者，有祸有福，有喜有悲，都是我们共同打造出来的一个世界，所以你未必可以轻易地、简单地背叛，如果你轻易地、简单地背叛，其实正好意味着，你什么也不是，过去什么也不是，现在同样什么也不是。所以，他的“告别浪漫主义”又有另一层的含义，就是必须有着包括自身在内的对于历史现实的反思，而不能是轻装上阵的“无我”的指控。

我在跟彭先生聊天的时候觉得，他其实对于现实政治极其敏感，对于现实社会中的种种变化与变故，也非常看重。他嘴里经常会津津有味地跟你谈到一些匪夷所思的关于政治的小道消息。像我们这一代人，有时甚至会难以理解，老先生为什么会有这么重的一种政治情结呢？怎么会这么关心眼前的和当局者的事情呢？罪和苦还遭得不够多吗？艺术的世界还不足以支配和垄断他吗？

中国文化传统，特别是其中体现在知识者认知与行为模式中的传统，迤逦至今，并未远离我们，在超稳定的社会结构中，有些东西我们可以背叛，或者已经背叛，但有些东西也许真的背叛不了，它会以新的形式再一次呈现，甚至反复呈现。对于汉语诗歌来说，无论是诗兴还是诗学，古往今来都无法完全摆脱教化的干系，都无法不与社会政治相往还，都无法割断与此岸的关联，与复杂的“世俗”的关联，与“原道”“修德”“至善”的关联。对于中国知识者来说，宗教一直是一个并不重要的价值维度和精神维度，我们没有“天路历程”，自然也没有对应“天路历程”的自我诘难与自我分裂，最多在“进退出处”之间感伤彷徨。在所有的抒情言志中，历史的理性、现实的理性常常主宰着我们，不是宗教的东西，而是历史与现实，和我们发生痛生生的联系和互动。我们所有的情感，所有的关注，都会跟这些东西有关。那么，彭先生，他的诗学的建立和他的诗歌创作，他的全部人生，自然也无法不与这种历史和现实发生深刻的关联。对于这一点，我们也许不免会觉得有些失望，就是说，那么大风大浪之后的诗人，怎么同样如此不够纯粹、超脱和宁静呢？

但是，彭先生一点也不回避这种倾向，一点也不否定现实对于他的重要性，他觉得自己的诗思、诗兴，就是在这个上面生长出来的。就是在这样一种复杂的，哪怕是丑陋的现实里面生长起来的。这就是我想给大家讲的第二个话题，也就是说，他否定自己的诗歌内含了所谓宗教性的意蕴，他不认同“唯美主义”，也并不认同自己晚年创作中有着某种宗教性情怀的说法。他认为，对于他来说，写诗就是宗教，创作就是宗教，没有别的宗教。

第三个问题，我想讲讲他关于诗歌形式的一种说法。

彭先生认为，自己写得最好的诗基本上都是散文诗。《混沌初开》，《漂瓶》，还有一首我很喜欢的《无色透明的下午》，这些被我们今天视为代表作的散文诗，大体上都是他“衰年变法”之后的作品，也就是他差不多七十岁以后写作的。他写这种他称为“散文诗”的诗，有他独特的排列方式，有某种回环往复的情节性和类似戏剧冲突的结构性。他为什么要这样写？他说，他不得不这样写。他的诗，不仅是散文诗，还几乎都不押韵。他认为，现代诗是不能以韵来限定自己的，但不能没有节奏。你去读他的诗，包括《无色透明的下午》，绝对能发现节奏，但是跟押不押韵，完全没有关系。而且他有一个反思，从“五四”以来，所有的人指责新诗，就说新诗不押韵。他认为，这个指责是没有意义的，不能以韵不韵来命名现代诗歌。他说他写那样的散文诗，是不得不然，现代诗，也许只能这样写，这当然不是说他的写作是“自动写作”，更不是“即兴写作”，一首诗的酝酿对于他来说，常常不是一天两天，甚至不是一年两年的事。他说：“‘五四’时期的老夫子说，不押韵为什么还叫诗啊？他们的逻辑是非常简单的，既然是诗，就一定要押韵。诗必须是韵文。现代诗从波德莱尔算起，反对依靠音乐性，押韵等于一种欺骗手段（孟泽按：这句话看上去说得有点突兀，但是仔细想，就会觉得有它的道理。就是说，押韵具有欺骗性，你写了韵文，你就以为你写了诗，其实也许不仅不是诗，离诗甚至更远。废名有一个说法，新诗的内容是诗的，语言是散文的。古诗的语言是诗的，而内容是散文的。彭先生的话可以与此贯通）。散文美应该包含音乐性，但这并不完全靠押韵。不能像中国旧诗那样，依靠押韵来限制节奏，散文美使新诗的节奏变得丰富了。我写《混沌初开》，看起来像散文，但我很讲究节奏，我有一个时期写诗的时候，好像在谱写一个交响乐一样，讲究内在的音乐性，情感的变化，音调的高低，也可以变调。诗必须有音乐性，但到现在已经不能凭平仄、押韵等固定的格律来达到音乐性。现代诗的音乐性，我以为应该体现在节奏感上，还应该有比较丰富、繁复的节奏。不这样，就不能把现代人的生命困惑和精神创伤表现得很到位。”

根据彭先生的拟议，我在《工夫即本体——彭燕郊的诗学》中引申出来的结论就是，现代汉语诗歌最可能的未来，不是因为某种固定的格律、韵律的发现或发明，因此而创造出经典，而是因为创造出了经典，使我们有了某一种格律和格式。但是，即使成了经典，这种格律和格式也只能是一次性的。不会再像李白的时代，写了一首七言律诗，后面的人可以接着写另一首七言律诗，而且不妨碍它继续赢得经典。彭先生说，自由诗，你写一首你就必须给它一个造型，你要讲究的东西实在太多太多。

也许，正是这样的认识，让他在2007年关于他的创作研讨会上，他本人致辞的主要意思就是反复强调，他还在努力学习写诗，他还刚刚开始找到一点现代诗歌的门径，远不足以言“成就”。

我想，这样的话对于彭燕郊先生来说，并非纯粹出于谦虚，而是因为他意识到、洞察到现代汉语诗歌创造的艰难，同时他发现或者领悟到了某种令他兴奋的创造前景。他是在实话实说。

天之未丧斯文，多么有幸，我和太胜老师的手头，都有彭燕郊题赠的他崭新的《诗文集》，我必须更虔诚也更聪明一些，才可能真正把这份精神财富据为己有。今天晚上，我很急迫地、有点语无伦次地给大家“传经献宝”，希望没有把彭燕郊的“诗经”完全念歪。就到这里吧，谢谢大家！

三、陈太胜教授的演讲

听了孟泽教授的演讲，我想，同学们就可以知道，为什么我们会是朋友。我记得有一次住在衡山上，半夜，大家都睡了，就我们两个去爬衡山那个最高峰。从山顶下来以后，两个人几乎整个晚上没睡觉，能够谈一个晚上。很有意思的是，我事先没有看过孟泽教授今天的演讲稿，也没有要求他这么讲。但大家会发现，我们这学期上的课，特别是关于现代诗的几个命题，与孟泽教授的演讲在诸多方面有相通之处。一个是，他阐释的彭先生对浪漫主义的诘难，这是作为现代诗歌的特质而存在的。还有对废名诗论的认识，这跟我个人的见解是相通的。还有他谈的现代诗的“反思性”这种特质，并提及，浪漫主义的抒情，怎么最后会跟一种浅薄的政治联系在一起，这些见解我都是非常赞成的。比如说西班牙内战的时候，在特殊的时间和地点，简单的浪漫主义最容易被政治所利用。还有最后谈的诗歌的形式的问题。就孟泽教授的学术背景来说，最初他师从的是古典文学专家羊春秋先生。我刚刚想到这个问题，古典文学领域里面很多人反对新诗，我们两个之间为什么一个从古典文学出发，一个从新诗出发，最后能达到对于新诗的共同的认识？稍后我们可能还有时间可以讨论这个问题。

我今天还有一个愿望，是希望大家欣赏到彭先生的诗歌的独特和美妙的地方，所以特别安排了诗歌朗诵。

（学生朗诵彭燕郊的诗）

刚才在听朗诵时，我突然想到，真正的诗歌也许是害怕这样强烈的光线的，假如我们把灯灭了，而用一个油灯或者蜡烛，静静地听诗歌朗诵，我相信感觉会不一样。就像刚才孟泽谈到的那样，这是一个“散文化”的时代，人们欣赏诗歌在某种意义上是需要条件的，一种与诗歌相对应的条件。刚才孟泽也谈到了，人们对彭先生的诗的成就会有一个疑问，我倒是没有这样的疑问，因为我自信，我向来是个认真的人，凡是我说的，学生有理由相信我。如果要我做一个评价，我现在就敢肯定地说，俗世之间的任何荣誉，彭燕郊的诗歌都是配得上的。我想这是一个诗人能够得到的最高评价。今天，我也是抱着一种内疚或者说纪念的心情，把孟泽先生请来做这样一个演讲。我记得在我 2007 年出国访学前的五月份，彭先生的诗文集四卷本出版不久，当时我接到一个通知，邀请我去参加彭老师的诗歌研讨。说实话，在接到这个通知的时候，我还没有认真系统地阅读过彭先生的诗歌。我想我是不是应该在说话前去阅读一下。

我认识彭先生是因为我博士论文写的是梁宗岱先生，他搜集了很多很多梁宗岱的资料，复旦大学李振声教授编过一个梁宗岱的批评文集，他在里面谈到有很多资料就来源于彭先生，我便向李振声先生要了彭先生的电话，他在电话中还告诉我说，老先生这人好相处也不好相处，你应该尊敬一点。但是当我给彭先生打电话的时候，我觉得他惊人的好相处。一听说我研究梁宗岱，他非常非常高兴，凭借这一点，他就觉得找到了一个跟他志趣相投的人。后来我还借一个机会专门跑到湖南长沙，到他家里去拜访，而且跟他要了好多资料，有些还是他亲自复印了从长沙给我寄过来的。然而对于他诗歌的认识，就像刚才孟泽老师讲的，市场上能见到的很少，我根本就没法看见。但当我把这四卷本看完以后，我产生了一种完全不同的感受。所以当我去长沙的时候，我在会上做了发言。后来去他家拜访，印象最深的一句话是：想想世界上有那么多好看的书，有那么多好听的音乐，你可以去看，可以去欣赏，是多么幸福的事情。我当时就想，能够领会到这样一种幸福的人，那肯定就不是一般的人。当时在座的人有不少人，有复旦大学的李振声教授，有首都师大的吴思敬教授，在谈到聂绀弩、谈到舒芜、谈到“七月派”、谈到胡风时，实际上他都有很多独到的见解。当我回到北京以后，因为向他索要忘在他家的我的笔记本，我给他打了个电话，他说回头给我寄过来。在电话中，我说，我很想有机会跟你做一个对话式的访谈，关于你的写作，关于你现在的诗歌和写作，以及你认识的人。他非常赞同。我们约好一年以后再见。记得不久后，孟泽有机会来北京，我们见了一面，谈及访谈的事，还约好三个人一起做这件事，并说及访谈的一些设想。那年 9 月我去英国之前给彭先生打电话时，我们甚至谈到了访谈的一些细节安排。但是我在英国的时候，很突然地接到他去世的消息。这真的有些难以置信，5 月份见面的时候，出门的时候，他走路都不需要人家搀扶，精神状态和谈吐与七十多岁的人差不多。现在想起来，对我个人来讲，当然是很大的一个损失，对中国的现代的文学史来说，也缺少了一个非常重要的资料。因为他不肯写回忆录，很多东西就永远地失去了，他是亲历的那一代人。了解我的人都知道我这个人的个性，很多时候我愿意喝杯茶也不愿意做些乱七八糟的事情。我之所以愿意做这么一个访谈，肯定是基于我对他的诗歌的一种认识。所以我想在接下来有限的时间里，尽量能够说明一个问题，我为什么高度评价他的诗歌。

我今天演讲的题目是《幻视的能力：彭燕郊诗中的乡土》，我想换一个角度来谈一个问题，就是关于他乡土诗歌的写作。前面的正标题，是我在另外一篇文章，也就是在他文集出版的座谈会上的文章的标题。由于时间关系，里面举到的一些诗歌的例子，有些是相同的。

下面我想举一个简单的个人生活中碰到的例子，来说明为什么我觉得他这种“走出浪漫主义”的诗歌写作方法，能够为我如此的欣赏。很长很长的一段时间里，或者说童年时代，我上初中之前，我们课堂里使用的语言主要还是方言，我们语文老师甚至表扬一个同学用方言朗诵，朗诵得比较好。我的普通话是初中毕业以后，一个后来成为高中同学的同学教的。在初中之前，我们使用的还是浙江方言。我居住的村子叫上山村，我很长时间不知道它的意思。但是经常说，一天说好多遍。我家后面有一座山，山的名字就叫“月岭”。实际上在方言里面我们老提到这个地名，它指代一个地方。比如说，小伙伴去哪儿了？去那儿放牛了。你妈妈去哪儿了？去那儿采蘑菇了。你哥哥去哪儿了？去那座山上砍树了。那代表一个方向，但是我们从来没有反思过，那座山的名字和我们住的村的名字都意味着什么。可能是上高中的时候，与朋友往来写信的时候，我才知道，方言中的那个发音对应着怎样的内容。居住的这个村为什么叫“上山村”呢，就因为它在山脚下，上山的一条路从这儿经过。但是我认识到后面那座山的名字的意义，要过好多好多年。我想是在我读大学的时候，或者是在北京的某一天，我突然想起来我家后面那个山，它居然叫“月岭”。我觉得这种体会对我来说是一种非常难得的惊喜，而且这个名字是跟活生生的、我少年时惯常看到的一种景象联系在一起的。这种景象我见过无数回，而且我跟我少年时候的朋友，无数次在月亮从那个山岭上升起来的时候去爬山。但是我们从来不知道为什么那座山的名字，会与这样一种美丽的景象联系在一起。所以我后来就在想，它肯定是一个乡村秀才的作品。困难的地方不是写出一种想象，你让一个乡村秀才去命名一个山的名字，什么麻姑积雪啊，什么想象啊，有意思吗？我想，多年以后回忆起来，或者不会觉得它特别。所以我觉得困难的不是写出想象，而是写出即目所见。这种即目所见的东西，可能在你的回忆里面，有非常动人的语调，会让你觉得像歌一样优美。所以我这里所说的幻视是什么意思呢？它不是那种浪漫主义“天才式”的想象， 靠想象把不加思考的一些意象罗列在一起。它跟这样一种幻觉式的写作是不一样的。首先，它能够把身边的生活，每日所见，即目所见的东西写下来。如果能把我们所见的东西写下来，而不使它成为原来的东西，能够变为一种幻觉，能够让我们知道它的美，我想这就是文学，这就是诗歌所应该具有的一种功能。我们为什么要感叹：怎样的诗人，要有多么美的心灵才能写出这样美的诗歌？我想很重要的一个本领，就是这样一种本领——幻视。当你觉得日常生活乏味的时候，当你觉得每天看到的东西都不值一提的时候，他（诗人）却能从中发现诗意，发现美的东西。我觉得彭燕郊在这个方面，就具有一种乡村秀才式的本领。这个东西，在中国二十世纪的现代诗人当中，我相信，是一种比较罕见的天赋。就像彭燕郊所反对的那种浪漫主义一样，想成为一个浪漫主义诗人，在某种意义上并不难。但是想成为这样一种类型的诗人就很难。也只有这样一种诗人，在八九十岁的时候他依然能够写作，他不会觉得自己的感情枯竭了，因为他远离的不是感情，远离的是那种不着边际的名士式的浪漫主义，而他抓住的是文学对于生活的一些最为本质、最为内在的东西的表达。

我想，还是通过一些诗歌，能够更好地说明我想说明的问题。第一首拿出来讨论的是《卖灯芯草的人》。阅读彭先生的诗歌，很多时候我都能够想起我的童年生活的一些经历。福建离浙江并不遥远，特别是在农村里面，很多的生活习惯我想都相类似，他所说的这个卖灯芯草的人，我小时候也见过。草是白色的，一个人把它整捆地拿来，让农村里的老太太买去，做灯芯用。如此简单平凡的一件事情，我觉得他能够通过幻觉把现实变为一种梦境。还是给大家朗诵一遍：

远远望去像一只落到地面的大鸟
脚步轻轻飘过没有搅动一粒尘土
好像走的不是他而是他的白色羽毛
羽毛的雪白染上他没有血色的脸
染上早已褪色的衣服没有穿鞋的赤脚
一堆雪白的羽毛乘着自己发出的风贴着地面飞
看见他的人都赶紧向两边让路
生怕不小心弄脏羽毛的雪白
不小心妨碍羽毛的蓬松的招展
不小心碰到它弄成一堆乱麻
害得它不能顺利地从这嘈杂混乱的地面飞走
谁也知道可是谁也不愿去想
灯芯草的雪白是不受玷污的
柔直轻脆的灯芯草不可能纠缠成一堆乱麻
他和灯芯草
这只雪白的大鸟
也不想从地面飞走
只想在尘土里寻觅一点人们遗落的饭粒米屑

我没有记错的话，这首诗应该是写于四十年代，今天在座的人能够写出这样一种诗歌，它仍然是一首了不起的诗歌。好的诗歌之所以能够超越它的时代，其中之一在于它没有明显的政治或时代的标记。对中国乡土社会的这样一种认识，是独特的。鲁迅写完孔乙己这样显然有浓郁的地域标记的小说以后，在三十年代，也出现了不少的乡土小说。你把乡土小说写得土得掉渣，让人一看就觉得这是陕西的某一个山村才有的，这不算什么本领。关键是你把那样土的东西写得如此的具有现代精神，如此的具有废名所说的现代诗应该有的那种厚重的质地，那我就觉得非常不容易。比方说这首诗的前几行。“远远望去像一只落到地面的大鸟 / 脚步轻轻飘过没有搅动一粒尘土 / 好像走的不是他而是他的白色羽毛 / 羽毛的雪白染上他没有血色的脸 / 染上早已褪色的衣服没有穿鞋的赤脚”，他的语调似乎是很轻快的，这种轻快，甚至让你能够消除对卖灯芯草的人那种雪白的脸色，那种不健康的人，应该有的那种反常的态度。现实的画面，一种现实的东西，看似一种真实的描绘，很显然这里面有很深的感情。先说“害得它不能顺利地从这嘈杂混乱的地面飞走”，然后很绝对地说“灯芯草的雪白是不受玷污的 / 柔直轻脆的灯芯草不可能纠缠成一堆乱麻”。他没有直接地告诉你，我们的思想是什么样子的，但是这两句话难道没有意思吗？我想你不难从中看见，一个作者在赋予灯芯草某种特质的时候，这里面肯定是一种人的情感，一种人的个性。这首诗看久了以后，你甚至都会觉得卖灯芯草的人就像一个诗人的隐喻。在乡土农村里面，一个卖灯芯草的人，最后如何能在你的阅读经验里面，被幻觉成为一个诗人，那是你自己的事。作者可能会说与他毫无关系，但是在你看的时候你有各种想象。所以我觉得这样一种写作方式，我愿意把它称为一种“幻视”。它是从现实出发，满含着感情，用一种动听的语调，把现实变成某种幻觉。就像尼采说的，如果我们不是把现实看成一场戏，这人生可能就没有意义。你如果不能理解这句话，你如果不能理解文学的功能在某种意义上就是要把现实变为一场戏，人生就是要向文学、向艺术学习，那你可能永远无法明了文学对于我们这些人的意义所在。坐在这里听文学，它还有什么价值吗？我觉得这是我们解释文学、解释人文学科最根本的东西。人文学科被那些政治家、经济学家视为没有价值，可能的原因也在这儿。

彭燕郊描写乡土的诗歌其实很多，下面我们再来看《敲土者》这首诗。其实我在阅读他的散文诗的时候，感觉是非常怪异的。这样的散文诗，假如你自己做主给它分行排列一下，我想它仍然是很好的诗歌。它为什么是散文诗而不是诗歌，那完全是作者自己的事情。这首《敲土者》，我觉得很多很多写中国农民、写中国乡土社会的作品，能跟这首诗的境界相提并论的非常少。很大气，这种大气我想只有我在阅读艾青的《北方》中的一部分诗歌的时候才有这样一种体验。一开头，就是一种很强的风俗画的感觉。如果是电影，它就是一个很好的镜头。“秋天来了，晚稻已经收获了，田亩被翻耕过来，牛拖着犁把它耕过，接着勤快的农人持着杵槌出现在大野上。”这个活我小时候也干过，但是干得跟他的方法不一样。看他的描述，似乎是一个木棒，前面粗后面细，农民在那儿使劲敲。我们就是拿个锄头直接去敲土。实际上，就是为了把牛翻过的土弄松散一些，种子才能够很好地撒在上面。他描写的就是这样一个再平常不过的农村里面有的景象。但是，谁也不难看出，这样一个农人被寄予了很深很厚的意蕴。但是这种意蕴它绝不像浪漫主义那样，直接呼喊出来：“伟大的农民你多么辛苦，几千年来，你……”我们一般的浪漫主义不就是这样抒情的吗？而他所走的这样一种抒情的路子就完全不同。似乎就是对他所看见的情景，稍加描绘，再稍加深化，就能成为这样的诗歌。“地肤裸露着，呈着庄严的黑色，土肌绒软而有弹性，像黑种的美女。敲土者弓身向着她，‘扑，扑，扑……’一杵槌，一杵槌地，钟表的滴答般，再现了时间本身的寂静。”动态的东西，他把它定格在那儿。“时间本身的寂静”，我觉得这就是一种幻觉。“辽阔的原野，没有回音。那寂寞的声音，就像一朵朵小小的星花，闪动着，时生时灭。听啊，那是秋天的足音，像是发自大地的几千里下的坳地，叫人想念到秋天，这远方归来的游子般可怜爱的秋天，那么惹人乡愁的、淡淡的、微微的、沉着的足音啊。”这只是这首诗歌的前面一部分。这样的诗歌，当你在阅读的时候，它已经记录下了永远在中国乡土消失的一部分情景。现在到福建莆田，你想看到这样一种景象，已经没有了。那儿的田可能已经荒芜了，农民干什么去了，到城里打工去了。这样的一种景象消失了，但是诗人记录下这种情景，我想不是说它具有一种记录的功能，但是这确实是文学应该具有的一种功能。在看这样的诗歌的时候，比方说我就会想起我的家乡，和那些也这样劳动过的农民。

下面要分析的另外一首诗，就是刚才同学们朗诵过的第二首，讲牝牛的，叫《遣嫁》。昨天上午我在看的时候真的很感动，感动得几乎要流眼泪，这一点也不夸张。原因就在于，我当时突然就想起来，一首诗歌的功能，我们都是带着自己的经验去阐释诗歌，你不能理解这首诗我能理解，因为你从来没有跟牛这样亲密地接触过。如果你也是像我这样一个少年，童年的时候每天放牛。由于各种各样的事情，有时候你觉得在这个世界上没有一个可以说话的人，下雨天，你骑在牛背上，牛和人的关系就像草原上马和人的关系，真的是非常的密切。所以这个老汉一家和牛的关系，真的几乎就像和他的女儿的关系。他用这样一种写作，把传统的题材写得如此的赋有现代气息，按照废名的诗论，这样的诗是真正在形式上是散文化的，但在内容上、在质上，它肯定是诗歌的。

下面一首是《路亭》，我想在座的人肯定都没有看见过这样的路亭，我也不知道北方是怎样的情形，但彭燕郊在这首诗里面说的每一样事物我小时候都见过。这样的亭子是什么样的亭子呢？你别觉得以前有钱人都是坏人，地主都是坏人，其实地主也行善。有很多地主实际上就是辛辛苦苦地挣那么点钱，还要拿来做好事，也不容易。南方的很多路亭，据我所知，都是这些地方土财主建造的。那时候主要靠步行，从一个村到另一个村，从一个镇到另一个镇，中间要休息，怎么办呢？下雨天，人们到哪里去呢？就要在山上、路上建这样的路亭。我印象很深，小时候，比如去我外婆家，去的时候要走半天，然后住上几天，回来的时候也要半天，中间就有一些这样的路亭。路亭很多时候就成为流浪汉、乞丐露宿的地方。但是这样一种在南方的农村里常见的事情，诗人彭燕郊又是怎么去表现的呢？这首诗写得实在令我佩服。一个诗人，能像好的纪录片那样，把山上的一个亭子就原封不动地放在那儿，就写在那儿。你看这首诗歌，路亭就是看见的一些东西。“有一些磨破了底的穿烂了的草鞋”，这样的意象没有意思吗？被什么人穿过？穿到这儿，扔在这儿，这样的人到哪儿去了？如果是另外一种抒情方式，浪漫主义的抒情方式，那肯定是直来直去的，一来就是“这么多双鞋扔在这儿，谁穿过，谁走了”，马上就会用这样一种直抒胸臆的方式把他想表达的主题给你表达出来。你如果理解了彭燕郊的这类诗歌，然后再去阅读别的诗歌，就有一种不一样的路径。像美国本土诗人弗罗斯特的诗歌，他们的路数基本上是一样的。描述，简单的描述，像农民那样的描述。像俄国形式主义所说的，使石头成为石头，那是最不容易的艺术。陌生化是什么，不是把鞋子比喻为鸽子，那样我觉得是“陌生化”浅层的、不值得一提的技巧。真正的陌生化是像凡·高那样，把鞋画在那儿，让你认出这是一双农民的鞋。但是鞋本身的意味被消除掉了。放在那儿的是一双鞋，但是最后它已经不是一双鞋，它成了某种精神的象征。我觉得这才是真正的“陌生化”的意义。俄国形式主义也说“使石头成为石头”，你如果把鞋比喻成鸽子，那还能使鞋成为鞋吗？那也有可能使鞋成为鞋，但是你一会儿把鞋比喻成鸽子，一会儿把鞋比喻成大海上的船，一会儿又把鞋比喻成别的东西。我想这种写作的方法肯定离诗歌越来越远，离诗歌所能为我们欣赏的东西也越来越远。再看这首诗下面的几行。“有一些甘蔗粕”，有一些休息的人要在这里吃一点甘蔗，所以呢，留下一些甘蔗粕。“有一些驴马的粪溺的气味”，我相信很多有洁癖的诗人，按彭燕郊所说的有一类浪漫主义诗人，是不愿意写这个东西的。但是在艾青的诗歌里面，在彭燕郊的诗歌里面，你就能发现这个东西。这个东西放在那儿合适，而且它成了诗歌。“有一些把青石板烧成焦红的篝火的遗迹”，这是哪儿来的？我跟我外婆走累了，就从包里拿一些东西生火烤了吃。那是自己家里面带的年糕、馒头之类的东西。烧一堆火烤了，趁它热的时候，两个人就吃掉了。“有一个神龛 / 有一座中国的乡村到处都奉祀着的 / 土地公公的神像 / 有一把香插着一片溅满鸡血的黄纸 / 有一条在百尺的悬崖下冲激着的寒冷的溪流 / 有一株盘升在指路碑上的小松树 / 有两边各十一级的两条石阶 / 接连着沿着山形的回转伸来的山路 / 一座山把它驮在半天高的背上 / 还有一座山在它背后围护着 / 像是为疲乏的旅人准备的一张椅子”，我想说，这首诗如果没有后半部分，它没有什么了不起，任何人都可以模仿。你回去看看你们宿舍前，有没有什么一堆事物是能放在一起的，你可以把它写出来。问题是在于，如何使这样一些看似平淡无奇的东西，在把它逐渐推远的过程当中，在对周围环境的描述过程当中，使它真的成为一个符号，不容易为人所混淆的一种符号。当彭燕郊把路亭比喻成“是为疲乏的旅人准备的一把椅子的时候”，这个比喻是非常踏实的，是有前面的铺垫的。这样的诗歌不需要任何说明。我在看的时候，从一种诗歌写作的技艺上讲，从一种对情感的表达来说，我觉得这样的诗歌是不可多得的，无法复制的。它的好处你是难以说清楚的。比方说，他说“有两边各十一级的两条台阶”，这十一级是诗人数过的吗？或是他的想象，而想象为什么就是十一而不是十二呢？这个“十一”放在这儿，我想就是为了增加它的真实感。这种真实感，他特意要强调。但当你看到他说是“像一把旅人的椅子”的时候，你在想，这就是旅行里面见到的一把椅子、一个路亭，它就变成幻觉里面的一个符号。所以我觉得这种“幻视”的本领，不是一般的客观描述，关键的问题是，这种描述最后变成一种你只有在文学里面才能感觉到的东西。

与这样一首诗相类似的还有下面这首诗《窗户》。我想，这样的窗户也永远地在中国乡村里面消失了。现在你或许只有在安徽或者浙江的古村落里面，参观民居的时候才能看到这样一些窗户。但是很显然，这样的窗户被漆得雪白，窗户上的那些杂物全部都被拿走了。然而我小时候家里面就是这样的窗户。南方称为台门里的，是一个很大的四合院，房子的窗户就是这样的木头窗户。我记得每年都帮妈妈买一些白纸，用面粉做成糨糊，把糨糊糊到白纸上，再把白纸贴到窗户上。一个冬天过去，春天来了，就拿一根小棍子，把纸给戳破了。窗台呢，为了不让它闲着，就放各种各样的东西，就跟这个类似。这首诗在这里是如实的描绘。这里选择来讨论的，是这首诗的前两节。我想强调的是，这样的描绘不是没意义的，它有一种出土文物般的感觉，用文字向我们复活了在南部中国乡村常有的景象。你想象一下，没有对乡土事物的热爱，一个诗人，没有他自己独特的感觉，他不可能把这样的诗歌写出来，还拿到你面前，把它称为诗歌让你阅读。所以你不能说他没有感情，只能说感情在这里边很有节制地隐藏在一个个物件的后面。看这样一首诗，你就会想到五六十年前，我们中国南部的乡村是什么样子。你看，他说“这是一面永不打开的窗户”，你别以为这是一个隐喻，这是实在的。为什么要糊窗格子啊？那个窗户就是不可以打开的。它就是一个方方的木头格子。“神龛一样地被固定在墙上 / 窗棂是代表街巷的复杂图案 / 连续重复成为阴影的网络 / 上面糊的报纸早已变黄 / 正中端正地贴上过年才换的 / 红纸剪的‘福禄寿’这三个字 // 窗台已成为永久性的展览架 / 陈列着不知什么时候放上去的 / 缺了腿的老花眼镜，崩缺的玉石烟嘴 / 有倒翘八字胡须的‘仁丹’匣子 / 长满铁锈的‘海盗牌’香烟罐头 / 大大小小几只药瓶，几块零星骨牌 / 折断了的‘不求人’还剩下一只完好的小手指 / 还有几个发亮的蟑螂壳和一些鼠粪”。你说是诗人偏爱那些肮脏的东西吗？写在这里你觉得肮脏吗？反正我的阅读感觉是，一点也不。他只是像他如其所视一样来描写，到了后面两节肯定不会再是这样一种罗列，就像前面那首诗的手法是一样的。先是近景，然后推远了，让你知道他描写的事物的价值和意义，或者说诗人自己的感觉。

我想再在这里作一个总结。英国的诗歌历史，在新批评兴起以后，诗歌评价的序列发生了很大改变。得到最高评价的诗人，在今天的英国，人们认为可能是十七世纪的玄学派诗人，在以前毫无疑问是浪漫主义诗人。这是随着现代主义兴起而发生的一种改变。在浪漫主义诗人当中，现在得到高度评价的恰恰可能是写诗更为节制的华兹华斯，而不是拜伦、雪莱这一类的很具有一般所谓的浪漫主义特征的诗人。华兹华斯曾经讲过写诗的六个才能，列在第一位的才能就是像我刚才所描述的，彭燕郊诗歌写作中的这样一种才能。他说第一个才能是什么呢？观察和描绘的能力。这是一种按照事物本来的面目，准确地观察，而且忠实地描绘，不会被诗人心中的任何热情或情感所改变的事物的状态的能力。他还说你不要以为这种如实的观察和描绘的能力是一种最简单的能力，他说需以较高的智力，处于被动地服从外界的事物和对象为前提。也就是说要一个人的思想被动地服从于外界的事物，你首先要认识到这个事物对你的价值和意义，尊重它、表现它。华兹华斯可能认为这是诗歌应该有的更高的水平和才能。

其实我刚才所讲的这些诗歌，都是彭燕郊写于 1938 年到 1949 年之间的诗歌。按年龄上来讲呢，差不多就是十八岁到三十岁的样子。所以，他的诗歌的这样一种成熟，也是我所难以想象的。在这样的年龄，大部分人都还是在依靠情感的直接抒发来写作，或者说，是青春期的诗歌写作的年代。但在他的诗歌写作里面，却是异常的“早熟”。

另外一首刚才朗诵过的《旅途上的插话》，我个人非常喜欢。这首诗歌给予我的特别的印象是什么呢？它肯定写于他离开家乡，去参加新四军的途中。他没有像一般人那样，写“我”要去参加革命工作，有多么的高兴，革命事业又有多么的伟大。在任何时候，实在地讲，一个人参加一个运动，都是以一个人的微小的身躯去参加的，以微小的生活经历去参加的。所以彭燕郊忠实于这样个人的经验，而且把它写出来。我觉得在这一点上，它可能远离某种政治上的隐喻和标记，却成为一个很有意思的，更为广泛的，更具有普遍性的，关于人生的旅途当中的一种隐喻。所以，从这个意义上来讲，这首诗就像弗罗斯特的那首诗《未选择的路》。这首诗为什么被人们所看重，被各种选本所选择，关键就在于人们看到的不是关于森林里头简单的散步，我走上这一条，另一条没去走，我本来想以后去走，但是我以后再也没有可能了，类似于这样的一种遗憾。作为读者，你之所以欣赏它，可能因为它是一个隐喻，一种更大的隐喻，人生的隐喻。当你面临选择的时候，你只选择了一个。但是另一个呢，你没有去走过。回头想起来的时候，是不是那条路更加迷人呢？但是很遗憾，我已经老了，我不可能再去走了。这首诗感动人心的地方，可能是在这儿。彭燕郊的这首诗，如果按照这样的方式来理解，那你就觉得它非常有意思。由于这首诗很长，我不可能全部都讲，只讨论其中的一部分。他说“旅人们的第一夜的睡眠总是这样的——/ 半夜里受了凉，我醒来了 / 从洒满茅屋的沁凉的清光里 / 我看见我的黑马还站在那里 / 还没有入睡 / 踢着前蹄，斜斜地抬起俊美的颈脖 / 还在咬嚼干草……/ 立刻，沿着波浪和飞溅的泡沫筑起的海堤 / 和那诱人的丰饶的田野，那随山势转折的道路 / 和异乡怪样的口音和怪样的口味 / 汇合起来，构成的旅人的无法排遣的惆怅 / 便来袭击我了”，这是写这样一种在外旅行的第一夜的感觉。然后是“我的黑马，我的忠实的旅伴 / 是不是走过的陌生的旅途上 / 见到的一切”，诗人对马抒情，但是说的何尝不是自己呢？“和对家乡的舒适的马厩和食料的 / 深深的怀念是你难以入睡 / 越过了高耸的戴云帽的山 / 投宿在这山隗的石板路边的野店里 / 我们已经出了县境——高兴吧 / 我的忠实的伙伴 / 我们现在是异乡人了 / 越过那平常不轻易越过的高山 / 要到那平常不轻易去到的地方 / 还有许多的像这样的旅人的夜 / 许多的旅人必须忍受的生疏和寂寞”。看到这样一种描写，就像我小时候想到远方去，这其实是一种复杂的感受。待在那样一个地方，看着山外面的山，总想着要到一个遥远的地方去。这样一种感觉都被诗人很真实地描写出来。“我们会习惯这些的……那么，我们又为什么一定要在此地停留 / 白白地忍受这夜的凄凉呢 / 我们就再往前走好了”，这样一种描写，看起来就像对事物本身如是的描写，但是，你说他仅仅就写他一晚上的感受吗？所以这样的诗歌，如果你觉得它是一种幻觉，那么实际上它就从一个单个的“一”，最后就变成了具有更为普遍性的东西，也就是“以一寓多”。这可能就是一首好的诗歌所带来的更高的隐喻。我觉得弗罗斯特的大部分诗歌，之所以觉得好，它的魅力也在这儿。有时候，弗罗斯特就在那儿絮絮叨叨地讲，“我”去牧场那儿，看见什么花……一开始你会觉得很乏味，但是只要你有耐心，你慢慢地看完它，你会觉得非常的佩服，没有杰出的才华是不可能写出这样的诗歌的。用平常一点的语调把平常的事物描绘出来，最后让你觉得它具有梦境一般的美丽，我觉得是非常了不起的诗歌写作技巧。

最后再给大家推荐一首诗，这首诗叫《阳光》。如果说前面的诗歌都具有明确的乡土标记，这首诗你也可以把它看成描写乡土生活中的一个人。看完这首诗，我觉得非常惊讶。要有多么美的心灵，才能写出这么美的诗歌。同样，这是很让人感动的一种写法。这种写法跟一般的不同，如果你不相信你可以去找找。我相信能够找到很多写盲人的诗歌，但是你要能找到一首像这么好的，达到这么好的程度的，我想应该是非常少的。

我还是先朗诵一下：

人们抓住她的小手
把她牵到墙脚下
让她把脸朝向阳光
可怜的小生命
不住地映着眼睛
前额显现出好奇的皱纹
两手沿着背后的墙壁
微微颤动地摸索着
全身收缩在静默里
像在倾听来自天外的仙乐
不愿受一点最小的干扰
呵，是什么
使她从没有眸子的眼窝里
流出眼泪？
像一座阴暗的房子
突然把所有的窗户打开
饥渴，感激
和发自内心的喜悦
竟使一个盲女
在接触到光和热的时候
变得和仙女一样美丽

我就想，什么样的人能写出这样的诗歌呢？像你我这样的，光凭想象，让你回去写一首，你能写出来吗？所以我唯一能肯定的是，他一定看到过这样的人，处在阳光下的盲女，站在墙脚下的，什么也看不见的美丽的小姑娘。诗人首先需要看见，但是看见也不算什么，否则华兹华斯为什么说一个诗人观察的能力非常难得呢？诗人可能久久地站在那儿，去感觉，去想：一个眼睛看不见的人，能感觉到阳光吗？看不见，但是站在阳光下，能感觉到阳光吗？难得的是，诗人能够写得这么细致，说“人们抓住她的小手 / 把她牵到墙脚下 / 让她把脸朝向阳光 / 可怜的小生命 / 不住地眏着眼睛”。光，温暖，她的脸肯定是有感觉的，所以不断地闪着眼睛。“前额显现出好奇的皱纹”，只有当她抬起头来，仔细去看的时候，她的前额才会有皱纹。一个画家如果能够画出这样的感觉，哪怕一半的感觉，我相信这个画就会非常感人。“两手沿着背后的墙壁 / 微微颤动地摸索着”，因为她处在黑暗里面，长时间地处在黑暗里面，她肯定会这样，因为她害怕自己跌倒。然后诗人说“全身收缩在静默里 / 像在倾听来自天外的仙乐 / 不愿受一点最小的干扰”，你要知道，一个盲人能够感觉到的东西与我们不一样，阳光对你我来说可能没有什么，但是对她来说可能真的是仙乐。“是什么 / 使她从没有眸子的眼窝里 / 流出眼泪？”然后后面用了一个比喻，但是这个比喻绝不像一般的那样，让你觉得很做作，很不自然，是逞才使气，卖弄才华。有些诗人可能是炫耀一般地对你说，你看，我能把鞋子比喻成鸽子，我能把海滩上的一条游泳裤比喻成天上飞的一只鸟。这样的比喻让你觉得非常的做作，比如说，浪漫主义式那种虚假的对于祖国的歌颂，就在于用了太多的比喻。“祖国啊，我的母亲。”他轻飘飘地唱出来，像他的母亲吗？有一些比喻让你觉得很信服，你非常的相信他，而有一些比喻容易变成一种政治说教的工具。我们见过太多的隐喻，这种比喻都不具有生命力，离我们的生命很远，离文学也很远。然而像这样一个比喻，写到这儿，对诗人来说，就是自然而然的。黑暗，黑暗里面没有窗，所以他会说“像一座阴暗的房子”，黑暗难道不像一座阴暗的房子吗？“突然把所有的窗户打开”，在阳光照射下的这样一个盲女的感受在这儿被揭示出来了。“饥渴，感激 / 和发自内心的喜悦 / 竟使一个盲女 / 在接触到光和热的时候 / 变得和仙女一样美丽”。我觉得诗歌所具有的温暖人的力量，或者说诗歌所具有的人性的力量，这首诗就是很好的明证。在你看来非常卑微的，非常不值得人爱、去呵护的盲女，通过这样一首诗，她能够变得像仙女一样美丽。我记得比利时有一个小说家写过一篇关于诗人和诗歌的小说。在小说中，诗人目睹一场车祸的发生，他的朋友站在那儿骂，警察问他车牌号的时候，他不知道。警察的评价是：骂人是容易的，但是记住车牌号却不容易。警察就问这个人，还有其他人在场吗？他就说，我的朋友，他是一个诗人。这个警察就去拜访诗人，心里并不抱希望。去了以后，见到的就是公众对于一个诗人的房间的戏剧化场景，袜子放在桌子上啊，面包在地上啊，很乱。他朋友说诗人是哭着走的。警察就问诗人，你为什么哭啊？他说，这个场景让“我”悲伤。诗人说，他倒是写了一首诗。警察不懂诗歌啊，但是通过这首诗歌，警察知道，肇事车祸的人是谁，甚至知道了车牌号。详细的情况我不说了，其中有意思的一个细节是，被撞到的这个人，是个可怜的乞丐，一个老女人。你可以知道，一个老乞丐在警察的眼里面，没有爱，他是公事公办，他只是想把事件查明。但是在诗人的诗歌里，却说“一个少女躺在马路上”。警察说，撞到的是个老乞丐。但诗人却像受了侮辱似的说，不，她就是个少女。也就是说，在诗歌的想象里边，一个老乞丐，难道不值得同情吗？如果文学是这么势利地来看待人的，那它就不是真正的文学。比方说，我们今天的经济学家和政治家，在考察中国的经济情况的时候，为什么不考虑农民的利益？为什么城里人应该享有医保，享有一纸户口上的好处，而乡村的人没有？为什么有的农民劳累了一辈子就该病死没有人管？但是一些经济学家却振振有词地说这是有道理的。如果文学也学得这么势利地看待问题的时候，那还叫文学吗？所以，在诗里面，我觉得很有意思的是，文学所具有的人性的力量，或者说文学所具有的温暖人的力量。这样一个在车祸中被撞倒的、可怜的、衣衫褴褛的老乞丐，在为诗人的眼里就成了一个可怜的少女，成为诗歌里面爱的对象。就像彭燕郊的这首诗，使一个盲女，不管她是不是美丽，却能像仙女一样。而且我的感觉是，因为这首诗歌，下次你要是碰见这样的人，你是不是会多一份真正的怜悯，你是不是会因为这首诗歌想起有人永远生活在黑暗里边。我不能说这是诗歌唯一的功能，但是文学就是这样，非常复杂的，有时候是非常直接的，是跟我们贫乏的日常生活联系在一起的东西。我就讲到这里。

四、讨论

同学问：我在读《贫家女》这首诗的时候，对它很有期待，但我觉得有一种没写完的感觉。

陈太胜：根据我的了解，他有很多诗歌是后来反复修改过的，比如最近孟泽发给我看的他写于1997年的诗歌，也是反复地修改和增补过的。所以你说他没有写完，这也是有可能的。而且他的诗歌一般都比较长，我今天给大家看的都是相对来说比较短的。另外像《路毙》《山国》都比较长的。而且今天由于时间的关系，我没有给大家看他八十年代以后的散文诗和诗歌，以后有机会肯定还会有进一步的研究。

孟　泽：我认同陈老师的看法。彭先生的写作习惯就是这样的，比如那天我给陈老师发的那首诗，后面有三个写作日期，但是他还是没有发表，也没有收入他的诗文集。具体到这首诗而言，我觉得肯定是结束了的。既然他拿出来了，从他的习惯讲，应该是觉得结束了的。如果说跟你的期待有所不合，用一点歪理邪说来讲，或许这正是一首诗的标志。

同学问：我想问一下，《路亭》这首诗，就是你强调的一种描写的手法，觉得他的描写手法是非常独特的，他的描写背后是一种省略的叙事。比如说，“有一些把青石板烧成焦红的篝火的遗迹”，能让我们在描写中想起一件事来。他的诗歌之所以能够成功，是不是因为他这种叙事化的描写？在叙事和描写的基础上达到一种抒情的效果。

陈太胜：对，你讲的这个意思，其实与1995年诺贝尔文学奖授给爱尔兰诗人希尼的时候，授奖典礼上评价希尼的一句话相类似，大概是说，细致地描绘了他所处的乡土生活，但是又使历史在神话般的诗歌中得到复活。你去看希尼的很多诗歌，不是他有意要这样去写，而是他出于对乡土的爱，和对乡土经验的一种难以割舍的情感，他用诗歌这种方式把它复活了，或者说存留了很多很多的记忆。诗歌与记忆的关系是很有意思的话题，希腊人就说诗歌就是记忆之子。我经常在想，中国看起来更像一个乡土社会，但是在当代社会里面出来了大量的写城市和城市化生活的作品。而真正能写出乡土社会的深度的，乡土社会的迷人的东西的文学作品很少。在小说里面相对来说还多一些，比如说贾平凹的小说，但是在诗歌里面真是非常非常罕见。我觉得这与八十年代以来的那种诗歌氛围和传统很有关系。

同学问：刚才看《窗》这首诗，我觉得它里面确实有非常细致的观察和描绘，让人能够感觉到比较细腻的乡土的情感。也确实使用了一种类似于陌生化的手法，把这种本身很有质地的东西给它还原出来。但是这种诗歌会不会也有一种时间性，因为随着时间的推移，我们离乡土的生活越来越远。到那时候的读者看来，这些细节会不会就成了他们无法承担的累赘。这样的写作方法有没有可能不会跟着时代的发展而继续存在。

陈太胜：我明白你的意思。你是说随着时间的流逝，这样的细节会成为负担，以后的人没办法欣赏它。这个我个人觉得应该不会。就像博物馆里面的文物一样，越细致越完整，可能越让你觉得复活了这样一种生活。如果它没有这样一些细节，我觉得这样的诗歌可能就不会久远存在。这首诗很长，前两节它是在描写细节，后来两节就不是这样写的了。他写到坐在这个屋子里的主人，他说："人们不能通过这扇窗户窥视这座古老的屋子 / 它的主人也永远不愿被人所窥视 / 正如他从来不想窥视外面的世界 / 早已习惯这种昏暗和沉闷 / 每当他想从衣服上捉几个虱子 / 或者从床板里敲出几只臭虫 / 他总是习惯于眯起眼睛 / 郑重其事地把衣服和床板，拿到 / 比窗户大不了多少的天井里去……"他写这样一个窗户，实际上是和住在里面的"不愿意窥视外面也不愿意被人窥视"的主人联系在一起的。

同学问：我想问一下，今天晚上我们所讨论的这些乡土题材的诗歌，如果被一个从小就在城市里长大的孩子读到的话，那么他的感受会是什么样子的？我感觉阅读诗歌的时候最好是应该有一种相同或者相似的经验，如果没有这种乡土经验的人，他读到这些诗或许不会读出太多的东西，彭燕郊的诗歌正好是贯穿着他整个人生的经历。我觉得或许我们对于他诗歌的写作更应该从一种描写方式上去继承，而不是继承他诗歌中所描绘的具体内容。当我们有一天在描写城市的时候，也能像他这样来描写。从现代诗歌来讲，西方和中国的诗歌大多是对城市生活的描写，这可能和现代性与城市的密切联系有关。但彭燕郊这种对乡土的描述，或许就是想要以乡土来展现一种独特的现代性。

孟　泽：陈老师刚才所列出来的彭先生的诗，其实并不是我原来所特别关注的。事实上，陈老师今天的演讲，对我来说也是一次启蒙，开阔了我的视野，这不是谦虚。我个人认为，彭老师晚年的诗歌要好于他早期的诗歌。但是，我以前在一篇文章中也谈到，他早年诗歌所呈现的感受力和表达力，已经很令人惊讶，他对场景、画面的捕捉，像光一样，照亮了他所观照的事物。这是真正诗人的不可企及之处。有时，你没有发现这里有什么，但是诗人的文字照亮了它，使这个场面显得非常的人性啊，温暖啊，等等。随着时间的流逝，那种具体的物象可能会逐渐晦暗，但是里面那种能够普遍认同的人性化的空间，我相信都是能够感受到的。比如我们现在去读王维、孟浩然的某些诗，或许我们的生活已经远离这些，但是那种人性化的空间还是给我们饱满的感觉。彭先生早年的诗歌能够见出他对于事物的敏感，我觉得他的这种敏感是跟人道有关的一种敏感。他之所以那么高龄时还有创作的力量和热情，应该说就是得益于这种敏感。他本人有着很真很纯的一面，对于任何事情有着“混沌初开”般的好奇心，我觉得这也是一个真正的诗人应该有的，彭先生恰好就有，到了八十岁他依然有。同时诗人必须是对细节有兴趣的人，他就是那样的，有一份童心，对与生命有关的任何迹象，都满怀淳朴地看待。当然，他也有很“复杂”的一面，我刚才说了，他跟世俗有着很深的纠缠。八十年代初，湘潭大学曾经给他配过一个助手，此人是一个悟性很高的学者。说实在的，我对彭先生的了解与理解可能远不如这个当过他几年助手的人，他曾经跟我谈到，彭先生有时候有一种非常透明的、像水晶一样的赤子之心，但是有时候又会流露出与此相反的、非常社会化的“混杂”。我觉得，我们不用刻意去剔除他那“混杂”的一面，以便去张扬他“诗”的那一面，这两个东西其实是完全可能“混搭”在一起的，就像烂泥塘里面长着荷花一样。而且，像彭先生那样，要应对那个“苍生如草芥”的时代，应对“圣人不仁，以百姓为刍狗”的颠倒的世界，不成长出必要的社会化的“混杂”，如何可能一路走过来？

陈太胜：我跟彭先生其实就见过两次，但是他给我的印象是笑，像小孩一般的纯真的笑。他的谈话，有年轻人的批判精神、那种热情，但是又有老年人的那种宽容。他批判一个问题的时候，马上又会回过头来说，“当然啦，人都是可以理解的”。当时我们讲到一个人、一本书、一次会议，那是跟梁宗岱先生有关的一个会议。他跟我说这个的时候，我倒是直言不讳地说这个人怎么这个样子，他却说人都是可以理解的。所以他谈到聂绀弩、谈到舒芜、谈到“七月派”，以及自己所坐的牢，不会像你现在在网上看到的某个人，谈到自己在“文革”坐牢有多么辛苦，他说：“我还算好的啦，跟看守的那个人慢慢地就认识了，所以没吃什么苦。”跟你想的不一样，坐牢是坐牢，但是他能从中发现这个事情里面本身有意思的那种东西。所以我真的觉得非常遗憾，因为按照原来的计划，我们三个可能会进行座谈，把录音整理出来，然后三个人看。我觉得这会是一个很有意思的资料，它跟文学史有关系。我当时觉得无法匆忙地做这个事情，因为我如果要做，肯定要看大量跟“七月派”有关的东西。实际上，了解我为人的人都知道，我不是那种随便找一个所谓名人，跟人对谈对谈感到光荣的人。所以，这件事让我真的觉得非常的遗憾。

孟　泽：前面我讲到，彭先生自己说，八十年代他也很“轻飘”了几年。经历过八十年代文坛而知道彭先生的人，也许都有所耳闻，说当时的彭燕郊又出事了。出什么事呢？不是政治问题，但那个年代，这件事是可以上升为政治问题的，就是所谓“男女关系”。我想，我们今天再来看这件事，也许不必全部用道德的、政治的眼光来打量了。我不是要替一个诗人辩护。彭先生八十年代在湘潭大学教书的时候，曾经有过一场我感觉更像是精神恋爱的恋爱。那个时候，也就是彭先生复出后得到最多拥戴的时候，应该是六十岁开外的人了吧，有一个刚刚大学毕业分配过来的年轻女教师跟他往来得比较多，据说还要考他的研究生（彭先生设计的研究方向好像就是新诗研究），刚才我提到，彭先生有一首诗《无色透明的下午》，诗中似乎就有这段情感的某些影子。当时我正在读研，满怀一种少年的单纯无知，又带着一种当时成年人式的恶毒眼光，道听途说地知道了彭先生的这件事，觉得很不光彩。很多年以后，当我听到参与当时处理此事的一个老师给我讲的一个细节之后，我有点震惊，这个细节非常能说明彭燕郊的气质、性格和某种非世俗的作为诗人的教养，或者说，是他成长的那个年代才会成长出来的人的个性。什么细节呢，说是彭先生为了向那个女孩表明他年轻，表明他有和她私奔的勇气，他住在二楼，他就顺着下水管道攀爬下来，让那个女孩看，他要和她私奔，不在乎天涯海角，他打算什么都不要了。听到这个细节，我当时真是半天说不出话来。我们可以想象这个人的天真，我觉得这样天真的人，做出来的事情也许不合现实的逻辑，但未必不合心灵的逻辑。彭先生晚年的诗，确实是很有几首跟那个女孩子有关的。此事的全部过程我并不清楚，随着彭先生的去世，这也许就成了一个谜，因为我们根本无法信任那个年代组织上给出的所谓调查和结论，也无法信任这样的“绯闻”可能在当时人们中间留下的“口碑”，特别是在中国这样流氓与道学家常常是一个人的一体两面的文化土壤中。我可以告诉大家的是，在他的晚年，在我跟他交往的过程中，我确实能够感觉到他那种对于青春，对于美的向往、迷恋。

同学问：陈老师的演讲让我重新认识了这些诗，之前我有很多东西没有读出来。我有个问题，就是陈老师选的这些诗，在诗人的整个作品里面是不是另类的作品？再一个是，我从两位老师谈这个诗歌的方法上来问一下，孟老师更多的是知人论世，因为他跟彭先生有些私人的接触，这为他提供了一些进入诗歌的方法。而陈老师是生活环境有所相近，生活的经验为您提供了一种进入诗歌的方法。如果我们不存在这种经验，用来反思我们整个的这种解释方法，现代诗歌中那么多诗人，写了那么多诗歌，很多诗人的生活是无从知晓的，这时，我们会不会对他们的诗歌存在一种误读？另外，经验性的缺失会不会对诗歌的阅读产生一些影响？

陈太胜：我昨天在重新看这些诗歌的时候，我本来想重新选一些诗歌，因为我以前写过一篇文章，这里边有好多评论的诗都是重复的。但是我突然发现他让我更注意的可能是跟乡土有关的诗歌。我看诗集有个习惯，比如说打个圆圈什么的。所以我选的时候都是我打过圆圈，觉得他这个时期写得好的诗歌。你可能有个疑问就是，这些是不是彭老师仅有的几首最好的，别的都不怎么样。那我敢肯定地告诉你，这样的诗歌在他早期写作里面不在少数。而且按照我的标准来讨论诗歌，实际上，任何一个诗人，能够圈上的都不是特别多。刚才孟老师讲到他可能对彭老师后期的诗歌评价更高，我现在不敢说这样的话，我对他后期的诗歌看得还很有限，如果我有一天真的证明这一点的时候，那我就觉得他更加了不起。就我现在所看见的他的后期诗歌来说，包括孟老师发给我的这些，可能思考的东西更多，但是跟他早年的这种乡土生活的经验其实并没有远离。比方说，有一首诗歌，都是从一个个词出发的，他后来的思想非常的博大，这一点跟孟老师所关注的“思想”这个词有关。我经常给大家讲八十年代跟现在的区别。你看孟老师就属于八十年代读大学的，我八十年代是高中生，现在我突然很惊讶，跟我来往比较多的朋友都是孟老师这个年纪啊。八十年代确实是非常特殊的一个年代，包括孟老师刚才演讲的时候，重在考察思想史的问题。实际上彭先生在八十年代的写作肯定比以前更为深入、更为宽广。第二个问题，他所描述的是一些日常的经验，但我举的例子也只是一部分，比方说，你不能说《阳光》这样的诗很日常，或者说太带有乡土的印迹。还有《卖灯芯草的人》，你不能说这样的诗也没有太多的乡土的印迹，只不过这样的人今天不存在了。像《路亭》和《窗》这样的诗歌，我觉得文学这种特殊的知识对我们的经验也可以起到一定的补充和丰富的作用。为什么唯美主义说不是艺术模仿人生，而是人生模仿艺术呢？这句话我觉得在今天就更加可以理解。连美国总统都用电影里面的话来对他的民众发言，在座的人你能说你跟电影毫无关系？跟电视毫无关系？明星在某种意义上就是从电影、电视里面走出来的某个人物。他所宣传的某种品牌衣服、某种生活方式，我们都在模仿，女孩子所梦想那种最美好的爱情，这种爱情来自哪儿？生活里面有吗？绝对不是来自生活，肯定是来自某个电影，什么《罗马假日》啊，或者琼瑶的某本书啊。比如像我们那个年代，很多人看琼瑶的小说，男孩子心目中美丽的女孩是什么样子的呢？琼瑶剧中的女孩子。有宋词的意境一般的名字，长发披肩的。在某种意义上，是文学的经验在改造和丰富着我们的人生。随着文学经验的缺失，我们可能会失去对文学欣赏的能力。很多的时候是阅读者的改变使我们难以欣赏诗歌，比方说像《窗》这样的诗歌，放在电脑屏幕上，你只能停留几秒钟的时间，你也只想停留几秒钟，你能欣赏它的美反倒是不正常。你只有在静夜里，暗暗的台灯下，一个人坐在那儿，捧着一杯茶，仔仔细细地看。我想你没有我这样的童年经验，你也不难欣赏这首诗歌。

同学问：刚才听孟泽老师讲彭先生六十岁时候那段故事，我就特别想听听那首《无色透明的下午》，可不可以请孟泽老师给我们念一下。

孟　泽：这首诗很长，我给大家念一部分吧，我觉得这首诗也体现了他的一些诗学主张。不押韵，但是有节奏感。另外，他把一些具象的日常场景生发成抽象的意念和情感，又把抽象的意念和情感还原成日常的具象，转换之自如与贴切，表明了诗人含茹深沉而笔下从容。关于这首诗，还有一个掌故，诗人庄宗伟是彭先生的学生，在《湖南日报》工作，当年就把这首诗发表在《湖南日报》上，大概是在八十年代末的哪一年。《湖南日报》是党报，总编要审，就问这是写什么的。庄宗伟不好解释，就说这是歌颂光明的，这才得以通过。我当时在报纸上读到它，就觉得这样的文字出现在《湖南日报》上，真是“不可同日而语”。

是你在我身边走着吗？我知道是的，我的光。
我感觉到你在我身边，看到你纤细的手指优雅地持着一朵家乡的栀子花，栀子花朴素的花瓣上细微的轻轻划过的纹路，你头上的光环和你的如云的秀发的稚气的圣洁，都是从看不见的淡薄里显示的，我于是有了被爱者的悠远的亲切。
恬静的下午，不浓也不淡的湖水。踏着碎步的风，互相抱着肩的细挑身材的落叶树的行列，洁净的道路无忧无虑地向远方伸展。到处都有你，你的弥漫不是一阵阵渗透过来的，一点一滴泻过来的，你的反射的泛滥使这个世界没有一件多余的东西，都溶解在无色透明里，都要从无色透明里升华了。
……
我的光，我知道在我身边走着的是你，只能是你。太初的鸿蒙里就有你了，是你等待我不知多少个世纪了呢，还是我？在一场尽情的倾泻之后，万物只剩下你勾勒出来的轮廓了。你有纯白的情思，你的纯白的体态使家乡的栀子花得到祝福，你的祝福通过闪闪的脉搏传导给我。你的如此外在的内美太耀眼了，我的光。你的幽深的眸子里的不出声的笑，有如一朵火焰的凝结，你是被人打动了呢，还是想打动更多的人？……
……
我的光，我忘不了你就在我身边走。你的眼睛是不用点火就亮的灯，在我们偶尔四目相遇时，我们交换的眼色里尽是怀念的痕迹，我屏息静气，生怕我的生硬的呼吸吹动你沉静的向往。我已经能够把握住我自己了，惋惜是逃不过无声透明的，懊悔也逃不过无色透明，我不是在和梦对话，和再现的憧憬对话，和没有发生的事情的幻象对话。我，一个远渡重洋回来的游子，在惊涛骇浪中舍舟登岸，一踏上家乡的土地，我就发现了，这个天地有情草木生香的下午，

> 虽然孑然一身，两手空空，但我仍然富有，逝水年华带去的多梦季节又回来了，我的悄悄话说得够多，够孩子气的了。你就在我身边，你已把手中的家乡的栀子花给了我，我拥有了它的洁白和幽美，我再不怕谁来把我封闭在岩石里了，再不怕谁来把我沉没在咸海里了……

陈太胜：孟老师的朗诵很有感情啊，你为什么这么喜欢这首诗歌呢？

孟　泽：我第一次读到的时候，几乎不得要领，因为没有他那样铭心刻骨的感情和感受。但后来多读了几次，就觉得有点放不下了。这几年每次上跟新诗有关的课，我都会给学生朗读这首诗的片段。我也没觉得它就是一首单纯的爱情诗。我喜欢是因为觉得，这首诗里面有一种使得整个诗形质合一的完美节奏，有一种宽阔浩渺的情怀，有一种温柔而明朗的美丽。

陈太胜：听这首诗，更加印证了我先前的想法，当我阅读彭燕郊关于乡土的诗歌的时候，我就发现，一个真正负责的人，他可能离他的乡土、离他狭小的家乡很远很远，但是多少年以后他想起来那些最美好的事物，哪怕他是在远方发现的，都跟家乡有关。你看刚才反复出现的一个意象就是“家乡的栀子花”。这是在南方极其普遍的植物，真是太漂亮了。这种对家乡的风物的怀念，我们没有必要把它跟一个人或一个实际的事物联系起来，但却是非常美好的东西。这些非常美好的事物，对你而言，走来走去，随你走了多远的路，最终返回来还是跟家乡的事物联系在一起。所以，我谈他的乡土的时候，就想到，家乡是必须离开的，只有在离开以后才知道它的好处。我认为这一点中外诗人皆然。你把远方发现的最好的东西，比喻成反复出现的“家乡的栀子花”，这是一个非常美的比喻。孟老师是个性情中人，我在湖南的时候就听他说，他定期要跟自己的研究生去游学，这真是一种很好的教育方式，孔子跟他的学生不就这么游学的吗？比方说，衡山就是很美的一个地方，钟声、寺庙，在那里跟学生讨论讨论学问，我觉得是一种非常好的熏陶。我们经常说八十年代是个什么样子的，现在你们作为“80后”，应该原谅那一代人的怀旧的心情。可能我们现在有房子，也有钱，我们不穷，但是经常让你感觉到的是一种精神上的荒芜。比方说，现在的大学哪里像大学呢，它像一个官僚机构，像经济学家规划出来的部门，什么都像经济一样。这些在八十年代、在民国时期是难以想象的。像彭先生这样的有个性的人，不会是这个时代的一般的庸人。你只有不是庸人才能够跳出这个囚笼，去独立、自由地思考某些问题。彭先生这一生在追求自己的写作的道路，我觉得对他写的东西看得越多，越觉得对我自己有启发的意义。

孟　泽：有一件事情，可以一说，就是彭先生在离开家乡以后，也许在刚刚投奔新四军的时候，偶尔还可能返回过家乡，去看他的妈妈，但自从 1940 年日本人占领浙江金华，他们不得不撤退到桂林之后，他就再也没有回过家乡，包括母亲去世他都没有回去过。在九十年代的时候，有个学生准备出资，让他去把当年从军的路重新走一遍，回福建一趟，因为身体不好，彭先生放弃了。我感觉，他似乎也没有特别强的想要回去的动机。我甚至都很奇怪，老人家为什么没有回过家乡？是一直没有“衣锦还乡”的机会吗？故乡的人事对于他有什么要忌讳的吗？直到他去世，我也没有冒昧问过他，他在他的老家福建，也并不太知名。

2007 年年底，漳州师范学院的老院长林继中教授邀请我去漳州参加一个会议，我就送了一套《彭燕郊诗文集》给他。我说这是你们福建的诗人，以后终有一天福建的文学界会引以为荣的。

同学问：我有一个问题很好奇，因为我自己是湖南长沙人，我刚才看他的《学诗心悟》这篇文章，觉得里面有一些是用长沙方言写的。但是我看他的诗歌里面没有看到他用方言写的东西，这是不是因为受文字的束缚。

孟　泽：他几乎可以说半口长沙话。我看到他在一篇文章中用了一个词叫“五荒六月”，这是湖南方言，我老家也有这个话。我之前还不知道这个词怎么写，看到这个词以后，我说，彭老师，这个词可是记录了中国人民两千年生活中的缺乏与悲苦。所谓“五荒六月”，就是祖祖辈辈，到了每年的五六月份，就会闹粮荒，就会断粮。我们现在不会觉得“五荒六月”了，在我小时候，包括陈老师小时候，都知道什么是“五荒六月”，五六月份锅里面煮出来的饭上面，一般是要放些红薯等杂粮的，没有那么多白米饭吃，因为旧粮吃完了，新粮还没有出来。

至于用完整的方言写诗，我记得他有过一点实验，《诗文集》里没有收录。他对此有什么心得，我不是很清楚。但是，他非常强调方言的重要性。他说过，方言在表达上的能力是所谓普通话不能比拟的。他的诗歌中应该不难找到方言性质的语汇。

陈太胜：你说的“五荒六月”，我倒真能想起来，在八十年代之前，每年有段时间，家里的粮食总是不够吃，在南方的乡村里面，总有亲戚是在很高的山上，他们家的自留地里面种有红薯之类的，这个时候就拿出来帮助亲戚。那时候就将红薯切成块，煮在粥里面。我在阅读他五十年代以前写的诗歌时，我敢肯定有很多语言是福建的方言。福建的方言跟我老家的方言，有些词的称呼方法是一样的。比方说，我们那个时候称呼“洋布”之类的话，可能是从上海传过去的。还有刚才讲到的《敲土者》一诗，他讲到“晚稻”，这样的词你看起来像是普通话里面的词，实际上是南方农民常用的，因为只有南方是分“早稻”和“晚稻”的。秋天的时候收割的是“晚稻”，夏天收割的是“早稻”。

我相信大家还有很多问题，但不知不觉间，今天的演讲已经远远地超出预定的时间了。谢谢大家的参与，特别要谢谢孟泽教授的演讲。

（原载《诗探索·理论卷》2010 年第 2 辑，本次所录为作者的修订稿）

诗与音乐

——彭燕郊晚期诗作读解之一

陈太胜

……

那些我们自己的悲哀和欢乐的实体

如今让我们用自己的耳朵“看”得清清楚楚了

——彭燕郊：《小泽征尔》

一、导论

诗人彭燕郊（1920—2008）漫长的写作生涯，从1938年算起，长达七十年。其间，若以诗人本人在编自己的诗文集时设定的1949年和1979年两个时间点为界，则大概可分为早、中、晚三期。我在一篇讨论彭早期诗作的文章中，以对他一些诗作的分析为基础，得出这样的结论：彭的诗，非常明显地体现出与一般文学史强加给“七月派”的那种单一的、战斗的现实主义的总体风格的不相吻合；他早期诗作中的很大一部分，都可被列入新诗史上最好的作品之列；他具有一种把现实变成想象的诗的惊人能力（我称之为“幻视”），与那种夸张的、强制性的语言暴力完全不同，他的诗的声音是节制的、更为有力的声音，他的诗确证了诗这种语言在人类文明中独特的作用和力量，这不仅仅是一种知识，一种呼吁，同时也是娱乐人的带有甜美声调的音乐。[①]在这篇文章中，我提到了“音乐”一词，这大概可以指诗的语言所体现出来的某种音乐性，是一种类比的说法。通过进一步的阅读，我还发现，彭的诗，在某种意义上，最大限度地体现了诗与音乐的关系。这一点在他的晚期（1979 — 2008）诗作中似乎尤为明显。本文即意在从“诗与音乐”这样一个角度对他的晚期诗作进行解读。

彭的晚期诗作与音乐的关系，最显著的一点，就是他写过众多与音乐有关的诗。在这些诗里，音乐成了诗表现的对象与主题。这恐怕与彭本人对音乐的热爱有关。还记得2007年春天的一天，在他的书房中听他用那种天真的语调讲：“想想一辈子有这么多好看的书，好听的音乐，是多么幸福的事。”据说他还收藏了大量老式的唱片。当然，他也酷爱欣赏各种音乐会。他诗集中类似于《钢琴演奏》《小泽征尔》《听杨靖弹〈霸王卸甲〉》这样的诗，即是在欣赏了音乐会之后写下来的某种对音乐的感受。这牵涉到本文要讨论的“诗与音乐”这一问题的一个层次的问题，即作为一种语言的艺术的诗，如何能够表现“音乐”？彭甚至在一首散文诗中直接把这种用语言对“音乐”这一对象和主题的表现称为“语译”。亦即是说，这讨论的是诗如何“语译”音乐的问题。

然而，本文讨论的重点，是诗的语言的音乐性问题，即“诗与音乐”这一问题的另一个层次，可能也是更为重要的问题。这个意义上的“诗与音乐”的关系问题，即是我上面提到的诗的语言所体现出来的某种音乐性，其实是一种将诗的语言的某种性质与音乐进行类比的说法。亦即是说，它讨论的是：音乐如何类比性地成为诗的语言的存在形态？甚至，像在彭这样的诗人身上，音乐似乎是有些神秘地成了诗的语言最基本的存在形态。毫无疑问，就一般意义而言，我们在这里讨论的是诗歌语言的语调、节奏、音韵以及与声音有关的结构与形式问题。在我看来，这后一层次的“诗与音乐”的关系问题，是牵涉更广，尽管不易讨论，但对理解彭的诗来说是更为内在也更为重要的一个问题。甚至，这也是理解彭众多在整个现代汉语的写作中别具一格的散文诗的基础。

一次听当代画家丁方谈画，谈的是他欧游的感受，他大致说到，在文艺复兴时期的意大利的绘画中，有一种音乐流溢其间。或者，按我的理解，在某种意义上，

---

① 陈太胜：《幻视的能力：彭燕郊的早期诗作》，《诗探索》，2008年第一辑，北京：九州出版社，2008年。

这样的一幅画，也像一首诗一样，其语言遵循着某种音乐性的旋律。从这个角度看，舞蹈家邓肯说自己在看波提切利的《春天的诞生》时看到“鲜花在勃勃生长，赤裸的腿在翩翩起舞，画中人的身体在轻轻摇摆”[①]。她肯定不仅仅是用眼睛看到了，而且也是用耳朵从画面灵动的语言中听到了某种音乐。同样，在诗的境界里，借助于文字的魔力，对敏感的眼睛和耳朵来说，确也有听到某种音乐的可能。在我看来，彭即是遵循着某种音乐的曲调和旋律来写他的许多诗的。不理解这一点，就无法理解他许多散文诗的诗的性质，以及他的诗借助这种音乐性所体现出来的声色光影与难以估量的丰富性。

二、诗对音乐的语译

在讨论彭写的直接表现音乐的诗之前，有必要谈谈《音乐癖》这首诗。此诗写于“十年动乱”的特殊时期，来自一册作者自编的名为《往事如烟》的诗稿，据作者自己的记述，这是几次毁稿又重新默写出来的诗稿。[②]在这首长达79行的诗中，我们要耐心地阅读并等待30行之多，才能知道这被关在狱中的“音乐癖”苦苦等待并找寻到的音乐是什么。这里是诗的第27至36行：

> 呵！于我是何等珍贵！
> 这应当奉若神明的，超凡入圣的
> 音乐：一声“咔——嚓！”
> 这钥匙转动于锁眼奏出的乐音
> 如此简洁、明快的旋律
> 结构如此严密的精悍的曲式
> 这最短小的，最凝练的乐曲！
> 它的副歌，它的第二声部
> 是能叫你的心绷得紧紧的

---

① 邓肯：《我的爱，我的自由》，高仰之译，北京：国际文化出版公司，2002年，第95页。

② 见《音乐癖》一诗的注释，彭燕郊：《彭燕郊诗文集·诗卷（下）》，长沙：湖南文艺出版社，2006年，第48页。

开门和关门的漫不经心的“叽——嘎”

至诗的第30行，我们才能惊讶地发现，这里被说话者加以艺术化的音乐声，居然是将囚犯关闭起来的“锁”所发出的“钥匙转动于锁眼奏出的乐音”，它甚至在短小、凝练的乐曲“咔——嚓！”之后，还有开门和关门声的第二声部。尽管整首诗很长，但其结构套用上述所引的一行诗来说，是具有“严密的精悍的曲式”的。尽管全诗并没有一以贯之地使用标点，但其中的每一节似乎都可以看成是由若干行组成的一个句子。这些句子相互联结在一起，构成了最表层的诗的整体“曲式”。在这曲式里，不难看出说话者字里行间所表现的那种严肃和荒诞、反讽相交织的语调。整首诗的声音，无疑是很有节制的，这被我看成是彭燕郊的诗一种独特的现代气质。在这样的诗中，他并不直接去呼吁和反对某种东西。或者说，呼吁和反对，由于其独特的反讽的语调，反而变得复杂多变起来了。这首诗的后半部分写到了“钢琴”，有意识地将“锁”这种假的“乐器”与“钢琴”这种真正的乐器进行对比。诗的最后一行是：“钢琴的美妙是无可怀疑的。”这本身是具有反讽意味的。因为不是他人，正是说话者本人，在这首诗中用“锁”这一形象怀疑了钢琴的美妙。而尾句的这一断然的判断，似乎就像是有些钢琴乐曲中那最后的猛然一击，以其强烈的反讽，反而使乐曲的含义变得丰富了。或许，它要说服的似乎不是说话者本人对钢琴的美妙的怀疑，而是一个时代！

与《音乐癖》只是以某种间接的方式表现“音乐”不同，进入我们一般所谓的新时期之后，对音乐的直接表现，成为彭的写作当中相当重要的一个主题。这些诗尤其以被诗人在编诗文集时有意放在一个小辑里的《钢琴演奏》《小泽征尔》《听杨靖弹〈霸王卸甲〉》等为代表。[①]同样放在这一小辑中的还有《金山农民画》《东山魁夷》和《陈爱莲》。其中的前两首写画，第三首写的是舞蹈。显然，彭是有意地将这一小辑变成有关于艺术的诗的专辑。我也注意到，上述三首表现音乐的诗，都还有另一共同的特点，即它们共同表现的都是作为音乐表演的音乐：《钢琴演奏》写的是一次现场听钢琴演奏，《小泽征尔》写的是现场听小泽征尔指挥的交响乐，《听杨靖弹〈霸王卸甲〉》则正如标题指示的那样，写的是听杨靖现场弹奏的一

① 参见《彭燕郊诗文集·诗卷（下）》的目录。

支琵琶曲。自然，这里值得关注的中心，仍然是诗这种语言对音乐的表现问题。

在大概写于几乎与上述这些诗同时期的散文诗《德彪西〈月光〉语译》中，彭本人将用诗的语言来对音乐所作的表现称为“语译”。细读全诗，有些使人惊讶的是，作为对《月光》的语译的结果，其核心意象不是一般所想象的“月光”，而是“水”。氤氲全诗的，是“水的冰凉”和“波浪的絮语”，即使是“夜气的清冽”和月光，也都是浸润于这样的水中的。尼采在谈到音乐时，曾经说：“纵使作曲家用形象标注他的乐曲，比如他把一首交响曲称为《田园交响曲》，把一个乐章称为《小溪景色》，把另一乐章称为《乡民的欢聚》，那也只是譬喻性的、产生于音乐的想象，而非音乐所模仿的对象。”[①]尼采的这一观点似乎也是很现代的。他要阐释和维护的，似乎是音乐的主题的不确定性。有意思的是，彭以语言来对德彪西的《月光》所作的“语译”，与尼采所说的有关于音乐的这一观念是完全契合的。彭的“语译”从一开始，就不是对标题所指示的东西的“翻译”。那么，彭“翻译”的是什么呢？或许，我们可以说，他借此翻译出来的东西，就像所有有感而作的诗一样，是诗人内心的某种写照。因此，可以理解，全诗始终是以说话者“我”作为主人公的。全诗表现的似乎是说话者“我”在这支乐曲中的心路游历。换言之，诗所“语译”的东西，最终是诗人自己的情感和情绪。

与这种对一支乐曲的“语译”相似又有所不同的，是诗对音乐表演的表现。这里的“语译”是双重的：一面是作为表演形式的音乐（音乐家的表演），一面是作为表演内容的音乐（乐曲）。可以说，上面提到的《钢琴演奏》等三首诗都涉及了这两个方面。

《钢琴演奏》这首诗长达106行，全诗由长短不一的十一个诗节组成，但与彭的诸多长诗一样，它有着整饬的结构，读来一气呵成，丝毫没有让人觉得拖沓。如果把全诗的第一节和最后一节看成音乐中的序曲与终曲——它们分别写演奏开始时演奏者坐到钢琴前和演奏结束时演奏者谢幕的场景，那么，整首诗由四部分组成。中间两部分则分别写演奏家的表演（第二至八节）与听众的感受（第九至十节）。可以看出，这首诗的主体，就像题目所标示的，是写钢琴的演奏；它对音乐的“语译”，是以对作为表演形式的音乐的“语译”为主的，主要表现的是

---

① 尼采：《悲剧的诞生》，赵登荣译，桂林：漓江出版社，2001年，第44页。

演奏者动情投入的表演。其中一个段落，在我看来，是表现类似的音乐演奏最为精彩传神的：

> 突然，随着琴声起伏
> 我们清楚地感到
> 他的血已经流进那巨大的乐器
> 他的神经正在往那里面伸展
> 他的脉搏正在那里面跳动
> 他动情了，他沉入到回忆和向往里
> 那巨大的乐器成了他的感官、他的表情
> 和他的反应的能力，
> 他已经不能不把激动在他内心的秘密
> 泄露给我们了，他的梦幻的眼睛
> 使他看来好像已经是另外一个人了①

这节诗每每让我想到夏加尔的画作《大提琴家》，在那幅画里，音乐家的躯体被画成了大提琴，琴弓拉在大提琴上，也是拉在音乐家自己的身体上。还有什么把音乐家本人形容成一件乐器是对音乐家更好的赞美，同时又是更好的表现的呢？与《大提琴家》这幅画异曲同工的是，这首诗把钢琴演奏者几乎幻化为了这样一台乐器。

当然，在上面所说的对作为表演形式的音乐的“语译”中，也离不开对乐曲的表现。然而，由音符组成的乐曲，如何能用文字语言来加以表现呢？我注意到，在这首诗的第二部分里，有三处写到这样的乐曲，分别处在第五、六、七节的最后一部分，论其表现方式，无一例外地都与我们一般所谓的隐喻或形象化有关：

> 于是，成群结队的，摇动着满头乱发的
> 涨红了脸的、胸脯起伏的音符，喝醉了一般

---

① 彭燕郊：《彭燕郊诗文集·诗卷（下）》，长沙：湖南文艺出版社，2006年，第174页。

互相追逐，互相碰撞
在他的手指的指挥下，汇成音乐

那些蒲公英的羽毛一样轻灵的
活泼的琴声，开始到处飞翔
在他的身前，身后
在整个大厅的高大穹窿下面

本能地联翩而至的琴音
一瞬间都找到了自己的位置成行成队地走过我们面前
好像枝繁叶茂的
美丽的树上的叶子，厚的和薄的
透明的和半透明的叶子
变成金片，互相拍打着
而那些隐藏在浓荫里的软软的果实
以自己不发声的沉默的存在
这里，那里，形成节拍，形成停顿[①]

这里的“音符”“琴声”和“琴音”，与其说是对演奏者的演奏的印象，不如说是乐曲通过演奏者的演奏所激发起来的在说话者（听众）心中的反映。如果说，音乐所激发的只是听众心目中模糊不明的情绪反应，那么诗的语言确实是旨在通过隐喻使这种模糊的情绪变得“形象化”，它不一定是具体的，但至少是某种与具体的事物及其活动有关的东西，像这里的音乐形象，就分别被描写为：喝醉一般成群结队的，摇动着满头乱发的，涨红了脸的、胸脯起伏的形象；蒲公英的羽毛一样到处飞翔的轻灵的活泼的形象；和好像枝繁叶茂的美丽的树上的叶子一样互相拍打着隐藏在浓荫里的软软的果实的形象。正是通过这样一种描写，乐曲在诗这一静默的语言里似乎重新具有了光影声色之美，并成为一种似乎是可触可感的感官印象。

---

① 彭燕郊：《彭燕郊诗文集·诗卷（下）》，长沙：湖南文艺出版社，2006 年，第 181 页。

《小泽征尔》这首诗是写日本指挥家小泽征尔的一场音乐表演的。诗的主线是围绕着指挥家富有魔力的“手”展开的。在这里，“手”的运动完成了对音乐的内涵的挖掘，似乎也是自然而然地，同时完成了音乐对指挥家的挖掘（就像诗中说的：“他把音乐唤醒时 / 音乐也把他唤醒了。”），因而也是对听众的挖掘。在诗中，有这样两行：

……那些我们自己的悲哀和欢乐的实体
如今让我们用自己的耳朵“看”得清清楚楚了

在这里，音乐通过表演者（指挥家）这一中介，是作为“悲哀和欢乐的实体”让我们用耳朵“看”见而不是“听”见的。这种修辞上通常被称作“通感”的东西，在这儿不是诗人刻意的技巧，而是在一定程度上精彩而真实地揭示了音乐表演的某种特殊性质。乐曲的情感和情绪，在这儿通过诗的语言，被“语译”为现场听众的特殊感受。

《听杨靖弹〈霸王卸甲〉》这首长达52行的诗只有两节，而且最后一节只有短短的三行。这首诗尽管写的是一支具体的琵琶曲，但通篇似乎是对音乐的赞歌，例如，这首诗的开头是这样的：

音乐落入我怀中，音乐
是一只灵鸟，我用双手
捧住音乐，溶进音乐的体温
音乐的颤动。于是我
失去音乐，失去自己，一时间
没有乐曲，没有琵琶
没有弹琵琶的神奇的手
音乐和我，一起溶化，消失……[1]

---

① 彭燕郊：《彭燕郊诗文集·诗卷（下）》，长沙：湖南文艺出版社，2006年，第194页。

音乐被喻为一只“灵鸟”，不仅有形象，甚至具有温度，是某种将一切溶化、消失并结合在一起的神奇的东西。紧接着上面这一段，是对跳出的两个影子（“两颗火爆的光点”）的描写，这两个光点激烈的争论被描写成了乐曲的主旋律，有意思的是，这首诗特别写到了“音乐语言”：

火爆的光点突然停下
在刚达到的某一个部门原地闪跳
听，无声，那也是一种音乐语言吗
从波涛里吐出的一朵泡沫
落在浪尖上，雪籽落到赤红的
铁板上，一双赤脚
奔跑在过去和现在，永久和刹那之间
光荣和耻辱有交叉点
交叉点延伸，意念的胚珠破裂
有限和无限互相抵消
永恒没有开始也没有结束
于是，跳回去了[①]
音乐跳回到它来自的人类心灵的
某个深山深海的幽深处，戛然而止[②]

我们仍然可以从中发现对音乐语言的形象化的基本技法：它被比拟为一朵泡沫落在浪尖上，雪籽落到赤红的铁板上，一双赤脚奔跑在过去和现在。声音有其形象、颜色和运动。在我看来，同样地，这不是作为一种修辞手法的“通感”问题，而是某种意义上作为一种现代观念的诗学问题。诗人的特别之处，在于将音乐形象化时并没有拘泥于单一的特定的写实形象，而是将它视为某种意念，某种来自人类心灵某个深山深海的幽深处的东西。

---

① 原诗格式如此。

② 彭燕郊：《彭燕郊诗文集·诗卷（下）》，长沙：湖南文艺出版社，2006 年，第 195 — 196 页。

对音乐语言的这种“语译”，在我看来，确实与彭燕郊本人也相当熟谙的象征主义的诗学观念，尤其是“契合”（又译“应和”“通感”）这一现代诗学观念有关。彭燕郊非常熟悉的波德莱尔，曾写过一首名为《契合》（1859 年）的十四行诗。这是一首被视为“以诗论诗”的诗，其表现的“契合”观念通常被作为象征主义诗学的核心观念。与惯常的那种将它视为一份批评文本，并将它表现的“契合”观念作为象征主义的标志性手法不同。美国学者韦勒克认为，把“联觉”（一般译作“通感”）作为象征主义的一种“单一手法”并将之解释为“诗人的临床特点”是错误想法，已使象征主义有“颓废和病态之嫌”。韦勒克说：“在十四行诗《应和》中标举的是一种玄理；他在诗歌中运用联觉仅仅是作为象征主义大典中的又一个类比，正如他一贯运用诸门艺术之间的比较，以音乐术语去概括画作或以视觉形象去概括乐曲而并未混淆诸门艺术甚或提倡它们的融合。”① 这确实是很有启发性的说法，尤其是对本文所讨论的主题来说。这里尤其引起我兴趣的，是韦勒克对波德莱尔的这一评述：“他一贯运用诸门艺术之间的比较，以音乐术语去概括画作或以视觉形象去概括乐曲而并未混淆诸门艺术甚或提倡它们的融合。”在一定意义上，这何尝不是现代艺术的一种特点呢？如果说，诗这种语言艺术试图去表现音乐、绘画等其他艺术，那么，音乐和绘画等艺术又何尝不想用自己的语言来表现诗呢？上面讨论的彭对音乐的“语译”，很大程度上就是借助于语言，用视觉形象去概括乐曲，而其高明之处，也在于并未混淆音乐与诗这两门艺术。或者说，在彭的写作中，也有着这样有意无意的设计：以语言的视角形象去概括乐曲，并未混淆两者的界限，甚或是提倡它们的融合。那么，这种融合的可能性是什么？这正是下面尝试要讨论的。

三、诗的语言对音乐的模仿

或者，诗与音乐融合的可能性，根本就不是什么新的东西，它只不过是诗与音乐这本来是一体的艺术在分离之后以某种方式的复古与回归。尼采在《悲剧的诞生》中谈到民歌时，认为旋律是最早出现的、普遍的东西，它要先于语言，他说：

---

① 韦勒克：《近代文学批评史（第四卷）》，上海译文出版社，1997 年，第 522 — 523 页。

> 我们在民歌创作中发现，语言全力以赴模仿音乐。……这样，我们就描画出了诗歌与音乐、词语与声音之间惟一可能的关系：词语、图像、概念寻找一种可与音乐类比的表达方式，因而忍受音乐施予自己的暴力。[①]

尼采的这段话，既符合人类早期诗歌与民歌出现时的实际情况，在某种意义上，也包含着对抒情诗这种文类的音乐性质很有意义的界定。在这个意义上，任何诗歌语言都具有某种音乐性，这是民歌与诗歌在产生时期对音乐旋律模仿的结果。这一意义上的诗歌语言的音乐，是指诗中的音乐，或者说，是指诗中特殊的类似于音乐的声音特征。这种音乐性，不是传统意义上的韵律，即语言表面的音韵特点，而是范围更广的、对诗歌语言的音乐性的体认与挖掘。在彭身上，这是诗的语言赋予思想以节奏感所做的工作。彭本人在谈到他熟悉的波德莱尔的开拓性时，明确地说："现代诗歌不同于浪漫主义及此前所有诗歌之处，是用思考代替了抒情的主体地位。"[②]然而，思考如果在诗中没有光影声色，没有音乐之美，就会失去其诗的地位。而另一面，就像上文说到的，诗与音乐的这种关系，是诗的语言对音乐的模仿，但又不至于混淆这两门不同的艺术，对此，彭燕郊本人甚至还有明确的认识，在谈到诗与音乐时，他曾经说过：

> 诗不是音乐，诗不想把一切都溶化在韵律里。
>
> 诗，是要将不明显的、不稳定的都固定下来的，诗不必像音乐那样把一切都溶化在韵律里。[③]

在某种意义上，不让诗把一切都溶化在韵律里，但又使诗的语言具有韵律的特性，正是诗相当重要的工作。

与描述诗的语言的这种音乐性有关的批评术语，通常有语调、音高、强度、

---

① 尼采：《悲剧的诞生》，赵登荣译，桂林：漓江出版社，2001 年，第 43 页。

② 彭燕郊：《再会吧，浪漫主义》，《彭燕郊诗文集・评论卷》，长沙：湖南文艺出版社，2006 年，第 7 页。

③ 彭燕郊：《论感动——关于诗、诗人的随想录》，《彭燕郊诗文集・评论卷》，长沙：湖南文艺出版社，2006 年，第 167 页。

速度、节奏、格律、旋律等。举个例子说，这是彭为纪念张志新而写的《殒》一诗的第一节：

为什么？为什么？为什么？
更多、更尖锐、更紧迫的疑问，形成漩涡。
是谁？为什么？应该怎样？
疑问，迅速堆积，刺心的苦恼，锋利如白刃。[①]

这是一种急促的似雨点降落，或鼓点敲击般的节奏。短小的短句用明显的标点间隔开来，其问号与所有的标点一起，似乎都担当着某种类似于节拍器的功能。在阅读里，你很难不把它读得迅速（速度问题）和高昂（音高问题）一些。可以说，它的语调是急迫并充满着怀疑的。要用音乐类比的话，我觉得它很像钢琴曲中的“快板”。在上面短短的评论里，我已经涉及语调、音高、强度、速度和节奏等诸方面。

依照伊格尔顿的定义，诗中的“语调（tone）”意为“表达特定的情调（mood）或情感（feeling）的声音的韵律特征（modulation）。它是一个符号和感情相交叉的地方”。[②]音高，意为诗歌语言听起来是高、低或中等的。强度，则指诗歌语言听起来的强弱程度。而速度（pace）则被伊格尔顿视为另一个有点被忽视的形式范畴，指的是诗歌语言的快慢，用伊格尔顿的话说：“有些诗爬行前进，有些诗庄重地缓步前进，而另一些则兴奋地飞驰前进。”[③]伊格尔顿曾经这样区分过节奏和格律，他说：“诗中的节奏（rhythm）并不等同于格律（metre）。格律是重音和轻音有规则的模式，而节奏是更少形式化的。它意为诗句不规则的摇摆和流淌，它的起伏与波动就像随着说话的声音收缩。”[④]或者，也正是在这个意义上，像郭沫若这样的新诗中的自由诗诗人在其诗学观念中强调的是“节奏”，而像闻

① 彭燕郊：《彭燕郊诗文集·诗卷（下）》，长沙：湖南文艺出版社，2006年，第64页。
② Terry Eagleton, *How to Read a Poem*, Oxford: Blackwell Publishing, 2007, p.116.
③ 同上，p.119。
④ 同上，p.135。

一多这样的新诗中提倡格律诗的诗人强调的是“格律”。节奏这个概念，曾通过像梁宗岱这样的现代诗歌理论家的阐释，与诗歌语言的音乐境界联系起来。所谓诗的音乐境界，依梁宗岱的理解，就是诗歌语言所创造出来类似于音乐的艺术境界。梁宗岱认为：“把文字来创造音乐，把诗提到音乐底纯粹的境界，正是一般象征诗人在殊途中共同的倾向。”而瓦雷里是这方面的代表，因为他的诗“并不间接叩我们底理解之门，而是直接地，虽然不一定清晰地，诉诸我们底感觉和想象之堂奥”[①]。梁宗岱把“节奏”看成这种具有音乐境界的诗的生命，他认为这样的诗“所宣示给我们的，不是一些积极或消极的哲学观念，而是引导我们达到这些观念的节奏；是充满了甘，芳，歌，舞的图画，不是徒具外表精形的照相”[②]。梁宗岱这里所谓的节奏，既与诗人的语言所具有的类似于音乐的活泼的生命形式有关，也与类似于音乐的起伏与波动有关。依照我的理解，作为诗中的语言的音乐性的一个概念，与这个节奏的概念有关但并不完全相同的，是旋律这个概念。

正是旋律，我更愿意把它看成诗对音乐语言的深度模仿，它是贯穿全诗的某种语言的韵律感或节奏感。对一个像彭这样的行家里手来说，一首较长的诗总是回旋着一种挥之不去的旋律感的。在读他的许多诗时，我总怀疑他是先有一种启示性和总体性的曲调，亦即旋律，尔后才有诗的语言的。也就是说，在这个意义上，音乐是彭的诗内在和深层的结构。比如说，上面的《殒》这首诗，其旋律是多变的，上面引的第一节似乎只是一首曲子紧张的开端。也正像音乐的一支曲子一样，快慢缓急构成了舒放有度的总体的节奏感，旋律似乎就像一条起伏的曲线在其中展开。而情感和情绪的多变也有赖于此。在这紧张的第一节之后，它需要稍微舒缓一点的节奏，来使作为现代诗的主体的“思考”得以在更广、更深的层次上展开。在上面这样急迫的第一节之后，紧接着的下面一节的头两行是这样的：

疑问的迷雾里，有一座精致的迷宫，
精致的迷宫里，有许多精致的门，供你选择。

---

① 梁宗岱：《保罗梵乐希评传》，《水仙辞（第二版）》，北京：中华书局，1933 年，第 12 页。

② 梁宗岱：《保罗梵乐希评传》，《水仙辞（第二版）》，北京：中华书局，1933 年，第 14 页。

显然，这是一种要比上面一节更为舒缓一些的节奏，它是作为对上面那种似乎是过分急促、让人有些喘不过气来的节奏的削弱到来的。因此，随着诗节的变化，诗的旋律也得以变化，从而使全诗的语言节奏变得起伏和多变起来。所谓旋律，借助辞典所提供的简明解释，即是“若干乐音在某一特定乐思中的有组织进行，借时值长短变化的节奏和音符高低起落的线条而规范成形”[①]。在我看来，这种意义上的诗的语言的旋律性，甚至构成了彭的大部分诗独具特色的潜在的结构特征。上面分析过的《钢琴演奏》的旋律感，似乎就像一首钢琴曲那样是谨严并充满音乐性的。同样，《小泽征尔》自始而终地回荡着某种交响曲的丰富的旋律性，它似乎是对指挥家的“手”的富有旋律感的表现。而《听杨靖弹〈霸王卸甲〉》则极大可能地展现了琵琶曲本身的旋律感和节奏。亦即，对一种并不是无声地、沉默地待在纸面上的语言来说，它其实是富有某种音乐的有声的语言。在这种诗的语言里，它不仅借助形象化的描绘极大地表现了乐曲本身的内容，而且也借助自身的语言极大程度地表现了乐曲本身的某种旋律。我觉得，对彭的诗的这一特点的把握，既可以在更深的意义上理解彭的诗的特点，也可以更好地理解诗在什么样的程度上“模仿”了音乐，并成为与音乐这门艺术相互“契合”和“应和”的艺术种类。正是在旋律的安排上，彭使自己的诗的语言的音乐性，不再借重于传统的押韵、谐音、头韵等表现诗的语言的音乐性的一般技巧。

在彭一首名为《旋梯》的诗中，我们似乎可以发现诗人对这种旋律的有意安排。这首诗共9节。但有意思的是，它由4行一节的诗和2行一节的诗交错组成。在经过四次重复之后，最后一节又以4行一节的诗作结。全诗除少数几处外，并不刻意押韵，除了诗节的安排，没有任何其他明显的可以称为诗的格律的东西。然而，全诗读着就像它的标题暗示的那样，有着一种明显的回环上升的旋律感。我发现这种效果肯定与诗节的安排有关，下面是这首诗的前两节：

因为它高出云表，刺入蓝天深处，
翘首仰望时，总有烟雾缠绕。
拔地而起是为了上升、再上升，

---

① 《辞海》，上海辞书出版社，2002年，第1930页。

视野便越过烟雾而控制了全景。

多少尘埃卷成团团迷茫，多少次围来，
攀登者却早已将它们抛在脚下。[①]

诗中的这种旋律感，是以节奏为基础形成的。这里的节奏感不仅将一般所谓的汉语诗歌中的行的停顿（或称为拍子）涵括在内，同时也将由诗行组成的诗节的节奏包括在内了。四行一节的诗的较长的“曲子”与两行一节的诗的较短的“曲子”的交错出现，在这儿似乎就是模仿了音乐的某种舒放有度的旋律感的，因而具有一种“旋梯”般上升的音乐感。

在我看来，这种旋律感还是理解彭到现在为止还没有得到应有重视和深入研究的散文诗的基础。

在我的阅读过程中，《过洞庭》因此成了一首特别的诗。只要稍微地翻阅一下，这首被彭本人编入诗文集的“诗卷”中的诗，在文体上与同样被编入“诗卷”中的其他诗很少相同，而且几乎是唯一的例外，因为它的诗行特别长，更像是“散文诗卷”中的部分散文诗。在我看来，这当中或者并没有特别的原因，将它放在诗或散文诗中，或者还是相当随意，并且在实际上是两可的。但是，通过阅读这首诗，我发现其在“音乐性”，也就是旋律感上有其不同于一般散文诗（尤其是我下文提到的“诗化散文”）之处。这首诗似乎是刻意在模仿洞庭湖的波浪所具有的某种音乐与旋律感。这首诗反复出现的“哗哗的浪，簇族的浪，劈——啪响的浪！”这一叠句，或者就是这种尝试的明证。它的反复出现，像音乐中的回旋。就这一叠句本身而言，它不仅是拟声，而且也是用语言对浪的节奏感的形态的模仿。而且，这种语言模仿的还不仅仅是浪的形态，而是音乐。说话者的玄思，也正是像一叶扁舟浮沉于这浪中，并具有音乐的旋律感的。在我看来，体现在《过洞庭》中的这种回旋的旋律感，几乎成了彭诸多散文诗内在的结构特征和诗学秘密。

① 彭燕郊：《彭燕郊诗文集·诗卷（下）》，长沙：湖南文艺出版社，2006年，第74页。

四、散文诗与音乐性

还没有被充分重视和研究的彭的散文诗写作，恰恰体现出了彭的写作的丰富性与实验性，或者说是先锋性。似乎，对彭来说，散文诗更符合他心目中理想的现代诗的样子，其原因大概是表现“思想”丰富的可能性，以及呈现像诗一样但又似乎与诗有所不同，甚至是更多变的某种音乐的旋律性的可能。对彭来说，散文诗是更舒缓、更丰富、更适合于表现思想（不是激情但又不排斥激情）的语言，它似乎是思考的诗的音乐的特殊形态。这种形态使诗的音乐明显地超越了对旋律简单的“歌”的模仿（这种模仿在徐志摩的《雪花的快乐》这样的诗中最明显，不能表达丰富的东西），使得它以说话的语调、多变的旋律模仿了音乐——而且是较为大型的，像奏鸣曲、交响乐这样的音乐——有多变的丰富性。

依照彭自己的想法，散文诗这一文体，与自由诗没有多少不同，用他的原话说：“很少去想它（指散文诗）和自由诗有什么不同，好像不同之处也不很多吧。”但是，他认为散文诗与传统观念上的散文却有很大的不同。[①]从他自己编辑的诗文集看，尽管有“诗卷”和“散文诗卷”之分，但像上文讨论的《过洞庭》这样的诗，这种界限其实有时是相当模糊的。但是，通过对编入诗文集中的“散文诗卷”全部文本的阅读，我却发现其中存在着两类颇不相同的“散文诗”。或者，一类可称为“散文诗”（prose poem），而另一类应被称为“诗化散文”（poetic prose）更合适些。我的这种区分得益于汉学家贺麦晓在研究刘半农的散文诗时提到的一种区分。[②]在阅读时，我明显地感到被作者都纳入“散文诗”这一文类内的这两类文体的不同。像早期的《家山七草》《村里》《高原行脚》尤其可被看成是“诗化散文”一类的；而晚期的《七夜谈》《上上下下》不仅更接近于“诗化散文”，甚至是小说，当然是小小说。像《德彪西〈月光〉语译》《漂瓶》《无色透明的下午》《风信子》《$E = mc^2$》《混沌初开》则是真正的彭本人说的与自由诗没有什么大的不同的“散文诗”。

---

① 彭燕郊：《彭燕郊诗文集·散文诗卷·后记》，长沙：湖南文艺出版社，2006年，第366页。

② Michel Hockx, *Questions of style: Literary Societies and Literary Journals in Modern China, 1911－1937*, Leiden & Boston:Brill, 2003, p.172.

根据我个人的感觉，判断这两类文体的大致依据，还可从这些诗的语言和结构的音乐性入手，尤其是其旋律性上。尽管不能说“诗化散文”没有音乐性，但显然不同的是，“诗化散文”将更多的关注点放在写人纪事上，而“散文诗”则更多关注如何将思想赋予某种音乐的光影声色之美。在我看来，思想和音乐性（旋律）正是理解彭此类真正的散文诗的关键。就这个意义而言，彭的散文诗所具有的，是他熟悉的梁宗岱所谓的真正的“哲学诗”的境界，这是一种赋予思想以音乐的境界。哲学诗这个概念是梁宗岱最早在《保罗梵乐希评传》（1928）中提出的一种理想诗体。这不是那种道德或思想说教式的“教训诗”，或是把“冷静的理智混入纯美的艺术”的诗。梁宗岱这样来评价瓦雷里的哲学诗：

> 他像达文希之于绘画一般，在思想或概念未炼成浓丽的色彩或影像之前，是用了极端的忍耐去守候，极敏捷的手腕去捕捉住那微妙而悠忽之顷的——在这灵幻的刹那间，浑浊的池水给月光底银点成溶溶的流晶：无情的哲学化作缱绻的诗魂。[①]

可以看出，梁宗岱所谓的理想的哲学诗，是把“思想或概念炼成浓丽的色彩或影像”，是把“无情的哲学化作缱绻的诗魂”，也就是内容（思想或哲学）化入诗歌的形式中去。换言之，就是将内容（思想或哲学）赋形于艺术形象中的诗。由此，梁宗岱进一步说：“可是与其说梵乐希以极端的忍耐去期待概念化成影像，毋宁说他底心眼内没有无声无色的思想，正如达文希底心眼内没有无肉体的灵魂一样……而深沉的意义，便随这声，色，歌，舞而俱来。这意义是不能离掉那芳馥的外形的。因为它并不是牵强附在外形底上面，像寓言式的文学一样，它是完全濡浸和溶解在形体里面，如太阳底光和热之不能分离的。”[②]在梁宗岱看来，在哲学诗中，“概念”与“影像”、“意义”与“外形”的合一，就像“太阳底光和热”，人的灵魂和肉体一样是不能分离的，这里，“深沉”的意义是与“声，色，歌，舞而俱来”的。有意思的是，梁宗岱的这种描述，似乎在很大的程度上

---

① 梁宗岱：《保罗梵乐希评传》，《水仙辞（第二版）》，北京：中华书局，1933年，第10－11页。

② 梁宗岱：《保罗梵乐希评传》，《水仙辞（第二版）》，北京：中华书局，1933年，第12页。

符合我阅读彭真正的“散文诗”的印象。我甚至不避猜测和武断之嫌，愿意将它看成彭真正的散文诗的基本特点。

或者，正是带着这样一种将诗与音乐相类比的印象，重读《无色透明的下午》时，我读到的曲调和旋律感是类似于一支钢琴曲的印象，那“家乡的栀子花”的形象，在诗中反复出现，像音乐中的回旋，似乎是为诗定下了某种悠远、意味深长的基调。诗的结构不在某种可以将好几页的长诗串联在一起的事件的关联，而是纯粹某种类似于音乐的东西的感情的旋律。《风信子》的旋律感也与此类似。而与这两首散文诗似乎有很大不同的，则是《混沌初开》。全诗分为五章，初读之下，没有章法可循。或者说，你很难清楚地看到这五章的划分是有什么明显的依据的。但当我以音乐境界这样的启示来重新阅读这首诗时，我感到是亚里士多德所谓的“整一感”。或者，它就可以理解为一首大型的交响曲，而五章就是其组成部分，其中，确实有复调的音乐结构，有不同的声部。全诗的丰富性，正是凭借着某种音乐结构组织起来的。梁宗岱曾经在《试论直觉与表现》（1941）中将瓦雷里的《年轻的命运女神》和巴赫的《追逸曲的艺术》进行类比，说它们是“诗人和音乐家各自的人生观宇宙观和艺术观底最丰盈最光明的结晶。因为诗境，和音乐一样，是一个充满了震荡回声的共鸣的世界。当我们凝神握管的时候，我们整个生命的系统——官能和理智，情感和意志，意识和非意识——既然都融作一片，我们底印象和观念，冲动和表现，思想和技术，就有如铜山西崩洛钟东应，一切都互相通约，互相契合，互相感召”[①]。彭的《混沌初开》，还有他诸多的“散文诗”，确实就是这种充满着“震荡回声的共鸣的世界”，在其中，他将思想和音乐“互相通约，互相契合，互相感召”了。

以音乐的结构入诗，并使诗具有音乐的旋律感。在现代诗人中，其实尝试者甚众。像上文梁宗岱提到的瓦雷里。还有，像艾略特，就写过模仿音乐结构的著名的诗《四首四重奏》。这是他模仿贝多芬四重奏艺术形式的大胆尝试。有不少诗行在诗中反复出现，像音乐中的回旋。整部诗由四首冠以特定地名的独立成篇的诗组成。它好像音乐上长短大致相同的四首四重奏，每首都有大致相等的五个

---

① 梁宗岱：《试论直觉与表现》，《梁宗岱批评文集》，李振声编，珠海出版社，1998年，第276页。

乐章。[①]这可以称得上是诗用语言模仿音乐结构的先例。似乎完全有理由相信，在《混沌初开》这样的散文诗中，彭也将这种原来只在诗中一试的技艺发展到散文诗中了。

五、结语

本文讨论了彭晚期诗作中与“诗与音乐”这一问题相关的两个层次的问题。其中第一个层次讨论的是诗这种艺术如何“语译”音乐这另一艺术的问题。其中第二个层次的问题，即是诗的语言如何模仿音乐语言的问题，其实也是一种将诗的语言的某种性质与音乐进行类比的说法。尽管我认为第二个层次是更为重要的问题，甚至可以看成像彭这样的诗人的诗表现出来的最基本的存在形态，但由于其几乎是一种难以准确把握和研究的存在，所以在这方面，本文似乎只能说出阅读的感受，而止步于真正的“实证”研究。在这个意义上，本文是尝试性的。因为讨论的东西最终似乎成了无法说清楚也无法证明的“玄学”。究其根本，可能它的结论本身就是一种“直觉”。音乐的旋律在诗的语言上的流动，犹如说一幅画上流动着灵动的音乐一样，本身似乎应该是印象主义式的一种直觉，而不是学术论文可以科学论证的话题。

因此，最终，本文只是尝试指出：在彭众多的长诗与散文诗中，存在着类似于音乐旋律的结构。并非不重要的是：这或许是理解彭的晚期写作的一个必要起点，同时也是他的晚期写作与早期和中期的一个显著的差异。也是在这个意义上，彭的诗既是某种哲学，又是某种音乐。他的诗的语言赋予了思想以音乐的境界。[②]

（原载《文化与诗学》2012 年第 1 期）

---

① 参阅迈克尔·特鲁：《〈四首四重奏〉简介》，见《艾略特诗选》，赵萝蕤等译，济南：山东大学出版社，1999 年，第 194 页。

② 本文最初为 2010 年 4 月 8 日在湖南图书馆“湘图讲坛”的演讲稿，此次发表作了较大的修改和补充。

绝望中的抗争与个人主体性的出现

——以彭燕郊与绿原1955—1976年的写作为例

刘志荣

彭燕郊与绿原标明写于1955—1976年期间的作品，在胡风冤案受害者这时期的写作中，比较直接地表达了他们对案件的精神反应。我们现在能够看到的作品文本，不少在以后的时间里经过或可能经过修改加工，但它们都有当年亲历的不可替代的具体情景作为作品的基础，修改加工多半是在艺术表达的完善方面。这也使得即使经过修改加工，我们仍然可以从中发现当事者的精神线索。[①]对这些作品的阅读，不可避免会产生这样一个问题：如果说，案件的发生是利用暴力对他们的社会身份乃至主体人格的剥夺，那么，他们是怎样在逆境之中重建自己的主体性的？由此出发的主体性的写作又有什么样的意义？这也构成了本文关注的中心。

---

① 彭燕郊的潜在写作及写作过程曾前后分别收入《夜行》《野史无文》，绿原已发表的潜在写作曾分别收入《人之诗》《人之诗续编》《绿原自选诗》，后全部收入刘志荣编《春泥里的白色花》，本文对二人原诗引用均依据《夜行》及《春泥里的白色花》，以下仅在括号内注明篇名，不再一一注明页码。彭燕郊有关写作情况可参考《〈夜行〉后记》及《野史无文》前言；绿原有关写作情况参见《春泥里的白色花》附录“绿原致刘志荣信”。

一、心灵濒临抽空时的战栗：彭燕郊的无声语

彭燕郊此时期的部分作品，收入他的散文诗集《夜行》中，其中最值得注意的是他在1955—1957年受审讯期间形成腹稿的八篇。在这些文本中，抒写人内心的声音表现为非常复杂的状态：身份与人格被剥夺之后的耻辱感、生命的空白、疯狂的臆想、臆想中惊人且清醒地揭示出的时代的荒谬以及与之相伴的批判精神等，以一种辩驳、冲撞、矛盾的状态夹杂在一起。然而，这样复杂的声音，其存在方式却往往只能是"无声语"。冤案审讯常见的一种形式，乃是要求"鹿"自己承认为"马"。所谓"无声"，即是因为权力者要求被划为另类的人按照事先的定性发声，凡是不符合这种定性的声音，必须被压抑，处于"无声"的状态。这实际上等于企图以权力机器的力量，取消后者的主体性，使之处于一种空白状态：

> ……我已经不是我，而是一个符号，我说的每一句话，都必须和这个符号相吻合，充实它所代表的内容，适应它所提出的要求。
>
> ——《无声语》

让活生生的个人向一种不应为之所有的"罪"的符号认同，并迫使其向虚假认同，混淆真假的界限，使得后者的生命处于一种被抽空的过程之中。对这种生命的被抽空的过程的片段记录，正是彭燕郊的这些文本最摄人心魄的地方。它们记录的被冤屈的知识者内心的屈辱感与空白感，真实得让人悚然。它最有文学价值与精神价值的部分，也正在于这种真诚的、无所顾忌的、对陷于巨大的压力之下濒临崩溃时的精神状态的描写——无疑，这也是他当时内心最深处的体验。

首先是隔离之后社会身份被抽空：

> 没有恨，没有爱，感情的真空。爱已没有人敢接受，恨，恨谁？恨这渺茫的罪名吗？
>
> ——《无声语》

这里陈述了个体生命被彻底排除在社会与人群之外的一种悲哀，个人被贴上

一个被社会彻底排除的标签，此生此世，休想再融入社会，“只能过着永远、永远生锈的，发霉的日子，在歧视，蔑视，仇视的眼光里”过活。更严重的结果在于，个人强烈地感觉到自己以后将永远被迫成为一个对社会无用的废物，如同被审讯者由审讯者的套话“废物利用”，联想到自己是“一只被踩烂的斗笠，只剩下一圈笠边的”“一只被敲掉壶嘴、壶把的烂茶壶”乃至“剪下来的指甲”“挖出来的耳垢、鼻屎痂”“头发根上掉下来的头皮屑”……当“废物”这个词完全被实体化后，抒写者的屈辱、辛酸、愤激通过这种自我屈辱、自我作践表现得特别强烈。他清醒地感觉到自己在新的社会秩序中不再有容身之地，他也不再要求被荒谬的社会秩序承认。当人被置于一种剥夺得一干二净的状态时，这种自暴自弃的心理也算得上是一种没有办法反抗时的反抗办法吧？

然而，“罪人”还要蒙受更为惨重的“心灵的苛刑”与“意识的惩罚”——“耻辱”。在《耻辱》里，彭燕郊用了一个触目的意象，将耻辱形象化为“耻辱蚂蟥”，黏糊糊、软腻腻地布满全身，像吞噬人血一样贪婪地吞噬着人的尊严，使之成为“不要脸的东西”，而人的羞愧感与自卫意识更加激起它们的兴致：

> 你能想象，不用好久，你就将只剩一具残骸，发着既不是香气也不是臭气，不像烧糊的焦味也不像变质的霉味，馊味，而是辛酸的泪和懊悔的叹息能够发出的气味，一种非味觉所能接受的气味以上的气味，一般气味不可能有的那种气味。
>
> ——《耻辱》

耻辱之所以能够作为一种精神苛刑，正在于它不但使人从社会中隔离出来，更时时刻刻向别人也向被排除者自己提醒这种“异质性”，从而使他即使在没有他人的时候也处于自我意识的惩罚之中——仿佛是一个可以自己运转的惩罚机器，而蚂蟥咬啮的意象生动地传达了耻辱所能给人的深层的心理体验，使得这种体验具象化，仿佛可以使人亲眼看得见自己的尊严与自我在耻辱的一口口咬啮中瓦解。

进而，自我被抽空的状态在最极端的时候表现为整体性的，成为一种精神病的表现，哭笑无常，生命处于意识失控的空白状态，仿佛切身经历着主体的消解：

不知哪里来的一股喷射力使已经失去知觉的我爆发出这一连串没有任何内容的哭和笑。但在哭和笑的时候却还能感到残余的生命在蠕动，在不自禁地往外滴，滴，滴……滴出既不是悲哀又不是欢喜的情绪以外的不知什么东西，还能感觉到生命在蠕动之后没有重量的飘浮，下坠，下坠，飘浮，向着上下四方无穷尽的大空白。忽然，又把自己悬挂起来，搁浅起来，在无比深，无比宽之上，之下的大空白中，失控了的生命的残余由于得不到控制而彷徨，而茫然，而惊慌，而找寻不存在的，或虽然存在的一大部分、一小部分不像自己的自己，而在自以为找到那生命的侧影，生命的碎片时，庆幸自己竟已不认识自己，“那不是我”，而得到片刻的缓解；但立刻又翻悔，为这多余的蠕动、寻找和发现所激怒，所羞辱，于是又爆发出一连串无内容的哭和笑，以及哭和笑的混合……

——《空白》

《空白》中的文字虽然是出狱以后凭借记忆记录的，但却生动地再现了抒写者神经濒临崩溃时的心态，生动得让人头皮发麻。首先是生命内容的失控，失控之后，整个生命处于一种悬浮的状态，从而接触到茫然的大空白，在这大空白之中，生命失去了意义，找不到自我，只有在有意识的自我之外的生理反应。寻找任何主体性的表现在这里立刻引起一种生理性的震颤，因为，可以为强权势力所合法地承认的自我表现实际上即等于抹杀自我的存在，任何被外界认为合法的自我属性却都被真正的自我所拒斥，人的躯体在自我的矛盾之中只能爆发出悖谬的外在表征：表达悲哀的哭与表达欢乐的笑都失去了内容而毫无逻辑地夹杂在一起。生命的内容进入一个被淘空的过程，生命变成了“不能算是生命的生命”，失去了一切感觉，甚至失去了表达自我存在的必要。在这里，任何显示生命、自我仍然存在的迹象，实际上都必然被打倒，似乎其出现即是“企图以此证明其绝对的极端不稳定”。整个生命的存在都处于一种似梦似幻的状态，它充满了生命存在的迹象，然而实际上又等同于主体性的“空虚”——因为有一个固定的过去的“我”存在，我无法理解我之外的“我”是什么，只能感到生命被压榨、消耗一空……

就此而言，彭燕郊的散文诗为这个二十世纪中国知识分子所遭遇到的最为酷烈的精神炼狱做了非常具有心理深度的见证。也许在所有的胡风冤案受难者的潜在写作中，彭燕郊的《空白》在记叙的详尽方面最为触目惊心——在这里，生理性的失控直接体现着精神上的空白，而精神上的绝望即直接表现为生理上的狂悖——它直接让人们接触到当事人精神上所感受到的高压的质地，其表现力绝不比沈从文的“呓语狂言”差。[①]

二、个人对绝望的抗战：绿原的精神历程

与彭燕郊一样，绿原在审讯中也经历了痛苦的“认罪”过程，从1955年5月17日到1962年6月5日，绿原总共被隔离了七年之久，其中头五年多是单身监禁，接着又被送到秦城监狱，在集体中改造了一年多。这中间的心理体验，虽然没有像彭燕郊那样在当年就笔之于书，但也是极为残酷的。

在狱中，失去表达自由的感觉是一样的，像彭燕郊的《无声语》一样，绿原也有一首诗，叫《手语诗》。不过，他虽然也表现那种极端的疏离感，却更加清晰地展示了个人在荒谬之中重新面对自我的精神历程。《手语诗》显示出一种在被取消了表达的权利之后、自我表达已经极度困难甚至不可能的情况下依然坚持表达自我心灵的努力。如果连表达“不想表达”都只能用“无声语”或“手语诗”的形式，那么这种表达实际上是一种对自己的表达。这也显示它们的意义首先是指向诗人自身的，然而，也许我们不该在个人与社会之间过分作界限清楚的区别——人的存在总是社会化的存在。至少困难之中对自我心灵的表达，显示了个体心灵的独异性，即使在权力控制最极端的状况下也不能完全被扼杀。在《童话》时期与九十年代之外，因冤案隔离及“文革”时期是绿原另一个个人写作时期，大概与此有关。这些诗属于他最为感人的诗篇，因为环境逼迫人不得不以生命来反抗历史的荒谬与个人心中滋生的黑暗。

这种个人反抗的社会意义，在于它给我们标示了一种主体性出现的方式。绿原的名诗《又一个哥伦布》直接描述了这种心态。在这首诗中，抒写者将自己比作二十世纪的“又一个哥伦布”，他们都面对着无限的洪荒，不过，前者面对的

---

① 根据《空白》前记，彭燕郊患的是“心源性精神病，心脏有毛病的人受强烈刺激即得此病”，显然，同一般精神病不一样，这里既有心理的原因，也有生理的原因。

是无限的空间，而后者面对的是无限的时间。绿原是著名的追求诗歌意象的奇特、醒目与构思的深度的诗人，这在他这一时期那些最初只有几句或几行但后来经过修改、锤炼才得以定稿的作品中也不例外。这些诗篇一般都是以叙述来代替抒情，但由于意象尖锐且极具张力、构思奇特，因而达到很深的思想深度与精神深度。这种特点在这首诗中也很明显。空间与时间的对比与转喻，构成了该诗构思的核心："老哥伦布"面对的是"空间的海洋""四周一望无涯 / 没有陆地，没有岛屿 / 没有房屋，没有船只 / 没有走兽，没有飞鸟 / 只有海 / 只有海的波涛 / 只有海的波涛的炮弹 / 在追赶，在拍击，在围剿"；而"新哥伦布"则 "航行在时间的海洋上"，前后也是"一望无涯"，"没有分秒，没有昼夜 / 没有星期，没有年月 / 只有海——时间的海 / 只有海的波涛——时间的海的波涛 / 只有海的波涛的炮弹——/时间的海的波涛的炮弹/在追赶,在拍击,在围剿/他的孤独的'圣玛丽亚'"。两段诗句是对称的，共同有力地传达出题词中巴斯噶（Pascal）的"无限空间之永恒沉默使我战栗"所包含的内容，洪荒广大的沉默的空间、时间，失去了任何生命运动的迹象，也失去了所有衡量这种运动的标志，构成了一种对希望的无边的威胁：因为其广阔无垠，所以着陆的希望非常之渺茫，而海的意象所传达的这种"空间"与"时间"的绵延性、均质性与广垠性使得这种希望渺茫的航行显得更加枯燥、沉闷、无望，难怪那"永恒沉默使我战栗"。

在无尽的时间与无垠的大海的对比与转喻中，绿原也揭示出自己狱中处境中有限与无限、动与静的强烈矛盾，从而使得"时间的海洋""航行""'圣玛丽亚'号"等意象充满了张力。他将自己狱中的漫长岁月比作"时间的海洋"，航行在这个海洋中的"圣玛丽亚"是他的囚室，然而，哥伦布的"圣玛丽亚"面对的无垠的大海是真实的，它本身是运动的，也是开放的，而二十世纪的"又一个哥伦布"，它的"圣玛丽亚"却是封闭的，也是静止的，那在无垠的时间里的航行也只是一种玄想，其无望与寂寥实际上比"老哥伦布"还要严重：

> 他的"圣玛丽亚"不是一只船
> 而是四堵苍黄的粉墙
> 加上一抹夕阳和半轮灯光
> 一株马樱花悄然探窗

一块没有指针的夜明表咔咔作响
再没有声音，再没有颜色
再没有变化，再没有运动
一切都很遥远，一切都很朦胧
就像月亮，天安门，石牌胡同……

这在时间中的航行实际上是一种寂寞而单调的静止不动，就像绿原事后描述的："外面的生活在沸腾，接着发生肃反，鸣放，反右，三面红旗，庐山会议，反右倾，三年困难，反修防修，等等，这一切都与我不相干。"[①]这在时间中的航行仿佛被抽空了任何历史的内容，面对的是个人的茫茫苦海。但是面对这茫茫苦海与人生的炼狱，像"老哥伦布"一样，这"又一个哥伦布"仍然有自己的信念，而且只有这种信念才成为他坚持这苍凉的航行的心理支撑："这个哥伦布形销骨立 / 蓬首垢面 / 手捧一部'雅歌中的雅歌' / 凝视着千变万化的天花板 / 漂流在时间的海洋上 / 他凭着爱因斯坦的常识 / 坚信前面就是'印度'——/ 即使终于到达不了印度 / 他也一定会发现一个新大陆"。这个"哥伦布"坚信的也许是自己的无辜，他的"印度"也许是无罪释放后重新获得自由。我倾向于把这个"新大陆"理解为以往被遮蔽的个人的主体性的出现，但在阐释这一点以前，我们不妨检视一下达到"新大陆"以前的旅程。

虽然绿原处身的囚室是一种封闭静止的环境，但他的航行的比喻确实不无道理。表面上看，这种航行被抽空了历史的内容，但在个人的心理中，却确实有一个在精神炼狱中煎熬的历程。对描述这个历程来说，可以参考的诗篇真是少得可怜，除《手语诗》《又一个哥伦布》以外，仅有《面壁而立》《自己救自己》《好不容易》几篇，所幸这些诗篇，都可以让我们感受到一些颇具深度的精神片段。

《面壁而立》通过幻觉，简洁地表现了抒写者在灾难中的精神历程。从题记中我们可以知道这首诗表达的是"1960 年 8 月单身囚禁五年后将转集体监狱在交接室被命面壁而立达二时许"时的心理体验。在幻觉中，"一堵手舞足蹈的白墙"像猛兽一样向抒写者扑来，两者"面面相觑"，离得太近，"近得简直看不见但

① 绿原：《胡风与我》，《未烧书》，长春：时代文艺出版社，1999 年，第 140 页。

听得见它”，于是在幻听中抒写者的各种各样的意念像油彩一样向白墙泼去，使之成为“五颜六色”的“一幅可怕的交响乐式的大壁画”：在幻觉的第一个层次，抒写者首先听到“风声雨声枪声以及逃窜者惊慌而凌乱的脚步声”，那逃窜者似乎逃出了壁画，与抒写者并排站立，艰难地喘息着；在第二个层次，抒写者听见自己“一脚跨进了壁画”“正和逃窜者一起在刺丛中间爬行还在喘息”，前面有路，又似乎没有路，“在有路和没有路之间”逃窜者们奔跑着，“在希望之中奔跑着”；进而，抒写者从幻觉之中苏醒过来，然而感觉自己一个人还在奔跑，匆匆奔向了永恒——“什么也没有”的永恒，也许就是没有绝望与希望的虚无吧，它至少使得抒写者从纷乱中清醒——然而，这种虚无中的清醒没有机会延续多长时间，交接手续完成，新的“宽敞而嘈杂的监狱”“像一头巨兽”把抒写者吞没，他进入了另一个精神与肉体的炼狱。

这里，幻觉的过程表现为一个“逃亡”的历程，他似乎逃向“希望”，最后得到的竟是虚无，而连这虚无竟然也不能持有，只有再经历一次炼狱的磨炼。这仿佛是一个简洁的蒙太奇，概括了胡风冤案受难者们的生命姿态：那刺丛之中的爬行与喘息使人联想起在刺丛中求索的鲁迅的精神传统，即使在绝望之中他们仍然在“爬行”“喘息”“奔跑”着追寻，虽然前面的永恒也许竟是虚无。诗的最后写道：

> 你——
> 这支紫色的灵魂浑身颤抖着
> 让它的嶙峋的骨骼
> 把自己搡着喂了进去
> 而它则迸成飞灰
> 漂泊在狱门外的沼泽地带——

如果联系到后面的意象——“巨兽”般的狱门、狱门外的沼泽地带等实际上都将监狱隐喻为地狱，那你不能不想到但丁《神曲·地狱篇》中的题词：进入这里的人，把一切希望都放弃吧。那进入地狱的灵魂将经历怎样的煎熬呢？它最后会成为什么样的呢？

我觉得，正是在这种绝境中，绿原的诗歌显示出其最有力的地方，它告诉人们，当一切都被剥夺得一干二净的时候，才会发现唯有自己的心灵与精神才是真正可以凭借的支撑，在面对最深刻的绝望时，人的主体性才真正彰显与建立起来。在《自己救自己》中，绿原借用了那个非常有名的所罗门的瓶子的阿拉伯传说，并对之作了小小的改动。这首诗是以“精灵”的口吻用第一人称写的，头三段实际上是改写原故事中精灵的三个愿望，但绿原有意识地用复沓的方法强调了精灵的极端压抑、无望的处境——因为是第一人称，便很自然地将精灵的独白转换成了抒写者的自况：“头一百年我被关在一只铅瓶里沉到了海底周围有沉默的鱼虾在咆哮”“二一百年我仍被关在一只瓶里沉在了海底，周围仍是沉默的第几代鱼虾在咆哮”“三一百年我还被关在一只铅瓶里还沉在海底还有沉默的第十几代鱼虾在咆哮”，复沓的句子很强烈地传达了瓶子中的狭窄、憋闷越来越让人难以忍受的情形，很自然地让人联想到绿原在前面描述的单人囚室的可怕的单调、孤独。而精灵的心理也越来越焦躁、愤怒，由发誓让救它的人变得“富足”“长寿”到最后发誓让他“马上死”。在原来的故事中，精灵的做法是很蛮横霸道的，绿原的描述却因为采用了精灵的视点，强调了它极端压抑、无望的处境转而引起读者对它的同情与理解。最值得注意的是最后一段，精灵在被渔夫略施小计仍然沉在海底之后的独白：

> 我不再发誓不再受任何誓言的约束不再沉溺于赌徒的谬误不再相信任何概率不再指望任何救世主不再期待被救出去于是——大海是我的——时间是我的——我自己是我的于是——我自由了！

这段独白使得整个故事的主题转换成为对绝境中精神自由与自主的真谛的揭示。一个人的心灵自由与否，与他外在的处境并没有决定性的关系。一个为所欲为的人仍然可能是不自由的，因为他很有可能是自身欲望的奴隶。相反，身居囚室的囚徒，却有可能保持心灵的自主与精神的自由。心灵的自主与精神的自由取决于对外界权威与自身妄念的断然舍弃，只有这样，才能在绝望之中重新发现自己的主体性。精灵之所以一次次感受着痛苦的折磨，是因为它完全将获救的希望寄托于外界，为了外界降临的莫须有的得救而期待、焦躁甚至愤怒。当它一次次碰壁之后，放弃了对外界的救主的企盼时，它也就终于从希望与诅咒中平静下来，从“施恩图报”的循环中解脱出来，直接面对自己必须面对的命运，在绝望之中从自身内部吸取力量，自己做自己的主人，变成真正的强者。心灵的自由在对外在希望与妄念的舍弃中出现，个人的自主性在对荒谬的承担与反抗中出现。在这时候，正如希望是虚妄的一样，绝望也成为虚妄，从而带上了一种尼采的悲剧人生观式的崇高精神。

三、个人主体性出现的困难及其意义

然而，这种个人的主体性的出现经历了一个痛苦的过程。

以绿原为例，从五十年代初开始，面对文艺界某些人针对阿陇、路翎的专横与仇恨的批评，他已经开始陷入“一种长期无从解脱的二律悖反式的深刻矛盾之中”。他写道：“一方面，我作为党员在言行上必须服从党的方针路线政策，以及对某些具体问题的决定；另一方面，我认识到或者说我相信，文艺界的那些现象、事态和做法明明不利于人民文艺事业，明明违背党的基本政策，明明解决不了有关的思想问题，而任何盲从行为终归只能招致政治良心和艺术良心的谴责。”[①]组织行为和个人良心的矛盾，一直延续到入狱之后，不过这时他已经失去了沉默的权利，在极端状态之下，在真理与权力之间必须做出自己或此或彼的选择——正如伽利略在真理与宗教审判所之间一样。也恰恰是在这里，绿原做了与伽利略一样的认罪的选择。他后来反思“胡案”时说，从中可以看到“当年广义的个人迷信如何造成了知识分子的人身依附和思想僵化”、如何使知识分子“丧失了独立思考的能力”“丧失了与真理认同的勇气”[②]，显然将自己也包含了进去。由矛盾彷徨到承认自己有罪，除外界环境与权力的压力以及个人现实上的考虑之外，思想上的诱因显然是更为重要的，绿原自己说：“由于长期为二律悖反所折磨，一旦发现党和胡风不可能‘调和’，我在神光的炫耀下立即就产生了负罪感。”尤其是发现“编者按”是谁写的以后，就更不敢对之否定，而是感觉“作为党员，

---

① 绿原：《胡风与我》，《未烧书》，长春：时代文艺出版社，1999年，第112—113页。

② 绿原：《胡风与我》，《未烧书》，长春：时代文艺出版社，1999年，第134—145页。

我必须向党交代一切”。[①]这里的价值天平上，集体的因素显然要大于个人的因素，而慑于权威的因素也远远超过了维护真理的因素——显然，之所以会“丧失了独立思考的能力”“丧失了与真理认同的勇气”，既是“广义的个人迷信”的结果，也是因为在价值判断上集体立场与庙堂权威在个人心目中占的地位太过重要。

对后人来说，理解这一代人的集体主义思想的利弊确实需要费些心思，因为这里造成了许多现实的与理论的悲剧与误区。在真实与良心面前，最朴素也是最为诚实的立场是说实话。然而，对曾经的一代人来说，求真的考虑在集体利益与最终目的面前必须让路。英籍匈牙利作家库斯勒在四十年代所写的《中午的黑暗》中对这一心态有惊人的描绘。这是一部直接受三十年代的莫斯科大审判刺激的作品，在那次大审判中，最“使人不可理解的是，这些曾经叱咤风云、称雄一时的老革命家，在公开的法庭上，个个成了泄气的皮球一般，或者痛哭流涕，或者垂头丧气，承认了自己在外人看来是荒诞不经的罪行”。这些人物在小说中以虚构人物鲁巴肖夫的形象出现。“究竟是什么力量打垮了鲁巴肖夫的精神，摧毁了他的意志？不是单独禁闭和疲劳轰炸般的审讯，更不是肉体的苦刑。而是鲁巴肖夫陷在其中而无法自拔的目的与手段的矛盾和由此而产生的诡辩的逻辑。崇高目的的大前提，使鲁巴肖夫这个二十世纪的革命家像喝了‘迷魂汤’一样那么愚昧和盲目，不敢和权术政治公开决裂，更不用说挑战了，深恐这样会对最终的目标产生不利的分裂……”为什么会“默默地、顺从地接受了种种横加的莫须有的荒谬罪名”？“这是因为他们虽然对目的与手段的关系产生了怀疑，但是始终摆脱不了这个恶圈，因而认为自己是在为了最终的崇高目的，作出最后的贡献和必要的牺牲，包括牺牲自己的生命和名誉在内。”[②]这样，他们认为自己是在为党、集体、国家、事业、最终目的等做贡献，似乎是一种崇高的悲剧性的牺牲，然而现实的发展对之却构成尖锐的讽刺——他们的“克己”的行为不但没有为“历史的进步”做出一点贡献，甚至某种程度上成了罪恶的同谋。最朴素的立场其实也是最不应该放弃的。虽说库斯勒的小说是一种虚构，但这种思想在中国也很普遍。比如《中

① 绿原：《胡风与我》，《未烧书》，长春：时代文艺出版社，1999年，第135页。

② 董乐山：《中午的黑暗：译后记》，［英］阿瑟·库斯勒：《中午的黑暗》，董乐山译，北京：作家出版社，1988年，第294—295页。

午的黑暗》的译者董乐山注意到的老作家聂绀弩在北大荒劳改因吸烟不慎引起火灾时说的话："火，我确实没有放。但如果党要我承认是我放的，如果承认了对工作有利，我可以承认。"[①] 又如牛汉在听到被开除党籍的决定时说："牺牲个人完成党。"[②] 曾卓也发出这样的呼喊："不要遗弃我呵，神圣的集体，伟大的事业。"[③] 对这一代人来说，集体的理想确实比个人的利益要远为重要，但当以集体理想的名义要求个人歪曲真实、背弃良心时，如果依然向集体靠拢，在一定程度上就不但是对个人本己的立场的遮蔽，而且是对知识分子最应珍视的品质的背弃。正因为这一点，绿原多少年后深切自责，不是没有理由的。虽说这些中国知识分子良知未泯——他们和"鲁巴肖夫"式的完全自欺有非常大的距离，并没有完全被虚妄的"历史进步"所彻底欺骗，他们虽然可以认罪——但并不为这种认罪编造冠冕堂皇的理由、虚构辉煌的结果来欺骗自己。像绿原虽然迫于权力、压力与自己精神上的罪恶感承认了强加在自己身上的罪名，但交代问题还是在事实的范围内——他的认罪仅仅是对自己立场的否定，虽然这样的代价也已是很惨痛的。

可以说，与狱中诗篇体现出来的相反，此前的认罪过程正说明了对外界的庙堂权威与广场理想的忠诚恰恰是导致个人失去自己的主体性的诱因。对绿原这样在四十年代为了新社会的理想而奋战的知识分子来说，就更是如此。在一些极端的情况下，个人只能凭借自己的良心来裁判别人与裁判自己，而不能倒向不无可疑的集体权威，而对于自己选择的后果，也没有别的权威可以推卸责任。正如鲁迅在世纪初年就发现的那样，民族、国家的本根实系于个人的本根，主体性的建立要依据个人的内心而非多数或外来权威。在这方面，彭燕郊的文本具有更为彻底的批判与反省精神，他的批判不仅仅是对外界的批判——如果是那样，不免有些缺乏说服力。那随意可以向别人分派耻辱的、作为价值标准的权威是如何形成的呢？在《人格》中，诗人描述了一个在"把一切交给最高"的年代大家排队上

---

① 董乐山：《中午的黑暗：译后记》，[英]阿瑟·库斯勒：《中午的黑暗》，董乐山译，北京：作家出版社，1988年，第295页。

② 史佳：《牛汉生平与创作年表简编》，牛汉：《牛汉诗选》，北京：人民文学出版社，1998年，第451页。

③ 曾卓：《我期待，我寻求》，《曾卓文集·第1卷》，武汉：长江文艺出版社，1994年，第113页。

交“人格”、换取一个随时可以被取消的“民格”的场面，答案在这个场面中不难找出。而更重要的是，这个场面不仅是为了批判庸众，抒写者“我”自己也是那上交“人格”的队列中的一员——当批判的精神指向我们自己内部可能存在与曾经存在的奴性与黑暗时，真正的、无所依附的主体性才能在这种“扪心自问”的反思中开始建立。绿原在多少年之后深切省思“神光”的力量“如何使知识分子丧失了独立思考的能力，又如何使人丧失了敢于与真理认同的勇气”，其实是经过多少年的灾难之后对这一观点的另一个明晰的表达。

正是在这一方面，保留不多的对狱中经历进行描述的诗篇显出其真实的意义来。概览彭燕郊与绿原的这些赤裸裸的心灵书写的诗篇，你会发现这里有一种悲壮的英雄主义精神，某种程度上代表了1949年以前他们所代表的现实战斗精神的延续，但在特殊的情况下，这种延续已经失去了其现实目标、现实力量的支撑和社会功利主义——而在四十年代与五十年代初，这些都是存在着的而且对他们构成的巨大影响与制约。在狱中的环境下，被集体与外界彻底排除，尤其是短时间内通过认罪释放的希望彻底破灭后，个人真正面对存在的虚空，除自己的信念之外，一无依傍，因而只能是一种对来自外界与自身内部的荒谬与绝望的个人抗战。然而，真正的个人的主体性，恰恰是在发现外界的宏大的叙事——不管是庙堂的还是广场的——都不足为据甚至充满了荒谬性因而不得不对之舍弃之后，才有可能出现的。与那些被迫的、迷失的认罪相对比，正是这些袒露个人心灵的诗篇显出其真实的意义来，那赤裸裸的精神空白的号叫，那在时间的空白之中凭借信念航行的二十世纪的“哥伦布”，那在荆棘之中奋力爬行的逃亡者，那对外界不再抱希望、不再指望救世主而是自己救自己的精灵，其艺术感染力与心灵的力度正显现出个人主体性出现以后的巨大作用。个人从虚妄的集体中分离出来的，造就了一个时代最有生命力的诗篇——讽刺的是，这样的诗篇恰恰是在被社会彻底排除之后出现的。

也正是个人主体性的出现，成为承担荒谬的命运的力量。几十年后，绿原描述自己狱中的心理体验时，不自觉地提到希腊神话里两个著名角色西绪弗斯和坦特勒斯。[①] 当联想到西绪弗斯时，绿原自己心目中未必意识到这个形象在法国作

---

① 绿原：《胡风与我》，《未烧书》，长春：时代文艺出版社，1999年，第134页。

家加缪笔下成为代表对生存荒谬抗战的重要原型，但他的描述却直接接触到这种反抗荒谬的核心思想。面对狱中的漫长岁月，绿原显出很强的忍耐力，“像斯特凡·茨威格的主人公在狱中自学象棋一样”，他“通过自学德语排遣无穷的岁月和无垠的忧伤”[①]，以后德语程度竟然到了能够翻译卢卡契与里尔克的程度。像清醒地意识到自己荒谬的命运的西绪弗斯一样，“他的行动就是对荒谬的反抗，就是对诸神的蔑视”。这是五十至七十年代公开文学中从未出现过的精神力量。

（原载《渤海大学学报》2007 年第 4 期）

① 绿原：《胡风与我》，《未烧书》，长春：时代文艺出版社，1999 年，第 140 页。

尖利冰川下的河流：灵魂和诗神的默默叩问者

——彭燕郊论（1949—1979）

霍俊明

我在写作关于彭燕郊、郑敏、牛汉、绿原、蔡其矫、穆旦、郑玲、屠岸、邵燕祥等这些经历大半个世纪苦难历程的老诗人的系列诗歌评论过程中，感受到的是难以言说的痛苦与彷徨。彭燕郊，正如一位寒夜中的汲水者，他的不为时代所容的辛勤劳动终于将自己苦难、多舛的诗歌土地浇灌成了芬芳的葡萄园。

而当我们拨开历史的烟雾，撬开尖利的冰川，一条沉缓流淌的河流被呈现出来……

在中国当代新诗史上，由于特殊的政治文化和频繁政治运动、阶级斗争对知识分子的反复规训甚至惩罚，诗人在这样背景下的选择只能是或跟随时代唱应时的颂歌和赞歌；或者因受难而沉默喑哑、消失于诗坛，或者因经受炼狱的熊熊烈焰仍顽健地继续写作。彭燕郊，这是一个历尽艰苦和磨难仍追寻诗歌，将诗歌视为伟大宗教的真正诗人，这是一个介入历史的具有求真意志的诗人。我可以毫不迟疑地说，彭燕郊是中国当代新诗发展历程中极少数的称得上是“诗人中的诗人”的一个。在一个苦难的时代，在一个身心经受巨大淘洗和“升华”的革命年代，作为一个诗人，一个优异的诗人，其难度可想而知，而历史又总是以遗忘和掩埋的“减法”法则出现的，“已经过去的，但愿能像梦境般消失……/ 可怜的小船，没有帆，没有桨，在陆地上 / 沦落于风波迭起的漫长日子 / 如今，连顽皮的孩子

也不爱理睬它了 / 已没有兴趣来摇动那曾经是轻盈的身体 / 麻木了吗？失魂落魄了吗？可怜的小船 / 滔滔皆是普天下的大灾大难中 / 这一切真是不值一提的了”（《小船》）。

新诗史和政治文化视野中的彭燕郊

应该说，彭燕郊是当代新诗史写作和研究中不能不提到的一位重要诗人，很多新诗史著作也给予不同的篇幅进行叙述，但是限于学术视野、文学史观和史料的欠缺，这些新诗史对彭燕郊的历史叙述多粗疏且大同小异。彭燕郊往往被视为“七月诗派”的一个成员，一个带有现实主义特征的诗人，而就是在这种“刻板”的历史印象中，彭燕郊的丰富性、复杂性乃至新诗思想史的独特意义都被消解掉了。

在很长时期内，新诗研究中现实主义诗歌（革命现实主义、社会主义现实主义）往往作为一种主流而被反复强调，而与之相对的现代主义诗歌或非现实主义诗歌则被视为一种“逆流”而加以排斥和忽略。在当代新诗研究中，研究者往往将诗坛分为主流、支流和逆流，而对此的划分依据更多是一种政治态度和阶级立场。在这种“斗争哲学”的影响下，现代主义诗歌在很多时候作为资产阶级的逆流而屡遭贬抑，并冠之以“反动文艺”“颓废主义”或“资产阶级自由主义”等罪名。臧克家的《“五四”以来新诗发展的一个轮廓》、艾青的《中国新诗六十年》可以说是这方面的代表。臧克家在《“五四”以来新诗发展的一个轮廓》一文中就将郭沫若、殷夫、艾青、田间、蒲风、袁水拍以及解放区诗人作为革命新诗的主流，而胡适、早期象征派的李金发、新月派的徐志摩、现代派的戴望舒都被作为“反动的资产阶级文艺作家的集体”而受到批判。这种以政治属性和阶级定性为指归的对新诗历史的“清理”工作，极大地损害了新诗的正常发展和新诗史研究，而这种局面也只有到了“文革”结束之后才有所缓解。实际上，不只是这些现代主义倾向的诗歌写作方式为当代的政治文化诗学所不容，即使一些被定性为现实主义写作的诗人，也因为更为复杂的原因而被时代打入炼狱和大火之中，如胡风、牛汉、彭燕郊等“七月派”诗人。

以胡风为首的“七月诗派”是以文学的方式和突出的主观战斗精神积极介入

到时代漩涡中去的，而这种类似于萨特式的介入方式则在建国后激进的政治和文化时代语境中是不被接受的。那么这一诗派的消隐则更多是出自政治上的原因，这从当时尖锐的社会批判和人身攻击乃至阶级属性划分上可以清晰地呈现出来。“七月派”诗人对光明和未来没有任何怀疑，他们奋不顾身地扑向虚幻的乌托邦远景，彭燕郊这些诗人正像一束束“快乐的火焰”，他和大多数当代诗人一样感受到了新时代所带来的巨大的幸福感，诗人像孩童一样天真地唱着，像“快乐的火焰”一样燃烧着、跳跃着，但这场大火留下的却是充满时代隐痛的灰烬与尘埃。彭燕郊和其他的“七月派”诗人，这些如孩子般纯真的歌唱者和由衷向往未来的憧憬者，在这场燃烧的火焰中没有想到的是大火中被点燃的却是他们自己，即将到来的只是凄凉的黑色灰烬和余烟般的痛苦叹息。

诚如谢冕所言，每个时代都在以它的精神塑造最能传达其精神的歌者，但是每个时代在做这种选择时又都表现出苛刻，“它往往忽视并扼制诗人与众有异的独立个性和特异风格”[①]。建国之后，现代新诗史上的两个诗歌流派“七月诗派”和“中国新诗派”（“九叶诗派”）的集体隐没于诗坛相当能说明当时诗人所处的恶劣时代环境。中国的新诗流派的命名很多都是后设的，如“七月诗派”、“九叶诗派”、朦胧诗派等，这种情况与我国作家的流派意识不强有关。众多的研究者和新诗史大体认为“七月诗派”是“以胡风主编的《七月》杂志和《七月诗丛》为中心，以艾青、田间及其诗风为代表的一个诗人群体，最为活跃和突出，后来被称为‘七月诗派’”[②]，而“七月诗派”又往往被描述成进步的、革命的、现实主义的新诗流派，而单纯认定彭燕郊等“七月派”诗人是现实主义的则显然不切合实际状况。唐湜早在《诗的新生代》[③]中就认为包括绿原在内的“新生代”是融合了现代主义和现实主义的，那么在这个意义上，简单从所谓的革命的社会学意义上来概括彭燕郊等这些“七月派”诗人的现实主义特征就未免过于褊狭。“文革”后，关于“七月诗派”最重要的诗歌选本是《白色花：二十人集》[④]，

① 谢冕：《一颗星亮在天边——纪念穆旦》，《穆旦诗全集》，北京：中国文学出版社，1996年，第24页。

② 王飙：《百年中国史话·诗歌史话》，北京：社会科学文献出版社，2000年，第172页。

③ 《诗创造》，第8期，1948年2月。

④ 绿原、牛汉编：《白色花：二十人集》，北京：人民文学出版社，1981年。

此外还有四川人民出版社的《七月诗选》。而实际上，绿原、牛汉等人在编选《白色花：二十人集》的过程中还是有一些分歧和迟疑的，其中最重要的一点就是"七月"诗人到底应该包括哪些诗人。绿原在《关于〈白色花〉及其序》中提到了相关情况，即在商讨过程中有两个问题谈得比较多：一是要不要选胡风先生的诗作？胡风先生是诗人，但更是评论家，有更广阔的文学生涯，大家觉得他同读者见面，似乎应当有更为庄重的方式，不宜同这些作者排在一起。二是选稿从艺术着眼，还是从政治着眼？也就是说，着重反映一个流派的艺术特色，还是着重让一些被牵连的作者从政治上亮相？众多研究者往往是将《白色花：二十人集》看作一个诗歌流派的选本，而绿原等人却认为这本合集带有平反的性质，并非如一般读者所理解是一个流派的选集。但不可否认的是，这本相当重要的、对新诗史写作产生了很大影响的《白色花：二十人集》也成了甄别谁是"七月派"的重要依据。根据 1981 年人民文学出版社出版的诗集《白色花：二十人集》入选的诗人，"七月"诗派的成员有：阿垅、鲁藜、孙钿、彭燕郊、方然、冀汸、钟瑄、郑思、曾卓、杜谷、绿原、胡征、芦甸、徐放、牛汉、鲁煤、化铁、朱健、朱谷怀、罗洛。但是，这二十人并非是"七月派"诗人的全部，而近年来的一些新诗史写作和研究则强调艾青、彭燕郊并不能归入"七月诗派"，这显然有着其他更为复杂因素的考虑。

"七月派"诗人因政治而受难并在相当长的历史时期内集体隐没，尽管像彭燕郊、胡风、牛汉、绿原等这些"七月派"诗人在此期间仍秘密地坚持诗歌写作，但是也正是由于相当复杂的历史原因以及后遗症，致使"七月派"诗人在文学史上的认定工作充满了难度。其中很多的当事人，比如牛汉先生从来都是质疑"七月派"这个称谓的，他甚至认为自己从来都不是什么一个奇怪的"七月派"的诗人。但是，不管作为新诗史概念的"七月派"是否成立，一个重要的事实却是这些诗人在一场政治风暴中集体隐没了。

彭燕郊，以知识分子的痛苦、尴尬和分裂在那片荒原上留下了生命的色彩和良知的震撼。这色彩是红色，这震撼是永恒……

尖利冰川下的河流与默默叩问的漂流瓶

解读和评价一个诗人，一个基本的尺度是从诗歌文本的细读（close reading）

开始，这也是对诗歌和诗人的一个起码的尊重。但是，由于中国五十至七十年代特殊的时代语境以及诗人作为知识分子的特殊命运，对于像彭燕郊这样的诗人，除了从美学上来认定之外，更重要的还要在历史序列中厘定其特殊的位置和价值。因为在五十至七十年代这样的特殊背景下的诗歌写作和灵魂受难，不只是作为一个诗人和他的诗歌文本的本体意义上的价值，更有作为一个知识分子和受难者的灵魂与人格的伟大操守所产生的强大感召，而思想意蕴与美学技艺二者的结合正呈示出彭燕郊这样一个诗人的重要性和独特价值。所以，在重新解读和评价五十至七十年代这一时期的诗人和诗作时，不是简单地从美学上大加讨伐和贬损，更应该重新回到历史交错的原野上进行测量和挖掘 。[①]

从 1938 年就开始新诗写作的彭燕郊，他的诗歌写作尽管与时代的风云变化密切相关，但是他的诗却是始终如一地与真实的内心和灵魂的叩响相应和，所以，在一定意义上，彭燕郊是一个与主流的诗歌写作保持距离的、带有“另类”和“边缘”色彩的诗人。基于此，彭燕郊的诗歌具有美学和思想的双重价值，技艺的精湛和思想的深邃都使得彭燕郊是一个特殊的存在。

彭燕郊写于 1938 年的长诗《山国》时至今日仍被很少的一部分人所谈论，众多的文学史和新诗史著作仍然对这首重要的、优异的诗作保持不应有的沉默，而《山国》无疑达到了甚至超越了那个时代诗歌写作的高度，尽管，此时的彭燕郊仅仅十八岁，“蚂蚁般络绎于谷地和崖边 / 广大的阴凉包围了我们 / 四周尽是一律的、单调的、冗长的 / 乏味的山，噜苏的山，呆板的括弧形的山 / 我们突然希望着一片开朗的郊原 / 可是，在这儿如几何学图形一样 / 从模型里翻印出来的群山里，所见到的 / 惟有被雨雾打湿的，几乎可以绞出水的 / 丰草和茂树，以及那些繁生于四处的 / 葛藤，蓬蒿，苦艾，藿藜——/ 与许许多多不知名的，多如尘屑的 / 一绺一绺扭结在一起的野卉和杂草”。

作为诗人，彭燕郊对诗歌语言有着高度的自觉，他在不断创设和发现着属于自己的个性化的语言和话语方式。在彭燕郊几十年的诗歌写作中，我们会真切地

---

① 笔者曾为 2008 年第 2 期春节特大号的《星星诗刊》下半月刊编选“当代诗歌 100 首”，其中既收入了相当新锐的先锋诗作，也有为数不少的五十至七十年代的诗人作品。而一些网友则在论坛里认为其中有一半是“垃圾”。显然，我的这种从历史和美学双重视野出发的编选原则触犯了那些沉溺于诗歌美学和技巧幻觉的人。

体会到诗歌的语言是“纯洁的部落的语言”。诗人，是从外乡跋涉而来，在黑暗冰冷的雨夜擦亮语言灯盏的人，他重新发现了语言背后阔大场阈中被遮蔽的意义和声音的指向。诗人，是在板结梗硬的寒冬，撬开冰层和土壤，在不懈的挖掘中提早与语言在鲜活的春天照面和打量的挥汗者。在这个长久而可贵的语言向度和弯身劳作的姿势上，诗人才维持了诗之为诗的本体依据和可能，才持有了一个手艺人的道德良知和基本责任感。

1949 年新中国的成立，无论是在政治、经济、生活、文化，还是在思想、艺术上都产生了可以说是前所未有的变化。持续多年的战争终于结束，一切进入了百废待兴的和平建设时期，那么包括诗人在内的人民其喜悦与激动之情是自不待言的。但是，体现在文学上，战时文化尤其是解放区、根据地的文化形态不仅在建国初的和平建设时期没有消失，反而是通过各种国家机构得以不断强化。从建国初期开始，包括诗人在内的知识分子普遍感受到因新生而自豪的感觉。然而在接连不断的思想改造和“精神洗澡”中，诗人尤其是那些早年的现代主义诗人应该具有的知识分子的批判立场与内省意识已基本消失殆尽。确实，不可否认的事实是——在一个到处充满着革命理想主义与乐观激情的颂歌年代里，知识分子的反思和反省的精神就有些“不合适宜”。在这场新的政治体制与文化机制以及新的国家想象的巨大洪流的冲击下，彭燕郊等当代诗人是在焦灼、紧张而又充满热望的复杂情绪中进行转换与蜕变的。实际上，朱自清早在 1948 年就对知识分子的命运有了某种忧虑：“现在我们过群众生活还过不来。这也不是理性上不能接受；理性上是知道接受的，是习惯上过不来。所以我对学生说，要教育我们得慢慢来。”[①] 建国后对知识分子的思想改造绝非是和风细雨式的，倒是暴风骤雨式的。

彭燕郊，也曾在红色的海洋中深情而单纯地歌唱与向往，“最初的新中国的旗 / 出现在我们面前了 // 我像孩子一样 / 找来纸，找来颜料 / 描了又描，画了又画 / 画在墙上 / 画在每一册笔记本上 / 吻了又吻 / 行了好多好多的敬礼……苦尽甘来 / 我们流出的是幸福的泪 / 苦尽甘来 / 幸福的泪深沉又深沉 / 尽情地哭吧，尽情地笑吧 / 哭着送别那已经过去的苦难日子 / 笑着迎接那已经到来的幸福日子”（《最初的

---

① 1948 年 7 月 23 日朱自清的一次讲话，后以《知识分子今天的任务》为题收入《朱自清全集·第 4 卷》，南京：江苏教育出版社，1990 年，第 539 页。

新中国的旗》）。当彭燕郊满怀激越地向诗的国度和新生的国度迈进时，苦难的命运却接踵而至，他的短暂的“幸福而快乐”的歌唱过后却是长久的磨难和困苦。同是“七月派”的诗人阿垅，在 1944 年写有一首诗《无题》。“要开作一枝白色花——/因为我要这样宣告，我们无罪，然后我们凋谢”不仅道出了诗人在当时历史语境中的悲痛而高昂的内心呼告，也竟不幸成为“七月派”诗人在十年后不幸命运的预言和谶语。令人难以想见的是，彭燕郊的诗歌写作在动荡的政治岁月中几乎都没有停止过，他一直在并不平坦的诗歌之河上跋涉、探寻，在寒冷、坚硬的巨大冰川之下默默地流淌成一条暗河，人性的、良知的、苦难的命运之河。

在“胡风反革命事件”和“文化大革命”中，彭燕郊遭受到了前所未有的打击与磨难，彭燕郊是因时代而受难的诗人，当一些诗人纷纷迫于政治情势和时代压力而写出迎合和“忏悔”的违心诗作时，彭燕郊却相当可贵地葆有了知识分子的良知。“文革”期间，彭燕郊曾偷偷写过很多诗稿，但是包括《往事如烟》在内的这些带有“地下”写作性质的诗稿却大多被损毁、散佚，但《被捕口占》《夜闻雁过》《对镜》《开闭》《说谎者》《音乐癖》《白光》《猴戏》《热烈欢迎》《塑像》等优异而沉重的诗作还是幸存了下来，成为一个时代的有力见证，成为一个时代的墓志铭。“半夜，零时正，住在隔壁的那位领导来敲门，进来三个公安人员，出示逮捕证、搜查证，我的第一个反应是：‘你们错了’”（《被捕口占》），这是一种对时代抗争的冰冷而坚硬的质问。在五十至七十年代的时代语境中，任何题材的诗作都有被最终归结为“反动诗歌”的危险，这也能较为准确地说明当代诗歌写作的褊狭与尴尬。然而在受难的日子里，是诗歌成为彭燕郊灵魂的宗教和生存下去的必要勇气。

> 夜凝固在静静里，静静的深夜 / 静得叫人睡不着，静静里听到几声雁叫。// 白天，只有当看守的兵士交班 / 打开囚室的门查看我这个人消失了没有时，/ 才能偷眼瞥见巴掌大的一角天空。/ 静静的深夜紧闭的囚室什么也看不见，/ 除了看守单调短促的脚步声什么也听不见。/ 静静里忽然听到几声雁叫，/ 凝固的夜于是留下渐渐远去的叫声，/ 久久不能沉寂的悠长的深沉的回声，/ 广阔的深的静静的夜空于是有微微的颤动。
>
> ——彭燕郊《夜闻雁过》

漫漫的长夜，彭燕郊寻找的仍是天空和辰星。那死寂的时代里，诗歌成为诗人内心的呼喊，正如黑夜上空低郁的雁鸣。而注定与苦难抗争并用诗歌真诚地记录下一代人隐忧和悲痛莫名的心灵史，就成了有良知的彭燕郊这样的诗人的宿命并因此而承受着巨大的个人不幸与历史灾难，“疑问的迷雾里，有一座精致的迷宫，/ 精致的迷宫里，有许多精致的门，供你选择。/ 但是你要注意，每一道门背后 / 都埋伏着各种干扰，就看你能不能闯过去”（《殒》）。诗歌成了诗人穿越窄门的最大勇气，因为诗，成为暗夜中隐秘的光芒。

诗人彭燕郊就是在这样的时代背景上，在受难的悬崖上，用高贵的人格和低郁的歌唱在艰难的跋涉中完成“钢丝”和“刀锋”上的转换。他以同代人少有的冷峻、反讽、良知和敏识洞透了一个时代的迷雾和虚幻的时代景象背后的黑暗和残酷，在乌托邦的宗教仪式上确证个体的自由和价值。在熊熊的时代大火面前诗人提早窥见了灰烬和苍凉，“很快地，过去了那神圣的一刻 / 我们都安静下来了，我们这些善良的孩子 / 在哗哗雨水的急流里把身体倾倒得更加贴近地面 / 用强烈的羡慕 / 围住幸运者—— / 他还在燃烧，还在 / 迸发含笑的火花 / 正像平时，围在一起 / 谈论那个为着飞出沉重的土地 / 而倒在沉重的土地上的 / 先行者，我们是多么幸福呵 / 如今我们总算亲眼看到他了 / 以他的焦头烂额，活生生地站在我们面前”（《塑像》）。在无数个风起云涌的暗夜，彭燕郊咀嚼着痛苦，吟咏着泪与血的诗行，时代的寒冬再次证明了劲草的力度。

深有意味的是，彭燕郊在晚年写作的散文诗《混沌初开》和长诗《生生：多位一体》（原为《生生：五位一体》）将个体在社会和宇宙中关于生命和生存的本体性思考和终极性的追问，在繁复深邃的想象空间中被空前地张扬和凸现出来。无论是为人还是做文，彭燕郊都是应该为历史所牢记的诗人。老诗人牛汉在晚年反复强调这样的一句话，“有容乃大、得大自在、默默者存”，牛汉认为彭燕郊就达到了常人难以企及的“默默者存”的境界。

在五十至七十年代波诡云谲的黑色的河流上企图做一个保有良知和记忆的水手是困难的，“小小漂瓶，角质的花苞，在海天相接处的颠簸里旋回。延长着的航程一再延长，忙碌于顺从匆促起落的涡流和波谷，已无心计算已无心回忆。把海行日记全都抛弃，大海的浩瀚有的只是狂热，任何粗鲁的摆布都已习惯。不像别的，只像一个缄默的预言”（《漂瓶》）。辽阔喑哑、暗流汹涌的时间河流上，作为时代印记和灵魂探险的孤独而无畏的水手——彭燕郊——扔下的漂流瓶，只能凭借时间洪流的冲荡和岁月手中细砂的淘洗等待一个倾听者去揭开它的秘密。在这个意义上，诗歌就是对人类记忆的表达。在痛苦而难挨的等待中，在咸涩的风雨浊蚀中，诗人倾尽一生的脚步在艰砺的路途中制造着秘密的漂泊之旅。

当一个时代的冰川被良知的破冰船撞碎的时候，当历史的烟云渐渐远去的时候，面对彭燕郊这样的诗人和他的诗歌漂流瓶，谁来做一个合格的倾听者，谁来开启这密封的瓶盖，谁愿意用劲来把它旋开？“当心狭小瓶颈的炸裂，一旦广大世界的空气突然进入，蜷缩于瓶腔的少量剩余语言，早已提炼成最纯的粉末状微晶体，能使睡者醒来发出长长呵欠，且在顷刻之间变成另外一个人，语言，可怕的危险易燃物，会不会冒出阵阵浓烟；或是因过时而失效，优质的素质竟也风化为真正的废物，忽然逸出消遁于无形？还能有比这更教人寒心的吗？”（《漂瓶》）

彭燕郊的半个多世纪的诗路跋涉的历程在提醒这样一句话，倾听诗歌是危险的，而不倾听诗歌却更为危险。彭燕郊，这个时代的黑色大海上孤独而倔强的漂泊者和涉险者，最终以闪耀着光芒的诗歌漂流瓶铭记了一个时代，一个时代多舛的命运和永不曾放弃追问和省思的灵魂。

（原载《诗探索·理论卷》2008年第1辑）

论彭燕郊晚年诗歌中的视听生存体验

刘长华

一

《画仙人掌》约略为彭燕郊“归来”后向暌违已久的诗坛之“首祭”，颇具象征意味。它是作者历经劫波后的人格自白，且其以体验的方式道出了“言”与“象”的思辨关系困窘——“这些带刺的简单的形体/它不需要描绘，不需要赞美”。由此切入全篇所包含的“言外之意”。第一，大言炎炎不仅是对“象”的失实且背后的动机值得怀疑：“绘画的语言”的“光”和“色彩”从来都是使“花”“无限地丰富”，其可能的旨意是让“花”“沉醉在美里面”“也使人沉醉”；第二，大道至简，“天道不言”“美而不言”，“言”是难以尽“象”的；第三，被缧绁、被禁言多年后的彭燕郊似在慨叹面对生存世“象”自己已变得无语、无助——“词不达意”了。对“言语”的尊重与敬畏之情溢于言表的同时，“言语”的不可信性、无力感在彭燕郊这儿也是毫不掩饰的。确乎，一方面，诗人就是活在“言语”中，他的全部生存就是一部对语言不断赋魅的历史。众所周知，海德格尔对荷尔德林诗歌的诠释就把这点演绎到了一种无以复加的地步；事实上，中国民间民俗一直存在“语言崇拜”的事象：“言语禁忌”和“敬惜字纸”等是深入人心、广为流布。另一方面，儒、道、释诸家对语言的否定和鄙视也是显而易见的：“语言其实不重要或不那么重要。”[①]何况经过“大跃进”“文化大革命”等非常时期，“废话，套话//大话，空话”（《芭蕉叶上诗》）漫天飞舞和横行霸道，与之同时“因言获罪”的冤假错案比比皆是……总之，语言不能不让怀揣良知的人们小心翼翼、噤若寒蝉，“说”还是“不说”成了此时彭燕郊的生存难题，一如多年后他在一首唯美的诗歌《湖滨之歌》中所写道“话语 断断 续续/续续 断断 有时候/好像有很多话要说 有时候/又好像找不到要说的话”。不过，直面“说”与“不说”的难题，彭燕郊还是掷地有声地摆出自己的语言价值观和言说姿态。

首先，在对“自我”或“主体”的肯定上依然坚持“说”的必要性。一句世人耳熟能详的“语言是存在的家园”[②]，这是海德格尔从形而上的角度肯定了“言语”和“主体”两者水乳交融的关系。落实到现实生活来看，“说”也是个体的天赋权利，在令人沉默的年代，“说”是人格的承担、尊严的维护、道义的捍卫……这点对于知识分子而言尤为重要。曾经的“左倾”思想愈演愈烈，很大程度上可归咎于知识分子的自甘“失语”、自甘喑哑，当然也是失掉了自我。《绝叫——题蒙克的〈绝叫〉》对此感同身受——“而我知道叫喊是什么，知道为什么叫喊/突然明白我存在，我没有消失”，而且“突然间一切已经确定，犹豫变成坚定”，意即“说”还是“不说”的彷徨已经被洞穿，“叫喊下去吧，叫喊吧，就是要宣泄，就是释放/不叫喊会更加悲惨，会消失在没有声音的空虚里”等都高扬了“自我”发现、“自我”肯定的必然性，是主体性的恢复体验，从中隐现着对“文革”等白色梦魇般记忆的心灵惊悸和循此而来的精神上的绝大反拨。毋庸置疑，彭燕郊是借题发挥的，蒙克的创作由来则是：“我和两个朋友一起去散步，太阳快要落山了，突然间，天空变得血一样的红，一阵忧伤涌上心头，我呆呆地伫立在栏杆旁，深蓝色的海湾和城市上方是血与火的空间。友人继续前行，我独自站在那里，突然感到不可名状的恐怖和战栗，大自然中仿佛传来一声震撼宇宙的呐喊。”[③]《听杨靖弹〈霸王卸甲〉》亦将“说”与主体性认同紧密联系——“失去音乐，失去自己”。“说”作为个体存在于世的基本证明，在高压极端时期尤显珍贵。

---

① 陈坚：《语言其实不重要或不那么重要——儒道释三教对语言的看法》，《中国佛教》，2010年，总第28期。

② 周宪：《20世纪西方美学》，南京大学出版社，1997年，第302页。

③ 张广华：《艺术欣赏》，郑州：河南科学技术出版社，2007年，第295页。

民间文化中某些“狂欢化”场景给了彭燕郊相应的体验和启示。一首《雷》是弥漫着“春夜喜雨”的意蕴，但在深层次中是称道了“说”这种“狂欢化”的意义。雷“说过一阵 / 我们又热热闹闹地议论起来 / 大声细声议论又商量 / 你讲的我的，也就是他讲的那一些：/ 春天送雨来，田里工夫不等人了”，“雷”似乎是恩主，但“我们”是不给它精神加冕的，没有等级、没有权威，大家平等对话、和平共处，在言语盛宴、精神狂欢中回归本我——大写“人”字。“在狂欢节上，人们不是袖手旁观，而是就在其中生活，而且是大家一起生活，因为从观念上说，它是全民的”[①]，彭燕郊、巴赫金在民间文化有裨助主体性的建构之认知上是异口同声、奇妙遇合的。

其次，对异化“话语”或“说”的行为深表弃绝。“左倾”思想泛滥时，“假话、大话、空话”洪水滔天。种种政客话语、江湖话语、教条话语、帮闲话语等都背离了本真话语，也是以牺牲他人的主体性和异化自我即伤害列维纳斯所说的“主体间性”[②]为前提的。虽无理论的先行，但并不妨碍彭燕郊就此感触极深。《话语》就批判了装腔作势、哗众取宠的“话语”。诗歌除了描述讲述者“这个的这个”等无聊套话一堆外，还不惮细节烦琐，采用白描手法——“嘴角，眉尖 / 颤动的两颊，全是 / 最有感染力的 / 够了够了的话语 / 在不断地 / 涌出，还有 // 那手势 / 放开，收拢，推出，收回 / 全是比说来的还要多的话语”，一副官僚主义、布道者的嘴脸穷形尽相而出。这话语反证的正是他内心的虚无——“全明白了：我的天！ / 一个哑巴”——没有自己的语言，没有自己的思想。无独有偶，《循环往复》同样直指心口不一、表里分裂的套话和无聊话。“已经——已经——这样已经，已经这样”“出了什么事——什么事出了”“说的什么——什么说的”（《循环往复》）等“循环往复”的话语模式不仅作为修辞手法表征言说者的敷衍苟且、虚与委蛇，而且更是他一劳永逸、周而复始、通吃一切的生存法宝。“身体里面的声音”“身体外面的声音”的长期分裂，这些老于世故、毫无风骨之人难道就不会“憋”坏？《听歌》一句：“不跟你玩，你撒谎！”说谎者终究都会被小孩所嫌弃。“救救小孩”反倒要被“小孩救”，中间演绎出了多大令人啼笑皆非的反讽。

---

① 周宪：《20 世纪西方美学》，南京大学出版社，1997 年，第 350 页。

② 杨大春：《列维纳斯与他人问题》，《哲学研究》，2001 年第 7 期。

最后，在“真善美”面前，沉默是最好的话语。《初夏》是怀人之作，君子之交淡如水：“这繁忙生活里的短暂相聚/千万句话在片刻里说完/难道不就是诗？”同理，《怀榕树——悼念邵荃麟》亦说：“他，人间的奇迹，坚强意志的化身/无言的怀念悠长又悠长/也许，就是我能给他的最好的赞美。”《黄昏之献——呈半九兄》也是挚友间的酬答，心有灵犀，无声胜有声。“水手们的怪癖，/整个航程，/很少说话，//话语在海上最珍贵，/海上的感受不容易说准”，人生路上风雨险阻，难以说清道明，默默互勉才是正道。美好甜蜜的事物不需要言语，美而不言。“我有一个秘密，/我把它保留得很好，/谁知还是让人知道了”，原因在就在于“本想把话讲得从容些，/一开口总是结结巴巴，/连自己也听得出/那声音好像是别人在讲话”，这个“秘密”就是“我爱上了一个人，他也爱我！”（《秘密》）这种情形还延伸到《田头即景》中的恋爱男女——“‘就你会说……’/说的，听的心里都明白/光只会说是不够的”，爱不仅仅“谈”，更在行动。《水库》再度营造了“春夜喜雨”的氛围：“山林、田野不说话/笑盈盈的清爽替它说话了/大伯、大娘、小伙子不说话/笑盈盈的清爽替他说了。”冗言赘语都是对丰盈爽朗心境的破坏，美是用心去感受、享受的。确乎，不用心去感受“真善美”，而一味诉诸语言便是对它们的大破坏。《桂林怀邵荃麟》《独秀峰》等相关诗句都流溢出类似的看法。所以，“以自己不发声的沉默的存在/这里，那里，形成节拍，形成停顿”（《钢琴演奏》）、“听，无声，那也是一种音乐语言吗”（《听杨靖弹〈霸王卸甲〉》）等都强调了沉默的意义，以至于“无言”才是有力反抗——“只用无言的旋转与狂风抗衡”（《三叶》）。从中，我们似乎看到老庄的“道”不在于“言”而在于“体”的意味，以及海德尔格所说的“语言首先而且根本地遵循着说话的本质显身，即道说。语言说话，因为语言道说，语言显示”[①]，即倾听“道说”。确乎，设若“真善美”不是“大道”，那么舍“此”其谁呢？

二

通过梳理，彭燕郊的语言价值观和言说姿态似已廓清。然而，这种“说”与“不

① ［德］海德格尔：《在通向语言的途中》，孙周兴译，北京：商务印书馆，2004年，第254页。

说”一旦进入形而上与实践、理想与现实、主体与客体、自我与他人等的博弈之中，依然不免令人混沌迷惘。何况近二三十年来，整个社会价值观急剧蜕变，新与旧、中与西之间的纠缠和冲突，“真善美”想象、主体性的建构、知识分子的身份认同等本身都面临考验。垂暮之岁而作的《雨中行》就表露了彭燕郊相关的感受，虽然表面上都无涉所谓“宏大叙事”。作品写到一对夫妇风雨人生路上共撑一伞，保持“五公分距离”而一路无言，直至“雨已经下够，伞已收起，总算走到头了”“两个人，相对无言，是在 / 回味大雨保持五公分距离的滋味 / 体验五公分距离的尴尬和无奈吗 / 依然默默，平静 // 平静到连自我解嘲的苦笑都没有 /——如果有，该是何等灿烂鲜亮的苦笑”。此情此景，“说”与“不说”都有欠妥当：“无言”于此只是“沉默”，而不是“默契”；“有说”可能将是对“平静”的破坏甚至毁灭，这又是谁都不愿率先开口和迈出的。是的，现实生存中有着太多如许的“左右为难”令你无所适从，“一大串话语硬往肚里吞”（《听杨靖弹〈霸王卸甲〉》）。基此困惑，彭燕郊选择过“注（凝）视”“倾听”及其“艺术欣赏”等视听生存体验来对“说”与“不说”这种困境予以突围的。“注（凝）视”“倾听”及其“艺术欣赏”等是主体放弃了“明修栈道”的“说”，但又“借道过境”地“说”了，其根本在于这是对“思想”的尊重和践行。事实上，彭燕郊又是疾恶各种轻浮的“欣赏”行为的：“我们这些欣赏者”（《画仙人掌》）、“围住它叫喊的人群”“闹哄哄的现场炒作”（《围观孔雀》）、“把瀑布当作画屏那样好看的摆设来欣赏”（《瀑布》）。

“注（凝）视”是“思想”在“不说”中的“说”。“注（凝）视”在彭燕郊诗歌中首先释放了灵魂的目光，是对“光源”的注视，在“无声”中“言说”了“思想”和“智慧”。柏拉图曾说过：“我们将要求他们把灵魂的目光转向上方，注视着照亮一切的光源。在这样的看见了善本身的时候，他们得用它作为原型，管理好国家、公民个人和他自己。”[①]“光源”是象征、是“善本身”、是“理念”、是最高智慧。饶有意思的是，在“注视光源”上，彭燕郊惊人地与柏拉图精神邂逅。《月夜》是他“归来”后的早期作品。“影子一会儿淡，一会儿又浓了 / 闪过去，又闪过来 / 吸引我久久地注视它”（《月夜》），“月影”就是光源，阴晴盈亏、

① ［古希腊］柏拉图：《理想国》（节译本），解东辞译，北京：京华出版社，2002 年，第 254 页。

盛衰消长，但也是人们梦幻的眼睛，有梦就有希望与理想，所以诗歌结尾写“壮游归来的天上的大眼睛/你看见了吗，在我的眼睛里/跳动的这许多梦的影子”，更直接将“月亮”比喻为“大眼睛”。《一朵火焰——呈孟克》中“一朵火焰”“并不摇晃，并不闪烁/可以长久的注视”，注视中是“把我的心照亮”。“水手有个习惯，/总是手搭凉棚/默默地注视前方”（《黄昏之献》）同样表达了对“光源”的搜索和探求。“悄悄凝视你，直到此刻：天已大亮，白昼已来临”（《放射》）、“长久长久凝望夜空/忽然发现，银河上面/还有一条银河”（《湖滨之夜》）、“影子，你想到了没有/有人在注视你，寻找你/在向你企求……”（《影子》）等都如此的。其次，这种“注（凝）视”又是与主体的想象力激活相连，是生命的超升。正如上文所提柏拉图认为“注视”与“灵魂”密不可分，彭燕郊也是多次写到“注（凝）视”会带来“灵魂出窍”的生命体验，即“想象力”的无限丰富。而诺瓦利斯就说过：“人的心灵——内在世界有着比理性及其要求更高的东西，这就是想象力、自我感觉、兴奋的感受性。”[①]同时他又认为，“思维就是言说，言说也就是思维，一种言说方式，也就是一种思维方式”“语言是人解放自身的一种原初力量。诗的语言既然是自我的表达，那么，它也就是自我对自我的启示”。[②]也就是在“想象力”这种“思维”中抵达了“诗的语言”的言说。“吸引我久久注视地注视它，我猜想”（《月夜》）、“月亮在凝望里模糊了/止不住的泪水一滴滴地落到月亮上”（《读信》）、“一边注视/展开眼前的浩瀚田野/一边注视我的小小手掌//我沉入想象”（《金色的谷粒》）等都是将“注视”和“想象”并置在一起，所以“想象是一种高贵的享受”（《画山九马》）。最后，“注（凝）视”更是沉思默想的一种途径。“我尽情凝视，和凝视中的沉思默想”（《漓水竹林》），“每个人都用若有所思地凝望回答你的凝望。/而你，从连续变化的每一个不同角度/像孩子般若有所思地凝望我们。”（《陈爱莲》）……“思考”是理性，是现代性的徽标，是中国“立人”的目标，当然也是现代诗的气质。确乎，在“注（凝）视”中，人回到“小孩”般的澄澈和了无机心，这更是彭燕郊“立人”的一贯主张。也正因为如此，“我们都像才醒来的孩子/用甜蜜的眼光注视这个亲切的世界/世界是变得更加可爱

---

① 孔建平：《作为文学元理论的美学》，北京：中国社会科学出版社，2008年，第108页。

② 刘小枫：《诗化哲学》，上海：华东师范大学出版社，2007年，第86—88页。

更加可留恋了”（《钢琴演奏》）。

“倾听”是听取大自然的清音之言说，是对“生命”的唤醒。自然是不能言说的，但它正如老子所言“大音希声”，敞开心灵的耳朵予以倾听，便是人性的复归和生命的唤醒，亦自是“思想”的敞开。《林语》中的“幽静的树木”在“沉思”，但“小鸟们的歌声”“把多年积淀下的香气唤醒了”，这是“树木”境界的提升，显然此“树木”是隐喻“人”的，“鸟声”乃为天籁。《雷》《雨》《桃花开》等系列乡土诗中都是写到了“听”，“听”给主体带来由衷的快乐，让他们感受到生命的异样美好，且无一例外的是这些声音都源于自然。《歌声》是将来自大自然界的声音赋魅书写。“无边的水一般的夜里 / 传来了总也溶化不了的 / 影子般的歌声”，这“歌声”像“沉静的 / 婴儿的呼吸般均匀的歌声”，给“我”唤回对“存在”的观照，甚至使“我”都愿意“同于大道”“天人合一”，和它“溶化”“在这春夜里去”。《万年寺蛙声》更直接表达了“生命运行”是“最优美的声音”，我们必须敞开心灵予以聆听这自然界最宝贵的馈赠。《金山农民画》中，“我总是把手伸到狮嘴里——它不会咬我的 / 不停地玩那滚圆的石珠子 / 抓起来，丢下去 / 石珠子丁零丁零的，好听极了 / 我开始幻想”，正是在“幻想”中“我”的“生命意识”开始萌发，“我”对人生开始充满梦想，以至于对“菩萨”，“我”都好奇“她在想什么”。总的说来，这些“谛听”是排除社会的喧嚣和自我的聒噪，在聆听自然的同时，也就在真正聆听自我的内心。能有自我内心声音的发出无疑便是“思想”的声音，而这种声音绝对是“无声”的。

“艺术欣赏”是主体关于“生存之思”的最佳表达。在彭燕郊这里，“艺术欣赏”绝非是满足一般意义的精神休憩，而是常与“生存之思”这个最大“思想”系扣在一起的。《东山魁夷》下笔就是“你的画使我静默 / 在你的画前我进入沉思”，引起“我”沉思的不只是东山魁夷的画，还有小泽征尔的指挥、钢琴演奏、金山农民画、杨靖弹《霸王卸甲》以及陈爱莲的舞蹈等。这是彭燕郊诗歌生涯中的一道独到而有意味的风景。“我”“沉思”什么呢？它们都分别给出相应的答案。其中，《小泽征尔》的答案最铿锵有力：“我们听着，一边我们给自己 / 挖下一个又一个洞穴 / 一边让我们心头的某一块肉 / 在某一洞穴里得到栖身之处 / 然后我们把它填平 / 为了我们好就此飞升 / 到底，每一个人都终于看到‘人’了 / 像我，像你 / 这具有最普通的‘人’的特征的 / 人的勇气又一次得到肯定 / 这个守望在自己所发出的声音的旋风里的/这个和我们一样通红炽热的/永远在我们的理想里沸腾的人/提炼出来的一堆的血肉，熔岩般地颤动着！”是的，没有比“这个守望在自己所发出的声音的旋风里的”说得再妙不过的！它明白无误地将“人”之“思”归结为“自己所发出的声音”。此正是彭燕郊有关于“说”与“不说”这个难题上的全部奥秘。从艺术中获得“生存之思”，获得这“无言”（即《钢琴演奏》《小泽征尔》《听杨靖弹〈霸王卸甲〉》中所说的“手”）所发出“言”，这也正是与绝望的叔本华认为艺术是拯救自我的最后手段，与尼采对音乐的病态般的钟爱，与海德格尔对《农鞋》的百般凝眸……在内蕴上构成了最大的精神共振。

三

“天地有大美而不言，四时有明法而不议，万物有成理而不说”（《庄子·知北游》），问题是平凡人生能够时刻处在这种“注视”“倾听”和“艺术欣赏”而最终“同于大道”吗？显然，这只是一种生命的最高理想：“‘跌落可悲/跳跃危险’/用不着议论了，议论就是害怕/害怕就会去寻求平静/奔流的路上，存在平静吗？//当然/把瀑布当作画屏那样好看的摆设来欣赏/也是可以的/那么/你就站开些吧，站远些吧/用你的方式去‘欣赏’吧”（《瀑布》）以及“这个和我们一样通红炽热的/永远在我们的理想里沸腾的人/提炼出来的一堆的血肉，熔岩般地颤动着”（《小泽征尔》）。其实，这才真正道出彭燕郊——以“不言”而实现“言”和抵达“思想”的深刻认识——“难”。另一角度，这又表明了彭燕郊非但不虚无和悲观，反倒闪烁着理想的光芒，喷薄出“反抗绝望”的坚毅和勇气。[①]这种有着精神红线所牵系而在整个行走过程中又充满矛盾悖论的世界观和生存论，坐实到诗学道路中就具化成浪漫抒情与现代性、散文化与意象化、审“真”与审“美”等之间的纠缠和辩证。

第一，浪漫抒情与现代性。彭燕郊抨击浪漫主义是不遗余力的。他的认知就是现代诗的登堂入室与浪漫主义的消歇告退相反相成。他说过：“现代诗越过浪漫主义依靠激情认识世界、反映世界、改变世界的抒情至上主义，从转向

---

① 刘长华：《彭燕郊评传》，长沙：湖南文艺出版社，2008年，第289页。

对隐藏在现实世界背后的‘真实’的探究、思考，到隐藏在‘大我’背后的‘小我’的发现，对‘更重要的现实’——人的内心世界的挖掘。"《再会吧，浪漫主义》《两世纪之交：变风变雅：浪漫主义困惑》等曾相继面世，其背后的哲学理路正是"言"和"不言"的关系处理：浪漫主义是过分"抒情"——"说"，而现代诗以"思考"——"不说"（"人说"）而完成"说"（"道说"）——"使自我得到超越自己的精神飞跃，成为一个有力量凭感性直觉而非凭理性观念进行宇宙心灵的神秘幽玄的探测，从而在人与宇宙、人与历史的新的交涉里发现人的本质、人的价值"。[①]言下，"现代性"的立足点在于对"主体性"的肯定、建构和完善。就此，彭燕郊并没有所谓的"与众不同"。问题是，浪漫主义的诞生正应命于彰扬人的"主体性"而来。席勒、诺瓦利斯、谢林、狄尔泰、叔本华、尼采、荷尔德林等对此的勘定十分清晰。而前面论析过在对"自我"或"主体"的肯定上，彭燕郊也是坚持"说"的必要性。确乎，在标识和张扬"主体性"上，不借助激情、想象、灵感等这些人才具有的"非理性"（即"人说"）的元素，又如何将"人"在保持又舍弃动物性中而获得身份的自足和意义的建构?

事实上，彭燕郊这些以"视听生存体验"为题材的诗歌，其浪漫抒情成分是浓郁的。搁置其他不议，单就"艺术欣赏"中的《钢琴演奏》《小泽征尔》《听杨靖弹〈霸王卸甲〉》《陈爱莲》《东山魁夷》等而言，首先，它们都标显出"我"之意象。"只有今天我才看见这样亲切的画"（《金山农民画》）、"我们清楚地感到"（《钢琴演奏》）、"音乐落入我怀中"（《听杨靖弹〈霸王卸甲〉》）、"我难以说你走了出来"（《陈爱莲》）等都充分表达了"我"的存在性、参与性。而在艾略特看来，"非个人性"是现代诗的灵魂，其旨在排除情绪的汪洋恣肆。而"我"的大势介入，显然就是对"非个人性"的放弃。"我"的零距离性又是直入诗学中的一个命题——"言，我也"。对此，有学者曾精辟地指出："诗人要走向存在，就得先进入言说，然后才能在言说过程中获得自己的存在性。这就是‘言’对诗人生存来说的全部意义所在。它的意义就在于，它能使生命的意义得以寄寓和呈现。但是，对于诗人之‘我’来说，言说既是一个自我对象化的过程，也是一个自我分裂的过程，因为具体的‘言’只能表‘意’（且不说能否

---

① 彭燕郊：《彭燕郊诗文集•评论卷》，长沙：湖南文艺出版社，2006年，第96页。

‘尽意’），因而他人在其‘言’中所见的，也只是‘我意’而不是‘我’。‘我’只有在我的全部言说过程中，才能得以呈现。因此，对诗人来说，‘言’，就是‘我’的使命和命运。‘我’只有在具体的言说中先遗忘和丧失掉自己，然后才能在全部言说过程中，重新获得或再建自己。因而，‘我’就在我的言说之中，我的全部言说就是‘我’——言，我一也。这是诗人全部的欢乐与痛苦所在。”[①]换言之，艾略特等人的“非个人”强调的只是“具体的言说中先遗忘和丧失掉自己”，而不能从本质上捐弃“言，我也”，这就意味着抒情、情绪等是无从规避的。其次，这些诗歌不仅洞开了作者内在充沛的情感世界，而且其丰盈充沛的比喻、排比等修辞手法都是浪漫抒情的最直观表征，作者寄寓其中的情感倾向也是一目了然的（限于篇幅，就不拟展开了）。大概正是体验到浪漫抒情与现代性之间难以剥离，所以彭燕郊其后多有补白过“诗，不单单是抒情；现代人的抒情，可以也应该是思考的抒情”[②]等思想。

浪漫主义强调从“人说”而走近“道说”；现代诗注重的是由“道说”切入“人说”。“人说”与“道说”的介入路径和所处语境总存差异，而这两者的价值坐标指针始终又是由“人”本身来判衡的，稍有倾斜都是对“人”的偏离，这岂不正是两难？

第二，散文化与意象化。众所周知，以“不言”来实现“言”，这又恰好是中国古典诗词孜孜以求的美学境界。通达此境界的终南捷径便是“象”，所谓“意在象外”等便是明证。“意”“象”被中国古人并置，且荣膺着诗歌精神的核心。另一方面，对现代文化的拥趸与否是事关现代诗的合法性有无，而现代文化一个不可或缺的身份认同便是对自由精神的毫不妥协地捍卫。诗的散文化因其从格律、形式等“樊笼”中逃逸出来并凸显出放达无羁、通脱无碍的人格意志（这本身又是否可归位于浪漫主义范畴之内呢？）而备受人们青睐。彭燕郊对诗的散文化推崇备至：“自古以来，诗就韵文……但现代诗人从波德莱尔算起，反对诗依靠音乐性。押韵等于一种欺骗手段。”[③]当然，诗的散文化，无论是波德莱尔还是彭燕郊本人都不只停留在音韵的考量之上，诸如收缩“纯诗”的思维跳跃性，相当更着意于语法结构等都应是题中之义。不过，“言”的烦琐冗长、艺术空白的逼

---

① 徐麟：《“言，我也”与中国古代诗学》，《文艺理论研究》，1996年，第1期。

② 彭燕郊：《彭燕郊诗文集·诗卷（下）》，长沙：湖南文艺出版社，2006年，第358页。

③ 孟泽：《彭燕郊的诗与诗学》，《诗探索·理论卷》，2010年，第2辑。

仄紧张进而艺术效果的折杀就相应地派生了，与轻“人言”而重“道言”的现代诗想象渐行渐远。彭燕郊的相关诗歌就表现出“散文化”和“意象化”的胶着纠缠。

首先，散文化中却拒绝叙述化。与“诗化”相比，“散文化”的最大特征之一便是讲究叙述的条理化、逻辑的清晰度。而《钢琴演奏》《小泽征尔》《听杨靖弹〈霸王卸甲〉》《陈爱莲》《东山魁夷》等还是上文中所征引的其他诗歌，是很难见出对时间、空间的重视和情节过程的刻意。《金山农民画》或许是个例外，讲述了一段回忆，但它只是情绪记忆，与其说是回忆不如说就是对眼前农民画的一种“幻觉”、一种跨越时空的生存体验。也只有如此，才能体现该诗的写作初衷和命意指归——对金山农民画的高度礼赞。其次，反对格律中又恪守生命内在的节奏感。早在《论感动》中，彭燕郊就说过：“节奏，是力。/ 如果停顿，也应该是奔马跃过栅栏之前的那一停顿。/ 如果收缩，也应该是鹰隼展翅翱翔之前的那一收缩。// 不单有语言的节奏，而且有意象的节奏。/ 追随语言的节奏得到的快感是生理的，追随意象的节奏得到的快感是精神的。”[①]这种观点根深蒂固，一直延伸到他的创作终点，所以在诗歌《节奏感》下笔就是“没有节奏感就不会有音乐 / 没有音乐就会烦躁”“什么都可以失去 / 重要的是不能失去节奏感”，但这种“节奏感”决然不是来自“韵律”，“诗不是音乐，是不想把一切都溶化在韵律里”。[②]事实上，彭燕郊相关诗歌中基本上是难以觅见“韵脚”之类的，但它们对节奏感的拿捏又是相当“精明”的。《东山魁夷》所表达的是对日本“物哀”文化的理解，这样的氛围是冲淡恬静的，所以“我没有见过这样的画，从来没有 / 这样的调子，这样的形象，这样的单纯和质朴 / 这是画吗？或是大自然无意中留下的痕迹”，这样的节奏舒缓到了让人感觉简直是午夜梦醒后在隐约浅月下的走廊上的喃喃自语。而《小泽征尔》整个节奏是跌宕起伏的，和“小泽征尔”的指挥步骤有着“格式塔”式的共舞，譬如描述开始时是平静的，“多么虔诚，多么平静：他走出来”，这种均匀齐等的节奏无疑是极为熨帖的；而到了峻急高潮之时：“呵，时间！呵，大气！呵，人类奇思妙想的表达者！”此刻的节奏就极显短促、交错之势。最后，相关诗歌都是集中某一“意象”而展开。正如前文

---

① 彭燕郊：《彭燕郊诗文集·评论卷》，长沙：湖南文艺出版社，2006，第 167—168 页。

② 彭燕郊：《彭燕郊诗文集·评论卷》，长沙：湖南文艺出版社，2006，第 167 页。

中已经重点分析过了，无论是“注（凝）视”还是“倾听”，或是“艺术欣赏”，作者都是紧扣某一意象诸如“光源”“手”等具体展开，它们是凝聚了诗人的独到感受和别样情思的，甚至隐现出一种图腾崇拜式的精神迹象，从中我们是可以得“道”的。所以，总的说来，这些以“视听生存体验”特别是“艺术欣赏”为题材的诗歌在骨子里是“意象化”的写作，但它们都以“语言瀑布”的方式展开了，其意在用语言的“自由”来领略和契合“视听艺术”的本质——“自由”吧！这是不是在反其道而包抄“道”呢？

第三，审“真”与审“美”。不似康德在宏观体系中对“真”“善”“美”的司职分工已经昭然了，彭燕郊单就诗歌这“一亩三分地”却说过：“文学要求的是几乎不可能达到的真善美融为一体的完美。艰难在于，美是极富诱惑的，单纯的美是很可怕的、有毒的，能够像鸦片一样麻醉你，沉沦在美里面是会丧失一个人的坚强意志的，是会使你堕落的。但是文学又不能不是美的，是必须有高的意义上的美的，真正意义上的美的。从真、从善来的，具有真的、善的本性和素质的美才是文学的热、力和光，单一的美和文学无关。艰难在于，到哪里去发现这个和真、善融合在一起的美，这是需要认真思考而且有勇气用实际行动去探索的。”[①]仿佛之中，我们又是听到“美而不言，言而不美”“可爱者不可信，可信者不可爱”等这样的声音。确乎，以“不言”而实现“言”，在很大程度上就表现为对“真”的追求，对生命、生存之“真”的勘探和追求。所以，与其说彭燕郊诗歌的文化追求是“审美”，倒不如说是“审真”。当然，这是与彭燕郊隶属于“七月派”这一“左翼”文学流派的文化品格不可约分的。问题是正如彭燕郊自己所说的——“文学又不能不是美的”。实际上，关于“审真”还是“审美”之间的博弈，在上文所论述的两个方面中已经触及和展开了。如何将“真”与“美”兼顾起来呢？当然也就复归到“说”还是“不说”的难题之中。

彭燕郊曾经就作为表意工具的“语言”做出过探讨，他说过，“语言有它的与生俱来的使命：预先决定一切精神现象（现在最主要的是思维现象）的符号表达形式。矛盾就在这里：符号看起来是万能的，而又往往是无能的。现代诗人在

① 彭燕郊：《历史的规定，我的选择》，荒林主编：《男性生存笔述》，太原：山西人民出版社，2004年，第58页。

使用它时，更多的情况是不可能得心应手，表达的自由受到极大的限制。符号（语言）作为媒介必然要伴随着一种阻力”，“我们要探讨的却是更为特殊的一种语言，文学语言中的诗的语言。而我们又必须从浪漫主义和现代主义这两个不同的断面来考察它”。[①] 就此，我们感兴趣的不仅仅是它一方面再次道出了“说”与“不说”的精神窘迫，另一方面又是将“语言”“浪漫主义”“现代主义”这三者置于一炉予以深切思考，还在于它为何就单将“语言”和“浪漫主义”“现代主义”三者搁置在一起。在我们看来，此处的“浪漫主义”在某种意义上就是审“美”的代名词，“现代主义”也就相辅相成地成了审“真”。既然“语言”本身给人带来如此之多的挑战，“其最终的结论只能是：纠缠于最好用某‘种’语言（现成的、人工的、通俗的、高深的等）写诗歌的想法是多余的”。所以，企图在审“美”与审“真”之间做出个非此即彼的判断，显然是徒劳的。在彭燕郊看来，在审“美”与审“真”之间杀出一条血迹斑斑的生路来，或者干脆就在两者夹缝中生长才是诗歌的生命与魅力；所以，我们就不难理解彭燕郊为何要说：“第五组六首（注：即上文中我们征引过的《钢琴演奏》《小泽征尔》《听杨靖弹〈霸王卸甲〉》等）写音乐及艺术欣赏的，写于七十年代末至八十年代中期。艺术的欣赏是需要细腻感觉和细腻感情的，难得有这样一个短暂的好时光。好梦无长夜，如今回想起来，却有些苦涩了。”[②]

小　结

众所周知，中国诗歌在当下是落寞和边缘化的。对于这种状态所产生的原因，人们从多方面、多角度予以了归纳和总结。而彭燕郊立足于“视听生存体验”的角度道出了“说”与“不说”的尴尬与困惑，毋庸置疑这是在深层次中对新诗做出了一种自白、一种剖析。透过这种自白或剖析，我们能更加清晰地认识到形而上与现实、文言与白话、中与西、抒情与写实、“我”与“非我”等之间的矛盾和错乱，这些矛盾和错乱对我们更好地“问诊”中国新诗的过去和摸清它在未来

① 彭燕郊：《彭燕郊诗文集·评论卷》，长沙：湖南文艺出版社，2006 年，第 122 页。

② 彭燕郊：《彭燕郊诗文集·诗卷（下）》，长沙：湖南文艺出版社，2006 年，第 358 页。

的精神命运、历史走向，毋庸置疑是大有裨益的。“说”与“不说”的难题充分地表明了这是一个“非诗”的时代，而彭燕郊依然坚持在写诗，直至生命之灯熄灭的最后一刻，这行为本身又是不是一种富有启示意义的人文精神？

（原载《长沙理工大学学报》2014年第6期）

晚年彭燕郊的文化身份与文化抉择

——以书信为中心的讨论

易　彬

在中国现代文学研究领域，作家全集或文集、成型的文献资料已大量出现，重要作家研究、文学史研究诸层面的文献资料积累工作已经颇具规模。但在当代文学研究领域，文献的搜集与整理工作远未成型，大量的重要文献资料仍处于零散状态，因为文献资料的拘囿而造成文学人物——特别是跨越现当代文学阶段的人物认识偏差的情形并不在少数。彭燕郊（1920—2008）即算得上是这方面的一个重要例子。

彭燕郊当然首先是一位诗人。毋庸置疑，在写作初期与胡风的相遇，对彭燕郊的文学旨趣特别是人生道路有着非常深远的影响。由此，“胡风学生”成了彭燕郊的基本形象。这自然没错。可是过于强调“胡风”这一精神线索，则往往容易忽视彭燕郊在当代文化建设中的身份与贡献。如何化解此一难题呢？目前比较合适的途径是彭燕郊与友人间的大量书信，其中少量已面世，能为读者所阅知。更多的则还只是未经整理的手稿。因为时代、政治、个人生活等方面的原因，存留下来的绝大部分都是新时期以来的书信，更为完整的彭燕郊书信史看起来已难以建构，但其中所包含的海量信息，对于认识二十世纪八十年代以来的文化与社会无疑是大有助益的，而彭燕郊本人在此一历史进程之中的文化身份、抉择与贡献无疑也能得到相当程度的厘清。

一

彭燕郊与友人间的书信，目前仅有少量被披露出来，其中以胡风为中心的居多，与路翎、胡风、聂绀弩等人的书信较早即已随这些人的作品集披露。新近出版的则有《梅志彭燕郊来往书信全编》①。而从目前所掌握的材料来看，彭燕郊有书信往来的原“七月派”作家或“胡风分子”，还包括绿原、舒芜、贾植芳、何满子、曾卓、罗飞、罗洛、牛汉、冀汸、朱健、耿庸、孙钿、张禹、木斧等十数位。其中值得特别注意的自然是《梅志彭燕郊来往书信全编》。该书所录为1982年之后彭燕郊与梅志之间长达二十余年的通信，另有几封彭燕郊与胡风及其女儿张晓风的信，共计117封。话题自然多关乎“胡风”，它们出自饱受磨难的历史当事人之手，有着特殊的文献价值，能为认识“胡风”及相关事件打开更大的空间。

从这些书信中可以看出，在较长一段时间内，梅志与包括彭燕郊在内的众多胡风学生之间处于一种相互激励的状态，为胡风作传、讲述胡风及其影响的故事是他们自己不容推却的历史使命。彭燕郊在信中即多次表达一种严肃而急切的意念，诸如“还有许多事等着我们去做”“要做的事很多，且须加紧做”“那是历史给你的任务”，要满足“读者需要”，要“对历史负责”，“先不急于写自己，而应该把胡先生写好……我们应该先把《回忆胡风》写、编、印出来，这是当务之急”。彭燕郊也多次谈及《胡风传》《聂绀弩传》的写作计划和具体提纲（在当时胡风圈内的人士看来，彭燕郊是《聂绀弩传》作者的合适人选），彭燕郊本人对于此类文章的写作显然有着更大的抱负——试图从“历史的高度”来书写：

> 胡先生的一生我以为是一部活的文艺运动史，在他身上呈现的是一个现代世界文学史上只有革命初期的苏联才差可比拟的重大问题或重大现象，即在共产党（作为现实的政治实体）的强大影响或强有力控制下，马克思主义

---

① 北京鲁迅博物馆编，张晓风、龚旭东整理辑注：《梅志彭燕郊来往书信全编》，郑州：海燕出版社，2012年。

的文艺运动应该由谁，采取什么方式进行。说实在的，不是这几年，也不是“胡案”发生前后几年，四十年代初期，特别是中期，我就开始思考这个问题了。这个问题不但在共产党当权的国家有，在其他国家也有。这是个大问题，我只能是想想而已，非我的学力所能深入研讨的。但我以为如离开了这个宏观视点，就写不出胡先生悲壮的一生（同样也涉及鲁迅先生的一生）。我之所以不敢轻易写，原因就在这里。①

彭燕郊对于胡风情感的浓度或真诚度显然是非亲历者难以比拟的，但值得注意的是，从一个更长的时间角度来看，彭燕郊关于胡风及聂绀弩的诸多宏大的写作构想仅仅实现了一小部分。重要文章除了前面提到的《回忆胡风先生》外，仅有《他心灵深处有一颗神圣的燧石——悼念胡风老师》《千古文章未尽才——聂绀弩的旧体诗》以及作为“遗作”发表的长文《我所知道绀弩的晚年》等。实际上，《回忆胡风先生》这篇长文仍然只能说是未完成之作，所记仅止于胡风桂林时期的活动。稍后讨论将揭示，这种“未完成性”，肇因于历史的要求与个人的实际行动之间所存在的差异。

二

浏览彭燕郊所存书信，与胡风有关的人士的通信其实只是其中很小的一部分，数量更大的是与包括文学界、翻译界、出版界、民间文艺界、研究界等在内的各种文艺界人士间的通信，如卞之琳、端木蕻良、骆宾基、徐迟、罗念生、罗大冈、沈宝基、魏荒弩、袁可嘉、王佐良、叶汝琏、王道乾、曹辛之、陈敬容、郑敏、唐湜、罗寄一、石天河、蔡其矫、公刘、邵燕祥、顾蕴璞、葛雷、赵毅衡、郑玲、姚锡佩、林贤治、刘湛秋、唐晓渡、赵振开、马高明、黎维新、杨德豫、唐荫荪、邱晓崧、贺祥麟、吕剑、邹绛、田仲济、陈子善、李辉、杨益群、陈思和与刘志荣、李振声、周良沛、刘扬烈、钟敬文与陈秋子夫妇、王文宝，以及台湾、香港等地的林海音、李魁贤、莫渝、刘以鬯、罗孚、陈实、马文通等。此外，与家人、学生及文学爱

① 彭燕郊：《致梅志》（1989/12/20），《梅志彭燕郊来往书信全编》，第185页。

好者的通信量也是很大的。其中，与叶汝琏、葛雷、郭洋生、郑玲、莫渝、马文通等人的通信量都非常大，与陈实、陈耀球的通信更是足可编成两大卷往来书信集（这两者日前都在整理当中）。

问题由此而来：何以偏居长沙的彭燕郊与众多文艺界人士会有如此广泛的通信呢？1984年11月9日，彭燕郊给梅志的一封信有助于理解这一点：

> 我仍在忙一些别人不会去忙的事，我在想办一个译诗丛刊，不像绿原搞的那个，是专门介绍现代、特别是当代的外国诗的，名叫《世界诗坛》。这个丛刊，可以与原兄的《外国诗》[①]相辅而行。本来，拟自己筹资办，已有点眉目，现在，有个出版社愿意出了，可算是好消息……
>
> 另外，还想编一套外国文学丛书，专收"格调高"的、同时读者也欢迎的作品，主要是诗、散文、中篇小说。
>
> 也想搞个《世界散文》，专门介绍外国古典、近代和现代、当代散文。
>
> 我的设想中还有一套《诗学译林》，系统地、全面地介绍希腊、罗马至今的诗论，包括各大诗人和大流派的诗论、诗见。
>
> 另外，还想搞个大型理论丛刊《诗学》，每期四五十万字（这样才可以容纳二万字上下的论文），不定期，或许每年出一两期。
>
> 还想出一套《中国新诗全集》，像日本中央公论社、新潮社出版的《日本诗歌全集》那样……
>
> 总之，我是一个爱"想"的人，不能安静。总想干点什么……[②]

彭燕郊所谈到的是自己在编选（译）方面的诸多构想。按说，彭燕郊不过是一介书生，并非出版界人士，也非任教于著名学府，所掌握的出版资源或文化资本相当之有限，个人经济状况也相当之一般；而且，彭燕郊为1920年生人，新时期之初即已是花甲之年，其身体状况始终不好，长年看病、服药，并曾到北京、广州、四川、桂林等地求医。个人状况如此，驱动他不断工作的动力又是什么呢？

---

① 指绿原操持的译诗丛刊《外国诗》，外国文学出版社，1983年9月出版第1辑，后不定期出版，至1987年7月，出版第6辑。

② 彭燕郊：《致梅志》（1984/11/9），《梅志彭燕郊来往书信全编》，第57—58页。

“爱‘想’”“不能安静”“总想干点什么”一类说法显然太过笼统。彭燕郊在给朋友们的信中有过一些零星说法，更为确切的说法可见于1989年3月12日致木斧的信：

> 艺术更新对于我们之所以必要，是因为首先：现实向我们提出了诗的要求，其次，我们身上的旧观念过去已经浪费了我们大部分的大好光阴，我们再不能被它拖住故步自封了。你和我一样，过去漫长的封闭岁月中我们的求知欲是被压抑到最低点的，到最后，人类文明的全部成果被宣布为“封资修”垃圾，能说我们没有受这个大文化环境、文化气氛的影响吗？改革开放的十年来，有幸的是我自己总算慢慢地睁开眼睛了，知道该看看世界，看看自己的国家，和自己身上有些什么东西了。这样，我就既有奋发、乐观的一面，又有痛苦的反省的一面……这几年我用大部分时间编译介（绍）各国现代诗的目的也在于让大家看看到底现代诗是个什么样子，现代诗是怎样发展过来的，从中也可以比较一下到底人家有什么长处我们有什么短处。我以为在这种情况下如果能形成我们的自信，应该是一种坚实的自信。能看到的我们的新诗的前途应该是现实的可靠的前途。起哄和胡闹是没有用的，只有甘心于默默无闻，情愿做个默默无闻的埋头苦干的人，才真正能够得到真正的诗。①

从这番自述来看，彭燕郊花大量时间精力来做编选（译）、出版工作，其背后是有着重要的文化抱负的：“过去漫长的封闭岁月”压抑了求知欲，桎梏了眼界，新诗的前途在于“艺术更新”，即通过外国现代诗的译介，获得必要的参照系，进而获得一种“坚实的自信”。类似想法，亦可见于彭燕郊为《国际诗坛》创刊号所撰写的《前言》。林贤治称彭燕郊是诗人中“少有的一位醉心于出版者”②，将“出版”行为与“诗人”使命并置，着眼的正是彭燕郊出版行为的特殊性。

种种资料表明，彭燕郊的文化抉择在新时期之初就已做出。最初的构想即是“出版一套译诗的丛书，要概括‘五四’以来外国主要名诗人的诗和中国的名译”，

---

① 彭燕郊：《致木斧》（未刊稿）。按：着重号为原有。

② 林贤治：《诗人的工作》，《新文学史料》，2008年第4期。

这就是后来的大型诗歌翻译丛书"诗苑译林"。按照时任湖南人民出版社副社长、译文室主管领导、与彭燕郊"相识相交近六十年"的李冰封的回忆[①]，此一构想1980年就已提出，并得到时任湖南人民出版社社长黎维新的支持，后经具体协商，拟定了主要书目和译者。彭燕郊则受托外出组稿，他曾专程到上海、广州、北京等地，听取施蛰存、梁宗岱、卞之琳等人的意见。彭燕郊此一时期给朋友们的信中，反复提到自己处于"忙乱"状态，主要即是忙于为"诗苑译林"丛书的奔走、筹稿等事务。而他的诸种出版构想虽未全然实现，却也是多有成绩："译诗丛刊"即先后以《国际诗坛》（漓江出版社）、《现代世界诗坛》（湖南人民出版社）之名出版；"外国文学丛书"则有漓江版"犀牛丛书"；《世界散文》则有湖南人民出版社的"散文译丛"以及花城版"现代散文诗名著译丛"。

彭燕郊1980年即开始筹划诗歌翻译丛书，奔波于湘、粤、桂等地，并且积极替朋友们向各地刊物、出版社荐稿——他的这样一种身份，按照梅志的说法，可称为"文艺组织者"[②]。偏居长沙的彭燕郊之所以与文艺界人士有着广泛的通信，非常直接的一个原因即是和这一系列翻译活动的筹稿有关。

与此相关联的一个问题是，偏居长沙的彭燕郊何以能在新时期之初就能做出此般文化抉择呢？这涉及彭燕郊的阅读状况、知识积累、艺术视野等方面的情况。按照彭燕郊本人的回忆，其童年乃是"纸墨飘香的童年"，很早即开始买书、邮购图书；及至1950年开始定居湖南之后，图书购买量也是非常之大的，即便是被打成"胡风分子"之后的二十多年里，买书、读书也始终没有间断。[③]而从彭燕郊晚年的诗歌写作来看，1979年9月，彭燕郊在《诗刊》发表了《画仙人掌》一诗，这是他新时期以来所发表的第一首诗，它"不是起于一种高音，如众声喧哗般的'我归来了'（艾青《归来的歌》）或者独异的'我——不——相——信'（北岛《回答》）"，而是以"唯美"的笔触去"画仙人掌"，"那些花/都有着我们这些欣赏者给予它的/美的自觉和美的自信/形成那么一种生动的风致/有

① 李冰封：《彭燕郊与〈诗苑译林〉及〈散文译丛〉——哀悼一代诗人彭燕郊》，《新文学史料》，2008年第4期。按：本文所引李冰封文字均出于此，不另说明。

② 梅志：《致彭燕郊》（1985/12/26），《梅志彭燕郊来往书信全编》，第82页。

③ 参见彭燕郊《纸墨飘香》（岳麓书社，2005年）一书中的《邮购之乐》《纸墨飘香的童年》《长沙淘书记》等篇什。

着那么一颗惹人喜欢的袒裸的小小的心 / 婴孩般的单纯，少女般的安详 / 小伙子般的富于幻想而且有些顽皮 / 不止是逼真 / 而且要画出那真正的天国的愉快 / 多么难啊，这些花！”对彭燕郊个人写作而言——也可廓大来说，对新时期文学而言，这是一个有意味的“起点”，“粗略比附一下，如果说‘文革’后文学是从‘真’开始的话，得到普遍赞誉的巴金《随想录》就在于‘讲真话’；那么，彭燕郊的写作是从‘美’开始的”[①]。这样一种对于“美的自觉和美的自信”的追求姿态，也包括后来持续探索的理念（所谓“我不能不探索”，写“不像诗的诗”等）与旺盛的创作力等，均可显示出彭燕郊的诗歌写作与其长期广泛的阅读，与其文化、出版行为（或曰诗学活动）之间具有一种良性的互动关系。由此也就不难理解何以彭燕郊在新时期之初即能敏锐地把住时代的精神需求了。

三

彭燕郊与文艺界人士的通信，包含了非常多的历史、文化诸方面的信息。这里择要述之。与文坛前辈的通信中[②]，与施蛰存的通信量是相当大的，被披露出来有 27 封之多，是目前除了梅志通信之外，被披露最多的。施、彭二人最初交道的情形暂未有确切资料，但最迟当是在 1982 年上半年。[③]所见施蛰存给彭燕郊的最后一封信是 1999 年 6 月 15 日，通信期近二十年。信中所谈，多是读书、写作、编选（译）、出版等方面的内容。与罗念生、沈宝基、罗大冈、卞之琳所谈，亦多是译介、出版方面的事。凡此，既可彰显一批已是耄耋之年的“文化老人”在新时期之后逐渐开化的时代语境之中的精神操守与文化信念，也可借助彼此之间“互动行为”而展开“实存分析”，从而更深入地探究其文学行为与时代语境之间的关联。[④]

---

① 参见易彬：《彭燕郊研究论纲》，《南京师范大学文学院学报》，2008 年第 3 期。

② 日前，罗念生、施蛰存、沈宝基、罗大冈、卞之琳、王佐良、袁可嘉、王道乾等人致彭燕郊的 17 封书信已有辑录，见易彬、黄园：《彭燕郊所存文艺界人士书信选辑》，《新文学史料》，2014 年第 3 期。

③ 参见施蛰存：《致周良沛（1982/6/23）》，《北山散文集（第二辑）》，第 1696 页。

④ “互动行为”语出解志熙的《相濡以沫在战时——现代文学互动行为及其意义例释》（《新文学史料》2011 年第 3 期）一文。

与彭燕郊年龄相仿的通信者有相当一批，如曾被称为“九叶诗派”或“‘中国新诗’派”的王佐良、陈敬容、曹辛之、郑敏、唐湜、罗寄一、袁可嘉等人。在一些文学史描述当中，“七月派”与“‘中国新诗’派”被认为是二十世纪四十年代中国新诗的两大高峰，但两者当时处于某种对峙状态。新时期以来，这种纠葛也一直存在。[①]但从彭燕郊的角度看，在新的时间节点上，他们这些年过花甲的老人交流时，基本上已无所谓流派或者门户之见，更多的话题都是关乎当代文化特别是中外文化的交流。实际上，这些书信不仅有着重要的文化意义，其中如彭燕郊与罗寄一的通信，也为文学史“失踪者”的打捞提供了重要的线索。罗寄一（本名江瑞熙）早年毕业于西南联大，坊间关于他的资料非常之少。近年来，其早期诗歌已被打捞出来，并被放置到穆旦、郑敏、杜运燮等西南联大诗人谱系当中加以考察。但其晚年思想与创作方面的情况仍是处于阙如状态，彭、罗二人的较多书信，能在相当程度上弥补此一方面的缺憾。[②]

更年轻一代的通信者当中，李振声（1957— ）特别值得一说。彭、李通信是二十世纪九十年代中期的事情了，其时，李振声负责编选《梁宗岱批评文集》[③]，两人交往即缘起于此。彭燕郊与梁宗岱有过直接交道，文献资料方面又多有积累。[④]按照李振声的描述，两人有过十数次的书信往来，彭燕郊不仅寄去了手头上珍藏的关于梁宗岱的各种资料，也参与了篇目的敲定，甚至为其积极联络版权事宜。彭燕郊对于后学编选前贤文集的“悉心关照”，让李振声感到“并不仅仅只是关乎像我这样一介晚学的事，而是关乎一宗文化遗产的守护和传承”，

---

① “七月派”与“‘中国新诗’派”之间的纠葛显然和政治文化语境有关。二十世纪八十年代中前期，牛汉、曹辛之等人站在派别立场上有过笔战，曹辛之在给《九叶集》同仁的书信中，对此也多有涉及（参见赵友兰、刘福春编：《曹辛之集（第1卷）》，上海人民出版社，2011年）。但二十世纪八十年代后期以来，随着政治文化语境的开化，相关局势逐渐缓和。

② 目前坊间所传罗寄一诗歌基本上都是其早年作品。笔者在编选《中国新诗百年大典（第8卷）》（长江文艺出版社，2013年）的时候，正是借此线索，编入其晚年诗歌5首。

③ 李振声编：《梁宗岱批评文集》，珠海出版社，1998年。

④ 彭燕郊在筹划“诗苑译林”丛书时，即得到梁宗岱的指点。梁逝世后，其遗孀甘少苏将其“几乎全部遗著”及各种资料寄给了彭燕郊，彭则协助其完成了《宗岱和我》（重庆出版社，1991年）一书，并为之作序《一瓣心香》。后又作长文《诗人的灵药——梁宗岱先生制药记》（《新文学史料》，1994年第2期）。

让他“真实地弄懂”了“薪尽火传”这个典故的意义。[①]李振声后来写过多篇关于彭燕郊的文章，对彭燕郊写作的精神向度做了细微的体察[②]，对其写作之中可能存在的“参差”也做了如实的评价[③]。有理由相信：这样一批往来书信不仅能见证两代人之间的精神交流，在当代文化史上，亦将具有重要的个案意义。

李振声所谓“薪尽火传”，在林贤治看来即是一种超于“私谊”之上的“使命感”：“我初到广州日报编译室做事，即向他报告工作的性质，并就旧籍重版问题请教于他，数天之后，他便来信给我开具一份几页纸的长长的书单，而且分门别类，附加了不少建议。我知道，这份热忱，包含着他对诗，对文化，对真理和教育的本能的挚爱，不仅仅出于私谊，而且出于他对于社会的一贯的使命感。”[④]扩大一点来看，彭燕郊与郭茜菲（桂林《力报》研究）、陈子善（询问梁宗岱著作出版事宜）、李辉（胡风研究）、杨益群（桂林文化城研究）、陈思和与刘志荣（“潜在写作”研究）、刘扬烈（“七月派”研究）、陈梦熊（辛劳研究）、黄泽佩（严杰人研究）等人通信，就相关话题展开细致的讨论，其效应大致上也可作如是观。

四

1980年开始筹划，“诗苑译林”丛书、《国际诗坛》、《现代世界诗坛》、“犀牛丛书”、“现代散文诗名著译丛”等陆续出版，彭燕郊所筹划的出版事业可谓成绩斐然，为国内文艺界所瞩目，友人们信中对此颇多鼓励与激赏，但彭燕郊所遭受的挫折大概也不在少数，八十年代中后期以来彭燕郊与友人的信中，这

---

① 李振声：《薪尽火传》，《中华读书报》，1997年3月26日。按：该文收入了1996年9月14日彭燕郊致李振声的信以及李振声的复信。

② 在《诗心不会老去》（《读书》，2007年第12期）中，李振声写道：“燕郊先生的诗，尤其是他晚近的诗作，始终维系在一个很高的精神高度上。我虽不便说，它们的存在，是如何在不时地提示和警醒着人们远离那些足以致使人类精神矮化的种种场景和事物，但我心里清楚，它们的存在，是怎样在延缓着我个人精神生活的退化和萎缩的。”

③ 在《谁愿意向美告别？》（《扬子江评论》，2009年第4期）中，李振声对呈现了“诗境的多种向度和众多可能性”的长诗《混沌初开》给予了高度评价，但也对由《生生：五位一体》修订而来的《生生：多位一体》提出了批评，认为其诗思基本上是在“单一向度”里展开的。

④ 林贤治：《诗人的工作》，《新文学史料》，2008年第4期。

方面的话题就一直或隐或现，有的时候，情绪表现得相当强烈。“诗苑译林”丛书出版方面，八十年代中期即生罅隙，工作主要由出版社来操弄。[①]对于漓江版“犀牛丛书”，彭燕郊措辞激烈的言论也不在少数，1991年1月14日，彭燕郊在给梅志的信中谈道：“这两年我也渐渐明白了，想做的事不但做不成，还得受多少肮脏气！书编了，出不成，译者只找我，出版社是虱子多了不痒，不算一回事；我得赔复印费、抄稿费、邮费，还得花费大量时间写信解释，请朋友们原谅。”[②]

彭燕郊这里所谈到的是名分、费用以及辜负文艺界朋友所托等方面的问题，但各种丛书终究还是出版了多种。在整个过程之中，彭燕郊有操劳、荐稿乃至奔波之苦，但终究是一个筹划者的角色，本人并无须直接负文字之责（写信、提出丛书方案等不在此列）。稍后彭燕郊直接出任主编的一部诗歌辞典却让其陷入长达数年的纠葛之中。

编“辞典”是二十世纪八十年代后期出版界非常热衷的事务，“钱途”可观。安徽某出版社所筹划的诗学大辞典显然即是受到此一风气的影响。大辞典拟分“中国卷”“外国卷”和“理论卷”三大卷，分别请罗洛、彭燕郊和刘湛秋出任主编。彭燕郊被提请，既是由于老朋友张禹、罗洛等人“一再介绍”的缘故，想必也是彭燕郊多年来筹划诗歌翻译丛书、丛刊所积累的名望所致。不过，彭燕郊此前已与出版社打了很多交道，起初对此非常之谨慎，从相关书信可以看出，1987年下半年即接到邀约，待到1988年年中出版社派人到长沙彭家商定，后又寄来聘书，方才开展工作。联系到此前彭燕郊本人所谈到的诸多想法，这样一部《外国诗辞典》无疑是很符合其诗学构想的。彭燕郊也确是抱着很高的期待，组织了相当一批翻译界人士（设副主编5人，编委34人，工作中心摆在广州外国语学院），工作严谨，以图编出不同一般的文学辞典的辞典。[③]此一事件也形成了相当一批书信，涉及的人数当有数十人之多。出版社方面有朱守中、刘明达等；工作方面的则有黄建华、

① 双方何以发生罅隙，坊间并没有很明确的说法，彭燕郊本人认为是人事方面的原因，参见彭燕郊口述、易彬整理：《我不能不探索：彭燕郊晚年谈话录》，桂林：漓江出版社，2014年，第33—34页。

② 彭燕郊：《致梅志》（1989/4/27）（1991/1/14），《梅志彭燕郊来往书信全编》，第176页、第206页。

③ 彭燕郊：《〈外国诗辞典〉序》，《书屋》，2011年第12期。

陈实、罗寄一、梁启炎、程依荣、李之义、刘瑞洪、钱鸿嘉等。

这部辞典的编撰工作大致上是从 1988 年下半年开始，至 1990 年上半年初步完工，彭燕郊在给朋友们的信中多次传达了喜悦之情。但扫尾工作迟迟难以结束，给朋友们的信中，逐渐多了后悔之意，也不乏措辞激烈的言论。直到 1992 年 4 月，出版社副总编亲自到彭燕郊处取走文稿，工作才算大致完成——最后形成的书稿，字数在 220 万字左右（超出计划 40 万字），词条在 11000 条上下，重量则达到 50 多市斤。①

按说历经数年认真而辛苦的工作，出版方又算是非常之重视，多次派人来长沙，最终还进入了编辑流程，且有清样寄来（为 1994 年上半年），并承诺该书已与安徽省政府签了目标责任状，将“限期保质出版”②，出版应是指日可待的事情了。但是，当代出版文化显示了它非常诡异的一面：在未给主编合理解释的情况下，耗费各方人士大量精力的一本大书最终居然不了了之。③这种诡异，大抵上只能概括为：不是以文化传承为使命，而是受制于市场或领导意志。彭燕郊生前曾与出版社多番交涉，出版社最终只是退还了全书的目录（厚厚一叠），书稿却始终不见踪影。历时数年、投注大量心力的《外国诗辞典》最终未能出版，非常典型地放大了晚年彭燕郊的一大尴尬之处：一介书生，手中并未直接掌握半点出版资源或文化资本，在与出版机构及市场风尚的博弈当中，终难免受挫。这样一种文化挫败，无疑地，也构成了晚年彭燕郊出版事业的重要内容——廓大点说，也构成了二十世纪八十年代以来文化语境的重要内容。

五

1980 年，彭燕郊在民间文艺方面也展开了一系列工作。与钟敬文、陈秋子、王文宝、谷子元、龙清涛等人的通信即显示了彭燕郊作为民间文艺工作者的一面。

---

① 这里关于《外国诗辞典》相关情况的归纳主要是基于彭燕郊与陈耀球的信。

② 据 1994 年 4 月 21 日，刘明达给彭燕郊的信。又，8 月 10 日，刘明达在收到校样之后，来信感谢彭燕郊有“谨严的精神”，并表示“增强了辞典胜券在握的信心”。

③ 实际上，三种词典仅出版一种，即罗洛主编：《诗学大辞典（中国诗歌卷）》，合肥：安徽文艺出版社，1995 年。

彭燕郊对于民间文学始终怀有比较强的兴趣[①]，也做了不少实际工作。新中国成立之初的第一次文代会后，彭燕郊曾短期居留北京，和钟敬文先生一起编《光明日报》的《民间文艺》等副刊，该副刊是“解放后报纸所办的唯一的一份民间文艺副刊”，对新中国民间文艺发展起到了重要的推动作用。[②]到湖南之后，彭燕郊曾随湖南大学到益阳、溆浦等地参加土改，其间搜集大量的各地民间文艺资料。后被聘为湖南通俗读物出版社（湖南人民出版社的前身）的编审委员，并编选《湖南歌谣选》由该社出版（1954 年）。

因为民间文艺方面的经验与成绩，彭燕郊的民间文艺专家身份其实也是很突出的。比如，参加第四次湖南省文代会和全国文代会所在组别均是“民间文学”组，而非“文学”组。其工作，除了民间文艺资料搜集等实践层面的外，还包括业务管理、刊物编辑、理论探讨、人才培养等多个方面：曾任中国民间文艺研究会湖南分会副主席，并参与编辑由该会主编的《楚风》多年；曾撰写《谚语和哲学》《保护民族民间文化：理解和期待》等长篇论文；曾在湘潭大学中文系成立民间文学教研室，开设“民间文学课程”，并且曾与钟敬文先生所在北京师范大学联合培养了一届民间文学方向的硕士研究生。凡此，均可见出彭燕郊在民间文艺方面工作的广度。

从彭燕郊所存书信看，钟敬文先生曾多次将其发表在《北京师范大学报》等处的古体诗词寄来（署名“静闻”），并在《喜燕郊北来》一诗中表达了“相期完胜业”的愿望——所谓“胜业”指的即是“关于民间文学的编集的研究”[③]。也有北京师范大学、中央民族学院以及湖南本地的相关讲习班邀请彭燕郊讲授民间文学方面课程，还有到峨眉山、咸宁、广州等地参加民间文艺方面会议的记载，如 1984 年 5 月底在峨眉山召开的“全国民间文学理论著作选题座谈会”等。书信当中也有祁连休（1937— ）、叶春生（1939— ）等民间文学研究者的记载。及至八十年代中期，中国民间文艺家协会、文化部、国家民族事务委员会等机构联合下发文件，要求全国各地大规模地开展《中国民间故事集成》《中国歌谣集成》

---

① 2005 年之后，笔者开始做彭燕郊的系列访谈，彭燕郊主动提出应谈谈新诗与民间文学的关系，参见《我不能不探索：彭燕郊晚年谈话录》第六章的相关内容。

② 张义德、彭程主编：《名人与光明日报》，北京：光明日报出版社，1999 年，第 298—299 页。

③ 钟敬文：《钟敬文文集 • 诗词卷》，合肥：安徽教育出版社，2002 年，第 192 页。

《中国谚语集成》的调查、搜集、整理与编纂工作（简称“三套集成”工作），彭燕郊也曾被湖南省民间文艺研究界委以重任，请他担任其中一套的主编，但彭燕郊自觉年事已高，“实不敢担任此种长期性的重任”，最终推却了此一邀约。[①]

从“三套集成”工作的后续发展来看，历时之长、涉及人员之多、材料搜集范围之广，确可称之为一桩“长期性的重任”。[②]彭燕郊后来也还是有所参与，比如为湘潭地区搜集整理的民间文学集成资料作序等。但此后的书信当中，已只能非常零星地看到一些彭燕郊参加民间文艺活动方面的信息，比如到某民间文学讲习班讲课等。他长期搜集的关于民间文艺方面的大量资料最终只能是堆积在书房的角落里，无缘得到进一步的整理。[③]

六

除了上述三种文化身份外，晚年彭燕郊也还有其他一些身份，比如“新四军”身份，彭燕郊与新四军时期战友黄宛年、沈柔坚等人有通信，曾撰写回忆当年新四军经历[④]及战友辛劳[⑤]、丘东平[⑥]等人的文章，为《烽火诗情·新四军诗选》一书作序[⑦]等。又如，文学爱好者、青年学子的精神导师形象。湖南本土文艺界乐

① 彭燕郊：《致杜平》（1985/9/18），未刊稿。按：杜平即彭燕郊所指导的民间文学方向的硕士研究生。

② 民间文学“三套集成”工作最终历时约20年，“动员了200余万人次的基层文化工作者参加调查和搜集，共搜集记录民间故事184万篇，民间歌谣302万首，谚语748万余条，总字数超过40亿字。各地编辑地方卷本4000余种”。参见向云驹：《人类口头和非物质遗产》，银川：宁夏人民教育出版社，2004年，第201—202页。

③ 据老友黎维新回忆（《一个出版人对彭燕郊先生的怀念》，《芙蓉》，2008年第6期）：2008年春节期间，彭燕郊曾向他表示，多年收集的民间文学资料“放在那里未及整理，真太可惜了”。此事发生在彭逝世前夕，可见他对此虽无力整理，但仍念兹在心。

④ 即《流囚九千里——皖南事变后的叶挺将军》《北上抗日行军途中》，分别刊载于《云岭》总第44期，2001年12月；第45期，2002年6月。

⑤ 彭燕郊：《他一身都是诗——悼念诗人辛劳》，《新文学史料》，2000年第2期。

⑥ 彭燕郊：《傲骨原来本赤心——悼念东平》，《随笔》，2008年第2期；后作为“代序”收入罗飞主编《丘东平文存》（宁夏人民出版社，2009）一书，并与《我的悼念》一文收入许翼心、揭英丽主编《丘东平研究资料》（复旦大学出版社，2011年）一书。

⑦ 邵凯生、朱强娣编注：《烽火诗情·新四军诗选》，合肥：安徽人民出版社，2005年。按：该集收入彭燕郊诗歌11首。

于视彭燕郊为大师级人物，视其为长沙的文化地标，前往拜访的人相当之多。全国各地文学爱好者慕名前往或写信求教的也不在少数。此外，因为与莫渝、马文通、陈实等人的大量通信，彭燕郊与港台及海外文艺界人士也有较多联系。莫渝（本名林良雅）在台湾，为“笠诗社”同仁；马文通在香港，供职于《大公报》，此二人可谓联结彭燕郊与台港地区文艺界的直接纽带——换个角度说，也是促成彭燕郊在台港地区及海外传播的主要人物。莫渝除了书信之外，长期给彭燕郊寄赠《笠》诗刊等资料，而且因为他的介绍，林海音等人都与彭燕郊有书信往来，商讨梁宗岱译作出版之事。彭燕郊在马文通主编的《大公报》副刊发表了一批作品，施蛰存、罗大冈等人也通过彭燕郊与马文通等香港文艺界建立联系。

但总体上说来，彭燕郊的上述三种文化身份更为突出，更有其话题意义。从实际事务的处理来看，“胡风派”成员、文艺组织者和民间文艺工作者这三种身份，还是有某种主次之分的，比如民间文艺工作者身份自二十世纪八十年代中期之后就已逐渐消退。“胡风派”成员的身份一直在延续，除了撰写一些回忆文章外，还有一个重要事件，那就是2002年，已年过八旬的彭燕郊亲自到上海参加了“纪念胡风诞辰一百周年暨第二届胡风学术研讨会”，与梅志及贾植芳等十多位健在的“胡风集团”成员聚首，在会上做了长篇主题报告《世纪之痛的沉重课题——读鲁贞银的〈胡风文学思想及理论研究〉》，同时，还别有一重认识，即因读到张业松的《舒芜的两篇“佚文”》而走出了舒芜问题认识上的历史“迷误”。此前，彭燕郊与舒芜多有书信往来，被舒芜女儿方竹视为父亲好友之中“唯一肯公正讲话的”“如春阳般让人感到温暖的人”。[①]但此后，彭燕郊写成《我所知道绀弩的晚年》《绀弩和舒芜》以及问答体文章《答客问》，态度陡变，文中对舒芜进行了非常严厉的批评，并借此对胡风事件展开新的反思。彭燕郊逝世后一年，舒芜亦逝世——重评舒芜获得新的契机。不多久，《答客问》、舒芜女儿方竹以及姚锡佩、叶德浴等人的文章见诸《新文学史料》等处，话题再次聚焦于“舒芜评价”这一老问题上。[②]以此来看，彭燕郊与胡风事件及相关人物，在他生前始终缠绕

---

① 参见方竹：《不幸的思想者舒芜：并非怀有不可告人的卑劣动机》，《中华读书报》，2010年1月27日；《知识分子在政治大潮中的宿命——记我的父亲舒芜》，《新文学史料》，2010年第1期。

② 2009年8月舒芜辞世。同年12月16日，《中华读书报》刊发了李洁非的《反复：舒芜的路》，

着他；而在身后一段时间之内，其对于舒芜态度的陡变也都将是一个话题——这种转变发生在八十岁高龄之后，彭燕郊也许将成为此一事件的一个特殊个案。①

在与姚锡佩、叶德浴等人的通信中，彭燕郊谈到要写《绀弩和舒芜》，且自认“联系诗、信，及我亲见亲闻来写，当能廓清迷雾”②，但是，严格说来，这一写作计划也未能完成，实际形成的文本基本上是基于个别历史当事人的“谈论体”，是关于历史的单方面证词，而且，《绀弩和舒芜》的篇幅也着实有限——若将此与八九十年代那些未完成的关于胡风、聂绀弩等人的写作联系起来，那么，在相当程度上可以说，彭燕郊的胡风学生的身份始终具有一种未完成性：其情感形态有着超乎寻常的浓度，其观念亦有相当的“历史的高度”，但其所提供的诸种文本，其反思意味尚不足以“廓清迷雾”。

彭燕郊的情感与热情是毋庸置疑的，这种“未完成性”或有资料、能力、身体等方面的因素，更有可能是“心有旁骛”、忙于他事——如果说，“胡风学生”的身份是历经较长时间淬炼的一种历史事实，关于胡风的诸种写作是一种历史的要求的话，那么，在文化语境不断开化的背景之下，彭燕郊还是有着强烈的个人诉求的。从前面的描述来看，这种个人诉求大致可归结为借助译介活动来推动当代文艺发展的自觉意识，主要即是由“文艺组织者”的身份来呈现。新时期以来，彭燕郊始终乐此不疲地从事着外国文学的译介等方面的“文艺组织活动”，即便是屡受挫折仍投入大量的心力，“拼老命走南闯北地奔波”。梅志在书信之中多次奉劝彭燕郊，以他的才情，应多写东西——写自己的东西，也包括写和“胡风”

（接上页）对舒芜提出批评。2010年1月27日，又刊出舒芜女儿方竹的反驳文章《不幸的思想者舒芜：并非怀有不可告人的卑劣动机》，其中引述了彭燕郊致舒芜的信。《新文学史料》2010年第1期推出“舒芜专辑”，有方竹《知识分子在政治大潮中的宿命——记我的父亲舒芜》、姚锡佩的《往事问天都冥漠——悼舒芜先生》等文，其中亦引述彭燕郊致舒芜的信。该刊第4期又推出叶德浴的《彭燕郊与舒芜》（附彭燕郊《答客问》），叶文摘录了2002年之后彭燕郊写给他的6封信，正面申扬了《答客问》的主旨。

① 方竹在《知识分子在政治大潮中的宿命——记我的父亲舒芜》中曾叙及几位“胡风派”的朋友与舒芜之间“密切的友谊，从二十世纪五十年代，一直持续到二十世纪八十年代初”，随着“胡风案”平反，朋友“渐次疏远”“最判若两人的就是绿原先生”。文章也叙及2002年上海会议，“几个当年胡风派的人在会上抱头痛哭，其中有彭燕郊”“从此，他们再无通信（2002年，他和别人谈到父亲时，态度和观点与前大变）”。

② 据叶德浴的《彭燕郊与舒芜》所摘录的2003年10月4日彭燕郊的信。

有关的东西，“文艺组织者”要耗费大量的精神和时间，对像他这样“能写的人来说是太可惋惜了”。[①]但彭燕郊显然并未听从这样一种善意的提醒，可见彭燕郊在这些方面有着重要的精神寄托和文化抱负。

在《外国诗辞典》遭受挫折之后，年事已高的彭燕郊在出版组织方面似有所沉寂，但二十一世纪以来，彭燕郊还是主编了湖南文艺版“散文译丛”并作丛书前言，2004年之后陆续出版，有若干新印的，也有不少是二十世纪八十年代湖南人民版“散文译丛”的重印本。又为花城版“现代散文诗名著名译”丛书作总序。而据林贤治回忆，2007年年底，彭燕郊还在信中谈及2008年是拜伦诞辰二百二十周年，“何不趁此纪念一下，借此张皇鲁迅先生《摩罗诗力说》，对目前迷茫中的诗歌界，应该有振聋发聩的作用”。[②]就其文化效应而言，这些出版或构想，显然已无法与二十世纪八十年代相比，“受到读者的热情支持，几乎每隔不到两个月就有一种新书出版，大多数读者都以读到每一种新书为快”——彭燕郊在《丛书前言》中提到的这类情形已不可复现，但还是可以见出，即便是到了生命的最后时刻，彭燕郊对当代文艺建设方面仍然抱有期待。

与胡风、梅志等人通信，非常明显地凸现了彭燕郊作为原“七月派”或“胡风分子”的身份，相关话题显示了彭燕郊作为一名“现代作家”在当代文化语境之中如何展开其历史认知与自我辩诘。与众多文艺界人士的通信，在外国文学作品（特别是诗歌）的译介、出版方面所做的大量具体工作，则充分显示了彭燕郊在新的文化语境之中所做出的文化抉择，这种借助译介活动来推动当代文艺发展的自觉意识，大大地拓展了彭燕郊的文化身份，有效地凸现了他在二十世纪八十年代以来的文艺建设之中新的、独特的作用。

“诗苑译林”丛书等出版物一经面世即受到文艺界的特别看重。施蛰存当时在给江声（杨德豫）的信中写道：“‘五四’运动以后，译诗出版物最少，《诗苑译林》出到现在，发表译诗数量，已超过一九一九至一九七九年所出译诗总数。我相信你们这一项工作，对现今及未来的中国诗人会有很大的影响，颇有利于中

---

① 梅志：《致彭燕郊》（1987/1/14），《梅志彭燕郊来往书信全编》，第113页。按：1991年12月21日，舒芜在致彭燕郊的信中亦有类似观点。

② 转引自林贤治：《诗人的工作》，《新文学史料》，2008年第4期。

国新诗的发展。”[①]彭燕郊先生逝世之后，李冰封在悼念文章中特别呼吁：“希望大家千万不要忘记这件‘五四’以来，中国当代诗歌出版史上的重要史实。而这件事的首创者，乃是一代诗人彭燕郊。”杨德豫则指出：彭燕郊是“诗苑译林”丛书的“‘精神领袖’或‘社外主编’，业绩斐然，功不可没。‘诗苑译林’丛书的广大读者，以及更广大的外国诗歌爱好者，都会对彭燕郊教授怀有历久不渝的敬意和谢意”[②]。在当事人看来，世事变迁，彭燕郊费尽心力所操持的“诗苑译林”丛书似有被遮蔽、被遗忘之势，有必要重申其意义。

结　语

对于中国当代文学人物——特别是跨越现当代文学阶段的人物的文献资料建设而言，如何获取更为广泛的资料，以达成对于人物的全方位认识，彭燕郊在这一方面无疑也具有突出的个案意义。就已有彭燕郊作品集的出版情况来看，成型的作品集有两种，即由彭燕郊本人所审定、在其逝世前后所出版的三卷本《彭燕郊诗文集》和三卷本“彭燕郊纪念文集”[③]，前者按诗歌、散文诗和评论分卷，其中诗歌卷分上、下两册；后者则按诗歌、散文诗和回忆录分卷。由此所呈现的彭燕郊形象，基本上就是一位经历了风云变幻的时代、有着漫长写作生涯（1938—2008）的写作者形象，读者借此可以获得关于彭燕郊写作的总体印象。[④]

近两三年来，彭燕郊各类文献资料的整理工作也在提速，除了上述集中披露的与梅志的来往书信、课程讲稿（《彭燕郊谈中外诗歌》）外，还包括日记[《溆浦土改日记（1951年12月—1952年1月）》《“文革”日记选录（1967年5—6月）》，2013[⑤]]、系列谈话录（《我不能不探索：彭燕郊晚年谈话录》，2014）等多个方面。这些文献资料，加诸上述以书信为中心所述及的诸种文献资料，则

① 施蛰存：《致江声》（1989/7/28），《北山散文集（第二辑）》，第1767页。

② 杨德豫：《彭燕郊教授与〈诗苑译林〉》，《芙蓉》，2008年第6期。

③ 分别为湖南文艺出版社2006年版，花城出版社2009年版。

④ 彭燕郊研究的最新评述，参见黄园、易彬：《新时期以来彭燕郊研究述评》，《长沙理工大学学报（社会科学版）》，2014年第6期。

⑤ 陈思和、王德威主编：《史料与阐释·贰零壹壹卷合刊本》，上海：复旦大学出版社，2013年。

可大大拓展彭燕郊的历史形象，将有助于学界更为深入、全面地认识彭燕郊——特别是当代文化语境之中的彭燕郊，同时，也将能为二十世纪八十年代以来文化语境及文化建设的研究打开新的空间。

当然，与那些已经成型的文献资料相比，这里所面临的问题也比较明显：彭燕郊与友人间的通信，除了前面提到的胡风、梅志、施蛰存、聂绀弩、路翎等人外，仅有与端木蕻良、常任侠、邵燕祥、陈思和与刘志荣、张洪波、余开伟等人的少量书信被披露，学界所知有限。而且，目前绝大部分的彭燕郊去信都还散落在收信人手里，能征集到什么程度，仍然充满了未知数，因此，对于彭燕郊的文化身份及其独特的历史效应的认知也就还有待时日。

2013 年 10—11 月初稿

2014 年 12 月改定

（原载《中国现代文学研究丛刊》2015 年第 3 期）

彭燕郊

邵燕祥

彭燕郊（1920—2008）是一位富于活力的诗人，“文革”以后，他从胡风冤案的阴影中走出，以垂暮之年重新投入诗的创作、编辑、出版以及文学教学和其他社会活动中，并且在各方面都成绩斐然。就诗言诗，在他那一个年龄段的老诗人中，他在诗体创新方面的探索最力，他策划并促成的现当代外国诗歌的翻译刊物和丛书，显然不是为了一己的借鉴。他近二三十年的新作的成就和意义，还没有被评论家、研究家给予充分的注意。这里选读的一首，远非他的代表作。

分享诗情

初夏

——怀念一位友人 彭燕郊

阳光的影子在树叶上
树叶的影子在地上
风像水波一样溅泼过来
我们像是行走在水里面了

你见过那些鱼吗？游着，游着
忽然它们相遇了
忽然它们停了下来
互相交谈着
然后又各自游去
谁知道下一次相逢，将在哪里？

叫人怎能不珍惜
这繁忙生活里的短暂相聚
千百句话在片刻里说完
难道不就是诗？

1982 年 6 月

得读《当代湖南作家作品选·彭燕郊卷》，内收作者 1979 年至 1994 年间各体诗作。作者说是偶然机会印的一本诗集，读者却从中看到绝非偶然的成就。诗人彭燕郊有他的艺术追求，这本书记录下追求的痕迹，他的追求至今还在继续。

我一直以为，“五四”发轫的白话新诗，与此前的汉语古近体诗和乐府词曲等统称古典诗歌的传统，分属不同的审美体系。新诗的主流，并不从古典脱胎，新诗的前途也不在于向古典靠拢。

按照习以为常的诗的形式写出没有诗质的“诗”并不难；用具有散文美的口语，写出有诗味的诗来，才见功夫。正是在这个意义上，我欣赏彭燕郊这些执着探索的近年之作。至于报刊上有些诗无诗味、无诗质，语言拖沓，连蹩脚的散文都够不上，那是另外一回事。

此诗第一段，让我想到了苏轼《记承天寺夜游》中写的：“庭下如积水空明，水中藻荇交横，盖竹柏影也。何夜无月？何处无竹柏？但少闲人如吾两人耳。”那是月色入户的秋夜。彭燕郊写的是在初夏，但一样是与友人同步在斑驳树影里，是忙人不是闲人，却有一份明朗的欣忭。

第二段让我想到了那古老的鲋鱼的故事。它们曾经处于干涸的车辙里，相濡以沫。哲人叹道：“不若相忘于江湖。”彭燕郊和他的友人，在 1982 年，当已出离了涸辙，然而，忽然相遇，互相交谈，又各自游去，“谁知道下一次相逢，将在哪里？”这不正是行将相忘于江湖的令人羡慕的境界吗？

我不知道诗人在这里是有意地用典，还是不经意地与前人暗合；但我相信，第一位的是他从现实生活中得来的感受，也许只是因为我心中有古代散文和寓言在，加入了我读诗的过程，使我加深了对诗的体验。然而，一般的年轻读者，不知道这些，也无碍于读诗和“进入感觉”。在中国诗词里，辞藻间常含故实或隐喻，意在启发读者的联想，扩大诗意的空间，而最善于用典的人，也正是妙在仿佛用典与不用典之间。胡适《文学改良刍议》笼统地标举“不用典”，其实“过激”，不过当时要全力颠覆文人诗的传统，矫枉过正，可以理解。

彭诗最后一段，“叫人怎能不珍惜／这繁忙生活里的短暂相聚”，是道出多少现代人的心情，又不限于诗人与他的友人邂逅之乐。而“千百句话在片刻里说完／难道不就是诗？”写的不仅是长街上片刻的聚首，更是表述了诗的特征。你看，这短短十四行参差不齐的诗句，说了多少幕后的事，响着多少弦外之音？

1998年2月3日

（收入邵燕祥：《我的诗人词典》，郑州：大象出版社，2010年）

论《混沌初开》的象征结构

吴投文

在中国现代诗人中，“七月派”老诗人彭燕郊无疑是一个特殊的存在。对读者来说，不仅他在七十年的创作生涯中长盛不衰的艺术创造力是一个奇迹，也不仅他在六十四岁这样的高龄实行“衰年变法”是一个奇迹，而且他本人的生命经历在现代中国风云变幻的政治背景下也无异于一个奇迹。建国前从新四军战士到左翼文化工作者，建国后从大学教授到被指控为“胡风分子”，在二十多年的政治劫难中，彭燕郊先后当过木工、翻砂工和油漆工，到晚年仍以赤子之心拥抱缪斯女神，成为当代先锋诗歌艺术的杰出代表。这种人生的变化轨迹正如评论家龚旭东先生所说的，是“一朵充满奇迹的火焰，一块晶莹剔透的结晶体，一个平凡的圣迹”①。但发生在彭燕郊身上最大的奇迹，也许是他为中国现代诗歌艺术所提供的一系列不同凡响的杰作和对于纯正的诗歌精神始终执着不移的坚守，尤其是他从二十世纪八十年代以来所进行的艺术实验，对于推动中国当代先锋诗歌艺术的发展具有重要的启示意义。

《混沌初开》在彭燕郊的创作中具有特殊意义，是其诗歌艺术探索的集大成之作。这是一部真正能把读者的灵魂托举到崇高境界的作品，读者在阅读这部作品的过程中，会强烈地感受到自己作为一个平凡而渺小的个体，在不自觉地变得

① 引文见龚旭东为《彭燕郊诗文集》所写的序言，湖南文艺出版社，2006年，第20页。

丰满和强大起来，会感到自己的灵魂在极度的痛苦和欢乐中，随着诗意的展开而蜕变和更新，在“无涯际的空旷”中，“随心所欲地从中找到最能激发生命特质形成的日月精华”，在一种不可思议的神奇力量作用下生长成一个“新我”。这是一部大悲悯、大悲哀的作品，同时是一部大欢乐、大解脱的作品。诗人在作品中的声音完全发自其灵魂的深处，却不仅仅是属于诗人个人的，诗人从自身的生命体验出发洞察人类普遍面临的精神困境，以充满诗意和具有超越性意义的“混沌”图像指向人类普遍渴求的理想生命形式，探索人类的精神超越之路。

一、“你”与“我”：对诘与对话的互生互动模式

作为一部气象开阔、境界深邃的长诗杰作，《混沌初开》一开篇就迸发出一种蒸腾性的力量，显示出超卓的想象力。在无涯际的空旷中，诗中的“你”似乎是横空而来的，与浩渺悠远的时空背景形成巨大的对照性落差，给人一种强烈的晕眩感。“你已置身在混沌中，混沌主宰一切。混沌不是幻觉，混沌比幻觉更美。”诗人以一种饱满的诗性精神，以一种直接乃至显得峻急的诗性方式切入作品所展开的精神背景，出现在我们面前的是比幻觉更美，主宰一切的“混沌之境”。读者在最初读到这个开篇的时候，最深切的感受也许是在无涯际的空旷中裸露自己的快意，并在这种快意中向自己的精神世界彻底打开，敞开内心的幽暗与隐秘，一种膨胀性的力量会使读者产生无限地接近混沌之核心的渴望，扑面而来的是刚健、博大，充溢着神性与雄性的混沌之美。诗人在这里告诉我们的，这不是一个我们处身其中的世俗世界，也不是平常的幻觉，而是一个具有超验性的精神世界。这部长诗的基调正是建立在对这个超验世界的诗性追寻上，诗人把自身灵魂的痛苦和绝叫与人类的普遍命运联结起来，在对人类精神形式的高度概括中，显示出一种把握人类精神危机的深刻洞见与对于化解人性异化的深邃理解，因此，从根本上说，这是一部旨在拷问人类的生存状况，解除人类精神痛苦的作品。

作为第二人称在长诗中出现的“你”，不仅具有贯穿全诗、统领全诗布局的结构性意义，而且是读者进入诗歌，揭开全诗深层意蕴的一个关键性纽结。从表面上看，“你”是一个身份未明者，“你”何所来而来，何所去而去，这对读者起始是一个谜团，但随着诗意的展开和读者阅读的深入，“你”的面目隐隐地变

得清晰起来，由一个“混沌之境”的神秘过客逐步还原为一个对生命本体的神圣叩问者形象，就此而言，似乎有类于屈子笔下上下求索的天问者形象。然而，“你”在全诗中仍然具有不确定性，“‘你’是谁”对读者始终是一个挥之不去的疑问，这恰恰见出诗人彭燕郊的独到用心所在。在笔者看来，“你”是一个多重指称的复合体，是“类”与“个”的统一体，包含着诗人对“一”与“多”、人类个体与整体的辩证关系的思考，从中传达出丰富的哲学信息。“你”不仅仅是“你”，还是“我”和“他”，从“你”的身上，折射出人类普遍的精神悲剧，同时，“你”对“混沌之境”的神往也折射出人类对摆脱精神痛苦的普遍渴望。因此，“你”在诗中作为一个饱满的诗性形象的确立，联结着诗人对于人类基本问题的思考，具有多维的象征性意义。

值得注意的是，诗中的“你”既是一个高度抽象化的诗性形象，同时也显示出诗人自身个性化的精神特征。在诗中，显然有一个潜在的对话者“我”，这个“我”无处不在，却又无迹无形，是一个隐匿的诗性形象。这个“我”主要是一个发问者，一个隐匿的观察者，时刻不动声色地审视着“你”，乃至成为诗中一种弥漫性的氛围。同时，这个“我”是对“你”的补充，与“你”互为一体。在这部长诗的内在张力结构和象征结构中，存在着一个“你”与“我”对诘与对话的互生互动模式。正是通过“你”与“我”之间的潜在对话，才促使“你”成为一个行动者和反思者，成为一个意义丰满的诗性形象。在“你”的身上，可以发现诗人对知识分子传统人格的修正，“你”在混沌中对自身的超越与提升，符合诗人对知识分子改塑传统人格模式的深切期望。[①]如果没有这个“我”的存在，或者说，如果这个“我”在诗中是一个真正的缺席者，那么，诗中各种诗性形象的建构不仅没有存在的现实依据，而且缺乏化为行动的思想推动力和理性精神。因此，“我”作为一个潜在的对话者，在诗中不仅是一个结构性的观察视角，而且是一个功能性的行动主体。

那么，如何理解诗人自己与“我”的关系，进一步理解诗人与“你”的关系，这对于理解这部长诗的深层意蕴是一个非常重要的问题。显而易见，在《混沌初开》所展开的精神背景中，流露出作者强烈的身世感，诗人在诗中的自我形象几乎是

① 曾思艺：《孤独·忏悔·升华——彭燕郊散文诗〈混沌初开〉赏析》，《名作欣赏》，2007年第1期。

弥漫性的，是无处不在的。诗人的自我形象就是通过这个隐匿的“我”表现出来的，“我”代表诗人的内在精神诉求，同时，诗人的自我形象又与“你”处在一个对照性的结构中，诗人作为一个“他”者，与“你”有着深层的精神联系，实际上与“你”和“我”是一个三位一体的精神复合体，因此，诗中强烈的身世感既是诗人自己的，又是“你”和“我”共有的，是属于人类全体的。在这一意义上说，《混沌初开》是诗人彭燕郊的精神自传，同时也是一幅对人类的精神画像。诗中有一句深沉的感叹：“你，属于人类，你却不了解‘人’，却不了解你自己。”这不仅仅是“你”的困惑，同时是诗人自己的困惑。这种真实的困惑无法掩饰，这是“你”的内心之痛，也是诗人的内心之痛。尽管在混沌之境“你将得到快乐”，但“你”必须跨越精神的炼狱，融入“全光”之中。固然不能把诗人与“你”简单地等同起来，把“你”视为诗人的化身，“你”作为已经摆脱世俗世界羁绊的诗性形象，具有理想化的形态，而诗人的超越之路才刚刚开始，但两者的精神取向却是共通的，因此，诗人才有这样的感叹：“你啊，你在无穷无尽里，在没有章法没有主旨里，反刍你短短几十年的莽撞冒失。这里没有永久和无限可以追求，这里就是永久和无限，这里没有灵魂和肉体的欢乐，只有永远和无限无意中培育你永远和无限的淡泊。”这里的身世感显然是诗人自己的，却又比诗人自己的身世感更博大和深沉，联结着诗人对人生根本问题的思考，同时辐射到人类普遍面临的精神困境和文化困境之中。[①]因此，“你”在长诗中的确立，并不仅仅是一种刚健有为的人格精神和充满创造活力的诗性精神的确立，而且是一种直抵灵魂的忧患意识和反思精神的确立，“你”“在混沌中回归本真”的超越之路具有广泛的人类意义。

二、“第二我”与“非我”：美本体的化身和精神参照物的确立

在长诗中，“你”是一个不断推进和衍生的精神实体，“第二我”既是“你”的衍生体和精神参照物，同时又与“你”合为一体，形成一个精神实体中的互生互动结构和对照模式。像“你”一样，“第二我”的身份同样是模糊而暧昧的，在长诗中是通过象征的方式从不同的侧面暗示出来的。一方面，“第二我”是在

① 欧阳志刚：《历史撞击迸发的碎片——彭燕郊先生长诗〈混沌初开〉读后》，《理论与创作》，2004 年第 5 期。

诗人的想象中出现的诗性形象，“你”与“第二我”的相遇和融合是诗人内部的精神事件，“第二我”是诗人在灵魂的历险过程中升华自我的引领者和对照物；另一方面，“第二我”又是一个存在于诗人想象之外的精神实存体，在诗人看来，在生命个体的精神结构中，自我的确立是一种本体论意义上的确立，“第二我”是自我确立的依存物和互生物，同时是自我确立的内在动力机制和高级形态，同样具有本体论意义。根据长诗隐含的提示，“第二我”不是“我”，而是“分裂出去的‘我’，用‘我’的模式翻造出来的‘我’”，因此，可以“用‘我’想象第二我”，但“第二我”并不是“我”的转化形式，也不是“形象的巧合”，两者之间尽管有着极为隐秘的对应关系，却被诗人笼罩在一层神秘的光晕里而难以捉摸。在长诗中，“第二我”的确立并不仅仅是作为一个诗性形象的确立，而是作为一个精神参照物的确立。[①]在与“第二我”的对照中，“你”超越自身的局限逐步变得丰富起来，在创造的激情中提升灵魂的高度，反思“生活在规律之中”的盲目生命方式，并且在“第二我”的引领下去“面临一次新的奇遇”。在诗人彭燕郊那里，“你”与“第二我”之间的对话与对诘包含着丰富的对于人生本质意义的困惑与追问，“第二我”对“你”的质疑与诘问似乎有一种居高临下的精神优势，“第二我”的发问几乎是天启式的：“那么你是怎样维护生命的创造原则的？”这正是生命的全部症结所在，也是当代精神困境的核心问题所在，使“你”在答非所问的难堪中豁然醒悟。这显然暗示着诗人的某种价值取向，“第二我”在这里是作为美本体的化身出现的，诗人一再强调“第二我”的美和美的超越性力量：“第二我不是魔鬼，但有魔鬼的美……第二我却能以气流为跳板，向无涯际以上的无涯际跳跃，向翻滚旋转翻滚旋转。”从中可以发现，在彭燕郊的诗学观念中，美包含着对于庸俗的反抗，是诗人情感和意志力的诗性表现，而且美是运动的圆满形式，在静止中则归于寂灭和虚无。“第二我的美，你第一次看到的美，你的眼睛映现的第一次惊奇。人类应该具有的美的可能。”在诗人看来，美具有一种勃发的力量，具有创造进化的功能，是精神升华的内在动力，同时美又令人惊奇，并在惊奇中塑造人性的健全和丰富。诗人拥抱美的热切与灵魂的内在要求完全一致，他寄希望于通过美的塑造来作为化解当代精神问题的有效途径，另一

---

① 骆晓戈：《寻找再生之地——读彭燕郊的〈混沌初开〉》，《湖南社会科学》，2002年第6期。

面却表明诗人是一个理想主义者。

“第二我”对“你”没有完成的诘问，在“非我”那里得到进一步的展开。“非我”不是“第二我”，也不是“第二我”的延伸，“它好像是生命无意识的化身”，“是从第二我的消失中凸现的可触摸的幻影”，具有“多向度的单纯，多向度的丰满”。“非我”具有强烈的否定性内涵，在长诗中是以否定性的形式出现的，以对“旧我”的否定作为超越的起点。这是一个“历史中间物”概念，不但代表一种自我否定的身份转换，而且代表一个向死而生的新生过程，因此，“非我”是终结性的，同时又是一个新的起点，是“旧我”的消解和“新我”的生成。[①]“非我”在长诗中的出现同样是一个重大的精神事件，是“一场冒险的结果”和“混沌初开”的预兆，预示着“全光”的临照和“新的你”的确立，长诗的整体氛围在这里开始呈现出进入澄明之境的迹象。长诗对“非我”这一诗性形象的确立也是与“你”叠加在一起的，“你”与“非我”形成一个精神互生体。“非我”行踪无定，无法触摸，“你想看见它的时候看不见，它总是意外地出现在你面前，你很少看到它。你在想：能够和它有个默契就好。你想念它那像你自己说出的话的回音一般的语言。那声调像你自己的心跳一样沉着、清脆”。因此，尽管“非我”具有不确定的性质，却不是虚无的幻觉或幻象，而是一个奇异的精神实体，与“你”相生相成，合二为一，在“肉体的崇高的本真”和“心灵的悲壮的本真”的有机结合中，最后融入“全光”的混沌之中。在诗人那里，“非我”的内在规定性指向灵魂的召唤和命令，“非我”传递神秘的宇宙信息，具有一种奇异的提升力量，使“你”“不由自主地加入混沌，加入这狂热的自我搅拌”，从而复归生命和人性的本真形式。“你”与“非我”从相遇到融为一体的过程，对“你”是一个蜕变自新的过程，“你”终于从“可怕的可悲的自怜自保综合症”中解放出来，剥开浑身包裹的“一层又一层人造皮革”，在灵魂的犀利解剖和严肃拷问中，逐步升华为真正意义上的超越之“我”。就此而言，“非我”不仅是对“你”的否定和提升，也是对“第二我”的否定和提升，是更高一级的生命形式，是诗人生命理想的诗化表现。在生命形式的这一转换过程中，诗人灵魂的自审与自新伴随着刻骨的创痛，在长诗中表现出来，就转化为悠长的叹息和叹息中的亢进之音。尽管长诗深处的悲凉和

---

① 龚旭东：《一朵充满奇迹的火焰——彭燕郊综论》，《理论与创作》，2004年第5期。

沉痛是极度抑制的，却仍然是蒸腾性的，弥漫为从容淡定的忧郁，另一面却展现为生命的乐观图景和对于“全光”境界的热切期望。

三、“全光”与“混沌”：全新的本体开发方式

长诗在最后的欢乐颂中进入一个全新的境界：“混沌初开，一瞬间无涯际落入全光，翻滚旋转卷入全光。”“全光”是大融合、大欢乐、大解脱的境界，是具有乌托邦色彩的生命圣境。对“你”来说，“全光”的临照是灵魂救赎之所和重造之地，“你”在“全光”中“经历着最严格的生命检验”，“得到光辉的洗礼”而蜕变自新为“新的你”。“非我”也在“全光”中像着魔一般“再次出现”，元气淋漓，“还是那么闪闪的通亮的幻象”，它“只管向前，向前，到处都有它的踪迹，全光急急忙忙于吞食它的踪迹”，因此，像“你”一样，“非我”也“在全光中一点不剩地溶化”，最后化为“全光的一部分”。所有的生命形式都“一头栽进全光的混沌里，乐呵呵地，只管闪闪，只管发光”，在“这混沌的全光，全光的混沌”中，灵魂得到净化和升华，生命由此在彻底的超越中进入大澄明、大宁静、大通达的境界。在诗人那里，“全光”作为生命蜕变自新的最高形式，是对理想生命形式充分敞开的诗性建构，成为诗人笔下的载“大道”之物，具有丰富的象征意义和哲理内核。

“全光”在长诗中的出现是灵魂探险的“高峰体验”，是“混沌初开”的理想状态和充分诗化的形式，寄托着诗人重造灵魂的生命理想。“你”从“混沌”到“全光”的灵魂历险，是“一种全新的本体开发方式”，“作为参与光”，“你”在“全光”中是“慢慢地适应的”，并且成为“一个光信号系统”：“在绝对清醒的梦里，你已经纯净，没有一丝多余的杂质，没有一丝皱折。每一朵光都可以透过你望见另一朵光。你敢于相信自己也是光源，你赖以生存的光里有你自己发出的光。”长诗《混沌初开》的主题指向在“全光”中得到充分的展开，最后归结为“全光”对人类精神困境的普遍化解和灵魂的全面救赎：“你相信光，你得到光，你发光了。”在“全光”的临照中，“你将再次超越你自己”，这不仅是诗人对人类未来的预言，更是诗人对人类发展前景信心的确立。

在长诗中，“混沌”是贯穿始终的总体意象，是宇宙犹开未开的初始状态，“混

沌覆盖一切，混沌包容一切”，同时“无轻，无重”，是“无色、无形、无声的纯净”，是“全感觉的时空本体”。诗人心事浩茫，上下求索，在他的诗性想象中，“混沌”转化为精神世界的“客观对应物”，其象征意义指向理想生命形式的诗性建构。就此而言，“混沌”是诗人对生命深刻觉悟的内心产物，是由诗人灵魂探险转化而来的“心象”。另一方面，“混沌”又与“全光”同为一物，是“全光”的初级形式。“全光”是宇宙终极状态的诗性形式，是生命创造进化的理想状态，在艺术上则是一种天启般的独创性境界。由“混沌”到“全光”的超越历程，不仅是诗人灵魂的涅槃自新，是“新我”的诞生，同时象征着人类精神困境的化解和救赎。在长诗中，“混沌”与“全光” 都是宏大和崇高之物，都具有在空间上无边无际，在时间上无始无终的性质，是“大无”“大有”之物，是宇宙中载“大道”之物的诗性化身。在“全光”中，时空具有全新的性质，呈现出天人合一的理想图景和灵魂自新的超越境界，“全光的创造者中有微小的你在内，全光中有你微小的位置”，“你”在涅槃自新中成为“新的你”，向更高的生命境界创造进化，生命处于永不停息的运动和创造进化之中。

四、神性本体的象征构架与诗性呈现

《混沌初开》是一部具有高度概括性的作品，诗歌的主题意向指向至深、至远的“全光之境”，诗人对于人类精神形式的把握显示出一种深刻的洞见和深沉的悲悯。在诗人那里，生命的本体即是“混沌”，生命之美即是“混沌之美”和“全光之境”，生命的诗性建构即在于恢复生命的神性本质和内在价值。“全光”指向一种至高、至远、至善、至美的神性本体，“全光之境”是理想之境，是理想生命形式的依存之境。诗人以一种极具个性化的审美方式，通过对“全光之境”的诗意建构，试图寻求解除人类精神困境的途径，如此高远的立意也许不无乌托邦的玄幻色彩，但却是从诗人的全部生命体验转化而来的，代表诗人对于人类精神家园的诗性坚守。[①]

《混沌初开》的诗意展开方式是多向度的，呈辐射性的，在结构上却是线性

---

① 林贤治：《彭燕郊的散文诗：土地、道路、精神创伤》，《当代作家评论》，2002 年第 1 期。

递进的，诗人有着一整套自己的符号系统和由这些符号形成的象征结构，这是从整体上理解这部作品的关键之处。“你”“第二我”“非我”“混沌”和“全光”等是构成这个符号系统的关键词和形成长诗象征结构的基本元素，而且呈现出一种线性递进的逻辑结构关系和演变轨迹。这些关键词并不仅仅只是诗中的核心意象，也不只限于对诗歌的基本内涵起一般性的提示作用，而是指向诗人对人类理想生命形式的哲学追问与终极关怀。似乎可以这样说，对诗人彭燕郊来说，这些关键词具有哲学本体论意义，代表他对生命存在方式和探求人类精神出路的基本看法。这些关键词本身不仅具有深刻的哲学意蕴，而且是高度诗性化的，是诗与哲学近乎完美的融合。从这些关键词出发，不仅可以较为准确地切入这部长诗的整体意蕴和象征结构，而且可以把握到诗人在艺术探索上的基本理念和极为敏锐的先锋性意向。彭燕郊在给朋友的信中谈及《混沌初开》时说：“这首长诗，是我这几年思考的结果。我以为，现代诗应该是思考的诗而不是抒情的，或不单单是抒情的，甚至可以说是以思考代替抒情的。”[①]在某种程度上，这可以看作是彭燕郊诗观的表露，从中可以发现其诗学主张与传统诗学观念的深刻裂痕，这也是贯穿在彭燕郊创作中的基本艺术追求。他将理性与思考视作现代诗的内核，也许不无偏激之处，然而并不是简单地放逐抒情，强调理性之光对于诗人主体意识的烛照，要求诗歌在更高的理性层面审视人类的生存和命运，也是诗歌的题中应有之义。应该说，《混沌初开》就是彭燕郊对这一诗学主张的成功实践。

《混沌初开》的符号系统和象征结构在中国现代诗歌中，可以说是一次破天荒的成功的艺术实验，这使它成为一个非常独特的文本。在中国现代诗人中，似乎很少有人像彭燕郊这样在创作中表现出如此明确而坚定的哲学追求，也很少有作品像《混沌初开》这样在葱茏的诗意和具有神秘意味的象征结构中，回响着诗人对生命玄幻世界的哲学寻思，因此，彭燕郊的这个创造是值得我们珍视的。这部长诗杰作对于当代诗坛的启示意义，也将会进一步彰显出来。

（原载《中南大学学报》2008年第2期）

---

① 郭洋生：《混沌与超越》，见《彭燕郊近作·混沌初开》附录，1996年6月彭燕郊自印诗集，第63页。

彭燕郊早期诗歌与俄罗斯诗歌

曾思艺

彭燕郊的早期诗歌是这位年轻诗人以自己独特的个性、飞扬的才情提炼现实生活、展开生动想象、融合中西诗歌之长并逐渐形成特有风格的一种结晶。限于篇幅，中国诗歌传统、中国现代诗歌和西方其他国家诗人的影响，此处从略，而专谈诗人早期诗歌与俄罗斯诗歌的关系。因此，这更多的是一篇影响研究的文章，而影响研究必须讲究事实关系，为避免篇幅太大，更为了避免想当然地泛泛而谈，本文仅拟谈谈年轻的彭燕郊能阅读其一定数量的翻译作品的普希金、涅克拉索夫、叶赛宁三位俄罗斯诗人对其的影响①。综合来看，这三位俄罗斯诗人对彭燕郊早

---

①　从事实关系来看，二十世纪五十年代以前，普希金的作品较多地被翻译成中文，尤其是1936至1937年，为纪念普希金逝世一百周年，我国文学界、翻译界掀起了普希金译介出版的一个高潮；涅克拉索夫的作品在当时也有较多的介绍，尤其是文化生活出版社1936年出版了孟十还翻译的其叙事诗名作《严寒，通红的鼻子》，商务印书馆1937年出版了楚图南翻译的其代表作——长诗《在俄罗斯谁能快乐而自由》（今译《谁在俄罗斯能过好日子》）；叶赛宁的诗歌，则从1929年郭沫若等翻译的《新俄诗选》一直到1945年的重庆《诗文学》丛刊第2辑和1947年的《苏联文艺》，十余年间，只有郭沫若、李一氓、戴望舒、戈宝权等翻译的二十多首诗歌。然而，有论文已经全面谈论俄罗斯文学对彭燕郊早期诗歌创作的影响（如《彭燕郊诗歌创作与俄罗斯文学》），殊不知在三四十年代，由于民族存亡的主旋律，再加上当时条件限制，许多俄罗斯作家尤其是诗人（如叶赛宁）的作品只有很少一部分被翻译成中文，因此，谈论某位作家尤其是某位诗人对彭燕郊早期诗歌的影响，就必须落在实处，有事实依据，否则，很多作品都未被译成中文，诗人连看都没看过，哪来全面影响？

期诗歌创作有如下三方面的影响。

一是描写农民生活，表现农民苦难的命运。这类诗在彭燕郊早期创作中占有较大的比例，聂绀弩因此称他为“农民之子”。其原因有二。第一，是现实的影响。诗人来自福建莆田的农村，从小熟悉农村，更重要的是，这是中国现实的典型表现——中国是一个农业大国，绝大多数人口是农民，而诗人在战斗的生活中接触最多、接受帮助与关怀最多的也是农民。第二，是文学作品的影响。中西除了以杜甫、白居易为代表的关心民间疾苦、反映农民问题的传统诗歌，十分关注下层人民尤其是农民的命运，写有《大堰河——我的保姆》《死地》《雪落在中国的土地上》《北方》《农夫》等诗的艾青，以及比利时诗人凡尔哈伦的影响外，俄罗斯诗人涅克拉索夫、叶赛宁对诗人的影响颇大。

涅克拉索夫的影响更多表现为描写农民的悲惨命运尤其是农村妇女的悲惨命运，展现他们的善良而美好的心灵，同时也真实地描绘了俄罗斯农民的生活与日常风习。涅克拉索夫被称为“革命的农民民主主义者”，一生创作了许多关于俄罗斯农民的诗，尤其善于表现俄罗斯农村妇女的悲惨命运，充满了对妇女命运的深厚同情，因而被称为“妇女命运的歌手”。除了许多抒情诗，他这方面的作品还有代表作——长诗《谁在俄罗斯能过好日子》、叙事诗《严寒，通红的鼻子》。

《谁在俄罗斯能过好日子》，写七个刚从农奴制下解放出来获得好日子的农民争论谁在俄罗斯能过好日子，有的说是地主，有的说是官僚、神父、富商、沙皇等，相持不下，为寻求答案，便决定一起漫游整个俄罗斯大地，去访问地主、官吏、神父、富商、大臣以至沙皇等人，亲眼看看到底谁能过好日子，是幸福的人。长诗借这一情节，广泛地描写了改革前后俄罗斯的社会生活，特别是农奴制改革后农民真实的境况：“干活的时候只有你一个，等到活干完，看哪，站着三个分红的股东：上帝、沙皇和老爷！”农民的命运则是：“男子汉面前三条路：酒店、苦役、坐监牢；妇人面前三根绳套：第一条是白绫，第二条是红绫，第三条是黑绫，任你选一条，把脖子往里套！”并通过农妇的典型玛特辽娜这一形象，表现了农民的愤怒与觉醒：“黑夜我用眼泪来洗脸，白天我像小草把腰弯，每天我低头过日子，怀着愤怒的心！”[①]从而揭露了农奴制改革的欺骗性，表现了农民的觉醒和反抗，

① 以上与长诗有关的译文，均见：[俄]涅克拉索夫《谁在俄罗斯能过好日子》，飞白译，上海译文出版社，1979年版。

指出农民要生活得快乐而自由，只有走革命的道路。

《严寒，通红的鼻子》颇为集中、生动、深刻地反映了贫苦农民的悲惨命运，并塑造了一个勤劳、勇敢、诚挚、谦虚、美丽的农村妇女达利雅的形象。它既写俄罗斯农民尤其是妇女普遍的悲惨命运，“命运有三条艰苦的道路——/ 第一条道路：同奴隶结婚，/ 第二条道路：做奴隶儿子的母亲，/ 第三条道路：直到死时做个奴隶之身；/ 所有这些严酷的命运，/ 罩住俄罗斯土地上的女人”；更通过女主人公达利雅和丈夫朴洛克因为贫寒的生活在寒冬腊月外出劳动而相继惨死，生动、典型地以具体事例展示俄罗斯农民的悲惨命运和非人的苦难；与此同时，也写了各种俄罗斯劳动生活尤其是民间生活风习，如朴洛克在外奔忙又冻又累、身体发烧，贫寒的农民无钱看病，只能采用非常简单而带民间色彩的治疗方法：或者“用冷水把他冲洗，/ 足足灌了九纺机管，/ 又用热浴使他出汗”，或者“把巫婆们找来，/ 她们搓捏、她们唱，她们念——/……/ 她们又把他 / 通过汗湿的‘马颈圈’拖拉三遍”。正因为如此，译者孟十还在后记中写道：“俄国人民，尤其是农人和他们的痛苦，就是涅克拉索夫的诗歌的主要题材。他对于下层人民的爱，好像一条绳子拴系住他的全部的作品；他一生对这种爱始终是忠实的。但我们在涅克拉索夫笔下所看到的人物，并不是常流泪的，而是沉静、善良，有时候且是极愉快的工作者，他很少用自己的想象去渲染他们，他只依照原样，从生活本身里，取出他们来。这个诗人对于俄国人民和农人的魄力，是怀着坚固的深信。‘再给一些儿呼吸的自由，’他说，‘俄罗斯将要显示出它是有“人”的，它有一个“未来”在前面等着呢！’”[①]魏荒弩进而指出，涅克拉索夫是革命的农民民主主义者，他把自己一切对光明未来的希望都同农民紧紧联系在一起。他肯定和歌颂劳动人民是一切物质财富和精神财富的创造者。他创造了许多关于农民特别是农村妇女的诗，充满对妇女命运的同情。在其诗歌里，只要一提起俄罗斯妇女的命运，便使人感到他忧心忡忡、郁愤难平，所以他被称为“妇女命运的歌手”。长诗《严寒，通红的鼻子》（1863）便是杰出的一篇。全诗非常真实地反映了农民的心理和生活，并以其对劳动的礼赞和对劳动人民苦难的同情，创造了一个“庄严美丽的斯拉夫

① 以上与《严寒，通红的鼻子》有关的所有文字，均见：[俄]涅克拉绍夫《严寒，通红的鼻子》，孟十还译，文化生活出版社（上海），1936 年版。

妇女的典型”。[①]

受其影响，彭燕郊早期创作了不少反映农村的不幸生活和农民的苦难命运的作品，并在诗歌中描写了农民的善良和农民的爱，如《山国》、《村庄被阴风虐待着》的主要部分，以及《殡仪》《安宁婆婆家》《磨》《村庄》《小牛犊》《陌生的女客》《送租鸡》《菜畦》《路亭》《看亲》《抓壮丁》《扒薯仔》《牝牛的生产》等。其中，《安宁婆婆家》依稀有涅克拉索夫描写农村妇女不幸命运的影子，同时也有涅克拉索夫笔下俄罗斯农村妇女的善良（“这个人世上心地最好的人”）；《村庄》描写了农夫们由于饱受穷困的折磨，变得暴躁，“常常殴打自己可怜的女人泄愤”则明显与涅克拉索夫的名作《三套马车》中“爱找碴儿的丈夫会来打你”及《谁在俄罗斯能过好日子》中“庄稼汉呵，你为什么打老婆”一脉相承。而《殡仪》一诗综合各种影响，既写了农民的悲惨生活，更写了农民对家人刻骨铭心的爱，初步体现了彭燕郊的独特风格：

在冬天的郊外我遇到一队出殡的行列
凄凉地，悲哀地向着空漠的荒野移行

四个土夫抬着一部单薄的棺材
麻木地，冷淡地吆喝着无感触的吆喝
好像抬的不是一个刚才消没的生命
而是一块石头，或是一段木料

跟随在那后面，一个女人絮絮地啼泣着
独自哭诉死者的苦难的生前和身后的萧条
一个披麻戴孝的孩子，恐怖地，慌乱地
用干黄的小手牵住了母亲的衣角

在那里等待死者的是冰冷的墓穴

① 魏荒弩：《译序》，［俄］涅克拉索夫：《涅克拉索夫文集（第一卷）》，魏荒弩译，上海译文出版社，1992年，第8页。

在那里他将无主意地任别人摆布
那些土夫将在他的棺材下垫四块砖头
让他的脸朝向生前的住宅
而他的亲人——像两只悲哀的毛虫
匍匐着，那女人嘶哑的喉咙已顾不上号哭
将要忙乱地教教孩子跟着她一起
撒一把沙土在那黑色的永恒的床上

他将成为此地的生客，人世的过来人
残忍地撇下孱弱的母子俩
私自休息去了
到不可知的土地上流浪
他已完成了一场噩梦
和一场无结果的挣扎……

今天晚上，他将化为一阵阴风
回到乍别了的熟识的故居
像往日从田野里耕罢归来一样
他将用他那紫色的手
抚摸那还没有编好的篱笆
他将用那鱼肚白的眼珠审视
那菜畦里的菜是不是被夜霜打蔫了菜心
他将用那寂灭了的耳朵谛听
畜棚里那条病了的老牛是否睡得安稳
那些老鼠是不是又在搜索瓮底的余粮

他将用他那比雨滴还要冰冷的嘴唇
去亲吻那蒙着被睡觉的孤儿
和在梦里呼唤他的小名的
那脸上被悲哀添刻了皱纹的妻子

他将向写着自己名字的灵牌打恭
他将向灵堂上素白的莲花灯礼拜
他将感谢那对纸扎的很好看的金童玉女
——代替我，你们来热闹我的贫寒的家了
草叶之下的地阴里，我可爱的妻和孩子呵
什么事都不像你们此刻安排的这样如意呢

但是，因为我是死了
我已经知道了许多你们无法知道的事情……
他将托梦给他的无法维生的家属
用神秘的、黑色的、哑哑声音说话：
那边，在屋后的山坡上
古松树下，几十年前，曾经有一个行商
埋了一瓮银子在那里……

你们必须按照我的嘱咐行事
不要有半点迟疑：
八月十五夜，子时
当月亮稍偏向西的时候

你从倒地的树影的梢头，挖下三尺深
你就可以得到那一瓮银子
此后的生活
就不用愁了……

全诗在描写了农民极其穷困的凄凉境况后，进而以非常大胆而独特的手法，写到死去的农夫的魂魄“化为一阵阴风”回到家里，关爱着家中一切，并向寡妻托梦，什么时候于什么地点，可以挖到一瓮银子，母子俩此后的生活“就不用愁了”。这就入木三分地写活了农民那恋家爱家的灵魂，人所难及地写出了农民死后也不得安宁的深深悲哀！这是彭燕郊式的细腻深刻——想人所未曾想，言人所不敢言，细入毫发，深入灵魂，让你读后心灵发麻发痛！

叶赛宁善于描绘农村生活的画面，既表现了农村与农家生活的美，展示农民美好的精神世界，又表现了农村的贫穷与落后、农民的不幸与苦难，尤其善于通过动物的悲惨遭遇来揭示农民的悲苦命运，最典型的有《狗之歌》《母牛》等诗，这些诗相当成功，极其感人，以致高尔基在《谢尔盖·叶赛宁》一文中给予了如此之高的评价："在我看来，在俄罗斯文学中，他是头一个如此巧妙地而且以如此真挚的爱来描写动物的。""听过这些诗句，我不由得想到，谢尔盖·叶赛宁与其说是一个人，不如说是大自然专门为了诗歌、为了表达无尽的'田野的哀愁'、为了表达对世上一切动物的爱和恻隐之心而创造的一个器官，而这种恻隐之心比其他一切都与人更为相称。"[①]《母牛》是年轻的彭燕郊当时能够阅读到并对其创作产生了影响的作品：

> 它年老体衰，牙已脱光，/ 岁月的圈痕刻满了双角。/ 在轮作地的田垄上，/ 牧人的鞭打粗鲁而凶暴。// 它对喧闹已感到心烦，/ 老鼠在墙角挠个不住。/ 它正愁戚戚地思念，/ 那只四蹄雪白的小牛犊。// 不把娇儿还给亲娘，/ 生养的初欢就毫无意义。/ 在白杨树下的木桩上，/ 微风吹拂着小牛的毛皮。// 不用多久，当荞麦飘香，/ 它也将有小牛一样的遭遇，/ 绳索也会套在它的脖子上，/ 然后便会在屠宰场死去。// 它痛苦，悲伤，瘦骨嶙峋，/ 把双角刺进土地……/ 它梦见了白闪闪的树林，/ 和牧场的芳草萋萋。[②]

叶赛宁以深挚的同情描写了一条"牙齿掉光"、牛崽被人夺走、自己也即将被送进屠场的母牛的悲惨命运，从而通过对其生存和悲惨命运的关注，表现了俄罗斯农民的现实生存状况，因此实际上它象征了俄罗斯农民的普遍悲惨命运：一

---

① ［俄］高尔基：《高尔基政论杂文集》，孟昌译，北京：生活·读书·新知三联书店，1982 年，第 341 页。

② 曾思艺译自《叶赛宁作品集》，莫斯科，1991 年，第 91—92 页。这首诗戴望舒 1936—1937 年首次翻译成中文，发表在其主办的《新诗》杂志第 7 期上。该诗的译文，收入《戴望舒译诗集》，长沙：湖南人民出版社，1983 年，第 328—329 页；或见《戴望舒诗全编》，杭州：浙江文艺出版社，1989 年，第 676—677 页。

辈子辛勤劳动，最后全部被剥夺，自己也往往死于非命。受其影响，彭燕郊创作了与叶赛宁的《母牛》手法相似的抒情诗《小牛犊》：

这里闻闻一下
又往那里跑去了
你忙些什么呢
你这小傻瓜？

当你还没有长大
你是美丽而可爱的
小小的四蹄和小鹿一样玲珑
初生的皮毛
绢缎般平滑、水波般发光
没有长过角的头部
像小孩子的
没有皱纹的前额

到你已经长大了
到你已经长出角了
你知道吗——
你将有很繁重的工作
性情暴躁的农人
由于悲愤，由于对生活的无奈何
将会像鞭打自己的爱子般
把细韧的柳鞭挥起
抽到你拖着笨钝的犁铧的
肥大的背上……
之后，命定中的事
也终于来临了
会有一个孔武有力的屠夫

从你背后，猝不及防地
把大的，铁硬的杵锤
朝你的囟门
敲去……
饕餮者流
将用细巧的牙签
悠闲地挑剔着，从齿缝里
挖出你那曾经酿造过辛酸的汗的
肉的纤维……

搬运夫的肩上
将扛起用竹竿挑着的
你那被剥下来的皮
那带有污血和泥浆的标记的
就像军士扛着他们的大旗
偃息的旗，受伤的旗
沉重的旗，连风也不能掀动……

随着被委弃的骨
你将把你的整个的灵魂
（那是刀所不能割，手所不能剥的）
化入到你所钟爱的土地里去……

全诗描写了小牛犊短短的一生，既写了其没长大时的美丽可爱与天真，更写了长大后繁重的工作以及遭受鞭打，尤其是到年老干不动活了遭遗弃被屠宰，在表现对动物热爱的同时，借动物的悲惨命运象征农民的命运，从而表达对农民的深深同情，与叶赛宁的《母牛》的确有一脉相承之处。

二是描绘自然风光及农村风俗画。这类诗往往通过对美丽的自然风光及淳朴的农村生活风俗画的描绘，表现对美的向往与追求。除中国古典诗歌特别是宋词的影响外，主要受俄罗斯诗人普希金、叶赛宁的影响。彭燕郊年轻时曾熟读普希金的不少诗篇，如《自由颂》《致大海》《秋天》《致西伯利亚的囚徒》及《茨冈》《欧根·奥涅金》等长诗，也读过当时翻译介绍的叶赛宁生平与创作尤其是其诗歌。普希金描写农村及自然风光的诗，如《乡村》《高加索》《雪崩》及叙事诗《高加索俘虏》中的写景部分，以清朗、朴素、优美的风格影响了彭燕郊。叶赛宁则以对自然、田园的无比热爱及温柔细腻给诗人以启迪。其中，普希金影响的面更大，程度也更深，除描写自然风光外，还有追求个性、向往自由、反抗压迫、推翻暴政等方面的影响。彭燕郊曾指出："在当时的历史条件和文化氛围下，中国需要浪漫主义。长期的帝制禁锢，沉重的礼教枷锁，甚至使人不敢有表情，喜怒哀乐都有忌讳，男人必须道貌岸然，不苟言笑，女人必须遵守的'四德'，至少有一半是对感情流露的严厉限制，所谓的'笑不露齿，行不动裙'，把人性紧紧地捆绑住了，人们只好习惯于做假，真诚就是罪过，必然招致杀身之祸，这时，忽然传来了普希金、拜伦个性鲜明、毫无顾忌的自由之声，人们不向他们奔去，才奇怪呢！"[①]他进而谈道："1936年，普希金逝世一百周年，我国举行了盛大的纪念活动，出版了一大批普希金作品的译本，自那以后，甚至在物资匮乏、生活艰苦的抗日战争相持阶段，桂林和重庆还出版了《叶夫盖尼·欧涅金》《青铜骑士》等名著，爱诗的朋友们宁愿少吃一餐饭也要购阅这些被认为不可缺少的精神营养。为什么普希金能够赢得中国读者的倾心和依恋，一接触他的作品就把他看作知己，看作心中人？大量介绍普希金作品的三十年代中期，正是民族危机严重，中国人民奋起投身救亡运动之际，普希金反抗压迫、争取自由的崇高品格，在那风雨如晦、鸡鸣不已的年代，更能激起我们的共鸣，更使我们仰慕……普希金的《致西伯利亚》也很快就传诵一时。"[②]由于这方面相当明显，而且已有诗人自述，此处不赘，而主要谈谈普希金写景诗的影响。

普希金写景诗的影响，主要表现在两个方面。第一，是简洁清朗。彭燕郊的诗歌，从早期到晚年，一向以洋洋洒洒、铺得很开为特征，唯独早期有一些诗歌特别是描写自然风光的诗歌，写得简洁清朗，如《晴朗》《岩石》《清晨》《炊烟》《西照的阳光斜斜地》《掳鱼排》《扒薯仔》《牝牛的生产》《河》等诗，普希

---

① 彭燕郊：《普希金，我的心上的诗人》（未刊手稿）。

② 彭燕郊：《普希金，我的心上的诗人》（未刊手稿）。

金的影响十分明显。如《晴朗》：

雨把岸边的杂草／和滩石上的苔藓／都冲洗过了／甚至溪水／也像洗过的一样明净／蓬松的成团的云块／奔跑着，逃避着太阳／一朵朵水雾，飘荡着，散开了／太阳以加倍的热力／焙烤着地上的万物／万顷的广大的光的幅员／无限地扩展开去……／忽然——／一片熠亮的光波，照射到／岸边一株高大的槲木上／如同一个来到溪边汲水的农妇／它显得这样新鲜、这样嫩绿、这样丰满／好像从前／此地不曾有过这样一棵树／而现在，它是存在着／而且被照耀得更加美好了[①]

更有意思的是，普希金特别喜欢秋天，写了不少关于秋天的诗，在《秋》之五中，他明确表示对秋天的喜爱：

人们常常诅咒秋季临末的日子，／然而我，亲爱的读者，却不能同意：／我爱她静谧的美，那么温和而明媚，／就像个孩子。虽然不讨家里人喜欢，／却偏使我疼爱。让我坦白地说吧：／一年四季中，只有秋季和我相宜。／她有很多好处：而我像不虚荣的恋人／执拗地想象她有些什么称我的心。[②]

《秋》之七进而描写了秋天之美以及自己喜欢秋天的原因：

啊，忧郁的季节！多么撩人眼睛！／我迷于你的行将告别的容颜；／我爱大自然凋谢的万种姿色，／树林披上华服，紫红和金光闪闪——／在林荫里，凉风习习，树叶在喧响，／天空笼罩着一层轻纱似的幽暗，／还有那稀见的阳光，寒霜初落：／苍迈的冬天远远地送来了恫吓。[③]

---

① 本文引用且未注明的彭燕郊诗歌，均出自《彭燕郊诗文集·诗卷（上）》，长沙：湖南文艺出版社，2006 年，不一一注出。

② ［俄］普希金：《普希金诗选》，查良铮译，南京：译林出版社，2000 年，第 297 页。

③ ［俄］普希金：《普希金诗选》，查良铮译，南京：译林出版社，2000 年，第 298 页。

《秋天的早晨》更是写了秋天萧瑟的美：

秋季以寒冷的手／剥光了白桦和菩提树的头，／它就在那枯谢的林中喧响；／在那里，黄叶日夜在飞旋，／一层白雾笼罩着寒冷的波浪，／还时时听到秋风啸过林间。／啊，我熟悉的山冈、树林和田野！／神圣的幽静的守护！我的欢欣／和相思的见证！我就要忘却／你们了……直到春天再度来临！①

青年彭燕郊从普希金的写景诗中深受启发，并用之于自己的诗歌创作中，尤其是受其喜欢秋天的影响，创作关于秋天的诗歌，普希金的影响显而易见。他曾自述：“早期，除艾青、田间外，普希金的影响是最大的，《秋天·其一》和后来的《旅途上的插话》是较明显的例子。”②如《秋天·其一》不仅像普希金一样明确表示喜爱秋天，秋天能带给自己以幸福，而且，一些写法也与普希金近似：

忖度着切身的眷念／而沾恋起羸瘦的太阳的秋天／是从阡陌纵横的边远处，委蛇地潜行过／濯濯的山丘和萧萧的林莽／而来到此间了……／素艳的冰花已经放苞／薄霜也弥漫过／锯齿形的连山，而向／无涯际的郊外流洒了／秋天到底是好的呵！／我看到她，被从波心捧出／如同未绽的蓓蕾／含苞于季候的瓶里／缄默地　有情地／温存着游子的心……／到更远的所在去呀／承恩于秋之纠缦的乡云／我将永远额手着／自称我是一个最幸福的孩子……③

此外，《杂木林》等诗受到叶赛宁的影响，限于篇幅，此处从略。

三是揭露城市对农村的侵扰。这类诗既是中国当时社会发展中新情况的及时反映，又深受叶赛宁的影响（此外，还有比利时诗人凡尔哈仑的影响）。受世界现代化进程的影响，二十世纪三四十年代，中国的城市、工厂逐渐增多，城市给农村带来了许多的负面影响，深深侵扰了农村。当时中国诗人对此感受尚不分明，

---

① ［俄］普希金：《普希金诗选》，查良铮译，南京：译林出版社，2000年，第63页。

② 曾思艺：《从现实关怀到终极关怀——中西融合的彭燕郊诗歌》，《湘潭大学学报（哲学社会科学版）》，1999年第4期。

③ 《新蜀报》，1941年9月25日。

而西方诗人则反应强烈。叶赛宁自称“我是最后一个乡村诗人”，在《我是最后一个乡村诗人》、长诗《四旬祭》等作品中，他以极大的艺术魅力描绘了农村在“城市化”的过程中一筹莫展、孤苦无助的情景。诗人认为，工业文明（体现为城市化）不仅破坏了农村的自然风光，而且破坏了“人与自然”的和谐。面对“钢铁相撞发出的莫名铿锵声”及“皮带和闷声冒烟的烟囱”，农村和它的田野树木、诗意的传说、故事和诗歌，一筹莫展，孤苦无助，所以他诅咒那代表工业文明的火车、公路、钢铁。在《神秘的世界……》一诗中，他无限感伤地写道：“神秘的世界，我古老的世界，/你像风一样，平息了，沉寂了，/瞧公路伸出石的手臂，/卡住了乡村的脖子……”在长诗《四旬祭》中，诗人以极大的艺术魅力描绘了工业和机器向俄罗斯田野进攻的画面，诗人让代表自然的小红马与象征工业文明的火车进行比赛，一决雌雄，结果是钢马战胜了活马，钢铁的客人成为农村诗意天地的无情摧毁者。[①]《我是最后一个乡村诗人》更是乡村俄罗斯的一曲挽歌：

> 我是最后一个乡村诗人，/我歌唱简朴的木桥，/用白桦叶神香袅袅的清芬，/我伫立着做告别的祈祷。//用肉体的蜡燃起的烛灯，/即将燃尽金晃晃的火焰，/而月亮这木制的时钟，/也将嘶哑地报出我的十二点。//很快钢铁的客人将到来，/出现在这蓝色田野的小路上。/红霞遍染的茫茫燕麦，/将被黑色的掌窝一扫而光。//没有生命的、异类的手掌啊，/有了你们，我的歌就难以存活！/只有这一匹匹麦穗马，/还会因思念老主人而难过。//风儿将摆出追荐舞蹈的阵容，/并吞噬麦穗马的声声嘶喊。/很快，很快，木质的时钟/就将嘶哑地报出我的十二点。[②]

这首诗从城乡关系、人与自然关系的角度，表现了城市的工业文明对农村美好大自然的扼杀。全诗可分为两部分。第一部分是第一、二节，以哀婉的笔调抒写大自然的末日即将来临。开篇即点明“我是最后一个乡村诗人”，在“我”的

---

① 诗详见《叶赛宁诗选》，顾蕴璞译，南京：译林出版社，1999年，第145—148页。

② 曾思艺译自《叶赛宁作品集》，莫斯科，1991年，第190—191页。这首诗戴望舒1936—1937年首次翻译成中文，发表在其主办的《新诗》杂志第7期上。该诗的译文，收入《戴望舒译诗集》，长沙：湖南人民出版社，1983年，第338—339页；或见《戴望舒诗全编》，杭州：浙江文艺出版社，1989年，第685—686页。

诗歌中，“木桥”虽然简朴，毕竟是自然之物（潜台词是：只怕以后连“木桥”也不会有了）。但现在，“我”不得不参加“白桦”神香般香烟袅袅的告别的祈祷。“告别的祈祷”以及即将燃尽的金晃晃的火焰，表示农村大自然的末日已来临，交代“我是最后一个乡村诗人”的原因。接着，以月亮这木制的时钟“将嘶哑地报出我的十二点”，说明“我”及“我”的诗最终的时辰也将来到（午夜十二点表明该天结束，新的一天即将开始），含蓄深沉地伸足“我是最后一个乡村诗人”。第二部分为第三、四、五节，交代大自然末日将临的原因，是钢铁的客人即将到来。在天蓝色的田间小路上，钢铁的客人（即作为工业文明象征的机器）就要经过，它那粗大笨重、毫无生气的黑色铁腕将收割那映满黎明时绚丽朝霞的麦穗（毫无生气的非自然之物与充满诗意与活力的自然之物的对比）。而且，诗人还深切地预感到自己那“用木犀草和薄荷喂养过”的“兽性的诗篇”在工业文明这钢铁客人的“无生命异类的手掌”下难以生存，这陌生冷漠、毫无感觉、没有生命的巨掌，必将扼杀“我”美妙的诗歌。只有那些像奔腾的马群一样跃起层层麦浪的麦穗，才会怀念它们昔日的主人。但这只是徒然，舞着丧舞的风儿会淹没它们悲怆的嘶声，月亮的木钟即将报道午夜的来临。

敏锐地捕捉住现实生活中的新情况，并以叶赛宁和凡尔哈伦为师，彭燕郊在四十年代创作了《荒原上的独立屋》《倾斜的原野》等诗。他曾谈道：“凡尔哈伦和叶赛宁的影响在四十年代中期似乎占主要地位，艾青的影响减退了，从《倾斜的原野》和《杂木林》似乎可以较清楚地看到这一点。”《倾斜的原野》描绘的是“一片毗邻城市”的原野，在城市的各种侵扰下“慌慌忙忙地下坠着”：各种噪音破坏了原野的宁静，由城市的灰土、烟囱的浓烟、路面的黄色尘埃混合成的“特有的不散的雾”，悬挂黏附于原野上空，气味恶劣的小山般的垃圾堆兀立着，破坏了原野单调的平衡，颜色各异的污水缠绕着原野，原野更加贫困、更加倾斜了，到处泛滥的是无用的、“妨碍绿色滋生”的种种废物！

综上可见，在彭燕郊早期诗歌创作中，俄罗斯诗歌特别是普希金、涅克拉索夫、叶赛宁的诗歌对其影响颇大，不过，他是以自己独特的才气和个性，综合中国古典诗歌、现代诗歌以及西方和俄罗斯诗歌之长，而自成一格的。

（原载《邵阳学院学报》2016年第5期）

《彭燕郊谈中外诗歌》导读

徐 炼

他的诗，曾经让许许多多接触过它的心灵为之沉迷。他讲授诗歌的这份讲稿，却为多数他的读者所未曾见识。这是诗人的另一首长诗，当年，它开启了一批批对诗歌之道懵然无知的听者的蒙昧之眼，使他们睁开双眼，“虔诚地走近诗”。在他生前出版的《彭燕郊诗文集》里，我们看到了诗人彭燕郊生动的面容。而彭燕郊一生非常重要的一部分，是他的教师生涯。“彭老师”是几十年间我们大家对他的亲切称呼。在彭老师讲授过的课程里，最令人难忘、最能显示出“文如其人”之真谛的，便是他的“诗歌研究”，可以说这就是诗人教师彭燕郊鲜活的形象。这本讲义是彭燕郊先生二十世纪八十年代初讲课内容的记录整理稿。

我国古代的“诗教”，其意专指以诗为社会教化之具，并非教人如何作诗或如何读诗解诗。教人如何作诗，古人往往视为徒劳，甚至是有害无益的事情：

> 《风》，风也。风以动之，教以化之。
>
> ——《诗大序》

> 唐人不言诗法，诗法多出于宋，而宋人于诗无所得。所谓法者，不过一字一句，对偶雕琢之工，而天真兴致，则未可与道。
>
> ——《怀麓堂诗话》

宋人主理作理语，于是薄风云月露，一切铲去不为，又作诗话教人，人不复知诗矣。

——明·李梦阳

在王夫之的《姜斋诗话》里有一段揶揄诗坛“教师”的名言：

一解弈者，以诲人弈为游资。后遇一高手，与对弈，至十数子，辄揶揄之曰：“此教师棋耳！”诗文立门庭，使人学己，人一学即似者，自诩为“大家”，为“才子”，亦艺苑教师而已。

这话真是让从事文学教学的教师们常常要捏着一把冷汗。读了彭燕郊先生这部讲义之后，我们或许会对“诗不可教”的命题做出另一种解释和回答。

首先，何为诗歌理论？

身兼诗人与教师，彭燕郊自己的诗，自然是让人们了解、学习诗歌的活教材。只要读过彭燕郊的诗，我们便不难同意：诗中那些活泼的字句正是他所说道理的最有效、最中肯的注解。诗人谈诗，“现身说法”，自然会令读者对其理论带有毋庸置疑的信任感。然而我们注意到，彭老师在讲义中几乎只字不提自己的诗，他好像是有意地、坦然地放弃了教学中“现身说法”这种有效的说服力，这种优越的阐释手段。我想其中原因之一或许是：彭老师的诗歌研究课程二十世纪八十年代初就开始了，而他的大量佳作，特别是“变法”后的代表作品都写作于其后的时间里。这是一个重要的原因。但更合理的解释、更可靠的原因应该是，彭老师一向坚持诗人对自我的评价应当采取“桃李无言”的自律态度。打开《彭燕郊诗文集·诗歌卷》，我们就能聆听到那些无言的解说。我们拿那些有生命的诗句和讲义中有关的章节对看，必定会观赏到一番别样旖旎的风景。比如讲义中关于形式美，关于诗的哲理性，关于诗的新变……这些论说，遇到与之相应的诗行，讲义中的一字一句就会活起来，就会跳跃洋溢，消解掉诗行和那些诗歌原理之间的分明的界限。

千朵万朵的灯
一下子全亮起来了
千朵万朵的花
一下子全开起来了
是谁把灯点亮的呢
是灯自己亮起来的
灯本来就是亮的
花本来就是开的
一串串的雨
一把把的雪……
针利针利的雨给你什么呢
沙子般的雪给你什么呢
一滴滴的寒冷
给你什么呢
在风雪下面，在冻土下面
你就是这样开的
早已开在那里了
早已开得好好的
一天早上，突然一下子
全跑到地面上来了

——彭燕郊《花是这样开的》

天才和真理，都能够自己显现出来。
因为那是预先存在着的。

——彭燕郊《论感动》

这“无言”的“桃李”之言，它告诉给我们，彭燕郊在诗歌的教学中用了极大的苦心，努力想要说明、想要教给学生的一件事——理论是什么？理论的生命究竟何在？

他说："创作有概念化，理论也有'概念化'，理论应该是有血有肉的。"这让我们想起歌德的话："理论总是灰色的，生命之树常绿。"这句名言是否可以理解为：脱离了生命之树的理论才必定是僵死的。

对理论"概念化"的批评在当年有着非常鲜明的现实针对性。在"文化大革命"刚刚过去的时候，彭老师的话不啻醒世明言。而且，这番话即使在理论已经显得相当发达的今天，仍然有很现实的意义。

理论的盛行所体现的未必就是思想的昌明精进，有时反而是思想的懒惰平庸。时下在我们的讲台上和形形色色的教科书里，让人眼花缭乱、神经紧张的各种"理论"可谓众声喧哗，天马行空，精微玄奥。成为一个动辄引经据典、头头是道、天花乱坠、口若悬河的"理论家"，总不免是莘莘学子曾经抱定的人生理想。彭老师说"从正确性上，从学术性上讲，理论是很迷惑人的"，但"理论"也往往最容易使极度热衷者发生厌倦。且不说某些以前卫、主流为名的理论往往不过是拾人牙慧，只看那些纸上谈兵、空中楼阁的高头讲章，就常使人如聆天方夜谭。博尔赫斯曾引述的惠特曼的一首诗放在这里十分恰当：

> 当我听渊博的天文学家
> 当向我展示条条证明、行行数字，
> 当向我展示地图和图表、度量、除和加，
> 当从我的座位上听渊博的天文学家在阵阵掌声中
> 在讲台上演讲，
> 不知何故我突然感到茫然和厌烦，
> 终于我一个人悄悄地溜到外面，
> 在夜晚湿润的空气中，我悄然无声地
> 不时地遥望星星。
>
> ——沃尔特·惠特曼《一堂天文课》

彭燕郊老师就是在我们身边随我们一起遥望星星的人。

随时应记住理论的本性是什么，理论从何而来，理论以何种方式为我们所把

握，这是这本诗歌讲义中贯穿的一个基本思想。

彭老师说：“一定要从作品到理论，不要从理论到作品。”“从理论到作品是行不通的……当然，我们分析一篇作品，最后是要得出结论，这个作品表现了怎样的思想感情。但离开具体作品怎么行呢？”“我们首先只能通过艺术品这个实体去认识这个艺术品，而不能凭想象和道听途说，或者凭自己的主观臆断。”是否具有一种成熟的判断力，能够令人信服地对成名的诗人、诗作甚至公认为佳作的作品说“不”，这也如同能令人信服地对那些优秀的作品叫好一样，是衡量一个“解诗者”品质优劣的试金石。一个富有理论修养的人必然是一个高明的批评者。一个批评者的艺术造诣、胸襟胆识、精神境界，尽在他所作的取舍抑扬之中。彭老师曾说过，过去那些出色的选家就是文场中九方皋式的人物，是诗歌艺术高下的有力裁决者。

师者，所以传道授业解惑也。但其师所传，究竟是一语破的的要言妙道，还是隔靴搔痒、纸上谈兵的庸儒之道，对于这一点，做学生的往往有一个很质朴的鉴别办法——看其师如何举例，如何释例。记得彭老师所说的诗例总是出乎学生们的意料，特别让人记住的是他对自己认为不好的诗的批评。他甚至不客气地对“诗圣”的某些佳篇提出异议。当然，在时下，挑战权威、颠覆经典已经成了一些人自抬身价、作秀炒作的时髦策略，但在彭老师的批评里我们看到的是真知灼见（参见《什么是好的感受（关于艺术感受）》篇）。

由于这样的传道，以这样的方式，我们在不知不觉中接纳消化了“理论”，久而久之，也慢慢地有了属于“自己”的有一点识别能力的眼睛。后来，看到有些学生在论文选题时常会遇到这样的两难处境：选择被别人说得太多的那些热点对象作题目吧，好像倒是省力，可自己还有啥好说的呢？那就选根本没人说过的那些冷门的诗人吧，可面对那些陌生的作品文本我们又不知说啥才好。体会到这种困境的来由，便会想到彭老师讲过的关于理论的话题，觉得他们正是需要听一听这样的话语。迷失在虚假的“理论”幻象里，其结果是既无从获得真实的理论修养，又丧失了对艺术本身的直觉能力、阅读能力。

接下来，重要的问题是：诗是什么？这个问题看上去像是有点八股，其实历来不少以诗歌研究的名义所作的文章著作里，对这个基本问题都未必了然，要么在概念上玩游戏，故弄玄虚，故布迷阵；要么就是旁敲侧击，东拉西扯，顾左右而言他；甚至言不及义，痴人说梦。瓦莱里在《诗歌问题》一文中说："那些对诗并不很感兴趣的人，他们既不感到需要诗，大概也不会去创作诗，但不幸的是，其中不少人的职务或命运却是对诗进行评判，在诗的问题上夸夸其谈，刺激或培养对诗的兴趣——总之，就是去施放他们没有的东西。在诗这个优美而审慎的名称下，他们不可避免地被引导或者被迫去考察其他一切问题，唯独不理睬他们自以为关心的问题。比方说，他们列举诗人们使用的明显的手法；某些人试图揣测诗人们的内心意图，试图在骗人的透明度之下解读出诗人们作品中的意向和影射。他们乐意去探究人们已经了解的（或认为了解的）作者生平，他们表现出的自满却让人清楚地看到他们如何迷失了方向，似乎人们可以从作者的生平中了解其真实的内心活动……"这就是对"诗"的认识迷失的几种表现。

彭老师在课程开始时，曾列举了中外许多有关诗的定义（参见《诗的本性和诗的素质》篇），他并未明确肯定其中的某一条，也没有否定哪一条。当时大家觉得，大概彭老师认为诗歌的概念不妨是多元性的吧。在课堂上，他区分了作为艺术元素的诗（诗意）和作为艺术体裁的诗，强调了诗是最高的艺术形式，诗应该是真诚美好感情的集中体现。彭老师关于"作为艺术灵魂的诗"的更为条理化的论述，见于他的《虔诚地走进诗》。在谈到如何"认识诗"时，他认为屈原所说的"内美"可以概括诗的灵魂。他所理解的内美应该是：大爱；先进勇敢积极的；成为思想的灵魂的美；神圣而非凡俗的美。①而当时让我们真正得到"诗是什么"这个问题的善解，是在听完彭老师对中外的几首好诗所作的艺术分析之后。

"艺术分析"这个词，当年同学们是从彭老师那里第一次得到了本真的和生动的解读。我们接受文学作品教育的模式，在中小学时期是"中心思想—写作特点"，到大学教科书里，替换为"时代背景—思想内容—艺术特色"。从彭老师的课堂里初次听说解读作品应该从艺术分析开始，从艺术感受、艺术表现、艺术效果的领会和揣摩开始。"通过对艺术表现的分析，最后达到对作品的评价，首先是对社会思想领域的评价，这一般是比较公道的"，讲稿中对几首诗歌的讲解可以看作是对这种读诗方法所作的示范（就当时讲课全部信息的记录而言，讲稿

① 彭燕郊：《彭燕郊诗文集·评论卷》，长沙：湖南文艺出版社，2006年，第186页。

仍是较为粗略的）。

我们在讲稿中对《信天翁》等几首诗的分析里看到的读诗方式，即使在今天也是不多见的，彭老师也称这种方式为“审美思考”。聆听诗的声音、光、颜色、形体……让我们由此而进入另一个世界，诗的世界，这是诗的本体，诗的“血肉”。坦白地说，这是很多人从未亲身到过的世界。人们与诗的隔膜通常有两种情况。一种就是彭老师所批评的“从理论到作品”的读法。通常的情况是，当我们自信地面对着一首诗的时候，我们脑海中所储存的“白描”“隐喻”“用典”“寄托”，或者“格调”“意境”“沉郁”“清新”“初盛中晚”“唐音宋调”等众多的批评词汇话语就会应召而来，这些行之有效的批评格式指挥着我们的思维，把对象肢解拆零，填塞到这些由概念拼装起来的理论囚车里去，满载而归，结果就必然是“百川归海”“万佛朝宗”，万变不离其宗。以此文解此诗可，以此文解天下一切之诗亦未尝不可。八股式批评的手段大抵如此。这种对诗的误读大致属于佛家“指月之喻”中的“以指为月”。彭老师所示范的，是如何还原诗歌的生命形态，穿透文字概念的遮蔽，窥见“血肉”的、灵动的诗的真身原形（参见《分析张孝祥的〈念奴娇·过洞庭〉》篇）。

另一种与诗的隔膜可以叫作“门外文谈”。

彭老师说：“任何艺术作品都只能是一种艺术现象，而不是别的东西，不是社会教科书，不是数字统计表格，诗只能够是诗。过去很少注意艺术分析，故评论作品像做鉴定一样。没有艺术分析，结论是哪儿来的？何况写一篇文学论文是为了总结前人的艺术经验，而我们却并没有总结，仅仅做一些社会分析，是很难得到什么的。不能用研究经济学或历史的方法去研究文学，很多东西文学不能写，也不应该写。只有通过艺术分析，才能真正发掘到作者的思想意图和作品的社会意义、社会价值。”

彭老师这番话里所说的“过去”，当然是指二十世纪八十年代初以前的那段历史时期。彭老师曾说过：“过去，我们确实沾染过一些粗暴习气，用‘骂倒’的办法代替科学的文艺批评，日丹诺夫式的功利主义曾被某些模仿者发展为著名的‘无限上纲’，现在应该是彻底否定这种有害无益的武断专横作风的时候了。”（《再会吧，浪漫主义》）那时的文学和批评，不过充当着当时“阶级斗争”“路线斗争”的工具，政治宣传、舆论导向的附庸，“据认为，诗是可以强加于人的，不存在诗的素质，诗的艺术魅力。不是人的精神需要，而是形势需要，任务需要”①。在这种历史悲剧命运制约下出现的理论方法上的舛误和荒谬，是可以理解的。遗憾的是，在经过了意识形态领域的几番维新、几番变幻之后，彭老师所批评的研究方法，现在看来还远远没有“过去”。由非文学的“专家”在非文学的领域以非文学的方法对文学作非文学的批评，这是至今在批评界仍改头换面、花样翻新而盛极一时的方法。国学贵宏博尚会通，文史哲不分家，被历来学者引以为优良学统，中国学人之骄傲，然而福为祸所倚，学术不分家的传统，在用于文学批评的方法论时，成了非文学学科将文学扫地出门、鸠占鹊巢的冠冕堂皇的理由。“文化大革命”时期在“文学为政治服务”的政策高压下只余奄奄一息的文学艺术，在“文化大革命”的风暴过后仍然步履艰难。这种处境，在文学批评领域表现得尤其淋漓尽致。在不少以“对诗进行评判”为“职业”的人的心目中，文学批评事实上等于所谓的社会学批评。写一篇文学评论与写一篇时事评论的区别，只是后者以时事为依据而前者以文学作品的人物情节为对象而已。至于古代文学，如古代诗歌小说，不过是“那时”的时事——先秦两汉魏晋南北朝唐宋元明清的历史“本事”的忠实演绎而已。一批学者煞费苦心、煞有介事地考据求证和苛责古代小说诗歌的叙事是否与史学文献所载严丝合缝，另一些人则寻踪觅迹，探微索隐，执意要鼓捣出某篇小说里埋藏的一部“清宫秘史”或帝王本纪。钱锺书曾批评某些“说玉溪诗者”：

> 盖“诗史”成见，塞心梗腹，以为诗道之尊，端仗史势，附和时局，牵合朝政；一切以齐众殊，谓唱叹之永言，莫不寓美刺之微词。远犬吠声，短狐射影，此又学士所乐道优为，而亦非慎思明辨者所敢附和也。学者如醉人，不东倒则西欹，或视文章如罪犯直认之供状，取供定案，或视文章为间谍密递之暗号，射覆索隐；一以其为实言身事，乃一己之本行集经，一以其为曲传时事，乃一代之皮里阳秋。楚齐均失，臧穀两亡，妄言而姑妄听可矣。
>
> ——《管锥编》

① 彭燕郊：《彭燕郊诗文集·评论卷》，长沙：湖南文艺出版社，2006年，第89页。

在这些存心与艺术（诗歌艺术、小说艺术）为敌的人当中，有一些人的本业似乎全与文学无关，而另一些人，让人费解的是，居然就是终身以文学批评为职志的专门学者。以反文学的方法批评文学，其历史由封建时期而至于“反封建”的“文革”时期，再由“文革”而至于时下；其操觚者则外有文学之“外行”，内有艺术之“内行”。一种思维定式具备如此顽强的生命力，不禁令人暗忖：始终肆虐于文学领域不肯退场的，仅仅是一种思维方法吗？

假如再把眼光放到中国以外的文学写作和批评，则又会不无诧异地看到：这股“门外文谈”的势力之强大，不但表现在其流行时间之久远，历史生命之顽强，而且更表现在，它在文明世界里几乎无处不在。美国当代文学批评家苏珊·桑塔格在她的《反对阐释》中说：“在现代大多数情形中，阐释无异于人们拒绝艺术作品的独立存在。真正的艺术能使我们感到紧张不安。通过把艺术作品消减为作品的内容，然后对内容予以阐释，人们就驯服了艺术作品。阐释使艺术变得可被控制，变得顺从……”

例如，卡夫卡的作品一直经受着不下于三拨的阐释者的大规模劫掠。那些把卡夫卡的作品当作社会寓言来读的批评家从中发现了卡夫卡对现代官僚体制的层层阻挠、疯狂及其最终沦为极权国家的案例研究。那些把卡夫卡的作品当作心理分析寓言来读的批评家从中发现了卡夫卡对父亲的恐惧、他的阉割焦虑、他对自己性无能的感觉以及对梦的沉湎的种种绝望的显露。那些把卡夫卡的作品当作宗教寓言来读的批评家则解释说，《城堡》中的K试图获得天国的恩宠，而《审判》中的约瑟夫·K经受着上帝严厉而神秘的法庭的审判……“建立在艺术作品是由诸项内容构成的这种极不可靠的理论基础上的阐释，是对艺术的冒犯。”“批评要成为一个什么样子，才会服务于艺术作品，而不是僭取其位置？”

从文艺批评的角度看，“门外文谈”的性质是把文学艺术的身份庸俗化、低级化，将它等同于枯燥干瘪、味同嚼蜡的新闻纪实或身世实录；而从某种意识形态的构成关系来看，它体现的是某种强势或强权政治的意识形态中政治话语霸权对艺术领域（同样对其他意识形态领域）理所当然的奴役和“僭取”。曾经的“文学为政治服务”的口号仿佛是过时了，讨论过、批评过了，但这个不甘寂寞的幽灵是绝不会情愿轻易离开有如此适合的生存环境的领地的。这种意识形态性的贫血，不妨用彭燕郊的诗句来形容：

今天，我从一家制造假花的商店门口经过
我看到，他们正在加紧地制造大批纸花纸叶
我想，这很好
这块没有生机的土地，还是用各色彩纸来装饰吧

——《因为血液》

诗歌的庸俗社会学批评一方面把诗歌批评当成了当下政治主题宣传鼓噪的工具和附庸，另一方面又粗暴而愚蠢地剥夺了诗歌阅读、艺术欣赏的无穷乐趣和审美享受。习惯于听从这种枯燥声调的读者甚至会永久地丧失享受审美乐趣的意识、欣赏自然与艺术的能力和欲望，成为一种落入“政治功利”陷阱的井底之蛙。今天来看以上所引的彭燕郊先生的这番话，他其实是在艺术欣赏和批评的这个世界里，像鲁迅先生所说的那样，“自己背着因袭的重担，肩住了黑暗的闸门，放他们到宽阔光明的地方去”（鲁迅《坟·我们现在怎样做父亲》），为我们启开艺术极乐世界的一条门缝，带我们走出悠久而腐坏的精神领域的泥沼。

这本讲义体现了彭燕郊先生对诗歌的艺术性、艺术品质的特别关注和强调。关于诗歌艺术美的内容占了本讲义的大部分篇幅，甚至使人感到，这是一门重在讨论诗歌的艺术处理（艺术表现）和诗歌语言的课程。彭老师对于诗的艺术表现确实给予了极大的重视，因为在他看来，艺术表现是使诗之所以成为诗的唯一方式和手段。因而，这是关于“诗是什么”——诗歌本质论、本体论的重要探讨。而所谓艺术分析，就是对艺术表现的分析，是对诗人的“神思”、“妙悟”、艺术匠心的分析，通过分析，使我们得以趋近、窥探诗的内美，诗人的“发自生命的奥底的声音”“将沉思投向无限去的声音”。讲稿中虽然有名为“诗的艺术表现”的篇目，但实际上彭老师对艺术表现的讲解，贯穿于对《狗的歌》等各篇文本的每一个意向、每一个造型和用词发音的奥妙的条分缕析当中。讲稿里出现了许多当时让我们感到新鲜和陌生的概念术语，以让我们读懂诗歌的方法、角度——构思、结构、想象、控制、分寸感、艺术基调、情感气氛、动态与静态、虚与实、情景、境界、光、色彩与声音、造型感、语言、比喻、象征、夸张、直接抒情、背面敷粉……也许我们在教科书里也看到过这些字眼，但在那里它们只是像谈论另一个冷漠世界的异己的语言，而在这里我们是从生动多彩的艺术实境当中聆听

着这样一种娓娓动人的母语，一种亲切的启示和涵泳。彭老师让“概念”“方法”成为一种眼光，一种意趣。以此彭老师无言地告诉我们，关于诗的学习不是要习得一门学问，而是为了能够享受诗的赠予、艺术的赠予。

从语言的角度说，艺术表现问题是回答“诗如何对读者说话”——诗的“语法”，广义的“诗语言”问题。而彭老师在讲义中专章谈到的语言，是指“辞藻”，或“野语村言”，即用语，诗的语言形式。两种语言（艺术表现和诗歌用语）的概念有重叠的部分，但内涵各有偏重。彭老师对诗语言的界说是“诗的语言通过诗化进入‘非语言’领域，日常语言被改造成为从总体上说是一种具有普遍的反常规特质的语言”①。他还在文章中引述马拉美的意见说：“诗的语言，不是‘诗意化’的语言，也不是语言的压缩、语言的经济，而完全是另外一种语言，一种打倒了直线发展的专制，引入了空间范畴的自由语言，所有的符号又还原为原生的独立的有机体。”②

语言是诗的外貌、诗的面容，对于文学中最高形式的诗歌来说，语言在诗的形式上的重要性是不言而喻的。对于诗人来说也是如此。在我们的印象中，作为诗人的彭燕郊的最直观的特征，就是一旦在接触、谈论到语言现象的时候，他不自觉地就会流露出的那种异乎寻常的兴奋和敏感。在津津乐道地品味和谈论着某个美妙或有趣的话语时，他完全是一个坠入情网的恋人。

“诗是最美的语言”，彭老师告诫我们，不要空泛地谈论诗歌语言。在讲义里，他平实地、按部就班地举例讲解了艺术语言的基本特质：准确、明了、精练（精微）、纯粹、生动、音乐性，等等，又以相反相成的道理对几乎每一种特质作了辩证的解析，例如明了与语言的弹性、朦胧性，精炼与完整性，纯粹与丰富性。他讲到中国语言的强盛的生命力，中国语言的丰富多彩、严密、精微、典雅和富于情感；他谈到语言风格，认为语言风格应该是指“作家的运用语言的特殊手段，上下文互相结合组织的独特方式”。

大概由于本课程只是作为大学本科的一门专业基础课，彭老师在谈到诗语言时，主要的内容只涉及了艺术语言的一般问题。而语言问题对于诗人彭燕郊来说，

---

① 彭燕郊：《彭燕郊诗文集·评论卷》，长沙：湖南文艺出版社，2006 年，第 117 页。

② 彭燕郊：《彭燕郊诗文集·评论卷》，长沙：湖南文艺出版社，2006 年，第 36 页。

却是一个非常不一般的问题。这是因为，他所针对的对象，是中国现代诗歌，他所谈论的，是以现代汉语为基础语言的现代中国自由体的“新诗”，这几乎是一个残酷地困扰并考验每一个中国现代诗人的难题。从延续了两千年的古典诗歌形式到现代新诗的这个巨大的突变，几乎可以用“天翻地覆”来形容。而从旧体诗到新诗的语言变革的意义和艰难，恐怕并不下于两种诗体所产生的社会体制和意识形态的革命，甚至还要深刻。古典诗语言在遥远的盛唐两宋就已经达到了空前的成熟，而新诗语言的经验“储备”和积累，在它的诞生期几乎是一片荒漠，到今天，它依然处在筚路蓝缕的艰苦的创建摸索时期，尽管人们说新诗所使用的就是我们日常所说的白话。彭老师有一篇文章题为《两世纪之交，变风变雅：语言的苦恼》，文中对现代诗的语言问题做了缜密深入的思考。他谈到现代口语、书面语、方言、普通话作为新诗语言因子的抵牾与得失，谈到黄遵宪的诗体改良，胡适的白话诗尝试，左翼的大众诗歌与后来的民歌体，当代诗歌令人担忧的“各种形态的唯美主义”的种种失败教训，最后归结到现代诗人所不得不面对的矛盾困境和创造的使命：

> 矛盾就在这里：符号看起来是万能的，而又往往是无能的。现代诗人在使用它们时，更多的情况是不可能得心应手，表达的自由受到极大的限制。符号（语言）作为媒介必然要伴随一种阻力。这时，语言的物质性就显示无遗了。
>
> ……
>
> 在浪漫主义时代，诗人一旦违背表达媒介习惯了的固有法则，人们就会惊讶得不知怎么才好，诗人不是不知道有必须遵循的语言法则的存在，并不想冒犯它，只是偶然地、情不自禁地冒犯这么一两次而已。现代诗人却必须与此相反，作有意识的反抗，不服从。

最后，他总结说：

> 关于语言的思考结果只能是：纠缠于最好用某“种”语言（现成的、人工的、通俗的、高深的等等）写诗最好的想法是多余的。无论哪一种语言都

在“变”，但不是变成“纯粹”的或越变越“纯粹”，加入新的词汇，出现新的语法结构只有破坏“纯粹”，而这个破坏恰恰带来一种新的纯粹。不存在某一种“特定的纯粹”，只有各种纯粹：多姿多彩的不同方式的纯粹。

关于诗的语言的这个重要话题，在这本讲稿中并没有专门提及。但在讲稿的某些话里，我们还是可以体会到作者激励和倡导语言的探索、“破坏”、新变的思想印迹。他强调学习语言要有超乎一般勤学苦练的特有的“敏感”，“要培养和锻炼我们的艺术味觉”，他甚至用叶燮提出的为诗须有“才识胆力”的宏论来要求对语言的学习，严申“要有自己独立的见解，要有怀疑权威的勇气”，这显然是对面临创造困境和历史使命的新诗语言而发的。他又对所有有所创新的尝试和成就予以无保留的肯定：

还有一点也是很重要的——他（诗人）以他自己划定的范围使用他所选择的词义。……用自己特有的一整套规范来加以限制，并赋予它新的生命和新的意义。

允许有新的语言结构关系，并不是墨守成规的、正统的就是明了的。有一点儿不明了、不习惯是允许的。

“似梅花落地，如柳絮因风”，这样的句子就是不正统的。作为一种语言艺术在结构上、互相配合上，如何达到相得益彰、一举数得，不能不创新。鲁迅是语言大师，他的作品有许多不是文从字顺，但这更体现了他的作品的新。

“化腐朽为神奇”，也是艺术创造的特点。

要从旧的、习惯的地方，搞出意料不到的东西（“疯狗上树”“捉鬼卖钱”），给人以出乎意料的美感。

讲稿里有一篇——《诗的语言》，彭老师说“我们的语言一点也不落后”。这话显然是有针对性的，约在二十世纪八十年代有过一种汉语的自卑论，此论大概是在当时深感西方文化压迫、处于紊乱躁动的中国知识界对民族文化检讨论争的背景下提出的。它体现的不仅是对于民族文化和民族群性的自卑，更从精神生产的意义上体现了言者对于自身创造力衰竭丧失的自我解嘲和嫁祸于人。在包括彭老师在内的许多新诗人的有光彩的语言探索和创造的成就面前，这种性格的怯懦和卑劣更显露无遗。

彭老师说“诗人是醉得极其自然的酒徒”。作为一个终身沉醉于诗，以诗作为自己一生的宗教的诗人，彭老师着重从写作的角度谈诗。这当然也是“极其自然”的事。在他的文章《虔诚地走近诗》里，他把“从被感动到感动他人”这个写诗的过程做了比较详细和条理化的描述。这个过程是：感动—感知—鉴别—综合，提炼，组织—理想化，增强诗美—酝酿，形象开始出现—构思，作品轮廓逐渐清晰—创作欲，“和谐的疯狂”—运作—承接—开展—高潮—转折—结束。

从讲稿和文章里，我们都可以清晰地感受到彭老师对艺术感受和艺术表现在创作中的核心地位的最高的重视。一方面，这可以看作对上述世俗和学术对诗歌的谬见的严肃的矫枉，“任何艺术作品都只能是一种艺术现象，而不是别的东西，不是社会教科书，不是数字统计表格，诗只能够是诗”。另一方面，更重要的是，这是彭老师数十年写诗之心血甘苦的经验之谈。诗歌的写作，可能是一切文体中最神圣、最玄奥、最天才也最复杂、最艰苦甚至最残酷的一种。因此，彭燕郊先生在谈论写诗过程之前就郑重地说明：“这里能接触到的只不过是很一般的常识。写诗，是不可能有什么诀窍的，所谓写诗的方法只能是骗人的，规律是从现实里概括、提升而来的，有多少种写法，就可能有多少种规律，规律不是条条框框，不是模式。现成的模式，可以用来照葫芦画瓢的模式是不存在的。”而彭老师谈论创作过程的言论里最吸引人的，是他用自己的真情实感换得的切身体验：

> 一首诗的完成，从你发现诗或你“被诗所发现”（中了诗神的箭）那一刻起，要经历一系列开掘隧道般的艰苦劳动，创造的苦恼会一直伴随着你，可望不可即的完美一直在残酷地折磨着你，写诗给你带来的快乐也许就在这苦恼里。古代诗人说“新诗改罢自长吟”，一字未安，不知不觉间已经改了多少次，何等艰苦，改罢之后又是何等美妙的创造境界。

彭老师在自己诗集的后记里说：

> （写诗）每有冒险走钢索的感觉，既踩上钢索，就只好滑过去，难在保持平衡，稍有疏忽，就会跌下无底深渊。偏偏文学写作无法平衡，若平衡了则不是文学，于是逃不脱滑落的命运，滑落了，怎么办？只好尽力双手抓住

钢索……可是写作过日子的人，身体负担越来越重，垂挂在钢索下的大布袋笨重得难以挪动，几十年来就这么固定地吊在半空，大概要一直到有一天麻木了的双手抓不住钢索跌下去为止。[①]

若有机会认真地读一读彭燕郊的《混沌初开》《生生：多位一体》《无色透明的下午》等这些呕心沥血之作，我们自然能体会到诗人这番自白的令人痛苦的真诚。如果说，了解诗的艺术表现是让我们从诗的正面虔诚地走近诗，那么，了解诗的感受和写作就是让我们从诗的背面尊敬地走近诗人。

为了给当时还不具备最基本的美学知识的学生讲解形式美，彭老师还不厌其烦地编写了"艺术美学的ABC"一类的内容。这些内容在今天已经是人们司空见惯的常识了，这是当时为了于美学几乎完全无知的我们这些学生而作的。（彭老师对于艺术形式美的思想，又见于他的《诗的形式美》一文，其中特别强调了形式与内容不可分离，"不能离开诗的本性来探讨形式"。）

但彭老师的美学修养，自不在于他介绍传授这些知识条文，这些被一般人用来应付考试、出题考人或炫耀博学的艺术规则，而体现于他本人完全审美化了的神经，审美化了的写作，审美化了的人生。这些"知识"，在他人是"知识"、条文，而在诗人，则是他的脉搏跳动、血液周流、言笑歌哭、行走坐卧的自然韵律和节奏。这一点，不仅从《彭燕郊诗文集》中许多美不胜收、炉火纯青的诗行里自可感受到，从本讲义中许多对诗歌艺术的解析、感悟中同样可以领会。

读彭燕郊的《钢琴演奏》《小泽征尔》《东山魁夷》《陈爱莲》《德彪西〈月光〉语译》这一类诗，我们看到的是一个令人陶醉的绝美的天国，一位令人神往的现代唯美写作的杰出大师。这就是彭燕郊的形象，仿佛天然地带着与生俱来的"缪斯情结"，仿佛他的每一个细胞、每一条神经，都先天地接受过织女天工的染色，艺术之神的洗礼。他的审美和艺术天赋是他之所以成为诗人的天赐的理由。他的这一面，曾倾倒了许多彭燕郊诗歌的忠实读者。

我需要，需要水的抚摸。我的嘴唇沾满了宇宙的冰凉，我在悠远的期待里成为记忆的面具和符号。

---

① 彭燕郊：《彭燕郊诗文集·散文诗卷·后记》，长沙：湖南文艺出版社，2006年，第367页。

夜气清冽，像幽涧里的泉水，我已经在它的宽容里沐浴了好久，好久。滔滔不绝的光源，是从那在紧缩的心上穿梭往来的万千思绪来的，它们就像繁衍的胚胎，躁动不已。

我需要水的抚摸，需要在水抚摸我的时候抚摸水。在我抚摸水的时候，许多许多晶亮的水珠跳了出来，在迷人的嬉戏里，许多许多次它们在我的轻轻拍打下互相撞击，在狂热里粉碎，化作闪闪银光。

淡薄的流云弯曲被银光染白的手臂，遮拦水珠的碎片，昆虫们半睁着梦幻的眼睛打盹，飞鸟入睡了，不再代表任何信息。银河是晶亮碎片聚集成的永恒的河流，怎能不永远闪亮，永远澄澈。

——《德彪西〈月光〉语译》

凭着这样的诗行，熟悉的读者可以从任何掩去作者名字的诗篇里一眼认出："这就是彭燕郊！"不过，如果说"彭燕郊就是如此（而已）"，那是完全错误的。从这样的诗来窥视彭燕郊，有点像李清照形容苏轼词的时候所说的"酌蠡水于大海"的意思。彭老师写这些"爱美"的诗，其实只是时而如此、偶或如此而已。对自己所写的散文诗，彭老师说过这样的话：

编次按写作年代先后，总觉得文学作品很难按内容分类……如果勉强分，大体上可以是"梦"与"现实"两类。"梦"类显得耽于爱美，追求美；"现实"类免不了悲痛、愤懑，两类都离不开沉痛的反思……前脚踩在现实上，后脚踩在梦上，能不跌下去吗？何况现实与梦总是纠缠着，脚步乱了没有也说不清。梦的爱美甚至唯美，现实的愤懑、感慨，不是都有些不正常吗？然而又不能不梦，不能不敏感着活在现实里。爱美、唯美、愤懑、感慨，本来都应该有助于平衡吧。梦里的厄运、恐怖、激动很美，因为是梦，能抚平创伤，激发活力。梦也是一种药，"是药三分毒"，管它四分、五分，五分以上毒，反正有时让你清醒，有时迷糊（似乎更多的是迷糊），离不了它了，于是一直在等，等到如今，吊在半天上一直到如今。①

① 彭燕郊：《彭燕郊诗文集·散文诗卷·后记》，长沙：湖南文艺出版社，2006年，第368—369页。

对于真正的现代诗人来说，爱美往往只是抚平现实创痛的一种有毒的药，即使这样，彭老师也很少会沉湎于“梦境”的写作，对此十分慎重以至于吝啬，甚至让人为之惋惜其大才之不用。他在使用“唯美”一词的时候，常常带有贬义，特别对“唯美主义”毫不掩饰地表现出不屑的轻蔑。彭燕郊在现代诗史上注定是一位罕见的最执着、最顽强的现实主义诗人，一名从不放弃思想批判的战士，一个从不放弃自我拷问的殉道者。

以下是彭燕郊关于自己诗人意识的自白：

> 不可能有什么隐遁在艺术里的超人。只有那在人生战场上战败了的，跌落在绝望的深崖下的，用“艺术”来为自己解嘲的可怜的人。
>
> 被希望抛弃在人生战斗的征途上，那便是“死”，那便是“毁灭”。
>
> 在动乱的年代，遁世式的单一的兴趣的长期持续，必将引起心灵的解体。在平静的年代，则将引起心灵的凝固。
>
> 诗人，是不咽下从唇边溜出来的叹息的人，不擦去第一滴眼泪的人。
>
> 屠夫用血洗手，诗人用眼泪洗他自己的眼睛。
>
> ——《论感动》

> 不论诗人是否自觉到，艺术追求总是历史追求的具象化。单纯的艺术追求，没有历史内容的艺术追求，不论诗人是否自觉到，都是艺术追求上的退步。诗，不能不考虑人的审美需要，也不能不考虑思想需要。不能忘记现代意识就是历史感，对现实的冷漠并不是从现代诗的根本特点中产生的，思想的浮泛和艺术上的容易满足也不是现代感，在离开内容的表现手段的狭小范围里创造不出大艺术。我们不应该要求诗人们每一提笔都要想到赤子苍生、家国兴亡，都要表达民胞物与、先忧后乐之类的怀抱，诗人的使命感和道义感可以在无数种方式中流露。我们的诗人应该能够从审视内心世界进而审视外部世界，它们不是同样布满这场大灾祸留下的伤痕吗？
>
> ——《再会吧，浪漫主义》

彭燕郊本质上是一位诗人。更重要的是，彭燕郊是一位现代诗人。作为诗人，他本质上是以诗的思想方式来洞悉、以诗的话语形式来表现他眼中的世界的；而作为现代诗人，他又是以一种前所未见的全新的思想和话语方式感受和表现在他的体验中已完全不同于以往的现代世界。彭燕郊认为，现代诗的出现划分了文学的两个时期，“浪漫主义以前的所有时代和现代”，诗歌史被现代诗分成两个迥然有别的时代：现代诗时代和前现代诗时代。如果说，前现代诗时期，诗人认为最值得关注的是外部世界如何触动了内心的世界（古人称为“物感”），那么，现代诗人则认为更值得关注的应该是透视和解剖以往被诗歌错误地忽视或遮掩了的复杂多变而无比丰富的内心世界本身——它的性状和本相，它是如何“塑造”以及作用于“外部世界”的。

从波德莱尔开始的对客观世界的主观体验的重视已发展成为“诗的唯一的现实”，经过艰苦的努力，诗人们发现人的真正的声音被掩盖在、压抑在历史的声音下面，甚至往往为历史的声音所吞没，人的感受、人的意识和人的内心活动的原貌，最真实的原始形态得到了重视。这就是莫雷亚斯当年最先使用“象征主义”这个词来称呼第一批现代诗人时所说的“努力表现飘忽的内心活动”。

现代诗的出现，意味着古典的“诗言志”“诗缘情”以及“诗可以观”“歌诗合为事而作”的内涵都发生了深刻的变化，“现实主义”写作的内涵发生了变化。彭燕郊是当之无愧的现实主义的现代诗人，这就是说，如果有人想要从他的诗歌里寻求“社会现实”的印迹，那么他首先要读懂现代诗人感知世界的方式，或者说，他在诗中所见到的，只能是“现实”为一个独特灵魂的棱镜所折射的奇异镜像。在现代诗美学中，“诗以抒情”的内涵也迥异于过去时代。不仅“情感”一词的指谓有了全新的内容，现代诗表现内心世界的方式也是完全现代式的。

严格地说，任何艺术作品的内容都可以归结为内心感受。我们发现，内心感受这个用语还很难准确表达现代诗人作品的基本内容，它比一般的感受更有意识，更富于雄辩性，更精微细致也更冷酷，更具有抽象思维的沉静、严肃和追求未知世界的终极意义的坚忍精神。

所谓热情燃烧的时刻，就是把自己分离出来，并与之搏斗的时刻，进而战胜自己的时刻。

（多数现代诗）几乎全部排除了直抒胸臆、倾诉衷肠、慷慨陈词等直白的方式。

习惯了浪漫主义诗歌话语形式的读者也许一时难以明白，像下面这样的诗也是一种对“现实”的反映，一种“抒情”：

绝叫

——题蒙克的《绝叫》

终于叫喊出来了，就这么突然叫喊起来
一切是这样出人意料的快，终于作出抉择
……
突然被激情完全控制，突然完全失去自制
突然被叫喊征服，突然陶醉叫喊，迷恋叫喊
叫喊囊括一切，除了叫喊，什么都不再存在
叫喊，只有叫喊，不叫喊会憋死人
叫喊了，一定要这样大声地叫喊，高声地叫喊
什么都不重要了，现实里只剩下叫喊
必须接受这个现实，叫喊，是不可替代的唯一
……
叫声乘飞轮从天上到地下拥挤奔驰
震撼天地的生死界上的霹雳
这样尖锐，这样凄厉
这样残酷地消耗着我的体能

超负荷消耗之下我突然瘦弱，皮包骨头
只有用颤抖的手抱着头掩着耳朵
怕听自己发出的这一阵阵充塞宇宙的叫喊
而我知道叫喊的是什么，知道为什么叫喊
突然明白我存在着，我没有消失
用完最后一点力气，痛快！值得！

这里不能更多地举例，对于有心的读者也无须更多地举例。举例只是想要说明，对于现代诗，不仅“不能用研究经济学或历史的方法去研究”它，而且也不能用我们已经熟悉的文学、诗学的眼光来衡量和批评它。彭老师曾作长文《再会吧，浪漫主义》，阐明现代诗的发展史与美学的关系。对照《再会吧，浪漫主义》，我们会发现，彭老师关于现代诗的思想，在这本诗歌讲义中几乎没有比较明确的体现，它所讲述的，基本上是浪漫主义以前的诗学。它通过杜诗《赠卫八处士》，揭示诗人如何用貌似平常的白描（赋）的手法达到出神入妙的艺术效果；通过温庭筠《菩萨蛮》，分析中国婉约诗人所擅长的背面敷粉等种种细腻别致的手法；通过张孝祥《念奴娇·过洞庭》，讲解古典诗结构的协调匀称，诗人的艺术感受、精神境界与艺术表现在完美的艺术品中如何达到高度的一致性；通过叶赛宁《狗的歌》，说明艺术感受、想象在创作中的意义，如何通过具体手段创造诗歌的情感气氛；通过波德莱尔《信天翁》，说明如何创造诗中的情景，如何把握诗歌的情感艺术基调；通过雪莱《西风颂》，介绍浪漫主义诗歌抒情的多种手段……如果说，《再会吧，浪漫主义》是关于现代诗的一篇深刻详明的诗学论纲，那么，这本讲稿就应该算是一部前现代诗诗学的切实而从容的演绎。

这说明什么呢？

我觉得，一方面，从教师身份这个意义上，这说明了彭老师十分清醒坚定地把握着文化和学术现象的整体构成的原理。他想让学生明白，人类诗歌这条河流无论其哪一段流程都是壮阔波澜的，任何一滴水都是河流不可分割的生命机体，而且每一滴水都相互融合。正如艾略特在《传统与个人才能》里所说：

假若传统或传递的唯一形式只是跟随我们前一代人的步伐，盲目地或胆怯地遵循他们的成功诀窍，这样的“传统”肯定是应该加以制止的。我们曾多次观察到涓涓细流消失在沙砾之中，而新颖总是胜过老调重弹。传统是一个广阔意义的东西。传统并不能继承。假若你需要它，你必须通过艰苦劳动来获得它。首先，它包括历史意识……这种历史意识包括一种感觉，即不仅感觉到过去的过去性，而且也感觉到它的现代性。这种历史意识迫使一个人写作时不仅对他自己一代了如指掌，而且感觉到从荷马开始的全部欧洲文学……这种历史意识既意识到什么是超时间的，也意识到什么是有时间性的，而且还意识到超时间和有时间性的东西是结合在一起的。

另一方面，从诗人和学者身份这个意义上，这说明彭燕郊的学术性格和学养使他自别于那些靠竖立门墙、拉起帮派来自抬地位、自鬻高明、小头锐面的诗人学人。王船山说：“诗文立门庭，使人学己，人一学即似者，自诩为‘大家’，为‘才子’，亦艺苑教师而已……自缚缚人，谁为之解者？昭代风雅，自不属此数公。”（《姜斋诗话》）彭燕郊在《独秀峰》中这样说：

相信自己美，就不会感到孤独吗？所有的美都不是孤独的，例外，不是美，而是怪异。

和它一样美的山这样多，说只有它最美，这不符合事实。

只有自己才美，这本身就是一种丑。

……

彭燕郊的诗歌，是众芳葳蕤中的一瓣幽香；彭燕郊的诗学，是涵纳了中西诸贤智慧的现代诗学。在讲稿中我们随处可以看到这样的包容性：

晦涩的诗是诗人对读者要求过高，如艾略特的《荒原》。对李商隐、法国象征派的诗，我们都应该以这种心情去理解，这样的诗人也允许存在。艺术这东西，就是丰富多彩的。

他深有体会地提到作诗应具备的“才识胆力”，认为“识”的养成是非常困难的事。他用自己的实践证实着，“识”的养成，须有曾经沧海、上穷碧落下黄泉的探索历程和宽旷的视野。诗人要想具有“会当凌绝顶，一览众山小”一般的卓识，首先要有“海纳百川，有容乃大”这样的胸怀。

当然，真正的“包容”不一定是“集大成”，不一定是“百衲衣”，包容可以是“海纳百川”，也可以是“酌蠡水于大海”，一水中现大千世界。

了解了现代诗与现代社会的密切关系，了解了现代诗的产生所具有的诗歌史意义，了解了现代诗对于传统诗美学的继承，特别是它与传统的异质性，我们对隐隐地贯穿于这本诗歌讲义的重要思想——“创造”“创新”的特定含义便更容易有明澈的认识。

彭老师在讲稿中始终是把创造（创新）作为诗的本体论来表述的：

> 创新是一条艰苦的道路，也是文学创作的唯一的道路（作品本身体现的法则）。
>
> 凡是重复过去的东西都是没价值的。重复本身就违反了艺术规律。 诗是最富于创造性的，最怕模仿、赶时髦和一股风。创新常常被人视为洪水猛兽，但到头还是要胜利的。
>
> 学诗难的是学绝句，每一句都要自己创造。

在讲稿中，在著述中，在闲常的言谈里，彭燕郊先生总是反复强调创新对于诗歌的本体论意义。他在讲课时曾说过一句让全体同学印象深刻的话：“在道德领域以外，喜新厌旧是人类的本性。”

> 艺术、文学的本性是新，是以新的丰富已经有的，“旧”的能够存在，因为本来也新，所以有永恒的生命。因此，作为后来者也必须是新的，这是规律，不允许重复，重复是亵渎，是犯罪。
>
> 非难创新，嘲笑创新，岂止无知！
>
> ——《学诗心悟》

创新的重要性对于现代诗来说不只是艺术法则的要求，而且具有更深刻特殊的意义。从古典诗歌到现代诗的变化，不是从唐诗到宋诗的嬗变，也不是从唐诗到宋词、元曲，不是青出于蓝，不是一般的务去陈言，而是一次“横空出世”；不是任何意义上的改良，而是绝对意义上的革命。如前所说，新诗在草创时所面对的是旷野、荒漠，前不见古人，后不见来者。形式上（尤其是语言）既无处可依托、借取（中国新诗语言与西方现代诗歌的关系并非学习模仿的关系，用白话写诗并非只是“西化”的结果），诗学思想上更具有与生俱来的对“古典”“浪漫主义”传统离经叛道的姿态。如果说新诗对古代“传统”有所继承、有所接受的话，那其最根本的，就是对历代的杰出诗人们探索创新的勇气和创造精神的吸纳。套用莎士比亚的话说，现代诗，它的“名字”就是无所依傍，就是“创造”。

> 从创作角度来看，伟大作品给人的只是“创新”的艺术上的启发，而不是“模型”。

> 任何程度的成熟都应该是桥，是花大力气搭起来的壮丽的建筑物，但也只是必须跨过去的遗留物。

彭老师最推崇的现代诗人是“开一代诗风”的波德莱尔和鲁迅，他认为“《野草》是自有新诗以来最富现代感、世界感的真正的现代诗”（《再会吧，浪漫主义》）。彭老师在文章中曾提到“多年以后，友人颜雄教授告诉我，他以为我写每一首诗都是在探索”。他常说：写新诗，每一首诗都必须在“形式”上与众不同，每写一首诗，你必须赋予它一个独特的造型。我想，可以与旧体诗词的写作做一个比较：以往诗人在决定他的新作的“形式”时，所要做的是揣摩和抉择究竟这一首诗是用古体、乐府来写更恰当，还是写成一首律诗或绝句更合适，或者是用《清平乐》《水龙吟》词调……那么，新诗诗人呢？没有这一切在等待他，只有“诗”本身的内在的呼唤。这样一比较，写新诗的艰难就十分明白了。

对于创新，彭燕郊先生还强调了以下几个问题：

首先是要深知创新必定是一种探险，需要超常的执拗和顽强。“创新要冒险，成功的概率很小很小。突进未知的天地，原本就是冒险，需要勇气，需要不怕惨败的冥顽不化，值得尊敬的，正是一头栽进创新里的勇士。”（《学诗心悟》）创新之所以是令人畏怯的冒险，其一，在于“传统”自身的完美丰厚。这种完美对于要以超越和更新它为己任的创新者来说，是一种难以摆脱的沉重压力。其二，与此相关，传统的完美产生的巨大惯性使人们审视创新的眼光具有先天的苛刻和偏见。

> 创新的最大阻力是不被理解，不被接受。我们传统的思维方式是求同性，稳固性，依存性，安全性。和别人不同，不求同，不行；横冲直撞，只怕会动摇文学秩序的巩固，不行；忽然不知从哪里冒出来，没有来历，无所依附，不行……

创新的另一种阻力，即另一种极端倾向，是机会主义的创新观。它把创新轻薄地理解为“求异”，把“求异”当作了发展艺术的目的。离奇吊诡、装腔作势，或者在“遗产”中巧取豪夺，都曾经被一些人用来作为“创新”的表演。因而彭燕郊先生在讲稿中严肃地一再强调，创新决不可违背美的原则。离开美的创造而标新立异，必然的结果就是导致形式主义或者惊世骇俗、哗众取宠之类。他说：

> （创新要求）自然。既是独创，又不是标新立异。看芭蕾舞，使人感到轻松，舒适。而看杂技就使人吃力，使人难受。
>
> 创新还有一个阻力，假的创新太多了。有一些所谓民歌体的诗，就曾经迷惑过人们，这种假创新最坏的作用就是让人感觉到创新等于胡闹或者是创新等于模仿。

彭燕郊说：“我是想从诗里得到再生的。”诗人彭燕郊在他的诗里已经得到再生，这是他的诗歌的读者所看到了的。读过这本诗歌讲稿，教师彭燕郊的生命也将在我们眼前复活。尽可能真实完整地保留和展现二十多年前的这本讲稿的原貌，并对讲稿内容所涉及的相关问题及写作背景予以说明阐释，是我们整理它的基本指导思想。

彭燕郊先生的这本讲稿作于二十世纪八十年代初，此后他的创作与诗学思想一步步走向成熟和巅峰时期。讲稿的接受对象是“文化大革命”过后刚刚恢复高考那个时代的大学本科学生，故讲稿的内容和地位在彭老师的整个诗学思想中，总体上是一部诗学的入门著作。彭老师关于诗歌的一些重要思考、意见在讲稿中并没有明显地体现或充分地展开，如关于浪漫主义的批评，现代诗发展史，关于语言的若干问题的论述，等等。这些讲稿未能包括的内容，我们在本书的批注中尽量给予了提示、说明。而“入门”——从讲稿中不难看出——在彭老师的思想中同时也具有“奠基”的意义，显然他认为，基础的、基本的往往同时就是根本的、核心的，他的关于诗的很多成熟的、深刻的思想观点的因子从讲稿中还是可以体会出来。同样重要的是，重读这份纸页上的讲稿，让我们这些人得以与读者一起，再次走进彭燕郊先生的课堂，耳边响起他那口音很重、一字一顿、抑扬铿锵的嗓音，不由自主地跟从它进入另一个世界，诗的世界，美的世界，圣洁的世界。

（收入彭燕郊：《彭燕郊谈中外诗歌》，湘潭大学出版社，2011 年）

读彭燕郊遗著《那代人》

石天河

诗人彭燕郊的遗著《那代人》，在经他的夫人张兰馨对原稿进行整理以后，已经由花城出版社出版了。这是彭燕郊的“回忆录”，但却并不是关于他自己一生艰辛而灿烂的革命生活与文学生活的回忆，而是对他的同代人中，使他不能忘怀的“师友”们的回忆。实际上，他的这些“师友”，都是中国的名人。正如这本书的书名《那代人》所示意的，这些人都是那一时代中具有广阔影响的或特立独行的代表人物，其中包括柳亚子、梁漱溟、田汉、艾青、丘东平、胡风、梅志、聂绀弩、叶挺、卞之琳、黎烈文、辛劳、严杰人、邵荃麟、梁宗岱和甘少苏夫妇、陈敬容、老舍、章士钊等众所周知的人物，他们身上，都带有历史的辉光。但也有个别杂色的、灰色的，如姚蓬子、孙偎工那样的人（他们一度也是名人，可在他们身上，却有着某些曲折与隐晦的灰斑暗迹）。而这本书之所以一读起来就不能丢手，就因为这本书中许多事情，假如不是彭燕郊把它写出来，大部分都是不为人知的。

在我和彭燕郊的交往中，我常常感到彭燕郊是一个很值得学习的人。不仅他作为左翼诗人的品格操守和在诗歌艺术方面的创新成就值得学习，就拿他一丝不苟的写作态度来说，也是一般人很难做到的。在这本书的《自序》里面，他给自己定下了八条非常严格的要求，其中如：4. 记住自己是向有幸结识的前辈和同辈朋友求知问道的，他们都是我的老师。不借此谬论知己，把握分寸，不搞交浅语深那一套。5. 写到的人物，除极少数例外，都是精英，各有建树，必须客观公允，不溢美，不借此攀附。6. 知人论世的负责态度，既须表现在不溢美上，也须注意不为贤者讳，虽圣人不能无过，隐过结果是不真实，不真实的回忆录毫无意义。——仅仅从这几条就可以看出彭燕郊是一个什么样的人。他当然也不是圣人，但他讲究的是踏踏实实的真实。

从这本书里面，我们确实可以知道许多“那代人”的风神骨气。例如，第一篇《亚老与诗》，写的是柳亚子先生给他留下的一个真诗人的印象。他历述了柳亚子先生对诗的见解以及对清末守旧派诗人郑孝胥、陈三立、樊增祥、王闿运等人的诗所给予的犀利而严正的批判性评价。又特别点明亚老作为一个横跨新旧两个时代的老诗人，自己写旧诗，却一直相信新诗必能代替旧诗的观点，显示他老骥雄心、永不停步的气概。同时，他敬仰亚老有革命诗人的自觉，“至竟何关家国事，羞教人说是诗人”。亚老1915年《赴愚园南社雅集》的这两句诗，使彭燕郊感到“他是时时掂诗人这个称呼的分量的真诗人”。——在这篇短文里面，彭燕郊只是着意于谈亚老这样一个前辈关于诗的见解和“觉得他格外可亲、可敬、可爱”，却一点没有谈自己与亚老的交往，这显然是避攀附之嫌。亚老作为辛亥革命时期的一个传奇人物，他的传奇故事是很多的。例如，他作为追随孙中山先生革命的元老，在蒋介石开始“清共”时，他曾当面激烈地质问蒋介石：“你究竟是总理信徒还是总理的叛徒？”在抗日战争中的“皖南事变”时，他又与宋庆龄、何香凝一起联名通电斥责蒋介石“倒行逆施，破坏抗战”，以致后来被蒋深恨，不仅被开除出国民党，还曾被围在住房的复壁里搜捕，几乎被置于死地。这类表现亚老义愤激情和高风劲骨的故事，彭燕郊在这本书里面却一点也没有提到。可见，他确实严格地遵守了自己“写亲身经历、亲见、身受的事”的规定，不轻易逾越自己划下的界线。

这本书里面最具“重点”意义，也最触目的内容，当然是回忆胡风、梅志的两篇。在这两篇回忆文章里面，彭燕郊写的主要是他自己由一个新四军青年战士成长为一个革命诗人的过程中，胡风对他的精神影响，以及他所知道的胡风和梅志在那“三十万言三十年”的所谓“不寻常”遭遇中的艰辛生活。我读这两篇文章的时候，不禁联想到“反胡风”运动当时，有一些不知道“胡风集团”是怎么一回事的人，往往在闲谈中谈出了一些不得其解的问题。现在，如果当时的那些人还活着，读一读彭燕郊的这两篇文章，问题就显得非常平淡了。原来，胡风虽是个名作家，却并不有钱有势，在战时流离颠沛的生活中，办刊物都要靠别人支持，一些青年作家跟他走，并没有得到多少报酬，往往都只是跟他一起过苦日子。客观地看来，彭燕郊从胡风那里得到的好处，主要只是学到了胡风那种为左翼革命文学苦熬苦撑的作风，以文学作品为民族革命战争作个人奉献的精神。其实，胡风的这种精神，也就是从鲁迅先生那里传承下来的左翼文学革命民主主义的战斗精神，并没有什么特殊的奥秘。但是，在彭燕郊自己的感受中，却感到他从胡风那里得到了许多使他终身受益的东西。例如，读胡风的《林语堂论》《张天翼论》，使他懂得了什么叫“没有骨骼的自由主义”，也懂得了采取“用人物、情节去图解那个正确观点”的创作方法，会使作家“不能深入现实生活，不能深入人物的内心世界”，从而使人物“概念化”。读胡风关于“文学与生活”“民族形式问题”“现实主义问题”的理论文章，也使得他获得了从别的书中不能得到的理论知识。——这无疑提升了彭燕郊的文学素养，也使他体会到了文学批评的重要意义，为彭燕郊的文学实践起到了加固基础、升梁立柱的作用。

现在的青年人，大都不了解抗战时期左翼作家在国民党统治区的处境及其具体工作情况，也更不容易了解胡风在国统区文艺界的特殊地位。当时，虽然就政治上说，已经形成国共合作共同抗击日本侵略的大势，但实际上，国民党对共产党的戒备仍然是很严的。对左翼作家的活动，仍然有许多“阴一手阳一手”的监控。但是，国民党在“十年剿共”战争中造成的局面，却使得它自己陷入了一种非常被动的尴尬，因为在“军事剿共”方面，它虽然取得了把红军从江西苏区赶到陕甘宁边区的成果，但“西安事变”以后，蒋介石却被迫接受联共抗日的条件，所以它军事上的强势被政治上的均势所制约，不能再为所欲为。而在“文化围剿”方面，国民党可以说是百分之百的失败了。到全民族抗战开始时，虽然鲁迅先生已经去世，但中国的文艺界，几乎绝大部分进步的爱国的作家都团结在左翼的周围，国民党几乎拿不出一个像样的作家来了。蒋介石也知道，许多文化部门如果不用左翼的人，他们甚至开不成一个会。例如，当时的军事委员会政治部管宣传的第三厅厅长用的是郭沫若、戏剧处处长是田汉。重庆舞台上最热烈上演的话剧是郭沫若和夏衍的作品。全国各地进行抗战宣传的巡回戏剧演出，都是田汉领导的那些戏剧宣传队在进行。重庆的中华全国文艺界抗敌协会主要负责人，就是老舍、茅盾、胡风、夏衍等人。当时报纸上公开报道的文艺界抗敌协会开会，国民党的中宣部部长张道藩好像只是个“陪客”，会议是由老舍主持，胡风作报告，那光景是很有些“夺席谈经”的幽默味的。胡风并不是国民党的官僚，也不是共产党派来的代表，而他的文学主张，在当时的文艺界，特别是文学青年中却被认为是进步文学的指针。胡风主持的《七月》杂志，印数并不很多，可它的影响却非常大，在青年人中，一本《七月》，在传来传去地读，读烂了还被人小心地收检着。许多在八路军、新四军游击区的共产党员作家、诗人，并不是因为他们和胡风有什么组织关系，而只是因为他们的作品在《七月》上发表过，就被读者一齐叫成了“七月派”。谁会想到“七月派”在共和国成立以后，竟会被打成“胡风反革命集团”呢？——彭燕郊的这两篇文章，并没有为“胡风集团”的冤案作多少激愤的辩诉，只是平淡地回忆了那些年的生活。可是，对于让读者了解“胡风反革命集团”究竟为中国的抗战和中国的文学作了一些什么事，却是最切实的第一手历史材料。可惜的是，他对胡风、梅志的回忆并没有写完。梅志在牢里被关了六年，从牢里放出来，对被关了十年杳无音信的丈夫究竟是死是活都不知道，后来还是在老朋友熊子民说的“旧社会我们为革命坐牢，还准探监送东西呢”的提示下，才向公安部请求探监，然后才又开始了她陪丈夫坐牢的十几年。——这样的女性，从前只在涅克拉索夫的长诗《俄罗斯女人》里面看到过，似乎那可能是被诗人美化了的艺术形象，而没有想到，这样的女性竟然会活生生地出现在我们的这个时代。而且，她并不是历来就有贵族气质的贵族夫人，而只是一个爱写儿童文学作品的非常素朴的女作家。据我的一位在苗溪茶厂劳改过的朋友告诉我：“如果没有梅志陪着他，胡风在劳改期间非疯死不可。”她不仅陪着胡风度过了漫长的苦难岁月，而且在出狱以后，还以惊人海量的回忆文字和《胡风传》，记述了胡风生平以及“胡风集团冤狱”的始末与经历，并为胡风全部著作的出版，作了细心的整理辑注的工作。这样的女性，在西方的基督教文化传统中大概会把她尊为“圣女”。我们中国“五四”以后的新文化不习惯用“圣”字尊人，但我觉得，应该承认她是中国当代文学界的第一女杰。

这本书中，回忆聂绀弩的这篇，题目叫《千古文章未尽才》，对聂绀弩的一生是充满痛惜之情的。但这篇文章从头到尾竟都是在谈聂绀弩晚年的旧体诗。文中引述了绀弩去世后钟敬文送的挽联，那上半联是“晚年竟以旧诗称，自问恐非初意”。又谈到1979年后绀弩在给他的信中，谈自己写的一些诗“只为无聊消遣”，并在信中说“平生每笑鲁、郭、茅、达……一面反对文言，一面作旧诗，自诩平生未如此矛盾。不料活到六十岁时，自己也作了，比他们更作得厉害了……”彭燕郊是历来反对新文学作家退转去写旧诗的。他之所以用这么一篇文章，专谈绀弩的旧体诗，可能主要是想向现今的读者大众说明：绀弩的这些诗，只是一个原本应该在新诗、小说、散文、杂文领域里自由挥洒、作出多方面成果的大才人，被时代的牢笼扭曲，只能在衰病缠身的病床上吟哦消遣，对于他自己，这只是不得已而为之的痛苦的事。但即使是这样，他竟也为旧体诗做出了开拓性的惊人成果。可见，如果不是由于荒唐的世事颠乱了诗人和作家行进的轨迹，这些人原本是应该成为大诗人、大作家的。至少，抗战时期绀弩在桂林编《野草》时那种风行天下的老辣杂文，会是中国文坛一道闪亮的光彩。——我对彭燕郊写这篇文章之用意的这种看法，当然只是我的分析与猜度。同时，我觉得，这篇之外，彭燕郊还有许多篇是没有来得及写完的。所以，兰馨夫人在《后记》提到他2007年9月7日的日记中，写了一句“胡聂未写完——”我现在翻检他和我那几年的通信，他还曾把他的一些文稿复印件寄给我看，其中关于回忆绀弩的，总题是《我所知道绀弩的晚年》，后面几篇的题目是《跟绀弩聊天》《朋友》《女人》。除了《女人》这篇，彭燕郊特别用手写的字注明“此文请勿外传”以外，后面还有《我也不懂》《谈舒芜》《答客问》三篇都是涉及绀弩与舒芜之交往的。我想，这一叠稿件，可能是关于绀弩的系列回忆文章。但这些文章，后来既没有编入四卷本的《彭燕郊诗文集》，也没有编入现在这本《那代人》，很可能是他一直没有拿出去发表的。因为这些作品的内容，如果发表出来，很可能会引发纷纷扬扬的争议。

《那代人》里面对叶挺将军那种英雄气节的记述，可能是为了补正史之不足。同时，也因为彭燕郊自己曾经是新四军的一名革命战士，他内心中可能感到自己对军长“流徙九千里”的壮烈事迹负有使之光耀千秋的历史责任。所以，他为这件事搜集材料，精详考订，付出了很多心血。我读这篇文章的时候，不禁有一种深心的感慨：文学作品对人物的人格魅力与精神骨气的评价，大概全人类的标准都是一致的。彭燕郊写叶挺将军的这篇文章，不仅对抗日战争中的史实有去伪存真的史学价值，对叶挺将军英雄品格的记述更具有人学的价值。

这本书里面，最使人感到别开生面又最为感动人的文章，是关于老诗人梁宗岱与演员甘少苏夫妇制药的故事。梁宗岱先生是我国“五四”后非常著名的学者型的诗人，他的文章读起来会使人感到有一种严整的逻辑力量和热喷喷的血性情感；他曾经担任过北大、南开、复旦、中山、广外等好几个名牌大学的教授；在文学界，他也是著名诗人、评论家、翻译家。他翻译的《莎士比亚十四行诗》、歌德的《浮士德》、里尔克、瓦雷里等大诗人的诗，以及他的诗学理论著作《诗与真》《诗与真二集》，都是在中国文坛有过广泛传播、引起过热读效应的作品。在这本书里，彭燕郊以《可爱的梁宗岱先生》一文，记述了梁宗岱在文学、美学方面的学术成就和他独特的理论观点与治学风貌。

我读彭燕郊的这本书，觉得还有许多话要说。但说了又能怎样呢？只好在这里刹住了。

（原载《书屋》2011 年第 10 期）

“有一种不同一般的感情”

——彭燕郊致牛汉、黄汶书信两通释读

宫　立

易彬在《从晚年彭燕郊的文化身份与文化抉择——以书信为中心的讨论》中提道：“彭燕郊与友人间的书信，目前仅有少量被披露出来，其中以胡风为中心的居多，与路翎、胡风、聂绀弩等人的书信较早即已随这些人的作品集披露。目前所掌握的材料来看，彭燕郊有书信往来的原‘七月派’作家或‘胡风分子’，还包括绿原、舒芜、贾植芳、何满子、曾卓、罗飞、罗洛、牛汉、冀汸、朱健、耿庸、孙钿、张禹、木斧等十数位。”今年是“七月派”诗人彭燕郊逝世十周年，笔者将新找到的彭燕郊给《新文学史料》编辑部牛汉、黄汶的书信，略做钩沉，以为纪念。

一

2018年1月1日至8日，北京“华夏天禧·墨笺楼”举办的“一月精品拍/文坛忆旧——周而复、施蛰存、陈白尘、赵家璧、萧乾、吴祖光等名家信札”专场，收有彭燕郊给牛汉、黄汶的一封信，照录如下：

牛汉、黄汶兄：

你们好！

来示及清样都收到了，拙稿承贵刊采用，不胜感激！清样校了，恐仍有未看出的误植处，还得请你们最后再校一次。有两处改动，都不太大。本想增补一些，考虑到变动太大会给你们添麻烦，只好待以后有机会印书时再说了。

承嘱再向贵刊投稿，自当遵命，今后计划写“胡案亲历记”“绀弩在新四军”“绀弩在桂林”“李济深与桂林文化城”“文化巨人胡愈之”。前三篇计划写已数年，不愿率尔动笔，实因对胡、聂二位，有一种不同一般的感情。李、胡二公，看似与文学关系不大，弟意则以为其实不然，因此很想写，收集资料亦已有年。但愿所写的能够算得上是信史。只是年纪一天天大了，工作效率日差，小外孙还放在我这里，还得当半个保姆，不知计划能顺利完成不，如能写出，定当寄上请你们审阅。

我是贵刊的忠实读者，每读必感获益匪浅，有时也发现有些作者往往有记忆失误之处，将来有时间的话，想写一读贵刊的劄记，或许会是很有趣的。

匆匆不尽，祝

文祺！

弟 燕郊

1994 年 4 月 2 日

根据信的写作日期，可以推断，信中的“拙稿”，当指《诗人的灵药：梁宗岱先生制药记》，刊于《新文学史料》1994 年第 2 期。彭燕郊在接受访谈时曾提起这篇文章，“写了篇很长的《诗人的灵药：梁宗岱先生制药记》，有三四万字。他晚年发明了一种癌病特效药‘绿素酊’。这篇文章发表在《新文学史料》，台湾的《联合报》也发了”“梁宗岱制药这个事，有很多材料，很多信件，我花了一两个月时间才写好”。彭燕郊为我们呈现了诗人梁宗岱从文学转而潜心研究并从事制药直至去世的整个艰难历程，在他看来，“无论在文学事业上，还是在医药事业上，梁先生都可以说是壮志未酬”。

彭燕郊一直心系梁宗岱。重庆出版社 1991 年 2 月出版了甘少苏著的《宗岱和我》，书前有彭燕郊的《一瓣心香》，其中提及，“1982年，为了筹编《诗苑译林》丛书，我写信向宗岱先生征稿，其时他已在病中”“1983年，在建议编辑、出版《散文译丛》丛书并拟订选题计划时，我首先想到的第一批书目里就有宗岱先生译的《蒙田试笔》”。彭燕郊1982年9月15日致信梅志，“我编的一套译诗丛书，已有四种付排（《戴望舒译诗集》、《梁宗岱译诗集》、卞之琳译的《英国诗选》、周煦良译霍斯曼的《西罗普郡少年》）”“我还编了一套外国散文译丛，已开始征稿，定下来的有梁宗岱译的《蒙田散文选》和罗念生的《希腊罗马散文选》”。经笔者查阅，湖南人民出版社1983年3月出版了《梁宗岱译诗集》，系《诗苑译林》丛书之一种，湖南人民出版社1987年2月出版了梁宗岱、黄建华合译的《蒙田随笔》。珠海出版社1998年10月出版了李振声编的《梁宗岱批评文集》，彭燕郊作序，从诗歌创作、翻译等方面对梁宗岱的一生做了梳理。陈太胜曾提道：“2003年，在梁宗岱逝世二十周年的时候，彭先生特意组织了一组纪念文章，发表在《芙蓉》杂志上。除了我和龚旭东的文章外，还有他自己的一篇文章，即是谈我复印给他的梁宗岱的几篇佚文的。”经查阅，《芙蓉》2003年第5期，除了刊有陈太胜的《诗人梁宗岱的“诗心”》和龚旭东的《梁宗岱先生编年事辑》，还刊有彭燕郊的《可爱的梁宗岱先生》，“梁先生是可敬的，可爱的”“梁先生给我们留下的这份遗产对我们是极为珍贵的，但是我首先想到的是它的珍贵结合我们现在的实际情况主要的是精神上的，将这种精神运用到对应现实提出的问题，愈能显出其珍贵”。

彭燕郊在信中提到“承嘱再向贵刊投稿，自当遵命，今后计划写‘胡案亲历记’‘绀弩在新四军’‘绀弩在桂林’‘李济深与桂林文化城’‘文化巨人胡愈之’”，不过并未及时完成上述计划。经查阅，彭燕郊在《新文学史料》发过五篇文章，都是忆旧怀人的文章，除了《诗人的灵药：梁宗岱先生制药记》，还有《明净的莹白，有如闪光的思维——记女诗人陈敬容》（1996年第1期）、《荃麟——共产主义圣徒》（1997年第2期）、《他一身都是诗——悼念诗人辛劳》（2000年第2期）、《回忆胡风先生》（2002年第4期）。

彭燕郊在信中提到，他对胡风、聂绀弩“有一种不同一般的感情”，他在接受访谈时也说，“胡风、绀弩、雪峰和邵荃麟，我都看作是我的导师”，正如吴思敬所言，“胡风是彭燕郊诗歌才华的发现者，也是他诗歌创作的引路人，当然这也就注定了彭燕郊难以摆脱的与胡风相伴的悲剧命运”。《聂绀弩全集》第9卷收有聂绀弩给彭燕郊的11封信，关于聂绀弩，彭燕郊在《学术论坛》1981年第4期写有《聂绀弩在桂林》，在《读书》1991年第10期写有《千古文章未尽才——绀弩的旧体诗》，《我所知道绀弩的晚年》这篇回忆聂绀弩的长文，经晓风和罗飞的校订，以遗稿的形式刊于《现代中文学刊》2012年第1期。《胡风全集》第9卷收有胡风致彭燕郊的5封信，《胡风全集补遗》收有胡风给彭燕郊的9封信，关于胡风，彭燕郊写过《他心灵深处有一颗神圣的燧石——悼念胡风老师》《胡风在桂林》《胡风和茅盾》《胡风和绀弩》等，直至胡风百年诞辰时，长文《回忆胡风先生》才在《新文学史料》刊出，不过笔者注意此文刊出时，文末注明“未完待续”。彭燕郊一直对胡风、聂绀弩念兹在兹，也多次著文纪念，但直到很久才写出他自己最为看重的文章（《回忆胡风先生》和《我所知道绀弩的晚年》），这是为什么呢？“胡风先生去世，我迟迟没敢写回忆文字，二十来年前写过一篇很短的悼念。不是不想写，很想写而且一直在想，二十年后才开始写，写得很慢很慢，反刍记忆是艰难又甜蜜的过程，感悟人生的过程。绀弩去世十年后的今天，写下来的这部分，多少还带有学习写作笔记性质，我只能在写作的过程学习，在学习的过程里写。”彭燕郊在《我所知道绀弩的晚年》中的这段话，为我们作了最好的回答。在笔者看来，彭燕郊回忆胡风、聂绀弩的文章，尤其是《回忆胡风先生》和《我所知道绀弩的晚年》，都是“友谊长存的令人潸然泪下的回忆”。

彭燕郊晚年写了大量的忆人怀旧文章，在写作过程中始终坚持“知人论世的负责态度”“把人和事放到历史的大背景里去认识”“文风力求朴实”，正如易彬所言，彭燕郊的这些回忆文“既有坚实的史料基础，又融合了社会历史背景，以及历史亲历者本身的复杂况味与历史评判的道德眼光，极好地透视了彭燕郊本人的历史境况以及他所经历的历史时代的复杂面目”“对于研究中国现代文学史、思想史、政治文化史的读者而言，这些文字无疑是非常珍贵的资料”。

二

2018年1月1日至8日，宣南书局举办的“《新文学史料》编辑部旧藏（四）：梁斌、蹇先艾、周楞伽、草明、陈学昭、范用、碧野、彭燕郊等信札”专场，也收有彭燕郊给牛汉、黄汶的书信一通，照录如下：

牛汉、黄汶兄：

你们好！

久疏问候，乞恕。这两年，一直在闹病，有时还很紧张，似乎马大胡子很想念我这个小信徒，就要召我去了。现在是看病，吃药、躺着不动占去大部分时间，读书、写作自然大受影响。梅大姐来信，说牛兄在闹痔疮（？），想已好了。总之，我们这些人，不能不小心翼翼过日子了。

寄上写陈敬容的一篇，极想多从作品写人，无作品即无人。这写法不知对否？请审阅、指正。下次再寄《聂绀弩在桂林》。

惠赐的贵刊，每期都仔细读了，确实获益匪浅，有不少好文章，当然也有一些不大以为然的，如刘岚山兄一文，看完总觉得可以不写。然士各有志，亦不可勉强，但也不应该让当编辑的朋友为难。

匆匆不尽，祝

健好！

燕郊

1995年11月22日

“寄上写陈敬容的一篇”，当指的是《明净的莹白，有如闪光的思维——记女诗人陈敬容》，刊于《新文学史料》1996年第1期。陈敬容逝世于1989年11月8日，彭燕郊的《明净的莹白，有如闪光的思维——记女诗人陈敬容》，文末注明写作时间“写于1990年7—10月，1995年10—11月重写”。在彭燕郊看来，“极想多从作品写人，无作品即无人”，因此他在文中结合陈敬容的人生经历对她各个时期的诗歌创作进行了细致梳理，“她的声音是真诚的，她的诗已成为历史的真诚记录”“她始终保持着她那明净的莹白，闪光的思维。在很大程度上，她完成了她自己”。通篇读来，与其说是一篇怀念文章，毋宁说是一篇诗人论，在笔者看来，彭燕郊的《明净的莹白，有如闪光的思维——记女诗人陈敬容》与袁可嘉的《蕴藉明澈、刚柔相济的抒情风格——陈敬容诗选〈新鲜的焦渴〉代序》、唐湜的《论陈敬容前期诗歌》，当是陈敬容研究史上最经典的篇章。

彭燕郊对陈敬容也有过支持。湖南人民出版社出版的“诗苑译林”丛书，是彭燕郊策划主持的，1984 年 12 月出版了陈敬容译的波特莱尔的《图像与花朵》。陈敬容在 1983 年 9 月写的《题记》中提道：“一九八二年夏，诗人彭燕郊来京时，曾访我商谈，鼓励我将自己多年的译诗编为一集交给《诗苑译林》，后来又让他的高足徐炼同志协助查找资料，从而发现我译过的诗相当庞杂，有西方的也有亚非和拉美的，有古典的也有现代的。燕郊同志便劝我先将其中篇目较多的里尔克和波德莱尔的诗再补译一些，合编为一个选集；我这才将这两位大诗人的诗集原有的题名稍加更动，糅合起来取了《图象与花朵》这个书名。”根据易彬、黄园的《彭燕郊所存文艺界人士书信》一文可知，彭燕郊所存的书信中有陈敬容的，期待二人的通信早日得以整理并公开，从而更丰富地呈现两位诗人的交友史。

最后，再简要说说彭燕郊与牛汉。《牛汉诗文集》收有牛汉 1946 年 5 月 8 日给彭燕郊的一封信，信中说“虽然还是首次通信，但实在说，已经是久交的老朋友了”。牛汉在《并没有凋谢——简介二十人诗集〈白色花〉》中对彭燕郊的诗歌作了点评：“与艾青的诗风相近的彭燕郊的诗，当时曾引起诗坛的广泛注意。他的《冬日》《雪天》《小牛犊》都是有过影响的佳作。他的诗深沉、庄重，有着耐人寻味的广阔的形象和意境。”牛汉在《咀嚼丰厚的历史》中还坦言：“前些年曾被彭兄的一首大诗《混沌初开》的苍茫而广阔的境界所迷惑；一旦进入，就久久地陷入其中，可以说是流连忘返，也可以说是被铺天盖地诗的魅力所征服。”另外，牛汉很欣赏彭燕郊的处事方式，在《我仍在苦苦跋涉》曾说：“最珍爱的是做个真实的人，就像彭燕郊，活得很苦，我还同情他，他有缺点，但没有背叛朋友，没有背叛诗。”

彭燕郊晚年写有大量的书信，搜集、整理、辑录、研究彭燕郊与友人的通信，梳理彭燕郊的交友史，必将成为彭燕郊研究的一个新的学术生长点。易彬的《彭燕郊致严文井、叶汝琏——彭燕郊与文艺界人士通信系列考察之一》《新时期以来翻译出版事业的见证——关于施蛰存与彭燕郊通信的初步考察》《书信、文化与文学史——关于〈彭燕郊陈耀球往来书信集〉的相关话题》对彭燕郊的书信的学术考察文章即是最好的证明。

（原载《传记文学》2018 年第 10 期）

第四辑

相关文献辑存

彭燕郊，二十世纪九十年代摄于湖南长沙家中书房。

彭燕郊研究的现状与展望

龚旭东

作为二十世纪中国卓有成就的诗歌大师，彭燕郊以不断自我超越的精神姿态，在他那一代诗人中跨越到了二十一世纪，至今仍以高龄保持着令人钦佩的思想艺术创造活力。他一生为诗，特立独行，创造了许多艺术的奇观妙景，创造了现代诗人中少有的“彭燕郊现象”。他是七十年来中国诗歌不应该忽视也不能够忽视的诗人。但是，对于他，目前人们的关注是远远不够的。客观地说，真正意义上的彭燕郊研究尚处于起步阶段。2000 年彭燕郊创作六十周年暨八十大寿纪念活动是一次发轫，今年《彭燕郊诗文集》出版及彭燕郊学术研讨会应该是一个真正的开端。

一、彭燕郊研究的现状及存在的问题

关于彭燕郊诗歌的评论，目前所见最早也最重要的，是聂绀弩为彭燕郊的诗集《第一次爱》写的序言。绀弩是彭燕郊新四军时期就结识的十分亲密的师友，他对彭燕郊有十分深入的了解与理解，他的这篇序言对彭燕郊的独特艺术气质和彭燕郊早期诗歌创作特征的敏锐把握与犀利剖析，为彭燕郊研究树立了一个最基础而又扎实的坐标点，可谓彭燕郊研究的奠基之作。

1949 年以前关于彭燕郊及其诗歌的评论，今天基本上已湮没难寻，需要有人做专门的收集整理工作。可以肯定的是，当年对彭燕郊诗歌的评论中，一定有许多精彩之作，这从鲁烽当年在报纸上分 5 期连载的长达 9000 字充满激情的评论《“春天——大地的诱惑”》中可见一斑。

1949 年以后有近二十年的时间，彭燕郊被放逐在政治、文学生活之外，虽然他仍在顽强地进行潜在写作，但没有作品发表，更不可能有评论出现。从 1979 年《画仙人掌》发表开始，彭燕郊重新归来。随着他的诗作不断发表，关于他的评论亦不断出现。但在整个八十年代，关于彭燕郊的评论基本上是介绍、印象和随感性的。就目前所见，这一时期的研究论文只有谢长安和龚旭东写的两篇（均未发表）。谢文通过对彭燕郊散文诗集《高原行脚》的深入剖析，考察了彭燕郊散文诗中的部分母题与其心境、气质特征的象征性对应，至今不失为一篇精彩之作。龚文试图探索彭燕郊诗歌艺术特色的底蕴与构成，并追索、分析彭燕郊诗歌创作在传承与发展中国文学传统时体现的某种特质。

值得一提的是，这一时期，不仅中国大陆有许多对彭燕郊的介绍，在中国香港、台湾以及加拿大等地区和国家也有对彭燕郊的介绍，例如卜乃夫（无名氏）就曾介绍过彭燕郊的作品并给予很高的评价。

随着彭燕郊诗歌创作“衰年变法”成果的不断涌现与传播，特别是《混沌初开》和部分散文的发表，进入二十世纪九十年代后，关于彭燕郊的研究论文开始增多。《坚贞的诗路历程》《彭燕郊诗选英译本题记》等一批论文开始追求在整体上把握彭燕郊诗歌创作的基本脉络，阐发彭燕郊诗歌创作在新诗发展中的独特价值与开创性意义。

1996 年，彭燕郊自费印刷《混沌初开》一书，书中附有包括公刘序言在内的九篇评论文章，标志着对彭燕郊的评论已经从随感性的介绍转向从文本分析入手的研究。2000 年，苏正军出版关于彭燕郊的专题论著《认识彭燕郊》，对彭燕郊的生平、创作概貌、艺术风格、诗歌理论及与“七月派”诗人的关系等进行介绍。刘扬烈的《诗神・炼狱・白色花》一书亦辟专章介绍彭燕郊……

进入二十一世纪后，李振声、林贤治、石天河等众多论家从各个方面和角度阐发彭燕郊诗歌的独特价值与意义，彭燕郊研究进一步得到深化与拓展。容小明有硕士论文《论彭燕郊诗歌的思想艺术成就》，钱志富的博士论文亦辟有彭燕郊专章，这都是十分可喜的。

对彭燕郊其人其诗的研究方兴未艾，但也应该看到，迄今为止的彭燕郊研究还存在许多问题与不足。比较突出的问题表现在：

1. 在研究定位上，单纯将彭燕郊视为“七月派”诗人，限制了彭燕郊研究的学术视野

彭燕郊曾经是著名的“七月派”诗人，但是，“七月派”是一个特定的历史概念，作为文学流派，它在二十世纪五十年代初就已经不复存在，因此，将彭燕郊定位于“七月派”诗人，必然影响和限制对他的整体创作特别是后期创作的基本认识。

自八十年代“衰年变法”以来的二十多年里，彭燕郊的创作已经远远超越了流派的局限，成为中国诗人中极具原创性与开拓性的大师级诗人。彭燕郊一生的创作都在走自己独特的诗歌之路，保持着自己独特的艺术个性与艺术风貌，不认清楚这一基本点，就无法从根本上把握彭燕郊及其诗歌的本质特征，也无法认识彭燕郊在“七月诗派”乃至整个中国新诗中的价值与意义。一提及彭燕郊就必言“著名‘七月派’诗人”的状况，事实上已经极大地妨碍了对彭燕郊的全面认识，导致评价定位的偏离和研究视野的狭窄，此种情形应该引起大家的严重关注。

即使对于作为“七月派”诗人的早期彭燕郊，目前的研究仍是十分薄弱和不够的。八十年代以来，各种大学现代文学史教材在提到彭燕郊时，基本上都是将他作为体现了“七月派”主流特征的诗人进行介绍。而大多数涉及早期彭燕郊诗歌的论文与随感，强调的也都是彭燕郊抗战题材与主题的作品，如《战斗的江南季节》《春天——大地的诱惑》等。事实上，彭燕郊虽然有许多鲜明强烈地体现“七月派”总体流派特征和主流价值观的作品，却也有许多非主流的、更具艺术个性与艺术开拓性的作品，这些作品在文学史上的价值是十分珍贵的。

例如，艾青最重要的诗集《旷野》是中国新诗成熟期十分重要的艺术成果，表现出一种重要的艺术探索方向和艺术可能性，但后来艾青自己很可惜地放弃和改变了这种探索和发展方向，而彭燕郊三四十年代的许多作品则继承并且极大地开拓了《旷野》代表的诗歌探索方向。

在“七月诗”派中，彭燕郊并不算是一位纯粹和典型的流派诗人，他当然有典型的、代表流派主流特色的作品，却也有更多边缘化的、开创性的作品。这说明他比那些仅仅具有单一的典型流派特征作品的诗人具有更开阔深广的艺术创造

空间。我们的文学研究与评价方式中，历来有一种弊端，即过于注重艺术家与其他艺术家之间的同一性特征，却忽视艺术家的异质性，或者将艺术家的独特性仅仅视为某流派中用来丰富同一性的某个侧面。这种倾向不仅存在于彭燕郊研究中，在“七月派”研究乃至文学史研究的许多领域都有所表现。了解、研究艺术家的独特性才是最重要的，这尽管是常识，却仍有强调的必要。

2. 缺乏许多基础性的研究资料

这是导致彭燕郊研究现状中存在许多问题与不足的重要原因之一。长期以来，彭燕郊的许多作品散佚，许多作品因种种原因未能整理公开发表，更缺乏较为完备的作品集，因此，大多数研究者缺乏对彭燕郊创作基本文本的整体阅读与了解，缺乏对彭燕郊创作整体状况与发展过程的了解。许多人仅仅根据自己阅读的零散作品就进行整体的分析论述，这个问题即使在专门论述彭燕郊的学位论文和专著中亦明显存在。这在很大的程度上制约了彭燕郊研究的发展。因此，《彭燕郊诗文集》的出版意义十分重大，影响亦将十分深远，它为彭燕郊研究提供了一个整体上基本完整的文本框架与研究凭据。尽管它还存在某些遗憾，但此前的许多问题应该可以因此得到解决。然而，彭燕郊研究的基础性资料仍然非常匮乏，彭燕郊的生平及创作、文化活动等史料以及散佚作品、研究资料的收集整理工作依然艰巨。而对研究者来说，重要的还是全面地细读作品。这是彭燕郊研究的当务之急。只有全面细致地了解彭燕郊的创作情况，彭燕郊研究才可能有长足的发展。必须在彭燕郊研究中摒弃学术研究中不细读作家作品就下笔千言万语的时弊。

3. 彭燕郊研究的文本现状与存在的问题

多年来，彭燕郊以他高尚的人格精神、精粹的艺术创作和深厚的文化学养赢得了人们广泛而真挚的敬重，其中，年轻的、先锋的诗人们对其诗歌创作更加敏感、更加关注，并且常常进行较深入的研讨，他们最能够从创作的角度敏锐地感觉到彭燕郊诗歌与众不同的异质因素，感受到彭燕郊独特的艺术创新精神和纯正的艺术趣味。许多关于彭燕郊有真感悟、真发现的评论，都来自年轻的诗歌创作群体。

对于某些研究者，彭燕郊的不断发展、变化、创新，使他们觉得彭燕郊缺乏他们习惯的单纯、稳定、明确的风格化特质和文学“明星”效应，加上彭燕郊历来不事张扬炒作，有着特立独行的思想艺术追求，不惜、不惧边缘化，因此彭燕郊很难成为许多研究者眼里、心中的所谓“热点”研究对象。因此，在相当长一段时间里，研究彭燕郊，就意味着也要像彭燕郊一样沉得下心态，耐得住寂寞，但也一定会像彭燕郊一样得到艺术与美的莫大顾眷。

在以往和当前彭燕郊研究的各种文本中，存在的问题包括：关于彭燕郊其人其诗，泛泛而谈的介绍多，深广专透的研究少；孤立地赏析某些名篇的多，对彭燕郊整个创作历程或某些突出的创作类型、侧面、阶段的专题性研究少；借谈论彭燕郊而抒发、表达自己的诗学理论、见解、感慨的多，注重从彭燕郊的创作本意入手进行分析研究，知人论世，将其人其诗放到特定的历史背景中进行深入细致考察和研究的少……一些文章感悟较为真切，情感十分强烈，但在理论阐发和学术规范性方面较为薄弱，或不够系统、不够严谨，某些文章的概念体系似是而非，理论剖析常与感情性表述混为一体。而某些论文则观念陈旧，方法乃至语言陈旧，有的明显有为写作而写作、为职称而写作的倾向，有的甚至有明显的抄袭痕迹……这些现象关系到彭燕郊研究能否健康发展，应该引起重视。

彭燕郊创作中的许多重要阶段、重要创作类型、重要创作成果尚缺乏有深度、有力度的研究。目前关于彭燕郊的文字，涉及的彭燕郊作品多为单篇，基本局限在早期的抗战主题作品、七十年代末八十年代初“归来”时期反思社会和表现艺术的部分作品、少数散文诗作品和《混沌初开》等几个方面，仍存在大量重要的研究空白需要填补。近年来李振声、林贤治等人对彭燕郊散文诗及“潜在写作”的关注与论述，是彭燕郊研究中最值得关注的动向。

4. 诗学观念和研究方法需要创新

彭燕郊的诗歌创作有着二十世纪中国诗人中少有的丰富性、发展性、原创性和先锋性，这样的研究对象，要求研究者具有开放、开阔、开拓的诗学观念和研究方法。目前的彭燕郊研究虽然有综合性阐述，也有母题分析、意象分析、具体文本解读、诗学理论论述等，但有些文章（包括我本人的许多论文）研究理念较为传统甚至陈旧，研究方法与角度较为单调，研究视野不够开阔，自我重复和相互重复较多，缺乏对重要文本的细读与深入剖析，研究规模与格局亦不大，因此，真正有分量的论文并不多见，亟待有所突破。

二、彭燕郊研究应予关注的诸方面与展望

彭燕郊先生今年八十七岁，他的诗歌创作活动已将近七十年。他的一生从未离开过对美的发现与创造，他的诗呈现出既丰富又纯粹、既先锋前瞻又深厚蕴藉的博大风貌。他的诗歌创作至今仍在发展变化之中。他的生命力奇迹、艺术创造精神，在七十年来的中国诗人中实属罕见。鉴于前述彭燕郊研究的现状，在寻求彭燕郊研究的突破性发展时，以下一些方面和研究方向我认为是应该予以特别关注的：

1. 在《彭燕郊诗文集》的基础上应进一步做好基础资料的挖掘、收集、整理、出版工作

《彭燕郊诗文集》的出版，为彭燕郊研究奠定了一个重要的基础。但是，在彭燕郊创作的各个阶段，仍有大量作品散佚或未能出版，这些作品对于彭燕郊研究有重要意义，应该继续整理出版。

例如，彭燕郊在新四军时期写有大量墙头诗，这次彭燕郊《诗文集》出版时未能收入，它们虽然在文学价值上不如后来的作品，但它们生动反映了彭燕郊文学创作初期的生活面貌和精神，既表明了田间诗歌影响的地域广泛性与深入性，也表现了新四军抗日文艺宣传的原始面貌，更表明了墙头诗等形式在抗日文艺宣传生活中的原创性和必然性。这些作品与彭燕郊后来诗歌创作的关系，以及在艺术面貌上的明显差异，都是耐人寻味、值得深入探讨的。

又例如，彭燕郊诗歌创作的一个重要特点，是以精益求精的严谨艺术态度不断修改作品，使诗作的思想艺术品质不断得到提升，这种艺术锤炼的时间可以长达几年、十几年，这是彭燕郊诗歌中精品多的原因之一，也导致他的许多诗常常有多个版本。从版本比较的角度整理彭燕郊诗歌的不同版本，研究彭燕郊艺术创造的独特过程，是一项十分重要、有趣的任务，同时又有很大的难度，需要做大量基础性的工作。

《彭燕郊诗文集》的出版，为彭燕郊研究提供了最重要的研究基础，但也应该看到，即使有了《彭燕郊诗文集》，彭燕郊研究基础资料的收集、整理工作仍

然任重道远。例如，彭燕郊的许多作品已经散失，需要收集；许多作品还有待整理发表，或进行版本学意义上的收集、整理；我们还缺乏彭燕郊年谱，缺乏较完备的彭燕郊研究资料目录，缺乏许多重要时期的相关背景资料；等等。

2. 彭燕郊研究中的一些关键点：早期创作研究、潜在写作研究、艺术诗研究等

早期彭燕郊作为战争之子、农民之子和社会的叛逆浪子，呈现出不同的创作风貌、独特的诗学价值与开拓性的意义，这涉及彭燕郊创作中主流倾向与边缘倾向的互动，这种互动关系形成了巨大的创造张力与艺术空间。这种情况时隔三十年后，在他八十年代的创作中又一次出现，深入研究这一现象，对于认识彭燕郊整个创作历程与创作特色有着重要的意义。

彭燕郊在四十年代和五十年代两次牢狱之灾中创作的两组狱中诗，是彭燕郊诗歌乃至中国现代诗歌中的异彩，表现了诗人在生命高峰状态下独特的精神活动与艺术创造力，成为记录那些特定年代历史原貌的特殊精神标本。这两组狱中诗以及彭燕郊在“文革”时期的诗歌创作，因为创作质量高，保存完整，成为研究二十世纪中国文学“潜在写作”的最佳素材，必将成为彭燕郊研究乃至二十世纪“潜在写作”研究中的热点之一。

彭燕郊八十年代涉及音乐、绘画、舞蹈的一组艺术诗，是他诗歌中最脍炙人口的作品，从艺术创作方式、诗歌美学理念、各艺术门类因素互动转换乃至接受美学等方面研究其艺术奥秘，是十分有意义和意趣的。

……

3. 彭燕郊“衰年变法”的研究

彭燕郊从 1984 年六十多岁开始的衰年变法，是彭燕郊诗歌历程中至关重要的蜕变、自我超越与升华，也是二十世纪中国诗人中少有的艺术奇观，对这一重大诗歌现象的深入考察，对这一衰年变法带来的又一个散文诗创作高潮期的深入研究，应该成为彭燕郊研究的重大课题，并进行多角度、多层面的开拓。可以说，对于 1984 年以后彭燕郊诗歌创作的研究达到什么样的高度，整个彭燕郊研究就将处于什么样的高度。

4. 彭燕郊各个时期代表性作品的文本研究

这是目前彭燕郊研究中文章较多的一个方面，但这些文章大多相对集中于《混沌初开》等少数作品上，还有许多重要的作品未被关注，如早期的《春天——大地的诱惑》《朔风虐待着村庄》《倾斜的原野》《杂木林》等，后来的《罪泪》《生生：多位一体》，等等。即使对于已有许多专题论文论述的《混沌初开》，我们的研究也是非常初级的。

大量的诗歌文本解读与分析，是彭燕郊研究的重要基础之一，只有当这种文本解读达到一定的质、量和创新层面，并与各种综合性、专题性论文构成一种整体态势时，彭燕郊研究才有可能获得大面积的突破。希望《彭燕郊诗文集》的出版有助于这一方面的突破。

5. 对彭燕郊诗歌的独特艺术方法、艺术特色的研究

彭燕郊诗歌有其独特的丰富性、丰满性，探索过新诗的各种可能性，我们很难对他的诗歌进行贴标签式的简单归类。他在诗歌美学观念上的现代意识，使他的前期诗歌具有独特的纯粹美，使他后期的诗歌具有强烈的思想美。对彭燕郊诗歌艺术的研究，不能仅仅是一般性的艺术表现手法与技巧的分析，而应该是以彭燕郊独特的、不断变化的诗学观念为考察基础，进行多方面、多因素的整合研究。

例如，如何看待彭燕郊诗歌中常见的繁复问题，这不仅仅是彭燕郊语言习惯和艺术技巧特征的问题，因为彭燕郊并非不能让自己的语言单纯、明净，相反他几乎可以纯火炉青、从心所欲地让语言和表达形式达到自己想要的任何效果。实质上，彭燕郊诗歌中的繁复问题涉及彭燕郊诗歌美学观念中最基本的观念：现代诗必须表现现代人的思想美，表现现代人的美的思想过程……由此可见，真正理解彭燕郊，应该成为研究彭燕郊的基础。在已往的彭燕郊研究中，这个问题并没有得到很好的解决，这是今后的彭燕郊研究应该特别注意的。

6. 对“彭燕郊现象”的研究

“彭燕郊现象”大家已经说了很久了，但对“彭燕郊现象”还缺乏一个公认的基本界定，也缺乏深入的专题性研究。这个问题涉及对彭燕郊及其诗歌的价值、

影响、意义的基本评价，涉及彭燕郊其人其诗与中国现代诗歌及二十一世纪中国诗歌发展的关系，是彭燕郊研究中的一个高端课题。

7. 彭燕郊研究的进一步拓展

彭燕郊研究不应该局限于对彭燕郊诗歌的研究。彭燕郊不仅是诗歌大师，他的许多文化活动已经并且还将产生深远的影响。作为一位卓有成就的诗论家、出版家、民间文艺理论家、名教授等，彭燕郊的文化成就是多方面的。这些，除少数论文有所涉及外，基本上还是研究空白。他作为编辑出版家、诗歌理论家、学者教授、民间文艺研究学家等所发挥的作用，以及这一切与他诗歌创作的互动关系等，都值得很好地研究。例如，他在出版领域，包括早期在桂林的文化出版活动，以及八九十年代的文化出版活动取得的成就、体现的理念、产生的深远影响，都是很好的、重要的研究课题。

进而，彭燕郊对鲁迅、胡风、冯雪峰、聂绀弩等人所代表的新文学传统的承继和发展，他与“七月派”的关系，与众多现代文化人士的关系，他与中国古典文学传统、外国文学特别是外国现代诗歌传统的关系，他与新诗潮以来（朦胧诗以降）年轻诗人们的关系，他与湖南文学特别是新时期以来湖南文学的关系，甚至他的美术、音乐、电影等爱好兴趣与其诗歌创作的关系等，都是值得关注和深入研究的。彭燕郊的大量文论、诗论、回忆录、随笔散文、民间文艺研究成果、教学资料等，亦有待整理出版和认真研究。

彭燕郊研究已经有了良好的发展基础，大家对彭燕郊发自内心的崇敬之情和对他诗歌艺术的真挚喜爱，将是彭燕郊研究最重要的驱动力。彭燕郊研究需要大家特别是年轻人的热情加入，需要运用新鲜的研究观念和研究方法，需要更加开放、开阔的研究视野。彭燕郊一生都在艺术上不断开拓创新，彭燕郊研究同样需要这种彭燕郊精神。

最后，彭燕郊研究还需要建立一种良好的推进机制，以促进彭燕郊研究的可持续发展，这种推进机制应该包括彭燕郊研究会、彭燕郊研究会的专门发布平台（刊物、网站、出版基金）以解决研究活动的开展、资料和研究成果的收集、整理、发布等方面的问题。

我坚信，彭燕郊研究一定会像彭燕郊的诗歌一样，吸引越来越多的人，感染越来越多的人，改变越来越多的人。因为，彭燕郊人美、诗美、艺术美，研究彭燕郊，就是研究美。美的生命之树长青。

（本文曾在2007年的“《彭燕郊诗文集》出版座谈会暨创作研讨会”上宣读，但未正式发表过，文中所称时间是基于2007年）

新时期以来彭燕郊研究述评

黄　园
易　彬

目前学界对于彭燕郊的认识，主要还是在诗人层面。彭燕郊于1938年开始发表作品，1939年，年仅十九岁的他得到了素未谋面的胡风的特别看重，其诗《战斗的江南季节》（含《冬日》等四首）刊载于胡风主编的《七月》第4辑第3期的头条位置。日后，彭燕郊即被目为"七月派"的重要诗人。纵观其七十年（1938—2008）创作生涯，各个时段都有出色的作品，但总体说来，彭燕郊仍被认为是"一个未被充分认识的诗人"，一个具有"多种边缘性"的诗人——"既处在地域、社会、权利格局的边缘，也处在诗潮、流派、趣味的边缘，甚至他使用的文体也是边缘的"。[①]对彭燕郊研究进行述评，不仅能涉及中国现当代诗学的诸多问题，也能揭示当代文艺发展的若干侧面。

一、彭燕郊文献资料的整理与出版

一个作家基础文献资料的整理与出版的程度，既能显示实际研究进展，也

① 王光明、李文钢、赵飞等：《彭燕郊——一个未被充分认识的诗人》，《扬子江诗刊》，2012年第5期。

能体现作家的知名度以及社会认可度。建国前，彭燕郊曾出版《春天——大地的诱惑》等诗集四种[①]，早即确立了诗名。二十世纪五十年代出版了《湖南歌谣选》（1954）和《文艺学习手记》（1955）。前者是其在湖南参加土改时搜集整理的地方歌谣，后者是当时“文艺学习”的体会，彭本人后来称其为“表态性的”“应景的东西”[②]。大致而言，二十世纪四五十年代，彭燕郊著述的出版量不算小，被“抗战文艺史”这类文学史著提及[③]，获得了诗歌名声；同时，其与时代语境的复杂关联，其对于民间文艺的爱好，都得到了明显的体现。

新时期以来，彭燕郊著述的整理出版较为零散，较长一段时间内，诗集仅有《彭燕郊诗选》（1984）、《当代湖南作家作品选·彭燕郊卷》（1997）两种。其他单册著作有散文诗集《高原行脚》（1984）和《夜行》（1998）、诗论集《和亮亮谈诗》（1991）、随笔集《纸墨飘香》（2005）、“潜在写作”作品集《野史无文》（2006）。合集则有三卷四册的《彭燕郊诗文集》（2006）。此外，坊间还有多种自印的彭燕郊作品集，如《混沌初开》（1996）、《芭蕉叶上诗》（2004）、《彭燕郊诗文选》（2006）。前两者是彭燕郊本人自印，显示了他试图借此得到更多诗歌交流的艺术冲动。后者为知名诗歌民刊《诗歌与人》第13期，是彭燕郊获得“诗歌与人·诗人奖”后，黄礼孩主编出版的专辑。

不难看出，彭燕郊生前即有一个小小的出版热潮。2008年彭燕郊逝世之后，整理出版的文献也愈加丰富，先是“彭燕郊纪念文丛”出版，回忆性文章首次结集出版（《那代人》，2010）。随后则有讲稿（《彭燕郊谈中外诗歌》，2011）、书信（《梅志彭燕郊来往书信全编》，2012）、日记（《溆浦土改日记》《“文革”日记选录》，2013）、谈话录（《我不能不探索：彭燕郊晚年谈话录》，2014）等多种样式。因此，可将此视为彭燕郊文献整理出版的一个重要时间节点。

---

① 即《春天——大地的诱惑》（长诗），诗创作社，1942年；《战斗的江南季节》，水平书店，1943年；《妈妈，我，和我唱的歌——献给同辈伙伴们的母亲》（长诗），萌芽社，1943年；《第一次爱》，山水出版社，1946年。

② 彭燕郊口述，易彬整理：《我不能不探索：彭燕郊晚年谈话录》，桂林：漓江出版社，2014年，第156页。

③ 蓝海（田仲济）称“彭燕郊写了战斗的江南季节，他和孙钿都有纤细的美”，参见蓝海：《中国抗战文艺史》，上海：现代出版社，1947年，第141页。

具体研究也与此态势相符。第一部彭燕郊研究著作是一位非文学专业人士写的《认识彭燕郊》（2000）。彭燕郊逝世前后，则有《坚贞的诗路历程：彭燕郊评介文集》（2007）、《彭燕郊评传》（2008）、《默默者存——彭燕郊创作研讨会实录暨论文选》（附《怀念集》，2009）等著作。涉及评传、研究资料的历史回顾、专题会议论文集、纪念文集等多个层面，显示了研究的深度与广度。

总体而言，基础性文献资料的整理与出版已呈现出多样化态势，显示了新世纪特别是彭燕郊逝世之后，彭燕郊研究工作已进入一个相对受关注的阶段。

二、彭燕郊各时期诗歌总体研究

彭燕郊以诗歌名世，诗歌始终是彭燕郊研究的重心之所在。大致而言，彭燕郊的诗歌写作可分为三个阶段，即建国前、建国后到“文革”结束、新时期以来。各时期诗歌特色不一，研究也是各有侧重。总体来说，对于第一阶段的研究多是在“七月派”的整体语境下展开的，第二阶段与“潜在写作”相关联，第三阶段则从各种视角出发，全面审视彭诗的“超越”与“变法”。

（一）建国前的诗歌研究

较早的时候，彭燕郊的诗歌基本上是放在“七月派”的语境下展开的。彭燕郊被认为是在诗歌中表现了胡风所谓中国人“精神奴役的创伤和生活欲求”这一深刻历史命题的诗人。其诗歌充满“主观战斗精神”，充满“心灵能量的渗入”，具有高度的“心灵强度”和“心理张力”；充满了“‘七月派’诗人正视现实人生、关注下层民众的传统”，无论“从题材、内容、还是范围方面，都体现出社会性、公共性与价值承担”。①

不过从总体考察，在“七月派”研究中，彭燕郊并不居于主要位置。这与知名度有关，彭燕郊常年偏居湖南，知名度逊于“七月派”其他一些诗人。这也跟其诗歌个性有关，不少学者注意到了彭燕郊建国前诗歌中的现代主义因子，郑长

---

① 王士强：《富于张力的艺术探索——论彭燕郊的后期诗歌创作》，《理论与创作》，2008年第2期。

天认为当时彭燕郊“间接地从鲁迅和‘七月派’同人那里接受了西方现代主义影响，由此初具现代意识，创作也潜移默化地出现了现代主义的萌芽，从而形成了诗人自己所说的‘现代的现实主义’的创作风格和美学特征”[①]。刘长华则指出彭桂林时期的一些作品“具有鲜明的现代主义气质。这种气质意味着诗人已经在努力地超越着自己前期的相对朴素的现实主义，超越着审美维度相对单一的‘抗战体’，给自己的创作注入了新的质素，丰富了自己诗歌的艺术个性，诗人已经上升到了与世界文学思潮对话的台阶之上，在其心路历程中具有界碑性的意义”[②]。

（二）建国后到“文革”结束时期的诗歌研究

相比于建国初期写下的《最初的新中国的旗》《高兴大妈》等作品，学界更关注彭燕郊在1955年受“胡风案”牵连被捕之后，遭受不公正待遇的二十多年间所写下的作品，那些“用生命之血酿造的无比辛酸苦涩的流向干涸的心的热泪灌溉出来的”[③]，后来被称为“潜在写作”的作品。陈思和将“潜在写作”定义为“那些写出来后没有及时发表的作品，从作家的角度来定义，也就是指作家不是为了公开发表而进行的写作活动”[④]，认为它们同样反映了那个时代知识分子的严肃思考，是那个时代精神现象的一个不可忽视的有机组成。重视这种已经存在的文学现象，才能真正展示时代精神的丰富性和多元性。[⑤]

“潜在写作”命题的提出得到了学界的积极响应，包括彭燕郊本人。《夜行》与《野史无文》这两部作品集的出版，和陈思和教授直接相关，彭燕郊在《我应该怎样想——一些原生态思想素材》、谈话录《我不能不探索》中，对“潜在写作”均有较多自述，可以说，彭对于这一类写作的认知乃是被“潜在写作”这一概念所激活。研究者对此也较多关注。刘志荣认为彭燕郊此时的作品是这个“中国知识分子所遭遇到的最为酷烈的精神炼狱，做了非常具有心理深度的见证，尤其是

---

① 郑长天：《彭燕郊早期创作中的现代主义影响》，《云梦学刊》，2002年第3期。

② 刘长华：《论彭燕郊桂林前期诗歌中的现代主义》，《中国文学研究》，2007年第4期。

③ 彭燕郊：《我应该怎样想——一些原生态思想素材》，《野史无文》，武汉出版社，2006年，第109—118页。

④ 陈思和：《试论当代文学史（1949—1976）的“潜在写作”》，《文学评论》，1999年第6期。

⑤ 陈思和：《潜在写作》，《当代作家评论》，2000年第1期。

《空白》，它的表现力绝不比沈从文的‘呓语狂言’差”[①]。容小明则指出彭燕郊此阶段诗作“深化了现实主义的批判精神”，诗风也有较大转变：“原先那个对生活满怀热望与信心，对阳光、春雷、风花雪月、草木山川等万事万物之美都非常敏于感受并富于审美情趣的诗人，竟然变成了习于抑郁的沉思与隐忍的独白，用冷峻的幽默与愠怒的抗诉来与遭遇对话，对真理进行上天入地的追问的兀傲的狂狷。”[②]

（三）新时期以来诗歌研究

步入老年的彭燕郊被认为“在诗歌艺术上的探索却有新的进展，新的开拓”[③]。诗作《画仙人掌》《钢琴演奏》《东山魁夷》《小泽征尔》《罪泪》《陈爱莲》《德彪西〈月光〉语译》等，被认为是“衰年变法，无限超越”[④]，无论是在思想的开阔、繁复和深入，还是在语言的变异、繁杂等方面，都明显超越于此前的诗作，尤其是散文诗《混沌初开》。

此阶段彭燕郊的诗“将个体在社会和宇宙中关于生命和生存的本体性思考和终极性的追问，在繁复深邃的想象空间中被空前的张扬和凸现出来”。诗人的诗作构成了一个“异常宽阔”“庞大而动人”的艺术世界，是“一朵充满奇迹的火焰”，充满“感染力”与“生命力”，具有如海子所说的“一次性的诗歌行动”的意义，是“一束不灭的精神火焰”，“是以诗人感物，联袂不穷。流连万象之际，沉吟视听之区。写气图貌，既随物以宛转，属采附声，亦与心而徘徊”，“含情而能达，会景而生心，体物而得神，则自有灵通之句，参化工之妙”。[⑤]李振声则认为彭燕郊此时的诗歌是“一气呵成，通体圆润的”，《陈爱莲》《小泽征尔》等诗充分展现了“诗的潜能，艺术的潜能，人性的潜能，精神和心灵的潜能”，而那“《混

---

① 刘志荣：《潜在写作：1949—1976》，上海：复旦大学出版社，2007 年，第 173 页。

② 容小明：《论彭燕郊“潜在写作”期诗歌的思想艺术特色》，《贵州民族学院学报（哲学社会科学版）》，2009 年第 4 期。

③ 刘扬烈：《让生活充满美和爱——论彭燕郊新时期的诗歌创作》，《当代文坛》，1991 年第 1 期。

④ 龚旭东：《一朵充满奇迹的火焰——彭燕郊综论》，《理论与创作》，2004 年第 5 期。

⑤ 刘扬烈：《让生活充满美和爱——论彭燕郊新时期的诗歌创作》，《当代文坛》，1991 年第 1 期。

沌初开》式的混沌”呈现了“诗境的多种向度和众多可能性”。[①]

彭燕郊前后诗歌比较研究是较多出现的一种视角。郑长天、周明侠认为彭燕郊后期诗歌受西方现代主义的影响更加明显，更加注重“思考”“通感”“散文化”。[②]但彭诗中所表现的现代主义又有所不同，西方现代主义的“根”是悲观的，主体精神是向“下”的，而彭诗则是在苦难中坚定地寻求“光”，寻求出路。[③]此外，郑长天《思考的艺术：论彭燕郊后期诗歌创作》[④]、王士强《富于张力的艺术探索——论彭燕郊的后期诗歌创作》[⑤]、龚旭东《他创造了“新的战栗”——略谈彭燕郊的散文诗》[⑥]、季水河《诗之思——论彭燕郊的诗学观》[⑦]等都从不同角度展示了彭燕郊后期诗歌更趋成熟。

随着研究的不断深入，越来越多的学者意识到“七月派”无法涵盖彭燕郊漫长的创作生涯，流派研究思路无法实现对彭燕郊诗歌的全面覆盖。对其诗歌中现代主义精神的讨论已愈发普遍。彭燕郊本人所提出的“现代的现实主义”观点[⑧]也得到了较多反响。典型观点即如吴思敬先生所言：“放到二十世纪中国诗歌的大背景下，彭燕郊确实是‘五四’以来的新诗现代化的着力实践者，他的诗歌体现了他的现代现实主义的艺术宗旨，充满了一种自由的精神，充满了对现代性的追求。”[⑨]

三、彭燕郊与中西诗学研究

彭燕郊是一位充满探索精神的诗人，其写作与中西诗学资源的关联也得到了学界的较多关注。

---

① 李振声：《谁愿意向美告别？——怀念彭燕郊先生》，《扬子江评论》，2009年第4期。

② 郑长天、周明侠：《彭燕郊后期诗歌理论与创作中的现代主义影响》，《广东社会科学》，2002年第2期。

③ 佘向军：《跌落在湛蓝海盆里的沉钟》，《湘潭大学学报（哲学社会科学版）》，1999年第4期。

④ 赵树勤编：《坚贞的诗路历程》，广州：花城出版社，2007年，第165—171页。

⑤ 王士强：《富于张力的艺术探索——论彭燕郊的后期诗歌创作》，《理论与创作》，2008年，第2期。

⑥ 龚旭东：《他创造了“新的战栗”——略谈彭燕郊的散文诗》，《诗探索》，2000年第3—4辑。

⑦ 季水河：《诗之思——论彭燕郊的诗学观》，《湘潭大学学报（哲学社会科学版）》，1999年第4期。

⑧ 何云波、金银花、黄婉强等：《彭燕郊与外国文学笔谈》，《长沙铁道学院学报（社会科学版）》，2008年第3期。

⑨ 吴思敬：《风前大树：彭燕郊诗歌论》，《文学评论》，2008年第5期。

何云波等人认为，要对彭燕郊其人其诗有更深层次的认识，必须考虑彭燕郊与波德莱尔、叶赛宁、陀思妥耶夫斯基的关系。他们不仅在“城市与乡村的对立”这一主题中有诸多相契之处，在精神层面，彭燕郊的追求也是与波德莱尔、陀思妥耶夫斯基等一脉相承的。彭燕郊的“现代的现实主义”概念，即被认为是在这样一种追求与实践中获得的，这一观点“强调要不断地往深处发掘，这种发掘一方面是要发现隐藏在现实背后更真实的东西，另一方面要进入人的内心去探寻更本真的一面。波德莱尔的诗歌与陀思妥耶夫斯基的小说，便正好切合了他的追求”[①]。谭晋宇探讨了彭燕郊与叶赛宁、陀思妥耶夫斯基、屠格涅夫这三位俄罗斯文学大师的密切关系。[②]尹婷指明了屠格涅夫对彭诗的语言美以及诗歌需要思考这类观念所产生的作用。[③]龙泉认为彭燕郊与比利时象征主义诗人凡尔哈伦在诗歌主题、意象、形式等方面存在着一种“应和”，但彭诗更有其独特创造，“和而不同”。[④]

中国诗歌传统——包括古典诗歌传统和现代新诗传统对于彭燕郊的影响也引起了学者的注意。早年毕业于湘潭大学、对彭燕郊非常熟悉的曾思艺提醒读者注意彭燕郊对中国传统文化的熟稔，“自《诗经》、楚辞、唐诗、宋词、元曲、明清小说直至现当代文学，他都能如数家珍”[⑤]。欧阳荐枫认为，“彭燕郊的诗思始终是中国的。他的价值观和悲悯情怀，以及他对理想蓝图的构建都来自民族文化。中国传统文化对彭燕郊的影响主要体现在道家和儒家，同时还有彭燕郊植根五十八年之久的湖湘文化”[⑥]。郑长天、龙慧萍则阐述彭与“五四”新文学传统的关系：彭燕郊“有一种向‘五四’新诗传统回归的诗学主张，并通过自己的创作实践实现了这一回归”[⑦]。

---

① 何云波、金银花、黄婉强等：《“彭燕郊与外国文学”笔谈》，《长沙铁道学院学报（社会科学版）》，2008年第3期。

② 谭晋宇：《彭燕郊诗歌创作与俄罗斯文学》，硕士学位论文，湖南师范大学，2008年。

③ 尹婷：《论屠格涅夫对彭燕郊散文诗的影响》，硕士学位论文，中南大学，2012年。

④ 龙泉：《远方的应和——凡尔哈伦对彭燕郊诗歌的影响》，硕士学位论文，中南大学，2008年。

⑤ 曾思艺：《从现实关怀到终极关怀——中西融合的彭燕郊诗歌》，《湘潭大学学报（哲学社会科学版）》，1999年第4期。

⑥ 欧阳荐枫：《论彭燕郊诗歌的抒情模式及其文化成因》，硕士学位论文，湖南师范大学，2009年。

⑦ 郑长天、龙慧萍：《回归‘五四’：彭燕郊的诗歌历程》，《湘潭大学学报（哲学社会科学版）》，2008年第5期。

中西诗学资源的“融合”问题也被谈及。曾思艺以彭燕郊关注农村和农民命运的诗作为例，认为“中国古代诗歌向有关心民间疾苦、反映农民问题的传统，杜甫、白居易是其代表，而对诗人初期创作影响颇大的艾青，也十分关注下层人民尤其是农民的命运。而西方的凡尔哈伦、涅克拉索夫、叶赛宁也对诗人产生了较大的影响。凡尔哈伦善于以现实主义的精细观察、象征主义的形象描绘，有力地表现农民的苦难生活；涅克拉索夫被称为‘革命的农民民主主义者’，一生创作了许多关于农民的诗；叶赛宁善于描绘农村生活的画面，既表现农村与农家生活的美，展示农民美好的精神世界，又表现农村的贫穷与落后、农民的不幸与苦难。彭燕郊综合接受了现实生活、中国古代诗歌传统、艾青及西方诗人的影响，创作了不少反映农村的不幸生活和农民的苦难命运的作品，如《山国》《村庄被阴风虐待着》等”[①]。佘向军认为彭诗“体现了一种尚力的悲剧文化精神”，“不仅是对西方现代主义的超越，而且也是对中国古代‘忍从型’悲剧的超越”。[②]

有必要指出的是，此前，一般读者可能都是借助《和亮亮谈诗》（1991）而察知彭燕郊诗学观点的基本方面，即对于浪漫主义的批评以及对于现代主义的推崇。而根据彭燕郊当年在湘潭大学开设的“诗歌研究”课程讲稿整理出版的《彭燕郊谈中外诗歌》一书，显示了彭燕郊在古今中外诗歌方面的综合素养。因此，这可说是一个新的契机，有助于学界更好地梳理彭燕郊写作与中西诗学资源的关联。

四、多维度的诗歌主题与意象

“美的引诱是无法抗拒的。”[③]彭燕郊对于诗之美的追求，可谓其写作最基本的主题。在评述时，这方面有必要单独列出。彭燕郊被认为是一位完美地阐释着“生命的诗意”与“诗意的生命”[④]的诗人。他的诗被认为具有一种“幻视”的能力。[⑤]学界从不同角度，对此进行了多方阐发。

---

① 曾思艺：《从现实关怀到终极关怀——中西融合的彭燕郊诗歌》，《湘潭大学学报（哲学社会科学版）》，1999 年第 4 期。

② 佘向军：《跌落在湛蓝海盆里的沉钟》，《湘潭大学学报（哲学社会科学版）》，1999 年第 4 期。

③ 彭燕郊：《和亮亮谈诗》，北京：生活·读书·新知三联书店，1991 年，第 7 页。

④ 龚旭东：《诗意的生命与生命的诗意——彭燕郊印象》，《理论与创作》，1996 年第 6 期。

⑤ 陈太胜：《幻视的能力：彭燕郊早期诗歌创作》，《诗探索》，2008 年第 1 期。

孟泽认为，彭燕郊“对美和爱保持着一份敏感和冲动，唯美、本真、如梦如幻、生机盎然，他把能够设想到的美和爱的形态赋予了春天、土地、河流、村庄和旷野；彭燕郊对‘光’和‘水’的意象表现出非同寻常的敏感，并且有堪称杰出的表达。这仍然源于他对美（美总是和光有关或者总是像明媚的光）的环绕和照彻、对爱（爱如同风情万种的水）与温柔的覆盖、渗透、浸润的不可遏止的渴望”[①]。尹文偈认为，爱到极致就是美，美到极致包含爱，“彭燕郊的诗，是爱与美的宗教”。“爱”是他作品情感的底色，“美”是他毕生的追求。他的诗中充满了自然美、色彩美、音乐美、散文美。[②]陈太胜认为，“音乐成了诗表现的对象与主题”，“音乐似乎是有些神秘地成了诗的语言最基本的存在形态”。[③]林文兴认为彭诗是“以诗释乐”，包括音乐意境的语译解码（诗中音画、音乐境界的语译）；音乐行为的诗性转化（钢琴演奏行为、音乐指挥行为），音乐形式的诗意建构（音乐节奏与诗歌情绪节奏、音乐旋律与诗歌意象节奏）。[④]刘扬烈认为，彭燕郊就是“诗写音乐，写绘画，写舞蹈”[⑤]。谭琰则认为彭诗充满了“绘画美”，进而演化成一种“思考的美”。[⑥]也有学者注意到了其中的“变奏”，易彬指出，彭诗的创作主题就是“沉重”潜压与“唯美”诉求的合奏。[⑦]刘长华从国难、家难、人难三方面表明——苦难，才是彭燕郊诗歌的主旋律。[⑧]赵红认为，“彭燕郊一直都坚持着以大地为底色、以旅途为变奏、在‘回归’与‘流浪’的复调中寻找精神家园的诗歌吟唱”[⑨]。

彭诗中的意象也得到了较多关注。彭燕郊的诗被认为是颇受艾青影响，拥有深厚的“大地”情结，都是“土地诗篇”。[⑩]刘长华认为，“母爱、大地、家园、

---

① 孟泽：《彭燕郊创作论纲》，《湘潭大学学报（哲学社会科学版）》，1999年第4期。

② 尹文偈：《爱与美的宗教——论彭燕郊的诗歌创作》，硕士学位论文，湖南师范大学，2008年。

③ 陈太胜：《诗与音乐——彭燕郊晚期诗作解读之一》，《文化与诗学》，2012年第1期。

④ 林文兴：《以诗释乐——彭燕郊“音乐诗”的阐析》，硕士学位论文，湘潭大学，2011年。

⑤ 刘扬烈：《让生活充满美和爱——论彭燕郊新时期的诗歌创作》，《当代文坛》，1991年第1期。

⑥ 谭琰：《思考的画卷——彭燕郊与绘画艺术研究》，硕士学位论文，中南大学，2011年。

⑦ 易彬、陈璐：《“沉重”的潜压与“唯美”的诉求》，《汉江大学学报》，2011年第3期。

⑧ 刘长华：《苦难——论彭燕郊行吟的主旋律》，《理论与创作》，2004年第5期。

⑨ 赵红：《彭燕郊：大地·旅途·精神家园》，《宝鸡文理学院学报》，2010年第4期。

⑩ 欧阳荐枫：《论彭燕郊诗歌的抒情模式及其文化成因》，硕士学位论文，湖南师范大学，2009年。

祖国、孩子、赤子等意象贯穿在彭燕郊的整个创作生涯之中”[1]。马丹独辟蹊径地赋予了彭诗意象以色彩，指出“其诗歌颜色意象群如‘红色’‘黑色’‘绿色’以及‘无色’并且这些意象的递嬗在其早、中、晚期的诗歌写作中产生一一对应关系”[2]。

此外，细读与鉴赏类文字也多有出现，其中频率最多的是《三国》《冬日》《小牛犊》《安宁婆婆家》《陈爱莲》《钢琴演奏》《德彪西〈月光〉语译》《混沌初开》等，这反映出彭诗的艺术成就得到了多维度的审美评价。尤其是被称为“诗歌艺术的集大成之作”“散文诗巨著”“现代中国的精神史诗”的晚年大作《混沌初开》，“主题意向指向至深、至远、至美的‘全光之境’，诗人对于人类精神形式的把握显示出一种深刻的洞见和深沉的悲悯”，同时，“有着一整套自己的符号系统和由这些符号形成的象征结构，使长诗形成一种多向度的、呈辐射性的诗意展开方式，从中不仅可以有效地切入这部长诗的整体意蕴，而且可以把握到诗人在艺术探索上的基本理念和极为敏锐的先锋性意向”。[3]“诗中使用了大量的诸如混沌、元气、道、神、符咒、显灵、非我、第二我、圣歌、来世等等意象和宗教话语，建立了他独特的诗体宗教神话系统，而且演绎得气势恢宏、神秘诡谲、瞬息幻化、高妙莫测，这在中国诗歌史上是很少见的，在世界诗歌史上也是无可替代的。”[4]因此，《混沌初开》就是在“探讨人的本真生命形式，实现自身的净化升华和超越，最终达成对生命的终极关怀，人类心灵的抚慰追问和安顿，他把我们的灵魂安顿在全光的混沌里”[5]。它是彭诗的顶峰之作，也是彭诗晚年“衰年变法，无限超越”的最好见证。

五、有待深入研究的几大版块

总的说来，学界多关注彭燕郊的诗歌与诗人身份，其他活动与身份则关注较

---

① 刘长华：《苦难——论彭燕郊行吟的主旋律》，《理论与创作》，2004 年第 5 期。

② 马丹：《历史汇流中的现代抉择——论彭燕郊诗歌的意象世界》，硕士学位论文，中南大学，2007 年。

③ 吴投文：《论〈混沌初开〉的象征结构》，《中南大学学报（社会科学版）》，2008 年第 2 期。

④ 李青松：《宇宙的全息之光》，《理论与创作》，2002 年第 2 期。

⑤ 容小明：《人间混沌两重天——论彭燕郊〈混沌初开〉》，《贵州民族学院学报（哲学社会科学版）》，2011 年第 6 期。

少。这里略做展开。

（一）对作为“文艺组织者”的彭燕郊的研究偏少

梅志曾称彭燕郊为“文艺组织者”①。早在二十世纪四十年代，彭燕郊就从事过文艺组织工作，如参与筹办各种刊物，编辑刊物，在中华全国文艺界抗敌协会桂林分会任职，等等。建国前，彭燕郊出席了第一次文代会。会后，进入《光明日报》从事编辑工作。但梅志所指认的“文艺组织者”身份，是基于彭燕郊新时期以来所从事的“文艺组织活动”，即花费相当多的精力和时间来从事外国文学的译介工作，彭燕郊筹划或主持的外国文学翻译丛书（刊）有“诗苑译林”、“散文译丛”、《国际诗坛》、《现代世界诗坛》、《现代散文诗译丛》、《犀牛丛书》等。

彭燕郊的文艺组织工作，得到了编辑出版界人士的热烈认可。彭燕郊逝世之后，湖南本土的《芙蓉》杂志2008年第6期推出纪念专号，其中杨德豫的《彭燕郊教授与〈诗苑译林〉》、李冰封的《悼念一代诗人彭燕郊》、林贤治的《诗人的工作》、黎维新的《一个出版人对彭燕郊先生的怀念》等文章，都对彭燕郊的此类行为给予了非常高的评价。林贤治将彭燕郊的工作称为“诗人的工作”，称彭燕郊是诗人当中“少有的一位醉心于出版者”，将“出版”行为与“诗人”使命并置，所着眼的正是彭燕郊出版行为的特殊性。刘长华在《彭燕郊评传》第七章“无境超越”中对彭一生从事的各种文学活动进行了较详细的介绍。②易彬则指出“彭燕郊的重要性，在于其漫长的写作历程，特别是堪称典范的晚年写作；也在于其所参与的多种诗学活动，特别是主编‘诗苑译林’等大型译诗丛书（刊）”③。不过与外国文学译介的丰硕成果相比，对彭燕郊此类行为的研究，总体上还是偏少的。

（二）彭燕郊与民间文艺的关联也往往被忽略

① 张晓风、龚旭东整理辑注：《梅志彭燕郊来往书信全编》，郑州：海燕出版社，2012年，第82页。
② 刘长华：《彭燕郊评传》，长沙：湖南文艺出版社，2008年，第238—248页。
③ 易彬：《彭燕郊研究论纲》，《南京师范大学文学院学报》，2008年第3期。

终其一生，彭燕郊都对于民间文学怀有很强的兴趣。第一次文代会后，彭燕郊曾和钟敬文一起编《光明日报》副刊《民间文艺》；1950年到湖南大学之后，彭燕郊曾随校到益阳、溆浦等地参加土改，搜集了大量的民间文艺资料；新时期之后，作为“民间文学”代表参加第四次湖南省文代会和全国文代会。彭燕郊从事的工作还包括业务管理、刊物编辑、理论探讨、人才培养等多个方面：曾任中国民间文艺研究会湖南分会副主席，参与编辑由该会主编的《楚风》多年；撰写《谚语和哲学》《保护民族民间文化：理解和期待》等长篇论文；在湘潭大学中文系成立民间文学教研室，开设“民间文学”课程，培养民间文学方向的硕士研究生。凡此，均可见出彭燕郊在民间文艺方面工作的广度。但由于种种原因，彭燕郊长期搜集的民间文艺资料最终只是堆积在书房的角落里，无缘得到进一步整理。据老友黎维新的回忆：2008年春节期间，彭燕郊曾向他表示，多年收集的民间文学资料“放在那里未及整理，真太可惜了”。

总体来看，学界对彭燕郊与民间文艺的研究非常之零散。彭燕郊当年指导的民间文学专业的研究生袁铁坚详细地叙及了彭燕郊数十年间对于民间文学执着的爱，这种执着使他在诗歌追求上产生了一种无穷的动力，使其诗歌具有平和、纯朴、清新、纯真的美学风格。[①]李振声谈到了以《南国浅春谱》为代表的“农事诗”有着独特的魅力，刘长华提到了彭诗与民间语言的关系，易彬指明了彭诗对“民间文学因素的广泛吸纳”，但更为系统、深入的研究还有待他日。

总的说来，彭燕郊首先是一位诗人，他所留下的“诗歌遗产与历史记忆”[②]值得更为深入的探究。同时，他又兼具文艺组织者、民间文艺工作者等多种身份，借此所展开的一系列活动“大大地拓展了彭燕郊的文化身份，凸现了他在二十世纪八十年代以来的文化语境的作用”[③]，这类研究触及当代文艺发展的诸多问题，无疑也有很大的研究空间。

（原载《长沙理工大学学报》2014年第6期）

---

① 袁铁坚：《热爱是最好的老师——彭燕郊与民间文学》，赵树勤编：《坚贞的诗路历程》，广州：花城出版社，2007年，第217—224页。

② 陈璐、易彬：《诗歌遗产与历史记忆——关于〈彭燕郊纪念文丛〉》，《现代中国文化与文学》，2012年第1期。

③ 易彬、黄园：《历史的要求与个人的诉求》，《文化与诗学》，2013年第2期。

彭燕郊："被低估"的文学史形象

陈　竞

今年5月，首届"中国当代文学学院奖"揭晓。同六个与文体相关的奖项不同，重在关注当下重大的、突出的或者特殊的文学现象的"非常设奖"颁给已故诗人彭燕郊的《彭燕郊诗文集》。这也是彭燕郊的创作实绩首次以学术奖的方式受到关注。

去年3月，彭燕郊因病在长沙去世，享年八十八岁。在他的生平简介中，所获奖项寥寥：2007年6月获民间诗歌奖项"诗歌与人·诗人奖"，同年9月获得由中国散文诗学会、中国现代文学馆等联合颁发的"终身艺术成就奖"。

当越来越多的研究者深入彭燕郊的诗文世界，不少人感慨：他的知名度与创作成就实在太不相符，"他是中国新诗史上的奇迹"。在大众记忆里，作为"'七月派'最后一个诗人"形象存在的彭燕郊，何以让众多学者发出如此感叹？

独特的"彭燕郊现象"

诗评家唐晓渡在二十世纪八十年代中期与彭燕郊结识前，就已经注意到了他在"文革"后写的诗："我当时不知道他是谁，还以为是个年轻人写的，里面有一种充沛、饱满、元气淋漓的东西。"而这也是唐晓渡一直关注他的原因。作为"中国当代文学学院奖”的初评委，正是唐晓渡推荐了《彭燕郊诗文集》。

“我所知道的彭燕郊先生是少有的‘越老写得越好’的诗人，他的作品在青年诗人、作家中流传，这让我们感到兴奋。”诗歌民刊《诗歌与人》的主编黄礼孩说。

彭燕郊晚年的创作成就无疑是令人肃然起敬的，研究者一般都注意到一个年份——1984 年。这一年，“已经六十四岁的彭燕郊超越自我，以此为新的起点实行‘衰年变法’，创作了一系列中国新诗史上前所未有的诗作。七十岁发表两万余言的长篇散文诗《混沌初开》，八十岁发表四百多行的长诗《生生：五位一体》。他的这种生命力奇迹在中外作家中实属罕见；他在思想、艺术、美学观念上的前卫性与独创性，使年轻诗人叹为观止”。湖南《三湘都市报》副主编龚旭东如此感叹。1986 年他与彭燕郊一见如故，成了“忘年交”。《彭燕郊诗文集》就是他协助彭燕郊具体选编的，这也是第一部综合反映老诗人一生创作历程的著作。

“对诗人的创作来说，就像人的生理规律一样，从最初的生涩然后臻于成熟，到高峰期，然后慢慢衰落下来。但彭燕郊是一个奇迹。”唐晓渡说，“‘衰年变法’是他自己提出来的。虽然有些人老了依然在写，但却是按照惯性在继续，而真正依据诗歌精神所要求的那样，自觉地不断进行自我挑战、自我超越的人，在中国尤其少。”这也产生了中国诗歌史上一个特定词汇——“彭燕郊现象”。

学者何言宏借诗人王家新的话说：“如果一个作家有一个更为深刻和伟大的晚年，他才是可信赖的；而那些名噪一时而后来却江河日下的人，在我看来，总归不过是文学中的过客。而彭燕郊就是有着伟大晚年的作家。”不久前，他和辽宁学者张学昕进行了系列对话《打捞文学史上的“失踪者”》，彭燕郊也是他们重点关注的“被低估”的文学史形象之一。

“这不是提一个诗学主张、喊几句公众口号就能解决的，如果作品不能支持观点，那也不行。如果只是把自己交付给某种艺术，也肯定不是诗歌的真义、诗歌理想的状态。”唐晓渡表示。彭燕郊曾在民主运动高潮中被逮捕，后又因“胡风事件”入狱，“文革”期间也饱受磨难。“在经历了种种沉痛之后如何回头来看待伤痕累累的心，怎样去重建这颗心与世界的关系，是很难的问题。而彭燕郊主要做的就是这方面的工作。”

唐晓渡说，为什么我觉得“彭燕郊现象”特别值得珍惜，就是因为并不是跟他有过同样经历的人、诗艺不在他之下的人，都能达到他的成就。“这与他一直以来与功能主义的、与政治有密切关系的传统保持一定距离有关，他处于相对自由的状态。”

独立的精神立场

唐晓渡所说的“自由灵魂”就是何言宏、黄礼孩所表示的“独立的精神立场”。“总体上看，彭燕郊的写作从1938年开始一路过来，尽管跟功能主义传统有很多相交的地方，包括在‘土改’时期写的一些长诗，还有抗战时期的诗歌。这并不奇怪，因为当时整个社会处在上升的力量当中，很多方面是有共识的。但1955年以后，他的内心已开始远离那个传统，后来完全成为‘浪子’。他更多延续了鲁迅先生那种通过自我反省重新审视灵魂的方式来审视诗歌，也就是说诗歌之于个人，之于人生，之于文化，之于社会发展，之于天地人神的这种更广阔的普遍联系究竟是怎样的。”“作品的底蕴、内容和形式都采用了颠覆性的反思。”龚旭东表示：“彭先生能够从那个时代的制式思想、制式美学思潮、制式生活氛围中突围，是他取得重大成就的条件和基础。”

在“诗歌与人·诗人奖”的颁奖典礼上，其时八十七岁高龄的彭燕郊在答谢辞中说：“很惭愧，我还不能做到为爱诗而牺牲一切。但我却一天都没离开诗。”他还说：“执着于诗，执着于对一切文学艺术的热爱，是绝对的热爱。我愿意为诗歌、为艺术牺牲一切。”

黄礼孩说：“他是一位真正以诗歌为生命的诗人。”龚旭东则说，他写的是纯粹的诗歌，“不管时代怎么变化，不管写作主题怎么变化，他的创作是纯粹的，创作的心态是纯粹的，最后创作出来的主要作品是纯粹的”。

二十世纪五十年代至七十年代，在恶劣的环境下，彭燕郊一直进行着“潜在写作”。在牢狱中，他每天坚持默默写诗，不敢明写，就在脑子里写，一段诗用一个词代替，记住一个词，就记住了一段诗。出狱之后把诗写在纸上……

在协助编选《彭燕郊诗文集》时，让龚旭东最犯难的就是版本问题：“一首诗他可以反复修改，时间上长达几年甚至几十年，次数从几次到几十次不等。”以《生生：五位一体》为例，这首诗是彭燕郊在八十岁的时候创作的，“炎热的夏天，他用一个星期写成的，为此他大病一场，几乎去世”。在2006年文集编选已出清样的时候，彭燕郊坚持重写，用了两个星期将四百行发展成为七百行，最后定稿为《生生：多位一体》。“这种对艺术的锤炼和创作态度的纯粹，常令人敬佩。”

采访中不少学者提到，彭燕郊精神上的独立，还与他不断学习和接纳优秀的异质文化有关。二十世纪八十年代起，彭燕郊就参与编选或主编了《诗苑译林》《国际诗坛》《现代世界诗坛》等，“对当代中外文化交流起了非常重大的作用”。唐晓渡说，这与他的内心需要有关，不断接纳优秀的异质文化，接纳诗歌领域的新探索，特别是那些被我们的成见所遮蔽掉的部分，“这也是一种精神成长。我相信有些老诗人不是不想超越，但是如果没有日常性的不断地学习与消化与自己的诗歌系统不一样的更为广阔的人类文明，就会心有余而力不足。而彭燕郊一直处在自由的状态中”。

龚旭东介绍说，彭燕郊对民间刊物和民间诗歌非常关注。“他视野开阔，生命的最后几年，他一直都想办刊物，将中外优秀民间诗人的诗歌编在一起，甚至把新刊物的名字都取好了，叫《少数》。”

精神向度始终指向“诗”

跟彭燕郊有过接触的人，都用“低调”一词来形容他。“他的作品大多是以油印、复印的小册子在爱诗的人们之间流传，并且影响非常大。”“相对于时下许多诗人，他的作品的发表、出版与他的创作成就及声望是很不成正比的，但他甘于寂寞，从不自我炒作。”

当很多人在感叹彭燕郊的创作成就和知名度不成正比时，诗人白桦对记者说：“如果他不那么寂寞，不那么多灾多难，他会在干涸了的生命河床上留下那么多闪光的珍珠吗？”

唐晓渡也表示，彭燕郊的状态是一个诗人最本真的状态：“诗歌本身就不是试图要跃升于文化中心，试图要成为显学、占有显要位子的。我相信这也不是彭燕郊的本意。”

但从诗歌界乃至文化界的某些创作及现象来看，“彭燕郊现象”足以让人们得到不少启示。“在当代社会，诗歌更多与商业、大众媒体发生关系，不少人把诗歌当成扬名的工具，完全当作可以吸引眼球的东西。”“作为诗人，你的整个精神向度是指向诗还是指向自己？彭燕郊肯定属于第一种人。”

这种功利性的创作现象在当下并不为诗歌所独有。“现在文学界的很多写作，都跟码洋、版税，特别是得奖，关系非常大。还有很多学者，功利性也非常强。而彭燕郊是超功利的。超越功利性追求，创作才可能更加具有自主性，更加忠实于文学本身。”何言宏表示。

在白桦看来，当下的诗歌创作中，“有过多的应景酬唱，过多的节庆颂歌，过多的文字拷贝，过多的情绪模仿，过多的自我膨胀。我们仍然需要勇敢地走出疏于思考的困境”。黄礼孩表示，眼下诗歌界的浮躁和价值标准的丧失是很明显的。有一些诗人似乎在诗歌事件里游戏，而不是在诗歌文本里追寻。诗歌当然要做出探索，但诗歌仅仅用来满足私欲、诗歌精神偏离人类的理想、背离人类的心灵，我们的诗歌自然走得不远。“彭燕郊先生在他的一生中无论经历了怎样的荣辱，都没有放弃对美的灵魂的追求。”

（原载《文学报》2009 年 7 月 2 日）

燃烧的火焰

——纪念著名诗人彭燕郊

严曼华
刘乐纳

一个真正的诗人应该是怎样的？纯粹，赤忱，乐于探索，自甘边缘，这是我校著名诗人彭燕郊以其六十多年的诗歌创作历程所给出的答案。

作为“七月派”代表诗人之一，彭燕郊笔耕不辍，从十八岁开始到八十八岁去世，一直坚持诗歌创作。他的一生为诗而活，即使逝后，他的作品与思想仍旧如同火焰熠熠生辉，鼓舞后辈。

一朵火焰：“恬静的、越看越亲切的光”

1920年，彭燕郊出生于福建省莆田县的一个地主家庭，这朵火焰燃烧了八十八年，在众多诗人学者心里留下了“恬静而又亲切的光”。

1997年在黑蚂蚁诗社的成立会上，彭燕郊朗诵了艾青的名篇《我爱这土地》，声调不高，“但能感受到他内心的激越”。最后一个字落音，掌声响起，彭燕郊像孩子般低下了头，满脸羞涩。对于那次初遇，诗人吴昕孺记忆犹新。

八年后，在湖南省博物馆那间环壁皆书的房子里，吴昕孺再见彭燕郊，“多年相忘于江湖，须臾见面，却一点也不生疏”。

那天彭燕郊兴致很高，搬来一摞最近收到的诗歌报刊，逐一进行评点。“他安静的时候，略显笨拙；说得兴起，手势便多了起来，直至大开大合。他望着你的时候极为专注；你望着他，则仿佛看到一汪明净的深潭，有瀑布飞流直下，轰然作响，却是那般幽谧与安详。”吴昕孺回忆说。

对于诗和青年，彭燕郊有着深挚的感情。在那间小客厅，他接待过很多慕名而来的客人——易彬、吴昕孺、刘建勇……他们谈人生与文学、感悟与诗歌。“有一次去拜访，他给隔着半个多世纪年龄差的我们每人削了个苹果。”刘建勇回忆说。

犹如一朵火焰，彭燕郊外表平和、内心炽热。这朵火焰并不摇晃，并不闪烁。对于诗歌，彭燕郊怀着宗教般的信仰，发出殉教者般的光：“我这一生的选择没有错。在我的生活经历里头，有好几次，我可以丢掉诗，丢掉文学，去搞别的事情，但是我没有转行，我宁愿被人家看作是一个背时鬼。我宁可背时，我不能丢掉这个。”诗人，是他的标识和担当，也是他“渡过苦厄的苇草与安身立命的稻粱”。

诗人者，不失其赤子之心。即使到了晚年，彭燕郊这朵火焰也依旧保持着“火气”：“有人写了一部长篇小说，他说，彭老师，你给我写篇序言，一万字，我给你一万块钱，一块钱一个字。我心里说，你把我看得这么不值钱啊，我一个字也不给你写，你真的好我不要钱也给你写。”诗人的率性可爱可见一斑。

三次突围：“鲜绿的新叶，在寒冷的日子里生长”

在彭燕郊一生的创作中，两次狱中写诗以及晚年推行的“衰年变法”使得他不断突破自我，完成了精神上的突围。

1947 年对彭燕郊来说是特殊的一年。这一年，他因参加民主运动被逮捕，在桂林囚禁近一年。在狭小阴暗的牢房里，彭燕郊“诗心不死”，每天望着那扇 16 开纸大小的窗子思索，用写材料剩下的纸和墨进行诗歌创作。这张纸五厘米宽，十几厘米长。就在这些小小的纸条上，彭燕郊完成了人生中的第一次突围，接连创作了《给早霞》《尤加利树》等诗歌。“我们所拥有的是这样的生命，我们要克服的正是这样的生命”“鲜绿的新叶，在寒冷的日子里生长”……这些昂扬向上的诗句表现出他不畏斗争、坚信真理和胜利同在的美好品质。出狱后，彭燕郊辗转到香港、北京、湖南等地，在众多刊物上发表了大量的诗歌作品。

然而好景不长。1955 年，彭燕郊迎来了人生中的第二个“低谷”。这一次，他因“胡风案”被牵连关押。狱中，他默默创作。没有纸没有笔，他就把每个自然段用一个词语来代表，记在脑海中，等到获释后再逐篇默写出来。彭燕郊诸多作品被列为中国当代文学“潜在写作”的重要文本，引起了文学史研究者们的高度重视和赞誉。

步入晚年后，彭燕郊更是坚持艺术上的特立独行，不断突破新诗已有的传统模式，成功实现人生中的第三次突围。七十岁时，彭燕郊发表两万余言的长篇散文诗《混沌初开》，并获得第一届“芙蓉文学奖”诗歌奖。在将近八十岁高龄时，他仍于一个多月内写出千行长诗《生生：五位一体》，成为中国诗坛上的领先人物。

经过三次突围之后，无论是在艺术创作上还是在思想风貌上，彭燕郊都走向了成熟，形成了自己特有的诗风与诗骨。

薪火传承：“螺旋形的规律是，终点也不是结束”

在追求自我完善的同时，彭燕郊把对诗歌的痴迷也带进了校园，点燃了众多学子心中的诗歌之火。

1981 年，在彭燕郊的指导和支持下，湘潭大学旋梯诗社正式成立。作为诗社创始人，彭燕郊不仅亲自为其题写“旋梯”社名，更耐心细致地教导学生创作诗歌，与学生一起讨论诗歌，在湘大形成了一股读诗写诗的风潮。旋梯创立之初，各年级院系的诗歌爱好者经常汇集在这“螺旋上升的阶梯”上，歌颂青春，歌唱爱情。

每个周末，在阶梯教室举办的诗歌朗诵会火爆异常，人山人海，水泄不通。“那真是激情燃烧、诗歌燃烧的黄金岁月呀。”回忆起当时的盛状，80 级校友、旋梯诗社第二届社长、《湖南日报》科教文卫新闻中心执行主任陈惠芳自豪地说，“大学生中，至少有三分之二的人写诗，写诗成为不可抑制的潮流与时尚。”

作为湘大诗歌生长的沃土，旋梯诗社培养了李杰波、徐炼、郑长天等诸多诗人、学者。走过辉煌的八十年代，“旋梯”的发展之路也坎坷曲折起来，1992 年被迫闭社，直到 2001 年才复社。这一时期内，彭燕郊一直支持和关心诗社，即使年过八旬，他还经常回校参加学生的诗歌朗诵和讲学活动。

“螺旋形的规律是，终点也不是结束。”在诗作《旋梯》中，彭燕郊写下了这样一句鼓舞后辈的话。作为他思想的传承者，“旋梯”依旧在一代代人手中传递。

2017 年，旋梯诗社走过了第三十六个年头。即便时代在变化，新一代“旋梯人”仍能感受到流淌在旋梯中的诗歌之魂，感受到彭燕郊独特的人格魅力。

“旋梯是一个很有诗意和号召力的名字，它不是一个冷冰冰的称谓，而是一个有温度的、能包容人的精神伊甸园。”旋梯诗社第三十六届社长张康说，“我们将沿着不断上升的旋梯前行，一步一步，永不停歇。”

后世追忆：“揩干眼泪，月亮还是那样晶莹”

2008 年，彭燕郊在长沙逝世。他的一生充满传奇色彩，为教育、诗歌界做出的诸多贡献令后人敬仰。

作为战地工作者，他一直保持极高的革命热忱。1938 年春，彭燕郊参加了新四军二支队，从皖南投身于革命，也从皖南迈进了诗坛，其成名作《战斗的江南季节》《春天——大地的诱惑》充满了昂扬奋进的激情与活力。

作为民间文艺研究学者，他孜孜不倦。建国初期，他与钟敬文合编《光明日报》副刊《民间文艺》，并于五十年代后到大学教书，1979 年到湘大讲授“民间文艺学”等课程，创办湘大民间文学研究室，组织湖南民间文艺、民俗调查等。

在编辑出版方面，彭燕郊也显示出独特的一面。八十年代，由他主持策划、组稿、审阅的大型译诗丛书《诗苑译林》、丛刊《国际诗坛》、丛刊《现代散文诗》风行一时，一版再版，在海内外有广泛的影响。

除此以外，他还是一位名副其实的藏书家，曾被评为“长沙十大藏书家”。其书屋堆放的书密密麻麻，一直延伸到屋顶，抵得上一座小型图书馆。因为书多，同事、同学常被吸引来聊天，每天晚饭后，少则五六位，多到十几位。来得早些，他们就一起到屋后的北山散步，来得晚些，就聊天到深夜。

81 级民间文艺学研究生袁铁坚说：“彭燕郊本质上还是一个诗人，一个纯粹的诗人。当年在湘大校园里，彭老师是大学生的偶像。因为他的诗人身份和特殊的人生经历，也因为他的学识才华，尤其是随性自如的授课风格，令人终生难忘。”

“揩干眼泪，月亮还是那样晶莹。”在《读信》一诗中，彭燕郊这样写道。在历经人生起伏后，彭燕郊的心地仍然如月亮般晶莹，纵然斯人已逝，但他留给后人的纯粹率真的诗人印象仍旧不会磨灭。

（原载《湘潭大学报》2017 年 12 月 1 日“湘大学人”栏目，
作者为学生记者）

清明时节怀诗哲

——纪念彭燕郊先生逝世十周年座谈会小记

肖　欣
王　珊

彭燕郊（1920—2008），中国现当代文学史上的重要诗人、作家、文艺活动家、民间文艺工作者。青年时代曾参加新四军，后在桂林、重庆、香港等地从事创作和文艺活动，1949年在北京参加全国第一次文代会。1950年来湖南，任教于湖南大学、湘潭大学。策划、组编或主编有《诗苑译林》《国际诗坛》《现代世界诗坛》《现代散文诗名著译丛》等丛书、丛刊，影响甚大。彭燕郊毕生为新诗创作与发展奉献心血，创作生涯七十年，在诗歌界有着广泛的影响力。

2018年3月31日是彭燕郊逝世十周年纪念日。为了更好地纪念诗人彭燕郊先生，也为了更好地推动彭燕郊研究和相关文献的整理工作，3月31日上午，长沙理工大学文法学院举行了“纪念彭燕郊先生逝世十周年彭燕郊诗歌座谈会”，专程来自广东、海南等地和中南大学、湖南大学、湖南师范大学、湘潭大学、湖南科技大学、《湖南日报》、《三湘都市报》、《晨报周刊》、湖南文艺出版社等单位的专家学者，彭燕郊先生家属和学生，长沙理工大学教师以及研究生等四十余人参加了会议，大家就彭燕郊诗歌艺术与人生历程、当代诗歌的发展等话题进行了深入的阐述和交流。

彭燕郊诗歌座谈会由龚旭东先生主持，他阐发了本次会议的意义，指出这样的活动不仅仅是怀念彭燕郊先生，也是进一步发掘与传承彭燕郊对诗歌的痴迷、虔诚、专业、专注，以及他对自由精神的坚守、对艺术创新的坚持，而这些在当今的文学氛围背景下具有特别的意义。应该如何以及以什么样的态度纪念彭燕郊，值得深入研讨。

与会人士就彭燕郊诗歌艺术与人生历程、当代诗歌的发展等方面的话题进行了广泛深入的阐述和交流。长沙理工大学文法学院易彬教授作为研究彭燕郊先生的重要学者，介绍了近十年来与彭燕郊有关的史料整理、研究和著作出版状况，并结合即将出版的著作谈了彭燕郊文献整理、彭燕郊诗歌研讨会等方面的构想。特意从深圳赶来的彭燕郊弟子袁铁坚表示自己一提起彭老师就有种“近乡情更怯”之感。他从自己从事民间文学、民俗文化研究谈起，认为彭燕郊对民歌单纯美有向往之情，认为民间谚语是语言中的盐、对诗性的提炼，还认为民间文学是成为影响彭燕郊诗歌的重要因素。彭燕郊的学生、助手徐炼通过回忆与彭燕郊交往的点滴，还原了一位生活中平易近人、真诚关心学生的彭燕郊。彭燕郊学生张效雄讲述了和彭燕郊有关的四个故事，认为彭燕郊的经历使其诗歌创作风格、文体、方向和语言发生了极大变化。颜家安则评价彭燕郊是“诗做的人”。彭燕郊学生赵树勤谈到许多人在彭老师的影响下爱诗、写诗，彭老师诲人不倦，对湖南各高校师生的治学产生了深刻影响。学者盂泽则阐述了彭燕郊诗学的独特性与开创性。作家、编辑周实说，彭燕郊是以诗的眼光待人处事、对待生活，他是用生命在写诗。诗人欧阳白非常感激彭燕郊老师的指导，说他善于运用非常艺术的方法来暗示他人感性思维的不足，他身上始终有知识分子的气质，一直用诗在思考问题。《彭燕郊诗文集》责任编辑崔灿谈到了当年《彭燕郊诗文集》的编辑情况，认为彭燕郊遭受过苦难，他在诗中放飞灵魂，表达了对自由的追求。苏正军、王细流（湘潭大学）、吴投文（湖南科技大学）、刘涵之（湖南大学）、陈以敏（湘潭大学）、肖欣（湖南日报）等人在发言中回忆了与彭燕郊先生的交往，提出了一些研究性的观点，希望人们通过阅读彭燕郊，研究彭燕郊，从而走近并理解彭燕郊。有的回忆起彭老哽咽不已，有的朗读诗歌以表达怀念之情。

座谈会后，与会者们步行至湖南省革命陵园彭燕郊先生墓前祭拜先生。彭燕郊墓碑上镌刻着他的诗句：“混沌初开，你将超越你自己。”对每个人而言，都是一种诗的激励。大家在这里流连不已，深切怀念杰出的诗人彭燕郊。

（原载“新湖南客户端·华声在线”，2018年4月3日）

彭燕郊研究论文索引（2007—2020）

陈　璐 / 整理

说明：（1）2007年11月，赵树勤教授编选的《坚贞的诗路历程：彭燕郊评论集》出版，其所作《前言》落款日期为该年5月。相关工作应是更早的时候完成。因此，本索引所录起自2007年。（2）所录以期刊文章为主，兼及部分书籍所载文章；各类报纸所刊发的文章信息庞杂，难以有效检索，暂不收录。（3）大致以时间先后为序，先单列相关研究专辑，再列各类研究论文。

（一）研究专辑

1. 吴思敬主编：《诗探索9·理论卷》，2008年第1辑，北京：九州出版社，2008年6月

陈太胜：《幻视的能力：彭燕郊的早期诗作》

霍俊明：《尖利冰川下的河流：灵魂和诗神的默默叩问者——彭燕郊论（1949—1979）》

李红云：《接续〈野草〉传统而独树一帜——试论彭燕郊的散文诗〈混沌初开〉》

易彬：《关于“彭燕郊访谈”的几点想法——兼谈〈彭燕郊诗文集〉的出版》

2.《文学界（原创版）》，2008 年第 5 期，湖南省作家协会

钟叔河：《唁燕郊先生》

唐浩明：《一个纯粹的诗人》

3. 林莽、张洪波主编：《诗探索·作品卷》，2008 年第 1 辑，北京：九州出版社，2008 年 6 月

彭燕郊：《彭燕郊诗六首》

远人：《悼念彭燕郊老师》

聂茂：《在春天，一个老人悄悄地走了》

4.《南京师范大学文学院学报》，2008 年第 3 期

李振声：《彭燕郊晚年心境与诗境——以一组诗与一首长诗为例》

易彬：《彭燕郊研究论纲》

陈璐、易彬：《彭燕郊先生文学年表简编》

5.《长沙铁道学院学报（社会科学版）》，2008 年第 3 期，“‘彭燕郊与外国文学’笔谈”系列

何云波：《彭燕郊：在土地与大海之间》

金银花：《现代的现实主义：波德莱尔与彭燕郊诗学》

黄婉强：《波德莱尔与彭燕郊诗歌：超越时空的精神对话》

何娟：《痛苦之爱与理想之光》

倪云：《大地之歌：彭燕郊与叶赛宁》

6.《新文学史料》，2008 年第 4 期，人民文学出版社

林贤治：《诗人的工作》

李冰封：《彭燕郊与〈诗苑译林〉及〈散文译丛〉》

易彬：《彭燕郊回忆同时代作家》

7.《芙蓉》，2008 年第 6 期，湖南文艺出版社

彭燕郊：《叠水》

北岛：《悼念彭燕郊先生》

林贤治：《诗人的工作》

杨德豫：《彭燕郊教授与〈诗苑译林〉》

余开伟：《历史的赤子》

李冰封：《悼念一代诗人彭燕郊》

黎维新：《一个出版人对彭燕郊先生的怀念》

欧阳斌：《那双纯粹的诗人眼睛》

韦白：《一束小花》

赵四：《怀念彭燕郊先生》

8. 林莽、张洪波主编：《诗探索·作品卷》，2009 年第 1 辑，北京：九州出版社，2009 年 6 月

孟泽：彭燕郊的世故与天真——《〈彭燕郊诗文集〉出版座谈暨创作研讨会论文集》编后记

兰馨：《献》

彭燕郊：《彭燕郊先生遗作三首》

9.《扬子江评论》，2009 年第 4 期，江苏省作家协会，“名家三棱镜·彭燕郊”系列

彭燕郊：《诗魔附身：苦恼，困惑，挑战》

李振声：《谁愿意向美告别》

龚旭东：《彭燕郊先生未完成的 2008——艰难的回忆之一》

10. 陈思和、王德威主编：《史料与阐释·贰零壹壹卷合刊本》，上海：复旦大学出版社，2013 年 6 月

彭燕郊：《溆浦土改日记（1951 年 12 月—1952 年 1 月）》

彭燕郊：《“文革”日记选录（1967 年 5—6 月）》

彭燕郊：《〈诗歌与人〉“诗人奖”获奖答谢词》

彭燕郊：《回忆严杰人》

吴投文、邹联安：《“对诗的亵渎是不可原谅的！”——彭燕郊先生访谈录》

汪华藻：《我心目中的彭燕郊老师》

龚旭东：《整理说明》
李振声：《谁愿意向美告别？》
彭燕郊：《彭燕郊自撰年谱二种》
彭燕郊：《彭燕郊小传》

11.《长沙理工大学学报》，2014 年第 4 期
陈太胜：《彭燕郊的散文诗写作和现代诗的一种可能》
刘长华：《论彭燕郊晚年诗歌中的视听生存体验》
黄园、易彬：《新时期以来彭燕郊研究述评》

12.《邵阳学院学报》，2016 年第 5 期
彭钦：《现代的现实主义——论陀思妥耶夫斯基对彭燕郊诗歌与诗学的影响》
刘长华，何雅静：《“战争之子”彭燕郊抗战诗歌（1938—1940）的现代性》
邱景华：《彭燕郊〈混沌初开〉细读》
曾思艺：《彭燕郊早期诗歌与俄罗斯诗歌》

13. 吴思敬主编：《诗探索·理论卷》，2018 年第 3 辑，北京：作家出版社，2018 年 11 月
陈太胜：《不合时宜的歌者》
孟泽：《“工夫即本体”——彭燕郊的诗学思想与立场》
易彬：《“算是尽了自己的微力了”——再说彭燕郊与陈实》
周实：《怀念彭燕郊》
欧阳白：《我们要继承彭燕郊先生什么？》
刘涵之：《诗学与诗歌的互歧》

（二）单篇研究论文

曾思艺：《孤独·忏悔·升华——彭燕郊散文诗〈混沌初开〉赏析》，《名作赏析》，2007 年第 1 期

刘志荣：《绝望中的抗争与个人主体性的出现——以彭燕郊与绿原 1955—

1976年的写作为例》，《渤海大学学报（哲学社会科学版）》，2007年第4期

刘长华：《彭燕郊桂林狱中文学探析》，《理论与创新》，2007年第5期

刘继业:《飞扬的激情和充沛的想象: 纷飞战火中的“恋歌”——彭燕郊小诗〈恋歌〉解读》，《名作欣赏》，2007年第19期

刘长华：《论彭燕郊桂林前期诗歌中的现代主义》，《中国文学研究》，2007年第4期

李振声：《诗心不会老去》，《读书》，2007年第12期

易彬：《“我当然很想到解放区去”——访诗人彭燕郊》，《新文学史料》，2008年第1期

王士强：《富于张力的艺术探索——论彭燕郊的后期诗歌创作》，《理论与创作》，2008年第2期

吴投文：《论〈混沌初开〉的象征结构》，《中南大学学报（社会科学版）》，2008年第2期

易彬：《“那代人都很理想主义”——访诗人彭燕郊》，《新文学史料》，2008年第2期

李天靖：《“我还没有完全冷却”：哭诗人彭燕郊》，《绿风》，2008年第5期

周实：《悼彭燕郊（外二篇）》，《星星诗刊（上半月刊）》，2008年第5期

章锦：《对诗痴迷一生的彭燕郊》，《文史博览》，2008年第6期

潘洗尘：《烧给浪漫主义的纸钱——痛悼彭燕郊先生》，《星星诗刊（下半月刊）》，2008年第6期

宋梅：《论七月诗派的抗争精神》，《文学教育》，2008年第7期

欧阳白：《3月31日的背影——写在彭燕郊老师去世之际》，《元素》，珠海出版社，2008年7月

张铁夫：《我所认识的彭燕郊先生》，王继平主编：《回望湘大——湘潭大学五十周年回忆录》，湘潭大学出版社，2008年8月

龚政文：《一朵火焰熄灭了：怀念彭燕郊先生》，《文学界（原创版）》，2008年第9期

吴思敬：《风前大树：彭燕郊诗歌论》，《文学评论》，2008年第5期

郑长天、龙慧萍：《回归“五四”：彭燕郊的诗歌历程》，《湘潭大学学报（哲

学社会科学版）》，2008年第5期

易彬：《“我理想中的好诗还没有写出来”——彭燕郊访谈录》，《新诗评论》，2008年第2辑

张炯：《初评诗人彭燕郊》，《文学多维度》，北京：作家出版社，2009年1月

陶立：《心香一瓣寄亡灵——追思彭燕郊先生》，《理论与创作》，2009年第1期

曾思艺：《彭燕郊晚年诗歌的湘楚意蕴》，《中国文学研究》，2009年第1期

刘涵之：《现代诗性与现代意识——彭燕郊诗学发微》，《文化与诗学》，2009年第1期

阿诺阿布：《雨落长沙：怀念彭燕郊先生》，《山花（下半月）》，2009年第2期

陈善壎：《对彭燕郊的纪念——兼说彭燕郊诗作的散文美及其他》，《芙蓉》，2009年第3期

容小明：《论彭燕郊“潜在写作”期诗歌的思想艺术特色》，《贵州民族学院学报（哲学社会科学版）》，2009年第4期

韦泱：《大哉彭燕郊》，《人与书渐已老》，上海远东出版社，2009年7月

黄礼孩：《彭燕郊：美伴随一生》，《午夜的孩子》，北京：中国戏剧出版社，2009年8月

朱健：《彭燕郊的诗：四五“斤”》，《野坡散记》，南京师范大学出版社，2009年8月

陈子善：《诗般跌宕的生命——岁末怀燕郊先生》，《看张及其他》，北京：中华书局，2010年1月

左芬：《〈东山魁夷〉：在诗与画之间》，《长沙铁道学院学报（社会科学版）》，2010第2期

林文兴：《〈钢琴演奏〉：再现音乐美的瞬间》，《长沙铁道学院学报（社会科学版）》，2010第2期

杨芳：《诗歌之舞》，《长沙铁道学院学报（社会科学版）》，2010第2期

朱莉萍、杨锦瑜：《一份研究生入学试题引发的思考》，《学位与研究生教育》，

2010 年第 4 期

柯文溥：《遥寄湘江——忆彭燕郊》，《闽台文化交流》，2010 年第 2 期

张洪波：《彭燕郊先生的一封信》，《杂记：张洪波卷》，广州：花城出版社，2010 年 4 月

远人：《七月诗派：从彭燕郊老师说起》，《文学界》，2010 年第 5 期

林文兴：《论彭燕郊诗歌创作的音乐性》，《四川外语学院学报（哲学社会科学版）》，2010 年第 3 期

孟泽、陈太胜：《彭燕郊的诗与诗学》，吴思敬主编：《诗探索·理论卷》，2010 年第 2 辑，九州出版社，2010 年 6 月

赵红：《彭燕郊：大地·旅途·精神家园》，《宝鸡文理学院学报（社会科学版）》，2010 年第 4 期

李天靖：《“我还没有完全冷却”——哭诗人彭燕郊》，《森林中的一棵树 李天靖随笔、访谈、评论集》，上海文艺出版社，2010 年 9 月

邵燕祥：《彭燕郊》，《我的诗人词典》，郑州：大象出版社，2010 年 11 月

叶德浴：《彭燕郊与舒芜》，《新文学史料》，2010 年第 4 期

张铁夫：《忆彭燕郊先生》，《芙蓉》，2011 年第 1 期

易彬、陈璐：《“沉重”的潜压与“唯美”的诉求——论彭燕郊诗歌创作主题的双重变奏》，《江汉大学学报（人文科学版）》，2011 年第 3 期

易彬：《“必须了解整个世界诗歌潮流的大方向”——彭燕郊谈新诗与外国诗歌》，《新文学史料》，2011 年第 2 期

易彬：《“民歌精神是非常真实、非常纯朴的”——诗人彭燕郊谈新诗与民歌》，《中国诗人》，2011 年第 3 期

边草：《今夜，我俯伏于地，静候碎片——悼彭燕郊老师》，《还原》，长沙：湖南人民出版社，2011 年 8 月

石天河：《读彭燕郊遗著〈那代人〉》，《书屋》，2011 年第 10 期

容小明：《人间混沌两重天——论彭燕郊〈混沌初开〉》，《贵州民族学院学报（哲学社会科学版）》，2011 年第 6 期

蒋旭阳：《音乐与诗歌：于“无声”处“读”天籁》，《金山（下半月）》，2011 年第 12 期

吴投文：《为诗意的梦想而活着——怀念彭燕郊先生》，吴广平主编：《文学教育新视野》，成都：西南交通大学出版社，2012 年 1 月

龚旭东：《情深之至的缅怀：关于〈我所知道绀弩的晚年〉的说明》，《现代中文学刊》，2012 年第 1 期

陈太胜：《诗与音乐——彭燕郊晚期诗作读解之一》，《文化与诗学》，2012 年第 1 辑

陈璐、易彬：《诗歌遗产与历史记忆——关于〈彭燕郊纪念文丛〉》，李怡、毛迅主编：《现代中国文化与文学》，第 11 辑，成都：巴蜀书社，2012 年 11 月

韩作荣：《彭燕郊现象》，《扬子江诗刊》，2012 年第 4 期

王光明等：《彭燕郊：一个未被充分认识的诗人》，《扬子江诗刊》，2012 年第 5 期

容小明：《论彭燕郊对散文诗文体的突破》，《贵州民族大学学报（哲学社会科学版）》，2012 年第 6 期

荒林：《纪念我的老师诗人彭燕郊》，《天生女性主义：女性主义在今日的意义》，北京：九州出版社，2012 年 12 月

龚旭东：《向往大欢喜的叛逆浪子》，《文学界（专辑版）》，2013 年第 1 期

魏丕植：《读彭燕郊》，《解读诗词大家（四）现代卷》，北京：作家出版社，2013 年 4 月

潘真进：《彭燕郊书信的未了乡情》，《照镜解闷》，福州：海峡文艺出版社，2013 年 6 月

刘长华：《彭燕郊诗歌综论》，《创作与评论》，2013 年第 10 期

易彬、黄园：《历史的要求与个人的诉求——从〈梅志彭燕郊来往书信全编〉看彭燕郊的文化选择》，《文化与诗学》，2013 年第 2 辑

周实：《彭燕郊先生》，《社会科学论坛》，2014 年第 1 期

谭希玮：《彭燕郊诗歌内省式的抒情气质阐析》，《湖南工业职业技术学院学报》，2014 年第 1 期

何云波:《接受、影响与融通——彭燕郊诗歌访谈录之一》,《世界文学评论（高教版）》，2014 年第 1 期

柯文溥：《湘江诗魂：忆老诗人彭燕郊》，《炎黄纵横》，2014 第 2 期

古剑：《与彭燕郊的稿缘》，《聚散》，北京：海豚出版社，2014 年 8 月

刘长华：《湖湘文化的“情本体”与彭燕郊的“归来者歌”》，《名作欣赏》，2014 年第 22 期

易彬、黄园：《彭燕郊所存文艺界人士书信》，《新文学史料》，2014 年第 3 期

易彬：《“单纯就好”——纪念诗人彭燕郊先生》，《书屋》，2014 年第 10 期

容小明：《泥香的大地——彭燕郊诗歌“大地”意象探析》，《贵州民族大学学报（哲学社会科学版）》，2014 年第 6 期

吴昕孺：《诗歌赤子彭燕郊》，《书城》，2014 年 12 期

王福湘：《40—90 年代专题：从现实主义到现代主义——彭燕郊研究》，《地狱边沿的白色花：二十世纪中国文学专题研究》，北京：中央编译出版社，2014 年 12 月

龚旭东：《充满生命之光的精神史诗——论彭燕郊的〈混沌初开〉》，《湖南文学》，2015 年第 2 期

易彬：《晚年彭燕郊的文化身份与文化抉择——以书信为中心的讨论》，《中国现代文学研究丛刊》，2015 年第 3 期

易彬：《书信、文化与文学史——关于〈彭燕郊陈耀球往来书信集〉的相关话题》，《现代中文学刊》，2016 年第 2 期

董岳州：《怀赤子之心，抒赤子之情——彭燕郊新诗导读》，《中国诗歌》，2016 年第 3 期

易彬：《陈实的悄然辞世与彭燕郊的文化落寞》，《山花》，2016 年第 7 期

袁复生:《搞文学又不是搞超级女声》,《一个外省青年的精神成长史》, 成都: 天地出版社，2016 年 9 月

易彬、以敏：《彭燕郊、陈耀球书信选辑》，李怡、毛迅主编：《现代中国文化与文学（第 20 辑）》，成都：巴蜀书社，2017 年 3 月

易彬：《新时期以来翻译出版事业的见证——关于施蛰存与彭燕郊通信的初步考察》，《扬子江评论》，2017 年第 3 期

吴投文：《艾青、田间、阿垅、彭燕郊诗歌导读》，《阴山学刊》，2017 年第 4 期

远人：《曾与先生相遇——纪念彭燕郊老师逝世十周年》，《随笔》，2017

年第 4 期

彭国梁：《日记中的彭燕郊老师》，《近楼书话》，上海：文汇出版社，2017 年 8 月）

陈璐、易彬：《彭燕郊致严文井、叶汝琏——彭燕郊与文艺界人士通信系列考察之一》，《励耘学刊（文学卷）》，2017 年第 2 期

谭五昌：《彭燕郊诗歌解读》，《在北师大课堂讲诗（第三辑）》，西安：陕西师范大学出版社，2017 年 12 月

唐思敏:《文化抢救与记忆存留——评〈我不能不探索: 彭燕郊晚年谈话录〉》，赵敏俐主编：《中国诗歌研究动态》（第 19 辑 · 新诗卷），北京：学苑出版社，2017 年 12 月

宫立:《"有一种不同一般的感情"——彭燕郊致牛汉、黄汶书信两通释读》，《传记文学》，2018 年第 10 期

邱景华：《比较中细读：〈小泽征尔指挥〉》，《诗探索》，2018 年第 2 期

陆羽琴：《彭燕郊诗歌中的"鸟"》，《青春》，2019 年第 9 期

邱景华：《彭燕郊〈混沌初开〉细读》，《诗探索》，2019 年第 5 期

董岳州、熊茜：《彭燕郊与西方现代文学》，《广东开放大学学报》，2020 年第 1 期

陈璐:《彭燕郊与"诗苑译林"丛书》,《长沙理工大学学报(社会科学版)》，2020 年第 4 期

陈璐：《彭燕郊与新时期诗坛的"消息"——从一本油印诗集说起》，《广州大学学报（社会科学版）》，2020 年第 5 期

（三）学位论文（硕士）

马丹：《历史汇流中的现代抉择》，中南大学，2007 年

尹文偈：《爱与美的宗教——论彭燕郊的诗歌创作》，湖南师范大学，2008 年

谭晋宇：《彭燕郊诗歌创作与俄罗斯文学》，湖南师范大学，2008 年

龙泉：《远方的应和——论凡尔哈伦对彭燕郊诗歌的影响》，中南大学，2008 年

黄婉强：《现代的现实主义》，中南大学，2009 年

倪云:《“地之子”的心灵契合——论叶赛宁对彭燕郊诗歌的影响》, 中南大学，2009 年

欧阳荐枫：《论彭燕郊诗歌的抒情模式及其文化成因》，湖南师范大学，2009 年

白茂才：《现代意识与现代的现实主义：彭燕郊诗论研究》，北京师范大学，2010 年

谭琰：《思考的画卷——彭燕郊与绘画艺术研究》，中南大学，2011 年

林文兴：《以诗释乐——彭燕郊“音乐诗”阐析》，湘潭大学，2011 年

尹婷：《论屠格涅夫对彭燕郊散文诗的影响》，中南大学，2012 年

宋雪琴：《论彭燕郊诗歌内省式的抒情气质》，北京师范大学，2012 年

黄园：《彭燕郊与中国新时期文学发展之研究——以“文学活动”为中心的讨论》，长沙理工大学，2015 年

毛梦雅：《文献学视野下的彭燕郊研究》，长沙理工大学，2017 年

武建伟：《彭燕郊早期诗歌艺术特色研究》，长沙理工大学，2017 年

孔灵婕：《彭燕郊晚期诗歌研究》，宁波大学，2019 年

彭燕郊相关著作信息辑录

陈 璐 / 整理

（一）彭燕郊个人作品集

1.《春天——大地的诱惑》

诗集，彭燕郊著，诗创作社（桂林）1942 年 5 月版，署“诗创作丛书”（胡危舟主编），录长诗两首，即《春天——大地的诱惑》《在这边，呼唤着……》。

2.《战斗的江南季节》

诗集，彭燕郊著，水平书店（桂林）1942 年 10 月，署“现代诗文学丛书”，录诗 9 首，包括《冬日》《雪天》《岁寒》《冒着茫茫的雪呵》《山国》等。

3. 《妈妈，我，和我唱的歌》

长诗，彭燕郊著，萌芽社（桂林）1943 年 12 月版，署“萌芽文学丛书”。

4.《浪子》

散文诗集，彭燕郊著，水平书店（桂林）1943 年 12 月版，署“现代散文丛书”，有代序文《土地的魔力》（代序），录散文诗 21 篇，即《百合花》《小小的土地庙》《生者写的哀辞》《家山七章》《村里散文抄》《宽阔的蔚蓝》《阳光》等。

5.《第一次爱》

诗集，彭燕郊著，山水出版社（桂林）1946 年 5 月版，录诗 13 首，包括《春雷》《冬青只是在开花》《牛的生产》等，有《后记》。

6.《湖南歌谣选》

彭燕郊编，湖南通俗读物出版社（长沙）1954 年 2 月版，有《前记》，按照五大类收录，即《一般生活抒情歌谣》《政治歌谣》《长工歌谣》《妇女生活歌谣》《情歌》这五大类收录。

7.《文艺学习手记》

文集，彭燕郊著，湖南人民出版社（长沙）1955 年 2 月版，有《前记》，录文 9 篇，即《有意识地、细心地阅读文艺作品》《关于诗的几个问题的讨论》《关于快板》《搜集民歌的几点经验》《从生活中学习语言艺术》《毛泽东文艺思想是我们的指路明灯》等。

8.《彭燕郊诗选》

诗集，彭燕郊著，湖南人民出版社（长沙）1984 年 4 月版，有聂绀弩的代序文《彭燕郊的〈第一次爱〉》，录诗 55 首（组），按年代分辑编排，有《跋》（陈萱）和《后记》。

9.《高原行脚》

散文诗集，彭燕郊著，花城出版社（广州）1984 年 6 月版，署“曙前散文诗丛书”（郭风、刘北汜主编），有《〈曙前散文诗丛书〉前言》（刘北汜），录 1939—1946 年间散文诗 39 篇，分 9 组编排。

10.《和亮亮谈诗》

诗论集，彭燕郊著，生活·读书·新知三联书店（北京）1991 年 5 月版，署“今诗话丛书”，录长篇诗论 3 篇，即《论感动——关于诗·诗人的随想录》《关于形式美》《关于现代诗》，有《后记》。

11.《当代湖南作家作品选·彭燕郊卷》

诗集，彭燕郊著，湖南文艺出版社（长沙）1997年12月版，录1979年之后诗作90首，有《总序》（郑培民）和《编后记》。

12.《夜行》

散文诗集，彭燕郊著，山东友谊出版社（济南）1998年12月版，署“逼近世纪末人文书库”（陈思和、李辉策划），录1939—1989年间散文诗57篇，按年代分辑编排，有《序》（李振声）和《后记》。

13.《纸墨飘香》

文集，彭燕郊著，岳麓书社（长沙）2005年3月版，署“开卷文丛”（蔡玉洗主编、董宁文执行主编），有《题记》，录“历年写的有关书和读书的文字”54篇，分五辑，即“蹇斋书话”“蹇斋书缘记”“蹇斋存书题识”“蹇斋读书记”“蹇斋见闻录”。

14.《野史无文》

诗文合集，彭燕郊著，武汉出版社2006年1月版，署“潜在写作文丛”（陈思和主编），录31篇，有《总序》（陈思和）、《〈野史无文〉题记》和《后记》；附录3种，即《作品纪略》《我应该怎样想——一些原生态思想素材》《彭燕郊致陈思和刘志荣》。

15.《彭燕郊诗文选》

诗文合集，彭燕郊著，为黄礼孩主编《诗歌与人》总第13期，2006年5月版，录1938—1999年间诗歌、散文诗130余首，有序（黄礼孩《彭燕郊：美伴随一生》）。

16.《彭燕郊诗文集》（四卷）

彭燕郊著，湖南文艺出版社（长沙）2006年12月版（四卷统一定价）。

（1）《彭燕郊诗文集·诗卷》（分上下册）

有《序》（龚旭东）和《后记》，录诗229首，按年代分辑编排。

（2）《彭燕郊诗文集·评论卷》

有《序》（孟泽）和《后记》，录评论18篇。

（3）《彭燕郊诗文集·散文诗卷》

有《序》（林贤治）和《后记》，录散文诗 119 首，按年代分辑编排。

17. 《那代人：彭燕郊回忆录》

回忆文集，彭燕郊著，花城出版社（广州）2010 年 3 月版，署“彭燕郊纪念文丛”，录文 28 篇，分两辑，有《自序》和《后记》（兰馨）。

18.《漂瓶：彭燕郊散文诗》

散文诗集，彭燕郊著，花城出版社（广州）2010 年 3 月版，署“彭燕郊纪念文丛”，录散文诗 63 首，按年代分辑编排，有序（林贤治《彭燕郊的散文诗》）、附录（龚旭东《彭燕郊先生未完成的 2008》）和《后记》（兰馨）。

19.《一朵火焰：彭燕郊自由诗》

诗集，彭燕郊著，花城出版社（广州）2010 年 3 月版，署“彭燕郊纪念文丛”，录诗 144 首，按年代分辑编排，有序（李振声《诗心不会老去》）。

20.《彭燕郊谈中外诗歌》

课堂讲稿，彭燕郊著，杜平整理，徐炼导读、注释，湘潭大学出版社（湘潭）2011 年 12 月版，署“中外文学与文论丛书（第二辑）”，按照“《诗歌研究》1982 年讲稿”“《诗歌研究》1984 年讲稿”分为两辑，有《导读》（徐炼）和《整理说明》。

21.《梅志彭燕郊来往书信全编》

书信集，北京鲁迅博物馆编，张晓风、龚旭东整理辑注，海燕出版社（郑州）2012 年 11 月版，署“鲁博文丛”，录梅志、彭燕郊书信 117 封，始于 1982 年 9 月 11 日，止于 2007 年 10 月 20 日，其中包括胡风信 1 封、张晓风信多封。附录《天真——记梅志和胡风不寻常的三十年》（彭燕郊）、《为了心灵深处那颗神圣的燧石——〈梅志彭燕郊来往书信全编〉后记》（晓风）。

22.《我不能不探索： 彭燕郊晚年谈话录》

谈话录，彭燕郊口述，易彬整理，漓江出版社（桂林）2014 年 7 月版，为六大主题，即个人经历、个人创作、创作主题、各时代的人物、“七月派”、与现代新诗相关的三个问题；有附录《关于“彭燕郊访谈”的几点想法》《“单纯就好！”：纪念诗人彭燕郊先生》和《后记》（作者均为易彬）。

23.《彭燕郊陈耀球往来书信集》

书信集，易彬、以敏整理辑注，百花洲文艺出版社2020年7月版，录彭燕郊和陈耀球的书信664封（极少量为残稿），起于1983年6月11日，止于2007年9月30日，其中有四封的写信人或收信人为彭燕郊夫人张兰欣。有附录《〈白竹诗稿〉序》（彭燕郊）、《“以它的利爪，紧紧地抓住大地”——读〈彭燕郊诗选〉第一、二辑》（关越）、《陈耀球主要文学著译目录》、《书信、文化与文学史——关于〈彭燕郊陈耀球往来书信集〉的相关话题》（易彬）和《后记》。

（二）彭燕郊研究著作

1.《认识彭燕郊》

苏正军著，湖南文艺出版社（长沙）2000年4月版，朱健《序》，分四章，即“彭燕郊生平及创作简介”“彭燕郊艺术风格研究”“彭燕郊与‘七月’诗人”“彭燕郊诗歌理论初探”。

2.《坚贞的诗路历程：彭燕郊评介文集》

赵树勤选编，花城出版社（广州）2007年12月版，赵树勤作《前言》，录各时期评论文65篇，分序跋类、综论类、印象记、诗评类四辑。

3.《彭燕郊评传》

刘长华著，湖南文艺出版社（长沙）2008年12月版，署“当代湖南作家评传丛书”，有《前言》（湖南社会科学院文学研究所），分七章、结语与注释，七章为“出征之前”“朝花初绽”“‘七月’放歌”“艰难跋涉”“浮沉岁月”“放逐归来”“‘无’境超越”，有附录《彭燕郊著作目录》《彭燕郊研究论著与论文》和《后记》。

4.《默默者存—— 彭燕郊创作研讨会实录暨论文选》

孟泽、季水河主编，湘潭大学出版社（湘潭）2009 年 1 月版，为 2007 年 5 月湘潭大学举办的“《彭燕郊诗文集》出版座谈暨创作研讨会”的会议实录与论文选，有《编后记》（孟泽）。

5.《怀念集》

龚旭东编，属《默默者存—— 彭燕郊创作研讨会实录暨论文选》附赠出版物，分彭燕郊先生告别仪式资料、媒体报道选、怀念文章选和附录四个部分。